A CLAVE DO POÉTICO

BENEDITO NUNES

A clave do poético

Ensaios

Organização e apresentação
Victor Sales Pinheiro

1ª reimpressão

Companhia Das Letras

Copyright © 2009 by Benedito Nunes

Grafia atualizada segundo o Acordo Ortográfico da Língua Portuguesa de 1990,
que entrou em vigor no Brasil em 2009.

Capa
João Baptista da Costa Aguiar

Preparação
Célia Euvaldo

Revisão
Isabel Jorge Cury
Carmen S. da Costa
Valquíria Della Pozza

Índice remissivo
Luciano Marchiori

Dados Internacionais de Catalogação na Publicação (CIP)
(Câmara Brasileira do Livro, SP, Brasil)

Nunes, Benedito
A clave do poético : Ensaios / Benedito Nunes ; organização e
apresentação Victor Sales Pinheiro — 1ª ed. – São Paulo : Companhia das Letras, 2009.

ISBN 978-85-359-1544-0

1. Crítica literária 2. Ensaios brasileiros 3. Literatura — História e
crítica 4. Teoria literária I. Pinheiro, Victor Sales. II. Título.

09-08834   CDD-809

Índice para catálogo sistemático:
1. Literatura : História e crítica   809

[2022]
Todos os direitos desta edição reservados à
EDITORA SCHWARCZ S.A.
Rua Bandeira Paulista, 702, cj. 32
04532-002 — São Paulo — SP
Telefone: (11) 3707-3500
www.companhiadasletras.com.br
www.blogdacompanhia.com.br
facebook.com/companhiadasletras
instagram.com/companhiadasletras
twitter.com/cialetras

Sumário

APRESENTAÇÃO   9
Uma clave polifônica do poético
Victor Sales Pinheiro

PREFÁCIO   15
Leyla Perrone-Moisés

PARTE I — PENSANDO A LITERATURA

1. Crítica literária 21
Meu caminho na crítica 23
Crítica literária no Brasil, ontem e hoje 43
Ocaso da literatura ou falência da crítica? 73

2. Teoria literária 83
Conceito de forma e estrutura literária 85
O trabalho da interpretação e a figura do intérprete
na literatura 121
Prolegômenos a uma crítica da razão estética. 131

3. História literária 139

Reflexões sobre o moderno romance brasileiro 141

A recente poesia brasileira: expressão e forma. 158

Trinta anos depois 174

*O que está acontecendo com a literatura brasileira hoje (entrevista
concedida a Clarice Lispector)* 186

PARTE II — CRÍTICA DE AUTORES

4. Clarice Lispector 197

A paixão de Clarice Lispector 199

A escrita da paixão 217

5. Carlos Drummond de Andrade 231

Drummond: poeta anglo-francês 233

Carlos Drummond: a morte absoluta 240

6. Clássicos brasileiros 265

*Os tristes, brutos índios de Vieira, ou um missionário
aturdido* 267

A invenção machadiana 275

A cidade sagrada 281

7. Brasileiros contemporâneos 287

Volta ao mito na ficção brasileira 289

Encontro em Austin 303

O jogo da poesia 310

8. Conterrâneos 317

Dalcídio Jurandir: as oscilações de um ciclo romanesco 319

Max Martins, mestre-aprendiz. 330

A poesia de meu amigo Mário. 355

9. Estrangeiros 373

A poesia confluente 375

A gnose de Rilke. 397

Que isto de método... 409

Fábula e biografia de Don Quixote e Sancho Pança 419

Sobre os textos 423

Obras do autor 427

Índice remissivo 431

Apresentação

Uma clave polifônica do poético

Victor Sales Pinheiro

> *Uma literatura acentuadamente crítica e reflexiva como a do nosso tempo pede o refinamento e a agudeza do instrumental crítico.*
> Benedito Nunes, em "O que está acontecendo com a literatura brasileira hoje", entrevista a Clarice Lispector

A clave do poético reúne ensaios de vários momentos da extensa atividade intelectual de Benedito Nunes, autor de reconhecida importância em nosso cenário cultural, sobretudo pela originalidade e profundidade com que aproxima literatura e filosofia.

Pela pluralidade de assuntos que aborda — da teoria literária à hermenêutica filosófica, padre Vieira a Rilke — e pelos diferentes formatos que apresenta — estudos, prefácios, resenhas e conferências —, este livro pode ser considerado bastante representativo do pensamento do autor.

Heterogêneos, os ensaios aqui constantes independem uns dos outros. Foi feita a opção, contudo, de organizá-los tematicamente, a fim de proporcionar a sua leitura combinada, consciente da dificuldade de *classificar* os escritos de Benedito Nunes, pela *movimentação* que os caracteriza.

De fato, este volume traz escritos que apresentam os principais traços da obra de Benedito Nunes, e que aparecem reunidos na versatilidade do gênero ensaístico. No autor de uma das obras de referência de nossa bibliografia filosófica, *Introdução à filosofia da arte* (São Paulo: Ática, 5ª ed., 2005), há sempre um esforço didático, que nos permite segui-lo nas suas articulações intelectuais.

A "atual perplexidade quanto ao modo de ser e ao destino da literatura", que o autor reconhece sentir em "Conceito de forma e estrutura literária", motiva-o a compreendê-la pela sua inserção na linha de pensamento de que participa. Por isso, os seus textos normalmente trazem tentativas de reconstituição histórica das ideias,[1] a fim de sustentar a reflexão que essa perplexidade incita, como se verá, por exemplo, em "Ocaso da literatura ou falência da crítica?". Literatura reflexiva de um lado e crítica histórico-filosófica de outro: eis os nexos que formam este livro.

Benedito Nunes ocupa, portanto, um lugar fronteiriço na crítica literária brasileira, pois o seu comentário crítico atinge muitas vezes questões filosóficas. No ensaio que abre esta coletânea, "Meu caminho na crítica", ele reflete sobre sua atividade híbrida de crítico literário e filósofo. Com efeito, não lhe falta estímulo de fundamentação teórica de tal aproximação, como se pode ver em dois de seus livros de maior fôlego, *Passagem para o poético: filosofia e poesia em Heidegger* (São Paulo: Ática, 2ª ed., 1992) e *Hermenêutica e poesia: o pensamento poético* (Belo Horizonte: UFMG, 2007).

Valendo-se da porosidade inerente à ensaística, o texto de Benedito Nunes adquire muitas vezes a tonalidade de uma crônica. Ao descrever sua amizade com Mário Faustino e Max Martins, suas conversas com Haroldo de Campos e Clarice Lispector, ele testemunha uma fecunda interação intelectual entre a literatura e a crítica, "um polo de tensão com a escrita dos escritores", cuja ausência é identificada como o sinal da crise dessa atividade em "Crítica literária no Brasil, ontem e hoje".

Quando Mário Faustino lhe diz: "Minha experiência tende agora no sentido de 'coisificar' o mais possível as palavras, reificá-las usando todos os instru-

---

[1] Esse pendor historiográfico evidencia-se com a leitura de ensaios como "O pensamento estético no Brasil" (em *Modernismo, estética e cultura*. Organização e apresentação de Victor Sales Pinheiro. São Paulo: Editora 34, no prelo) e "Historiografia literária do Brasil" (em *Crivo de papel*. São Paulo: Ática, 1998).

mentos para fazer do poema uma *natura naturans*, como tu dirias" ("A poesia de meu amigo Mário"), é porque vê em Benedito Nunes um interlocutor filosófico, capaz de ajudá-lo a entender a sua intuição poética. Clarice Lispector o entrevista a fim de compreender a situação na qual a sua própria literatura está inserida ("O que está acontecendo com a literatura brasileira hoje"). Haroldo de Campos dedica-lhe um poema filosófico como resposta às reflexões que o crítico-filósofo lhe suscitou ("Encontro em Austin").

O autor dialoga também com outros críticos, ao discutir o estatuto epistemológico da crítica literária, no prefácio de *Mímesis e modernidade*, de Luiz Costa Lima ("Prolegômenos a uma crítica da razão estética"), e ao comentar *O enigma do olhar*, de Alfredo Bosi ("A invenção machadiana").

Consciente de que não há crítica literária sem perspectiva filosófica, Benedito Nunes esforça-se, como filósofo, para compreender a base teórica subjacente à crítica, razão pela qual se tornou um interlocutor tão lúcido na compreensão das obras que analisa. Esse é o motivo também da solidariedade entre as duas partes que compõem este livro, a análise teórica e o estudo de autores, por ser a sua crítica também uma reflexão filosófica sobre a literatura. Em outras palavras, a sua *crítica* é o *diálogo* que as aproxima, como "conhecimento interpretativo das obras", como hermenêutica.[2]

Mas como se dá esse diálogo entre filosofia e literatura? Sem querer antecipar as densas páginas que se seguem, convém apresentá-las sublinhando a linha de pensamento que articula a obra do autor.

Benedito Nunes é, antes de tudo, um grande leitor; encontra na leitura uma atividade vital, a partir da qual impulsiona seu pensamento. Como Clarice Lispector observou, *viveu-a* e *viveu-se nos livros dela*, interpretando-os, por isso, tão *profundamente* ("O que está acontecendo com a literatura brasileira hoje"). Ele reconhece que o mesmo se deu com Guimarães Rosa, outro autor de sua preferência: "Absorvia-o na sua obra, que me absorvia".[3]

O nexo que une o crítico ao leitor já nos foi explicado por Antonio Candido, para quem "toda crítica viva — isto é, que empenha a personalidade do crí-

---

[2] Benedito Nunes. "Literatura e filosofia". Em *No tempo do niilismo e outros ensaios*. São Paulo: Ática, 1993, p. 197.

[3] Benedito Nunes. "Guimarães Rosa em novembro". *O Estado de Minas Gerais*, Suplemento Literário, 23 de novembro de 1968.

tico e intervém também na sua sensibilidade — parte de uma impressão para chegar a um juízo [...]".[4] Mas o que faz de Benedito Nunes, além de leitor, um crítico literário?

Como se lerá em "O trabalho da interpretação e a figura do intérprete na literatura", "a tênue película da consciência crítica e histórica" que separa o leitor do crítico torna-o também filósofo, enquanto hermeneuta que "traduz para o discurso conceptual e reflexivo o discurso dos textos literários, a fala que eles encerram, reveladora de nós mesmos e do mundo".

Fator distintivo de sua ensaística, a crítica literária de Benedito Nunes eleva-se, portanto, como hermenêutica, à especulação filosófica, problematizando a questão do ser e do dizer nos autores que analisa, concedendo-lhes a dignidade de pensadores. Suas reflexões sobre Eliot, Rilke, Carlos Drummond e Haroldo de Campos, poetas-pensadores, como os denomina, podem ser lidas como verdadeiras reflexões filosóficas.

É a partir da fenomenologia de Husserl, e seus desdobramentos em Heidegger, que Benedito Nunes relaciona literatura e filosofia, como ele nota em "Conceito de forma e estrutura literária": "A fenomenologia contribuiu para a compreensão da obra literária, colocando-a justamente sob o foco do conhecimento da experiência humana em suas diferentes modalidades".

Por essa carga filosófica que comporta, a obra literária é insuscetível de ser encerrada em uma interpretação que se queira definitiva: "Filosoficamente, o objeto literário permanece inesgotável".[5] Por isso a recorrência de alguns autores na obra de Benedito Nunes, a começar por Clarice Lispector, a quem dedicou os ensaios de *O dorso do tigre* (São Paulo: Perspectiva, 1969; 3ª ed.: São Paulo: Editora 34, no prelo) e o livro *O drama da linguagem* (São Paulo: Ática, 2ª ed., 1995). Aqui, Benedito Nunes retoma-a em mais dois *ensaios*; valiosas *tentativas* que reforçam o sentido de *ensaiar*, de *buscar*.

Certos temas também são constantes em sua obra, como a questão da tradução, tratada em *O dorso do tigre*, no caso de Guimarães Rosa, aqui recuperada em "Drummond: poeta anglo-francês", "A poesia de meu amigo Mário" e "Que isto de método...". Neste último ensaio, prefácio ao estudo e versão portuguesa da

---

[4] Antonio Candido. *Formação da literatura brasileira: momentos decisivos*, 5ª ed. São Paulo: Itatiaia/Edusp, 1975, p. 32.

[5] Benedito Nunes. "Literatura e filosofia", op. cit., p.198.

poesia de Safo de Lesbos, de autoria de Joaquim Brasil Fontes, Benedito Nunes problematiza a traduzibilidade da poesia no âmbito da hermenêutica filosófica, ressaltando a interpenetração de mito e poesia. Dessa capacidade da literatura de plasmar mitos, pela força poética da linguagem, o autor já tratara em "De Sagarana a Grande sertão: veredas" (em *Crivo de papel*); aqui esse tema é retomado em "Volta ao mito na ficção brasileira". No ritmo intervalar da ensaística, o pensamento de Benedito Nunes revela uma sólida harmonia.

Nesta coletânea, que pretende abranger um amplo panorama da obra do autor, constam também ensaios que registram a atenção de Benedito Nunes aos literatos que nasceram ou viveram na sua região, na seção Conterrâneos. Ao relacioná-los às fontes da tradição nacional e ocidental que os animam, ligando Dalcídio Jurandir a Proust, Mário Faustino a Jorge de Lima, o crítico assume "a relevância histórico-cultural" que lhe cabe, pois "julgar uma obra individual é, antes de mais nada, assinalar-lhe a posição no conjunto de que participa. [...] E o que a crítica julga, em cada caso, no ciclo de civilização a que pertence a experiência literária, representada, refletida ou modificada pela obra, é, afinal, toda a literatura" ("Conceito de forma e estrutura literária"). Exatamente por isso, Benedito Nunes não se refere à "literatura amazônica", mas à literatura "da Amazônia", a fim de sublinhar a *procedência* da arte literária sem recair nos localismos de qualquer perspectiva regionalista.[6]

Nos textos a seguir, Benedito Nunes mais uma vez reforça os propósitos que o estimulam, como crítico literário e como filósofo. Num mesmo ato reflexivo, na transversalidade do diálogo, perfaz a crítica "como ato de permanente e renovada leitura",[7] e realiza a filosofia como "uma aventura do pensamento diante da Literatura".[8]

O leitor poderá passear a partir da inspiração do momento ou em atenção às constantes articulações do autor, como, por exemplo, a que liga a arte de Affonso Ávila ("O jogo da poesia") à Semana Nacional da Poesia de Vanguarda ("Trinta anos depois"), o Max Martins de "Poema" ("Max Martins, mestre-aprendiz") ao humorismo de Drummond ("Carlos Drummond: a morte absoluta"). O reper-

---

[6] Cf. a entrevista de Benedito Nunes concedida a José Castello, "Benedito Nunes ensina o caminho de volta". *O Estado de S. Paulo*, Caderno 2, 27 de janeiro de 1993.

[7] Benedito Nunes. "De Sagarana a Grande sertão: veredas". Em *Crivo de papel*, op. cit., p. 261.

[8] Benedito Nunes. "Literatura e filosofia", op. cit., p. 199.

tório é vasto e dá uma boa dimensão do horizonte alargado do autor. No conjunto, há um panorama diversificado da literatura moderna e contemporânea, pensada também nos seus aspectos históricos e filosóficos. Uma clave polifônica do poético, que afina o pensamento no diálogo literatura e filosofia.

Prefácio

Leyla Perrone-Moisés

Benedito Nunes é um tesouro nacional, guardado na Amazônia há décadas. Digo "guardado", e não "escondido", como costumam ser os tesouros, porque este já foi descoberto há muito tempo, por todos os que buscam o saber filosófico e poético. Numerosos foram os intelectuais estrangeiros que, encaminhados a ele por colegas de todo o Brasil, se surpreenderam com a pessoa e o valor desse colega do norte. Talvez impregnados de estereótipos selvagens sobre a Amazônia, e sobre a impossibilidade do pensamento filosófico num clima equatoriano, ficavam surpresos ao encontrar esse heideggeriano pensando, escrevendo e ensinando à beira da floresta.

Gilles Lapouge foi um desses intelectuais que se encantaram com ele. Em seu livro *Équinoxiales* (Flammarion, 1977), Lapouge fez um divertido relato de sua visita ao "excelente filósofo". Contou, à sua moda, a história de uma árvore andante, plantada por B. N. em seu jardim. Tratava-se de uma daquelas árvores amazônicas com raízes altas, que costumam se deslocar pouco a pouco, procurando um lugar melhor para viver. Segundo Lapouge, a árvore cresceu e se deslocou tanto que ele encontrou a casa de B. N. completamente embrulhada pela ramagem, carregada de orquídeas, pássaros, borboletas e roedores. Para alcançar seu quarto, o filósofo tinha de atravessar uma densa vegetação que, dentro de alguns anos, previa Lapouge, exigiria a ajuda de indígenas armados de machetes. Embora demasiadamente imaginativo, Lapouge captou bem o modo de ser de B. N. Dentro de sua árvore-casa, conclui ele, "Monsieur Nunes não se inquieta. Ele é tranquilo. Lê *O ser e o tempo*".

Exageros à parte, eu também vi a árvore andante de B. N., na primeira vez em que o visitei, nos anos 80 do século passado. E, passeando com ele no Parque Goeldi, ao mesmo tempo que aproveitava, no diálogo, suas profundas e despretensiosas lições, vi outras do mesmo tipo. Amado por seus alunos e por seus pares, B. N. vinha pouco às capitais do sul, naquele tempo, porque o bilhete de avião entre Belém e Paris era mais barato. Também não lhe faltavam, em Belém, interlocutores para falar de poesia e filosofia. Sua casa sempre foi um local de convívio inteligente.

Agora, desejando prestar-lhe uma homenagem por seu octogésimo aniversário, lembrei-me dessa história da árvore amazônica, e vendo a abundância e a densidade dos textos reunidos neste volume, ocorreu-me que B. N. é ele mesmo como aquela árvore, lançando suas raízes e rebentos em direção a todas as longitudes e latitudes, para assimilar os textos filosóficos e literários que o têm nutrido e que nos nutrem, quando nos sentamos a sua sombra.

A primeira grande qualidade de B. N. é ser um prodigioso leitor. O índice deste volume dará uma ideia da quantidade de autores que ele leu, e com os quais dialoga. Não se pode ser um grande crítico sem uma grande bagagem de leituras, e a dele é enorme. B. N. é um leitor onívoro, mas seletivo. Percorrendo seus textos críticos, vemos que nenhum dos grandes escritores de nossa língua escapou a sua atenção. Alguns de seus melhores textos tratam de Fernando Pessoa, Guimarães Rosa, Drummond, João Cabral, Clarice Lispector e Oswald de Andrade.

Outra característica desse crítico-filósofo é sua inclinação e competência para traçar grandes panoramas da produção literária brasileira, no campo da ficção, da poesia e da crítica literária. Com respeito a esta última, ele contraria, saudavelmente, a tendência dos críticos ao solilóquio. Ao examinar e discutir as propostas de outros críticos, B. N. situa-os na linha histórica que remonta ao século XIX, coteja suas contribuições e ativa um debate de âmbito nacional de que somos carentes. Arrisco dizer que, por estar longe dos centros culturais e universitários hegemônicos, B. N. é o menos provinciano de nossos intelectuais. Ele não apenas olha para o Brasil como um todo, mas pensa a literatura e a crítica em termos nacionais e internacionais.

Além disso, B. N. é, coisa rara entre nós, um crítico literário de sólida formação filosófica. De modo geral, os filósofos que escrevem sobre textos literários buscam, no concreto da linguagem, a abstração das ideias. Esse não é o caso de B. N., que põe sua formação filosófica a serviço da linguagem poética, pela qual tem verdadeira paixão. Como disse, dele, Clarice Lispector: "Fiquei muito surpreendida quando ele me disse que sofreu muito ao escrever sobre mim. Minha opinião é que ele sofreu porque é mais artista do que crítico: ele me viveu e se viveu nesse livro. O livro não me elogia, só interpreta profundamente".

Quando o escritor estudado tem ele mesmo uma inclinação filosófica, B. N. usa seu saber não para o enquadrar em algum sistema de pensamento, mas para iluminar a originalidade da obra em confronto com as ideias filosóficas que ela absorve, dissemina, e às vezes prenuncia. Por isso, foi ele o primeiro crítico, em língua portuguesa ou em outras, a oferecer uma leitura filosófica de Fernando Pessoa que corresponde à advertência do poeta: "Fui um poeta impulsionado pela filosofia, e não um filósofo provido de faculdades poéticas".

B. N. não é apenas um excelente leitor-crítico, mas é um teórico da literatura que expõe seus conceitos com segurança e concisão. O ensaio "Conceito de forma e estrutura literária" é uma aula de estética, em que ele conduz o leitor de Aristóteles a Valéry, passando por Kant, até chegar a formulações cristalinas como esta:

> Longe de ser um conjunto de estruturas fechadas, a realidade textual abre-se sob três aspectos distintos: *o de sua inscrição*, relativa ao ato de escrever, situado num plano existencial, aquém da obra; *o de sua temporalização*, para além da obra, remetendo-nos ao sistema que ela integra, e daí sua historicidade; *o de sua criação*, na própria obra, como espaço intersubjetivo da experiência estética. Desses três planos do texto, que somente a experiência estética pode abrir, o primeiro é suscetível de interpretação ontológica, o segundo de análise sociológico-histórica e o terceiro de descrição fenomenológica.

Essa clareza é generosidade. Os textos de B. N. são eruditos sem exibição, didáticos sem arrogância. Transparece, neles, o desejo de partilhar seu saber com os ouvintes ou leitores.

Como grande parte dos teóricos literários da modernidade, B. N. tem suas raízes fincadas nos românticos alemães, que uniram a filosofia à poesia. Para ele, filosofia e poesia "são unidades móveis, em conexão recíproca". E como filósofo contemporâneo da crise da metafísica, leitor de Nietzsche, Heidegger e Wittgenstein, ele não busca, na literatura, a Verdade, mas verdades no plural, ou melhor, diferentes maneiras de dizer e compensar a perda da Verdade. Por isso, em "Meu caminho na crítica", ele fala de "filosofias no plural e não no singular".

Também nesse depoimento, fundamental para esclarecer sua trajetória crítica, ele lembra que filosofia e crítica estão indissoluvelmente ligadas:

> A Filosofia já está implícita na crítica literária. Sejam quais forem, os métodos da crítica literária sempre têm uma maneira *a priori*, por assim dizer, filosófica, de conceber e de avaliar o alcance do texto literário, em função de um fenômeno mais extensivo que o engloba, seja a linguagem, seja a sociedade, seja a história.

Lição que nenhum crítico literário deveria esquecer, para exercer seu ofício com o conhecimento e a responsabilidade que dele se esperam, e que são a marca registrada do autor deste livro.

PARTE I

PENSANDO A LITERATURA

1. Crítica literária

Meu caminho na crítica

Onde Platão acertou, a Filosofia converteu-se em Poesia.
Hermann Bloch, *A morte de Virgílio*

Num dos encontros, em Belém, com Clarice Lispector, depois que publiquei *O drama da linguagem* (São Paulo: Ática, 1989), sobre o conjunto da obra dessa escritora, ela me disse antes do cumprimento de praxe: "Você não é um crítico, mas algo diferente, que não sei o que é". No momento, perturbou-me essa afirmação. Hoje posso ver como foi certeiro, além de encomiástico, o aturdido juízo de Clarice. Ela percebia, lendo o que sobre ela escrevi, que o meu interesse intelectual não nasce nem acaba no campo da crítica literária. Amplificado à compreensão das obras de arte, incluindo as literárias, é também extensivo, em conjunto, à interpretação da cultura e à explicação da Natureza. Um interesse tão reflexivo quanto abrangente, é, portanto, mais filosófico do que apenas literário.

Ora, desde Kant a filosofia também foi chamada de crítica. Não sei por qual das críticas comecei, se foi pela literária ou pela filosófica, tão intimamente se uniram, em minha atividade, desde novinho, e alternativamente, literatura e filosofia.

No "algo diferente" a que Clarice se referia para qualificar-me, estava implícita semelhante união. Não sou um duplo, crítico literário por um lado e filósofo por outro. Constituo um tipo híbrido, mestiço das duas espécies. Literatura e Filosofia são hoje, para mim, aquela união convertida em tema reflexivo único, ambas domínios em conflito, embora inseparáveis, intercomunicantes.

Mas nem sempre foi assim. Na idade juvenil escrevi os meus "versinhos" metrificados e rimados e contos ultrarromânticos; depois tentei um romance, que não passou do segundo capítulo. Era imitação, talvez, do *Menino de engenho*, de José Lins do Rego.

Já estava, portanto, assentado na Literatura antes de passar à Filosofia, aonde cheguei premido pela religião, opressiva àquela época dentro de uma família católica, e da qual, coroinha de missas e bênçãos, queria libertar-me. Senão por breve momento acompanhei o entendimento iluminista da religião, como meio de engodo dos mais esclarecidos sobre os mais ignorantes e como meio de controle sujeitando estes àqueles. Entendi, finalmente, o nexo religioso compartilhando da trama tecida pela imaginação, nativa à Literatura e não estranha à Filosofia.

Na mesma ebulição da primeira juventude, além do mencionado esboço de romance, veio, embalado por prematuro conhecimento de Nietzsche, então lido em espanhol, um surto interrupto de reflexão filosófica, produzindo séries quase semanais de aforismos, numerados em arábico — mais de sessenta ao todo — publicados, de 1946 a 1952, sob o título de "Confissões do solitário", no Suplemento Literário, dirigido por Haroldo Maranhão, parte integrante dominical do diário matutino *Folha do Norte*, em circulação desde o começo do século passado e já extinto, de propriedade do avô dele, o polêmico jornalista Paulo Maranhão, em dissídio com o interventor, e depois governador do Pará, coronel Magalhães Barata, um dos tenentes de 1930.

Esse jornal foi o veículo dessa luta política, e o seu Suplemento o reintrodutor, em época tardia — o final da década de 1940 — no Pará, do movimento modernista, que já tinha sido difundido, entre nós, sem que o soubéssemos (falo pelos meus companheiros de geração como o Haroldo), a partir dos anos 1920, pela revista *Belém Nova*.

A minha geração incorporou extemporaneamente esse movimento, restaurando as suas fontes, paulistas principalmente e seus derivados cariocas e mineiros, sem entreter a menor relação com os pioneiros paraenses de *Belém Nova*, excetuando Bruno de Menezes, para nós tão só o autor da poesia da negritude em *Batuque* (1931), original contraponto à poesia servonegra de Jorge de

Lima. Muitos dentre os pioneiros modernistas do Pará, na década de 1920, como Eneida de Morais, tomaram um ita no Norte, migrando para o Rio de Janeiro.

Falecido em 2004, Haroldo Maranhão, meu companheiro de colégio no ginasial, a que me ligou, desde menino, a comum fome de leitura, e também meu confrade literário numa sociedade juvenil que fundamos, com outros então novos — a Academia dos Novos —, espelhada na Academia Brasileira de Letras, seguindo os requisitos acadêmicos todos que nos propunha um dos Anuários dessa entidade que ambos avidamente lêramos, deu-nos, na maturidade, três obras-primas romanescas — *O tetraneto del rei*, extraordinária paródia à prosa quinhentista e sátira à colonização portuguesa no Brasil, *Cabelos no coração*, biografia imaginária de um dos próceres, no Pará, da Independência de 1822, Felipe Patroni, e o *Memorial do fim*, amorosa rememoração, de inventiva biográfica, da morte de Machado de Assis. O Suplemento da *Folha do Norte*, que Haroldo criou e editou, e onde publiquei "As confissões do solitário", foi emblemático para a identidade intelectual da minha geração e particularmente para a sorte do nexo entre literatura e filosofia que, para mim, se formou nessa época, e que só muito mais tarde se tornou privilegiado objeto de reflexão.

Esse encarte do falecido matutino *A Folha do Norte* agregava, sem distinção, dominicalmente, nas mesmas páginas, dos prosadores e poetas locais aos consagrados modernistas de diferentes naturalidades, mineiros, cariocas e nordestinos, e de distintas gerações — Carlos Drummond, Cecília Meireles, Murilo Mendes, Manuel Bandeira, Ledo Ivo, Marques Rebelo e tantos outros. Assim, os escritores estaduais apareciam ao lado dos federais, os das Províncias com os metropolitanos, incluindo os de Belém, que fora prematura, elástica Metrópole, no final do ciclo da Borracha em 1912. Foi o Suplemento da *Folha* que estampou os fragmentos do confessional solitário: pondo à prova, de encontro a um vago neopaganismo neles preconizado, matrizes de minha formação católica, misturavam conceitos filosóficos e imagens poéticas, sob o foco de uma reflexão cética, certamente agnóstica, sobre problemas religiosos, morais e estéticos, alimentada pela vária, incessante, quase obsessiva leitura de Homero e Shakespeare, Santayana e Unamuno, Pascal e Walt Whitmann, Baudelaire e Goethe, Renan e Gide, Dostoiévski e Kant, Anatole France, Eça de Queiroz e Monteiro Lobato (o de *Urupês* e o do *Pica-pau amarelo*).

As leituras desses filósofos e escritores, a maioria dos quais poetas, alternavam-se num vai e vem constante entre imagem e ideia, entre percepção e conceito. Era um movimento de balouço entre o filosófico e o poético e, portanto, entre ideia e imagem, entre conceito e percepção, que presidiu minha própria formação intelectual. Tendo sido em Filosofia e Literatura autodidata metódico e sistemático, tal movimento entrosou, para mim, sobre um fundo neutro de regulares estudos universitários em Direito concluídos em 1952, quando ainda não existiam, em nosso meio, nem faculdades de Filosofia nem centros de Ciências ou de Letras, as duas sobreditas irmãs adversas. Na maturidade, tal entrosamento constituiria tema preferencial do meu hibridismo crítico.

É aí que reside a pedra de tropeço, a pedra no meio do caminho para o crítico. Se pensado for o hibridismo sem o genuíno balouço entre as duas, parece que estava propondo, de saída, uma subordinação metodológica da literatura à filosofia. A Filosofia seria o caminho real para levar à Literatura. Nada disso. Não pretendi nem pretendo aplicar a filosofia, como método uniforme, ao conhecimento da literatura, nem fazer da literatura um instrumento de ilustração da filosofia ou uma figuração de verdades filosóficas. Se fosse o caso, teria que recorrer a determinada filosofia — pois que temos filosofia no plural e não no singular — passando então a literatura, sob exame crítico, à condição de serva de um método filosófico. O que nos levaria ao seguinte contrassenso: a Filosofia já está implícita na crítica literária. Sejam quais forem, os métodos da crítica literária sempre têm uma maneira a priori, por assim dizer filosófica, de conceber e de avaliar o alcance do texto literário, em função de um fenômeno mais extensivo que o engloba, seja a linguagem, seja a sociedade, seja a história.

Diante do texto literário, o crítico-leitor passa a examiná-lo sempre de acordo com uma perspectiva avaliadora mais ampla, que a experiência da época ou da sociedade em que vive já lhe propõe, de antemão na linguagem de todos, como fala comum. Mas dá-se que o próprio autor também se lê. Como crítico-leitor de si mesmo, pode ler-se indagando seu texto diante da instância epocal que lhe prejulga a obra literária ou recapitulando-a diante da concepção filosófica que a ela integrou. O autor pode trabalhar o seu texto do ponto de vista de uma filosofia — *travailler en philosophe* —, dizia-se no Medievo, tal como Dante trabalhou ao integrar a Escolástica à *Divina comédia* — para não falarmos de Lucrécio, que integrou o atomismo de Leucipo, Demócrito e Epicuro ao *De rerum natura* — e tal como Goethe incorporaria aos seus dois *Fausto* o panteísmo de Giordano Bruno, o monismo de Spinoza, as monadas de Leibniz, a ideia estética de Kant e a intuição racional de Fichte. Nessas obras exponenciais do passado, assoma, quando as lemos, uma predisposição filosófica, do mesmo modo que, inversa e complementarmente, filosofias se nos apresentam com acentuado viés literário, a exemplo das filosofias, já em nossa época, de Heidegger, Sartre e Merleau-Ponty.

Afinal, o que, de imediato, há, em comum, entre filosofia e literatura? A linguagem. Como assim? É que ambas só existem em obras de linguagem, o que significa que só existem operativamente ou poeticamente, no sentido originário da palavra grega *poiesis*.

A Filosofia de Spinoza está configurada nos livros de Spinoza — principalmente naquele denominado *Ética*. E os livros de Spinoza se estruturam como linguagem escrita, de maneira análoga à *Comédia* de Dante. Ambas, *Comédia* dantiana e Filosofia de Spinoza, são poéticas deste ponto de vista: o da forma escrita que as corporifica, pela qual existem e subsistem no tempo, dirigindo-se a leitores, para veicular-lhes uma mensagem estética, ou seja, uma maneira de sentir por imagens, se a obra é literária, mormente se for poesia, ou para veicular-lhes uma maneira de pensar, munida de recursos retóricos para persuadi-los, se a obra é filosófica. Mas concretizando-se em obras cada um desses domínios, a linguagem, o discurso escrito que têm em comum é, para dizê-lo de maneira simples — com o risco de simplificação —, trabalhado de modo diferente: na filosofia preponderam a proposição e o argumento, em que prima o conceito ou o significado, na literatura preponderam a imagem e o significante, bem como os chamados tropos (metáfora, metonímia etc.). Uma e outra, porém, como obras de linguagem posta em ação — fontes da palavra ativa, atuante —, permitem-nos discernir o real para além do dado imediato, empírico.

No entanto, é preciso dizê-lo, em proveito da identificação de meu caminho crítico, essas duas linguagens na maioria das vezes se traspassam em seus próprios componentes extremos, como obras repassadas pela mesma *vis* poética, formativa: entra o poético na filosofia e entra o filosófico na poesia, esta palavra aqui já usada como o essencial da literatura, ou, aproveitando-se a expressão de Valéry, a literatura reduzida a seu princípio ativo. Se, portanto, há traspasse, é porque, nesse nível, filosofia e poesia se encontram, se correspondem, se atravessam, e mesmo assim continuam diferentes. Sem coincidirem, enriquecem-se mutuamente.

Mas esse encontro de que estamos falando já não teria ocorrido desde o século XVIII, sob a mediação da disciplina filosófica denominada Estética, então surgente na órbita do pensamento kantiano, em seu terceiro desdobramento, como crítica do juízo relativo ao Belo natural, ao Belo artístico e à finalidade? Se hoje, porém, estudamos o desenvolvimento da Estética entre nós, constatamos que essa disciplina só se configurou de maneira autônoma, no Brasil, em tempos recentes. Sua existência, nova e esporádica, é secundada, se não suprida, pela crítica literária e artística, exercendo, em suplência, a função de discernimento estético. Não obstante, os românticos, principalmente os alemães, contemporâneos do surgimento da Estética no idealismo posterior a Kant, e entre eles um Friedrich Schlegel e um Novalis, defenderam a supremacia da Crítica, com efeitos estéticos. Defenderam, ainda, em nome das duas, a coincidência da Filosofia com a Poesia como equivalência entre gêneros. Assim, a filosofia é uma espécie de poesia e a poesia uma espécie de filosofia. Na verdade, os românticos sobrepunham as duas fraternas adversárias, porque adotavam o ponto de vista fichtiano, ou seja, do discípulo de Kant, segundo o qual, defendiam, contra o Mestre, a existência de uma intuição intelectual, capaz de criar o objeto no momento de conhecê-lo. A Filosofia passava a ser arte e poesia; e arte e poesia eram equivalentes à Filosofia.

Porém o traspasse de uma na outra é, antes de tudo, transação historicamente efetivada, que mantém a identidade de cada parceira no traspasse mútuo de ambas, em seguimento a um trânsito de mão dupla de filósofos e poetas — os primeiros transando com os segundos e vice-versa. Simetricamente, um poeta, Antonio Machado, sob a responsabilidade de seu heterônimo, Juan de Mairena, com a personalidade fictícia de professor de Retórica, e um filósofo, Heidegger, inclinado à poesia, figuraram essa transa ou transação, pelo último batizada de diálogo, entre as participantes de conflito quase trimilenar, se contarmos da época de Platão ou do grande escrito *A república*, do fundador da Academia, o primeiro marco da contenda opondo o partido do pensamento filosófico à facção dos que poetam.

Juan de Mairena escreve: "*Hay hombres, decía mi maestro, que van de la Poética a la Filosofía; otros que van de la Filosofía a la Poética. Lo inevitable es ir de lo uno a lo otro, en esto como en todo*" [Há homens, dizia meu mestre, que vão da Poética à Filosofia; outros que vão da Filosofia à Poética. O inevitável, nisso como em tudo, é ir de um termo a outro].

A primeira parte do percurso de ida e vinda aí exposto poderia descrever o movimento intelectual de certos poetas, como o próprio Antonio Machado,

Fernando Pessoa, Carlos Drummond de Andrade, João Cabral de Melo Neto, Rilke, Paul Valéry, Eliot, na direção da Filosofia; a segunda parte do percurso descreveria a órbita de filósofos como Sartre, Merleau-Ponty, Heidegger, Hannah Arendt, Gaston Bachelard, Michel Foucault, Ludwig Wittgenstein e Paul Ricœur na direção da poesia, tal como anteriormente concebida. Num confronto desse tipo há, de início, duas consequências importantes: apesar do traspasse ou da mútua conversão dos termos, poeta e filósofo conservam cada qual a sua identidade própria; e, ainda, o traspasse deixa patente que filosofia e poesia, longe de serem unidades fixas, monádicas, sem janelas, mantendo entre si conexão unívoca e hierárquica, à maneira de duas disciplinas distintas, conforme nos legou a tradição clássica que Hegel averbou ao absorver a poesia na filosofia, são unidades móveis, em conexão recíproca.

Mas há uma terceira consequência a ressaltar. É o fato de que, nessa conexão recíproca, a filosofia faz da obra literária como tal objeto de sua indagação (o que ela é, ao que visa, qual a sua estrutura) e a obra, por sua vez, reverte sobre a Filosofia, da qual ela, obra, se faz, como poética, a instância concreta, reveladora (ou desveladora) das originariamente abstratas indagações filosóficas. Eis, em resumo, o procedimento geral que tenho seguido. Daí a quarta consequência: não é a Filosofia que impõe seu método à parceira, mas é esta mesma que o sugere; a Filosofia pode garantir ou legitimar a escolha de um ou mais de um método, eis que para o conhecimento da Literatura, a conveniência deste e daquele é assentada filosoficamente em estado de simpósio: cada qual pode servir ao iluminar de certa maneira a obra estudada. Reciprocamente a obra estudada também pode oferecer um ponto incisivo de aclaramento filosófico.

Foi sob tal foco dúplice que comecei a examinar, entre outras, obras como o singular romance *Grande sertão: veredas*, de Guimarães Rosa, síntese das chamadas formas simples, estudadas por André Jolles — entre elas o enigma e o mito —, e como *A paixão segundo G. H.*, de Clarice Lispector, narrativa de personagem inominada, no círculo de insólita transfiguração do real, semelhante às passadas de uma experiência mística que a ficção parodiasse.

Nesse romance de Guimarães Rosa, a poesia cede lugar ao seu nobre ancestral, o mito, contra o qual luta, desde o início, desde a aurora grega a insurgente força intelectual da Filosofia. E esse mito, nada mais nada menos do que o pacto com o Demônio, presumivelmente firmado pelo personagem narrador, o jagunço Riobaldo, modula o tom épico da narrativa até ser, por sua vez, deslocado, graças ao ânimo dubitativo do mesmo narrador, discutindo consigo mesmo se o Diabo mesmo existe, à condição de potência obscura do ânimo desse turbulento herói, concentrada no seu inconfesso amor por um companheiro de cangaço, Diadorim. A solução do romance está no Sertão-Mundo. Meio dos opostos extremos, Deus e o Diabo, o Sertão-Mundo é o terceiro termo, que os religa como aspectos complementares de uma mesma realidade problemática. Suspenso à indagação reflexiva que o neutralizou, o Mito nos entrega finalmente a um éthos, quer dizer, à inquietação ética ou a uma ética da inquietação, que converte a obra literária numa instância de questionamento filosófico. Nesse extremo limite da experiência do narrador e da matéria fingidamente oral de seu contar romanesco, é que a Filosofia é chamada "a nos servir de guia", como disse Walter Benjamin a propósito das *Afinidades eletivas*, de Goethe. E ela vai retomar a referida obra de Guimarães Rosa na questão do tempo que a impregna, quer no modo de narrar (recordação do acontecido), quer no teor agonístico da matéria narrada (combates e embates internos do bando). Em suma, a combinação, no romance, do éthos e do mito, produz uma apresentação poética da existência humana temporalizada como travessia. "O Diabo não há! é o que digo, se for... Existe é homem humano. Travessia."

Em *A paixão segundo G. H.* não é a Filosofia que serve de guia. A trajetória mística seguida pela personagem é uma contrafilosofia que, em vez do discurso de aclaramento do real, lhe impõe, pelo uso mesmo da linguagem levada a seu extremo limite de expressão, a visão extática, o descortínio silencioso das coisas.

> Eu tenho à medida que designo — e este é o esplendor de se ter uma linguagem. Mas eu tenho muito mais à medida que não consigo designar. A realidade é a matéria-prima, a linguagem é o modo como vou buscá-la — e como não acho. Mas é do buscar e não achar que nasce o que eu não conhecia, e que instantaneamente reconheço. A linguagem é o meu esforço humano. Por destino tenho que ir buscar e por destino volto com as mãos vazias. Mas volto com o indizível.

Aqui o arrebatamento da visão extática sobrepõe o mostrar ao dizer, o silêncio do olhar à sonoridade das palavras, o vislumbre intuitivo à frase. O poético, que se confunde com o místico, tal como Wittgenstein o entendia, é o aparecer do que se mostra, o indizível. "*Das Mystisch zeigt sich*" (O místico se mostra).

É difícil encontrar um poeta que, como Fernando Pessoa, tenha, sob suas diversas máscaras ou heterônimos, tão frequentemente brincado com o místico e também com o mito. E nenhum outro como ele, dentro da língua portuguesa, procurou ligar-se, de maneira lúdica, à Filosofia e de modo particular à Metafísica. É o mito, esse "nada que é tudo", a que ele visa em "Mensagem" — o mito do fundador da pátria ou da língua portuguesa. E o faz no seu modo peculiar de depuração da experiência individual, semelhante a um processo de ascese mística, por ele denominado de fingimento. É o que nos diz Fernando Pessoa em "Psicografia" e em outros poemas seus:

O poeta é um fingidor
Finge tão completamente
que chega a fingir que é dor
a dor que deveras sente [...].

Fingir é um estratagema para se alcançar a fugidia verdade dos sentimentos. Como saber o que verdadeiramente sinto, quando vivo em permanente relação com os outros e eu mesmo me desdobro, parecendo um outro para mim mesmo? Se, como Fernando Pessoa diz, em certa nota sibilina de Álvaro de Campos, fingir é conhecer-se, então o conhecimento é ilusório e fictício. Nossas verdades, também afirmava ele, num diapasão nietzschiano, são mentiras vitais. E assim podemos inventar-nos e dar à luz, em nome de tantos que podemos ser, afivelando as máscaras de nossos papéis sociais, mundos imaginados e possíveis.

Fernando Pessoa subscreveu os imaginários universos de seus heterônimos, "um drama em gente" desse poeta que já se outrava ao tentar ser si mesmo — o bucólico Alberto Caeiro, o greco-decadente do estoico Ricardo Reis a invocar sua Lídia, como Ovídio invocou Leuconae numa ode, de encontro ao insondável destino de cada um, o existencial, da náusea e da angústia, de Álvaro de Campos, sitiado entre as interrogações maiores do nascimento e da morte. Subscreveu-os à medida que se escrevia diferente; pensava-se ortônimo, e era o heterônimo em prosa do *Livro do desassossego*, Bernardo Soares. Conhecer-se é figurar possíveis modos de existir, "novos tipos de fingir que compreendo o mundo, ou antes de fingir que se pode compreendê-lo". E a cada tipo de compreensão corresponde uma ciência não real, mas virtual, chamada Filosofia, que se extrema nas concepções metafísicas do Universo, por nós criadas como se fossem obras de arte. Podemos forjar metafísicas engraçadas, mas "sem lhes ligar intenção alguma de verdade, exatamente como em arte se descreve e expõe uma emoção interessante, sem se considerar que corresponde ou não a uma verdade objetiva de qualquer espécie". Então a Filosofia não passa de uma certa espécie de poesia, justificando-se assim o paradoxo formulado, em forma de trocadilho, por Pessoa acerca de sua identidade própria: "Eu era um poeta impulsionado pela Filosofia e não um filósofo com faculdades poéticas".

Ainda dentro de nossa língua, um poeta reflexivo como Carlos Drummond de Andrade, alto beneficiário da "musa filosófica", na expressão de José Guilherme Merquior, levou a cabo, em poemas elegíacos, como "Passagem da noite" e "Anoitecer", estirada meditação sobre a morte, em dramático confronto a essa possibilidade extrema da existência. Mas mesmo assim, conforme nos mostram os tercetos de "Cantilena prévia", em *A falta que ama* (*Boitempo I*), o senso trágico desse confronto não é excludente do senso de humor, provindo do efeito jocoso dos refrões, tão só pela sonoridade isolada, em choque ou em ressonância com o sentido:

Don don dorondondon
É o Castelo de Drummond
que vai à penhora

Don don dorondondon
É a soberba de Drummond
que vai-se embora.

Don don dorondondon
É o prazo de Drummond
que termina agora.

É o prazo de Drummond
que ainda não termina.
Din din Resta uma resina.

É uma cantiga da morte antecipada. O primeiro refrão — onomatopeia do sino de pregão da penhora? — é também rima em eco do nome do poeta.

Há uma imitação do desafio folclórico; a penhora do Castelo é indefinidamente protelada:

Din din Resta uma farinha
de substantivo, infrassom
de voz, na voz de Drummond?

Quem está para morrer, o morituro, aceita a anulação da consciência em abono de maior ciência adquirida. Esse paradoxo da anulação da consciência é acentuado pelo último refrão, popularesco (rinfonfon), sugerindo um significado que não há:

Dindon dorondin din
O que sabe agora
Não o diz Drummond

Sabe para si,
Sabe por si só.
Sabe só, sem som.

É de rinfonfon.
É sem cor nem tom.
É completo. É bom.

A proeza do humor da "musa filosófica" do poeta é a associação, nesses versos, do páthos trágico da desindividuação dionisíaca com o entendimento sarcástico da finitude humana.

Nunca são diretas e sim transversais as relações entre Poesia e Filosofia. Se o poeta é eminentemente crítico como João Cabral de Melo Neto, mais prosperam, com pontos de incidência característicos sobre a linguagem, essas relações transversais.

O primeiro ponto é a poesia nascendo, em contraposição ao estado de êxtase, à inspiração, de um movimento de ascese, de depuração psicológica e literária, que cria o poema como "trabalho de arte". O segundo diz respeito ao uso predominante, desde *Pedra do sono*, dos nomes — preferentemente substantivos concretos — designativos de coisas naturais ou fabricadas, de lugares, paisagens, espécies de categorias de pessoas ou atividades, que acabam se tornando, a partir de *Duas águas*, como objetos temáticos, peças fundamentais de um repertório léxico, em geral intitulando as composições — "O vento no canavial", "O ovo de galinha", "Paisagem com cupins" etc.

O segundo ponto, que acompanha a oscilação do concreto ao abstrato e do abstrato ao concreto na obra de João Cabral, é a transposição de qualidades das coisas humanas às naturais, e, vice-versa, das naturais às humanas, por um desdobramento dos vocábulos-imagens nas enunciações dos versos descritivos. Em "O vento no canavial", o canavial se apresenta, sucessivamente,

> *como um mar sem navios,*
> *papel em branco de escrita,*
>
> *[...] um grande lençol*
> *sem dobras e sem bainha [...].*

O terceiro ponto direciona a linguagem para aquela parte do real perceptível que pertence ao mundo interior, mas como experiência corporal, afetiva, englobando a vida dos sentimentos numa esquiva à introspecção. Assim, em "A mulher e a casa", a sedução do corpo feminino investe-se no corpo de uma casa:

> *Tua sedução é menos*
> *de mulher do que de casa:*
> *pois vem de como é por dentro*
> *ou por detrás da fachada.*

Dessa forma torna-se patente a inclinação didática da poesia cabralina, congregando lições de inconformismo numa pedagogia da palavra ou numa educação pela pedra:

> *[...] por lições;*
> *para aprender*
> *da pedra, frequentá-la.*

Essa lição restaura a transitividade da poesia e seu influxo humanístico.

Sempre a mesma e sempre diferente, a poesia de João Cabral é uma poesia agônica. Repete em cada um de seus momentos a experiência de um perpétuo recomeço.

O mais notável recomeço que experimentou a poesia de João Cabral em sua última fase foi o surto memorialístico em "Escola das facas", "Agrestes" e "Crime na calle Relator" (1987), principalmente, com o que revertido fica o seu dominante regime de suspensão subjetivista. Descobriria o poeta crítico, finalmente, que o seu fazer "poesia com coisas" é um modo desviado, negativo, de dizer-se:

> *Não haverá nesse pudor*
> *de falar-me uma confissão,*
> *uma indireta confissão, pelo avesso, e sempre impudor?*

Fora de nossa língua, dois poetas, o alemão Rainer Maria Rilke, conhecido como autor das "Elegias de Duíno" e dos "Sonetos a Orfeu", e o inglês T. S. (Thomas Stern) Eliot, que nos deu principalmente *Terra devastada* (*Waste land*) e *Quatro quartetos* (*Four quartets*), comprovam o nexo transversal da Filosofia com a Poesia. Nos dois poetas, a Filosofia se aproxima da Mística e a linguagem poética vinga como gnose intuitiva do real.

Rilke começa interpelando Deus em *O livro das horas* (1899), como ser dependente do homem, segundo o concebera o místico medieval Meister Eckhart, e aprofunda numa espécie de romance autobiográfico, os *Cadernos de Malte Laurids Brigge*, a morte como experiência vivida e amadurecida em cada homem. Esses temas se articulariam sob a égide do Anjo, mensageiro transmissor do divino e tardio musageta, tanto nas elegias quanto nos sonetos, embora de maneiras diferentes, sob o pressuposto da carga existencial do verso. Por meio do verso, poesia e vida se entrosam levando poeta e leitor a um estado contemplativo. No poema bem-acabado se manifestaria o mesmo esplendor que nos dispensa o Torso arcaico de Apolo ou a Vitória de Samotrácia. Desses blocos surde um poder conversor, um apelo imemorial que nos atinge:

> [...] *pois aí não há ponto*
> *que não te veja. Forçoso é mudares de vida.*

As elegias que o Anjo frequenta são noturnos, no sentido elegíaco da composição musical. Distingue-as a tonalidade do desconhecido, do estranho, do inóspito, que se coaduna com o conhecimento da morte — experiência da perda da habitação humana, dos desejos, do amor. Essa experiência é antecipada pela dissipação de nosso estar aqui (*Hiersein*), do nosso ser no mundo. E, no entanto,

Estar aqui é magnífico. Vós o soubestes, jovens mulheres, também vós...

Nas dez elegias, cada qual definida por um tema — o amor, a morte, o herói, a amante, os saltimbancos e os animais —, sobrelevam imagens, como mundo, espaço, destino e aberto, que prepararam conceitos fundamentais das filosofias da existência. Dentre eles, o aberto, correspondente ao termo conceptual *Erschlossenheit* (abrimento, fresta, passagem) em *Ser e tempo* de Heidegger.

Dois conjuntos de poemas — *Waste land* e *Four quartets* — demarcam a transversalidade do nexo da filosofia com a literatura em seu princípio poético na obra de T. S. Eliot. O primeiro conjunto, na verdade composto de fragmentos, como que responde à laceração moral e espiritual do mundo moderno. Já os *Quatro quartetos* são "grandes poemas filosófico-religiosos" que fazem passar ao primeiro plano, numa tentativa de síntese, as heranças mítica e mística do Oriente e do Ocidente. Eles reúnem desde o ensinamento de Heráclito à visão mística de santos, como São João da Cruz, de filósofos como Platão e santo Agostinho, e dos livros sapienciais do Oriente, como o Tao te king e o Bhagavad-gita. Assim, vê-se que entra em linha de conta a experiência de culturas e de gerações. Razão há, portanto, para que o autor invoque mais do que a memória individual, apelando tanto para os vivos quanto para os mortos. Nosso nascimento é uma espécie de morte. Morremos com os que agonizam e nascemos com os que morrem. A poesia constitui a cadeia dessa experiência letal. E é, ao mesmo tempo, a poesia que libera o homem da morte graças à função da memória, correlata ao circuito da História interligando passado, presente e futuro a uma parcela de eternidade conquistada em cada época.

Jean-Paul Sartre tem prioridade do lado dos filósofos, nessa exposição, porque foi nele que se extremou a relação entre Filosofia e Literatura, aqui estudada, num nexo trilateral da mesma atividade de escritor, ora romancista e dramaturgo, ora ensaísta em *A imaginação e o imaginário*, e tratadista em *Ser e nada*. Essa trilateralidade é marcada por cruzamentos internos — da Filosofia com o drama e com o romance, do dramático e do romanesco com a concepção filosófica. A concepção filosófica de Sartre esboçada na novela *A náusea* (*La nausée*), e que resumida foi em *O existencialismo é um humanismo* (*L'existentialisme est un humanisme*) (ele criou o termo existencialismo), espraiou-se em *O ser e o nada* (*L'être et le néant*), integrando conceitos provindos de Hegel e de Heidegger numa metodologia fenomenológica oriunda de uma interpretação de Husserl, o fundador da Fenomenologia e mestre de Heidegger. Filosóficos na intenção, os dramas de Sartre, decisivo exemplo de cruzamento interno, exteriorizam a estrutura eminentemente dramática da existência humana descrita filosoficamente por esse escritor e pensador francês.

Requalificando a Fenomenologia como hermenêutica do sentido do ser na existência humana situada no mundo e estruturada pelo tempo, em sua obra-prima interrompida *Ser e tempo* (*Sein und Zeit*, 1927), e depois como interpretação dos pré-socráticos e dos poetas alemães (Hölderlin, Trakl, Rilke), Heidegger, com quem mais afinidades tenho, tentou, numa segunda fase, libertar-se de elementos subjetivistas e antropológicos, de que estaria eivado aquele livro, e que atribui ao curso invasor da Metafísica moderna a partir de Descartes, para soltar a linguagem desses pensadores e poetas a fim de que viessem a falar por si mesmos. Mas nesse extremo limite de sua Filosofia, Heidegger, sobre quem escrevi longo texto, "Passagem para o poético", opta por uma espécie de reviravolta do pensamento numa prática meditante, que vai de encontro à tecnificação do mundo, para isso aderindo ao canto, ao "fervor pensante da recordação" do ser a que nos chama a poesia. "Cantar e pensar são os dois troncos vizinhos do ato poético", afirma o mestre alemão em seu estilo aforismático da segunda e última fase.

Não esqueçamos porém que o idioma filosófico de Heidegger é também poético na escrita mesma de *Ser e tempo*, que abunda na criação de palavras, substantivos (*Sein-zum-Tode*) e verbos (*welten, zeitigen*). Destaca-se nele, sobretudo, o termo basilar daquele tratado, *Dasein*. Na língua alemã com o significado comum, dicionarizado, de existir, esse termo, no vocabulário heideggeriano, representa tanto o homem como o aí do ser, o ente no qual o ser se manifesta, quanto o ser aí, existente no mundo, de tal forma que sua estrutura lhe impõe um movimento extático, fora de si — a temporalidade, condição *sine qua non* do tempo astronômico, dos calendários e dos relógios. Daí afirmar Heidegger que, como *Dasein*, o homem é temporal no fundo de seu ser. A temporalidade o ajuda a contornar a barreira da Metafísica, que impõe o ser como ente, e a transitar para o desvelamento do ser na linguagem dos poetas. Na passagem para o poético, a filosofia alcança o seu fim (*Ende*): ensinar o homem a habitar poeticamente a Terra.

O habitar é menos e mais que o conhecer. É menos porque não se coaduna à mera representação das coisas no espaço e no tempo. E é mais porque pressupõe a prévia posse (*Vorhabe*) do ser que nos engloba. Focalizando essa posse como experiência primária, a filosofia atravessa o Rubicão da linguagem para reencontrar o silêncio que nos cerca. Do mesmo modo, a Filosofia descola do visível que a percepção capta para o invisível já apreendido naquele. Eis aí uma versão arquirresumida do pensamento de Maurice Merleau-Ponty, que começou por uma *Fenomenologia da percepção* (*Phénomenologie de la perception*) e cujo último livro foi o inacabado e póstumo *O visível e o invisível* (*Le visible et l'invisible*).

Propondo uma Metafísica sem Absoluto, a visar como realidade nativa o ser-no-mundo, Merleau-Ponty, a quem Hannah Arendt aderiu, reconhece, no entanto, a dimensão ontológica da Arte e da palavra poética, apontando, em confirmação, a pintura de Cézanne e *Em busca do tempo perdido* (*À la recherche du temps perdu*), de Marcel Proust. Cézanne não apenas nos ensina a ver. Ensina-nos o que é a visão e que a coisa natural nada mais é do que uma unidade simbólica, formada pela religação das qualidades sensíveis na cor e na forma. A montanha Sainte-Victoire é uma fisionomia do visível, como fisionomia do visível são as *Lavadeiras*, de Renoir. A água que figura nesse quadro não é a água do Mediterrâneo, mas o "emblema de uma maneira de habitar o mundo, de tratá-lo, de interpretar pelo rosto como pelo vestuário, pela agilidade do gesto ou pela inércia do corpo — enfim, o emblema de uma certa relação com o ser" (*Signes*, p. 68). Ambos, Cézanne e Renoir, desvendam-nos o segredo da visão.

Com a Literatura, sob a clave do poético, a Filosofia aprende o segredo da escrita: a enunciação nos dá mais do que a proposição e o argumento. Essa descoincidência entre enunciação e proposição encadeia o paradoxal movimento da escrita literária: o verdadeiro despontando do imaginário, da expressividade da palavra, como a ficção de Marcel Proust sintetizou.

Mas, seja como texto literário, seja como pintura, o poder conversor da arte estreita a afinidade entre o artista e o filósofo, uma vez que ambos, conforme o enfoque de "La métaphysique de l'homme" (*Sens et non-sens*), estão a braços com a descrição da inexaurível experiência humana — de sua raiz perceptiva à sua floração na linguagem, do plano corporal ao intencional, das vivências pessoais aos vínculos interpessoais ou aos laços da memória coletiva. Saber ver e saber dizer são também imperativos da escrita, do discurso filosófico. Desse ponto de vista, a Filosofia é criação no sentido radical, o que aprofunda "consideravelmente a estimativa de Souriau sobre a Filosofia como arte suprema" (*Le visible et l'invisible*, p. 251). Consequentemente, a descrição filosófica seria convergente ao dizer poético.

Mas para entender essa convergência não basta assinalarmos, com Habermas, "a guinada linguística" em nossa cultura. É preciso, na verdade, considerar que as mudanças do pensamento, nessa época, como o declínio da Metafísica e a "morte de Deus", já tinham aproximado Filosofia e Literatura.

Em sua linguagem mista, sublime e vulgar, alta e baixa, a poesia moderna, com traços de religiosidade e antirreligiosidade, à busca, antes de qualquer outra das artes, de uma *unio mistica* secularizada, interiorizou, desde os poemas de Baudelaire, a "morte de Deus", depois do abalo produzido pela *Crítica da razão pura*, início da crise, na Metafísica, da noção de substância (os paralogismos), e, consequentemente, da alma, da unidade do sujeito e de sua imortalidade.

No terreno filosófico, essa crise, culminando quando, desligado o alto do baixo, o sensível do suprassensível, deu-se com a descoberta da vida (biologicamente considerada), o que permitiu que se divisasse a importância ontológica da parte baixa, subterrânea, pré-teórica, da experiência, em que a teoria se funda e acima da qual se eleva. Em consequência do quê, tematizada ficou essa parte irreflexiva, distinta do sujeito humano como consciência reflexiva: a faticidade e a compreensão do existente como ser-aí (*Dasein*), o que nos daria o grande bloco hermenêutico do pensamento contemporâneo, construído por Heidegger e enriquecido por Hans-Georg Gadamer e Paul Ricœur. Compreendendo o mundo e a si mesmo como poder-ser, o *Dasein* não conhece teoricamente nem a Natureza nem a si mesmo antes de interpretar-se; o conhecimento funda-se no ser interpretado como "tal ou qual", isto é, previamente compreendido na fala, no discurso que nos constitui como ente, e que possibilita os enunciados proposicionais. Mas a verdade pré-teórica, originária, não reside nesses enunciados e sim no desvelamento da compreensão, que é temporal e histórica.

Verifica-se, dessa forma, notável transposição: desloca-se o eixo proposicional da noção de verdade para o âmbito do discurso, da linguagem ou da fala, como o solo comum de nossa experiência, enfeixando as possibilidades do conhecimento científico, da poesia e da filosofia. E é precisamente aí onde poesia e filosofia já se avizinham. Tal vizinhança sustenta a aproximação histórica de poetas e filósofos no atual panorama da cultura.

Fático nos sentimentos fundamentais da angústia, da alegria, do medo e do tédio, compreendendo-se no imediato de sua situação e nas possibilidades que o tornam temporal e, portanto, ente do longínquo jamais coincidente consigo mesmo, o homem é, como ser-aí ou *Dasein*, pela compreensão que o projeta no mundo, ser de imaginação e não apenas de razão. Não será preciso fazer, como Coleridge, a apologia da imaginação. Salto no conceito e acima dele, a imaginação é comum de dois, à Poesia e à Filosofia.

Sob esse foco, o mesmo da linguagem-discurso ou da fala, anteriormente referido, também se poderá distinguir, além dos componentes poéticos (metáforas, metonímias, paronomásia etc.), os contrafortes retóricos dos escritos filosóficos — que são os seus mecanismos de persuasão, tais como os circunlóquios de Descartes (estratégias, dir-se-á hoje), a ordem geométrica de Spinoza, as retificações kantianas (como nas Introduções à *Crítica do juízo*), o pensamento "romanceado" de Hegel, principalmente na *Fenomenologia do espírito* (o herói é o mesmo *Geist*, conforme observaria Santayana), a *belle écriture* bergsoniana, o estilo *journal intime* de Kierkegaard (compare-se com Amiel), os trocadilhos e paronomásias heideggerianas, os gêneros (o tratado, o ensaio, o diálogo, este frequente no Renascimento e nos séculos XVII e XVIII, em recesso no século XIX, e raro e ralo hoje), sua individualização num estilo, sua conformação verbal no todo de uma obra de linguagem.

A missão de "dialogar" com a Poesia — que pensaria cantando, em ritmo — deferida por Heidegger à Filosofia, depois de *Ser e tempo*, é, para os filósofos, de modo geral, um diálogo-limite, na fímbria da própria Filosofia e já para fora da Lógica. Mas para os poetas, esse diálogo com a Filosofia é um diálogo de limiar, que se incorpora ao trabalho de elaboração do poema — Camões e os barrocos absorvendo os neoplatônicos, Rimbaud, os gnósticos, Fernando Pessoa, Nietzsche, e tantos outros pensadores que ressurgem filtrados na criação, depois de incorporados à experiência pessoal, histórica e cultural do poeta, ou seja, à sua interpretação compreensiva de si mesmo como ser no mundo.

Assim, o movimento de vai e vem da Filosofia à Poesia e da Poesia à Filosofia, de que Antonio Machado/Mairena falou, remonta à compreensão preliminar, linguageira, do ser no meio do qual nos encontramos. "À medida que a

Filosofia se torna mais consciente da maneira como o pensamento requer a linguagem, mais ela se aproxima da poesia..." (Warren Shibbles, *Wittgenstein: linguagem e filosofia*). O pensamento requer a linguagem interligada à fala, ao discurso. E requerendo a linguagem, o pensamento já se interpretou nela. Por isso, a Poesia moderna, consciente de sua fatura verbal, como no-lo mostra a ocorrência nesta da tematização predominante do ato poético, é a que mais se aproxima da Filosofia. Tal é o requerimento da linguagem sobre nossa experiência de interpretantes, que se poderia dizer que, para nós, leitores, a literatura pensa, não apenas no sentido da bem lograda tentativa de Macherey, de extrair a Filosofia implícita de certas obras literárias, como romances franceses dos séculos XVIII e XIX, mas, também, no sentido do efeito anagógico, conversor, propiciado pelo ato de sua leitura. O efeito anagógico é semelhante à súbita "iluminação" dos místicos, sejam eles orientais ou ocidentais. Na expressão do poeta jesuíta Gerard Manley Hopkins, trata-se de um *inscape*, levando-nos para além de nós mesmos, do entendimento banal do cotidiano e para fora da couraça das ideologias.

No entanto, jamais podemos esquecer o que Nietzsche e Fernando Pessoa afirmaram: os poetas mentem e fingem muitas vezes, e muitas vezes, como já sabiam as Musas, que inspiraram a Hesíodo sua teogonia, falam a verdade. Mas de que verdade essencial podem falar as obras de literatura, particularmente as poéticas, tanto no sentido estrito quanto no amplo para o filósofo?

Além das respostas de Heidegger e Sartre, já examinadas, merecem consideração a de Paul Ricœur, por via semântico-hermenêutica, e a do neopositivista heterodoxo, marginal, Ludwig Wittgenstein, obtida pelo seu método de excludência lógica.

O lado semântico da resposta de Ricœur concerne ao plano da escrita, a que pertence o discurso como obra. A escrita abstrai a relação dos interlocutores no discurso falado, suspendendo, portanto, os referenciais correntes dos enunciados descritivos, afetos à verdade proposicional. E assim o texto literário, poético, devolve ao leitor, com um novo referencial, o mundo de sua experiência pré-teórica — o mundo do texto. O mundo do texto pode tornar-se texto do mundo porque desprendido fica das intenções pessoais do autor. É por esse lado hermenêutico que a obra de discurso (seja poesia, seja prosa) é capaz de dar-nos variações imaginativas sobre o real, ou, como poderia dizer-nos Northrop Frye, enunciados hipotéticos da ação humana, reveladoras do éthos. Sem literatura de ficção jamais teríamos conhecimento dos conflitos éticos e do empenho moral do homem.

Concordando com um dos fundadores da Lógica simbólica, Gottlob Frege (1848-1925), acerca do valor de verdade da referência, Ludwig Wittgenstein negou o conhecimento ético, mas não a importância do empenho moral do homem. Para ele, paradoxalmente, o seu *Tratactus logico-philosophicus* (1922) era uma introdução à *Ética*. Introdução negativa, por certo: os enunciados sobre o bem ou a felicidade, que tendem a absolutizar-se, são insustentáveis e sem sentido. Não é possível escrever uma Ética — disse-o Wittgenstein numa conferência. Por quê?

Porque os juízos da Ética, que não correspondem a estados de fato, seriam intraduzíveis, inexpressáveis. Faltariam proposições que os asseverassem. "Sobre o que não podemos dizer, é melhor silenciar", escreveu Wittgenstein. O ético, o religioso e o metafísico pertencem à categoria do indizível, isto é, daquilo que não pode ser articulado proposicionalmente. O indizível é o místico. "*Das Mystische zeigt sich.*" O indizível é o que só pode ser mostrado.

Wittgenstein, leitor e adepto de Tolstói, admirador de Rilke e de Trakl, pôs à conta da literatura, da poesia, por excludência lógica, o que pode ser mostrado (dito numa forma de linguagem não proposicional): a verdade essencial relativa à ação humana, a verdade do éthos de que a Filosofia não pode falar. Ela pode, ironicamente, como fez no caso de Wittgenstein, falar dessa sua impossibilidade e, por meio dela, transar com a poesia. Mas, concluímos nós, quando a Filosofia e as Ciências se calam, é sempre a poesia que diz a última palavra.

Crítica literária no Brasil, ontem e hoje

Costuma-se dizer que a crítica literária, tão velha quanto a literatura, é da idade de Platão. Mas, ao censurar passagens imitativas dos poemas homéricos, Platão era mais um pedagogo, defendendo uma certa ideia de *polis* — comensurada ao conhecimento verdadeiro, contra a mimese dos sentimentos —, do que um crítico literário, como não foi crítico literário Aristóteles, ao escrever a *Poética* e a *Retórica* para distinguir os efeitos da mimese da ação, na tragédia e na comédia, daqueles provocados pelo discurso persuasivo.

Antes da vigência da palavra "crítica", no século XVIII, principalmente na acepção que lhe daria Kant, o crítico literário não prosperou; poderia estar latente no gramático durante a Idade Média, como no humanista durante o Renascimento, mas a sua identidade profissional, digamos assim, conquistou-a somente quando, arruinados os cânones do classicismo e com a pública difusão iluminista do livro na sociedade burguesa, às vésperas do romantismo, passou a cumprir aquela primeira obrigação de ler literatura,[1] que Northrop Frye em nossos dias lhe cobrou como seu estrito dever para com o esclarecimento de outros leitores das mesmas obras sobre as quais formu-

---

[1] Northrop Frye. "Polemical introduction". Em *Anatomy of criticism*. Nova York: Princeton University Press/Atheneum, 1966, p. 6.

la antecipadamente apreciações ou juízos, seja avaliando-as, interpretando-as e descrevendo-as.

Kant emprestou à palavra "crítica" a acepção de um tribunal erigido pela razão, por si mesma e para si mesma, para julgar de suas pretensões quer na ordem do conhecimento teórico (*Crítica da razão pura*); quer na ordem do conhecimento prático (*Crítica da razão prática*); depois, estendeu na terceira crítica (*Crítica da faculdade de julgar*) essa singular judicatura à esfera dos juízos reflexivos, como os estéticos e os de finalidade, que, em vez de se determinarem mediante conceitos, estão condicionados aos estados do sujeito, acompanhados, no caso dos primeiros, por um sentimento de prazer desinteressado, sinal distintivo desses juízos de gosto que autorizam a atribuir aos objetos que os suscitam o predicado "belo". Segundo Kant, como não há ciência do belo mas somente crítica, o filósofo seria crítico, desde que visasse estabelecer as condições inerentes ao sujeito que possibilitam tais juízos de gosto; se quisesse, também poderia aplicar as regras deles extraídas para o ajuizamento de objetos particulares, tais como os "produtos da arte bela". Mas, nesse caso, estaria praticando outro tipo de crítica, tal como antes a definimos, e a que atribui Kant o caráter de artesania, certamente menor, no seu modo de ver, em relação à crítica filosófica. Contudo, o que importa assinalar é que a crítica, no sentido de avaliação, interpretação e descrição, recai, de qualquer forma, na órbita do juízo de gosto, porquanto a literatura, lida como literatura, já se inclui no domínio da arte, e assim, portanto, se acha afetada pelo índice estético do "belo".

Por pertencer a essa órbita, a literatura ingressa na experiência individual do crítico, cada vez atualizada pela sua leitura, como modo de acesso ou de discernimento da obra. Ora, nem isolada nem puntiforme, pois que a obra conhecida se relaciona com outras muitas, tanto horizontalmente, num dado momento, quanto verticalmente na ordem da sucessão temporal, a experiência individual é também social, porque se acha sob condições culturais e históricas determinadas. O acesso obtido, com seu respectivo discernimento, é a continuação de uma trilha de prévio conhecimento ainda não fundamentado — conhecimento de parentescos entre conteúdos, de afinidades entre formas, enquadrando a obra como texto num contexto de ideias, de conceitos preliminares ou de pré-noções — contexto cultural não menos atuante do que o legado dos precedentes históricos. Daí múltiplas leituras poderem significar mais de uma via de acesso à mesma obra, com seus modos próprios de discernimento, pondo em ação variada gama de métodos analíticos e de procedimentos explicativos ou compreensivos.

A leitura é, pois, como Cesare Segre admite, a execução própria da crítica.[2] Em consequência do que a crítica, que se renova à custa do ato de leitura que a perfaz, é inacabável em seu gênero e infinita em número, como infinito é o processo interpretativo do qual participa e que, depois de tudo quanto até agora dissemos, seria pleonástico qualificar de histórico.

Mas a conquista da identidade profissional do crítico na tarefa de executor da leitura, que responde pela continuidade do processo interpretativo da literatura, não esteve isenta de confrontações e penosos equívocos. Desconfiaram dele os românticos alemães. Como poderia o crítico julgar acertadamente a beleza artística, que não é uma propriedade extrínseca, objetiva, das obras, sem passar pela subjetividade do juízo estético, equivalente a um ato de intuição espiritual ao encontro da imaginação de quem as criasse? Se isso fosse possível, deveria ele pôr-se à altura do gênio e, como o gênio, dar regras à arte, caso em que seria um "autor em segunda potência". Somente o verdadeiro autor, em primeira mão ou em primeira potência, estaria capacitado, como poeta, a criticar aquilo que criasse. O poeta é poeta como criador e é crítico como poeta. Os românticos uniram, pela primeira vez, essas duas ideias, o que redundou na admissão de um híbrido poeta-crítico ou de um crítico-poeta, em simetria com a figura do poeta-filósofo aparecida à mesma época. Haveria, portanto, duas críticas, uma interna, a do poeta-crítico, outra externa, a do crítico que artista ou poeta não é.

Porque baixasse por vezes arrestos inapeláveis, à semelhança das sentenças de um juiz em última instância, muito cedo o simples crítico se exprobraria a si mesmo, recalcando, na traumática condição de "inferior vindicativo"[3] em que passou a ser visto, a má consciência do superego autoritário que o conduzia. Assim, o "autor em segunda potência" haveria de julgar-se como um parasita de escritores, vampiro da literatura.

Mas nem sempre. Ele também se veria como um porta-voz da opinião pública, no exercício de uma atividade judicativa socialmente necessária, autorizado a, brandindo uma verdade superior e definitiva, separar no terreno literário o joio do trigo, as plantas rasteiras das viçosas, as daninhas das benéficas.

---

[2] Cesare Segre. *Os signos e a crítica*. São Paulo: Perspectiva, 1974, pp. 140-1.
[3] Leyla Perrone-Moisés. *Texto, crítica, escritura*. São Paulo: Ática, 1978, p .17.

Para desempenhar essa função no século xix, contraiu inevitáveis alianças intelectuais, que lhe seriam tantas vezes desfavoráveis, como a de Sainte-Beuve com a história.

Em suas *Causeries du lundi*, esse crítico avaliou as obras literárias pela biografia de seus autores; cada qual seria a transposição da história de vida de quem as escrevesse. Tal homem, tal obra. As diferenças de uma para outra obra literária resultariam da diferenciação dos homens, separados em famílias espirituais diversas, distintas pela sua ascendência familiar, pela profissão, pelos hábitos, mas iguais como sujeitos psíquicos.[4] De cada página de poesia ou de prosa ficcional um mesmo Eu real, indivíduo e cidadão, espiava os leitores.

É a um autor em primeira potência, Marcel Proust, que se deve a melhor contestação a Sainte-Beuve — contestação exemplar, embora tardia, do ponto de vista da orientação crítica. O grande equívoco do crítico, dizia Proust, era confundir o homem com o autor, o Eu empírico daquele com o Eu de quem escreve.[5] Quem escreve não é o indivíduo, não é o cidadão. Porque o trabalho literário difere de qualquer outro, o ego *scriptor* não é aquele do autor, um ego social e sociável, que pode ser observado dentro e fora de seu gabinete: o escritor só aparece no que escreve e como escreve, nas páginas de um livro que assina como autor. Se a experiência do crítico reside na leitura que faz da obra, a experiência do escritor deriva de sua escrita. De uma e de outra experiência, concordante ou discordantemente, derivariam mudanças, ora pacíficas, ora conflitivas, da literatura. Os momentos literários mais fecundos, aqueles que fazem história, talvez sejam os de maior tensão entre a escrita dos escritores e a leitura dos críticos.

Este nosso ensaio sobre a crítica literária no Brasil é menos um quadro sintético do que um breve recorte de seus momentos de maior tensão — o que justifica as deploráveis mas forçadas omissões de muitos nomes, passagens e circunstâncias. Falarei dos críticos lidos por mim no passado e no presente com mais frequência, e que me são familiares; o recorte histórico adiante traçado é, portanto, o roteiro de uma experiência pessoal da literatura, privilegiando a poesia.

Entre nós, pode-se admitir, sem prejuízo dos predecessores ou pioneiros românticos, que a crítica literária começou a fazer sua própria história no fim do

---

[4] Ferdinand Brunetière. *Manuel d'histoire de la littérature française*. Paris: Delagrave, 1897, p. 469.

[5] Marcel Proust. *Contre Sainte-Beuve*. Paris: Gallimard, 1954.

século XIX, com a chamada geração de 70, republicana e antiescravagista, de Sílvio Romero e José Veríssimo, que, na passagem para a escola naturalista — em que se destacariam Adolfo Caminha, Inglês de Sousa e Aluísio de Azevedo —, adotou o positivismo de Auguste Comte, o evolucionismo do naturalista alemão Ernst Haeckel (1834-1919) e a filosofia evolucionista do inglês Herbert Spencer (*Primeiros princípios*, 1862), que eram as "ideias novas" da época, mas sem perder de vista o postulado, por essa mesma geração recebida do romantismo, da equivalência, na literatura brasileira, entre afirmação de nacionalidade e caráter estético.

O naturalismo e o historicismo, aquele apelando para a explicação mediante causas naturais, hauridas das ciências da natureza, e o último invocando o primado da causação histórica, contendiam no âmbito polêmico das "ideias novas", unidas, porém, pelo pressuposto da comum ideia de evolução, que tanto se aplicaria à natureza, como desenvolvimento escalonado de formas orgânicas, das mais simples às mais complexas, quanto às sociedades humanas, sujeitas à mesma ideia, em que Auguste Comte ensinara a ver o progresso do espírito humano, galgando, em sua final etapa, o estado do conhecimento positivo, que uma política sabiamente traçada, final solução para a "questão operária", universalizaria por meio da educação científica e da propagação da civilidade burguesa. O naturalismo, que justificava o regionalismo, inaugurado pelo romantismo, e que se abria para a explicação sociológica (a sociologia ainda recentemente criada, com esse nome, por Auguste Comte) mais a história, que se constituiu no forte braço direito da crítica, associavam a índole nacional da literatura, como prévio critério de valor das obras, ao esquema explicativo triádico, raça, meio e momento histórico, exposto por Taine em suas *História da literatura inglesa* e *Filosofia da arte*, e adotado, em linhas gerais, na *História da literatura brasileira*, de Sílvio Romero (1888). Desde então, crítica e história literária caminhariam juntas em nossa cultura, ambas apontando para o viés nativista ou nacionalista da evolução da literatura, mas não sem reparos corretivos como os de Sílvio Romero, em nome de uma espécie de culturalismo, e os de José Veríssimo, em nome da literatura como arte.

Sílvio Romero se insurgiria contra o primado das ciências da natureza, transpostas à explicação da sociedade e dos produtos da atividade humana, como arte, primado que era consequência lógica da concepção naturalista, facultada pelos evolucionismos por ele mesmo esposados. Nenhum evolucionismo consequente, pensava ele, dispensaria o crivo comparatista do conhecimento histórico, que nos ensina ser a arte um produto da cultura humana e não da natureza. Deveria dizer-se que a "arte é um campo da sociedade visto através de um temperamento", em uma correção à conceituação de Zola, "a arte é um recanto da criação visto através de um temperamento", convertida então em repetida fórmula.[6] Mas nem a original conceituação, que mantinha intacto o naturalismo, nem a sua mudança corretiva de teor culturalista poderiam dar conta do pressuposto, essencial para Sílvio Romero como princípio executor da leitura crítica dos textos literários: a formação e o caráter nacionais como medida de valor estético.

Não há dúvida de que José Veríssimo adotou o mesmo princípio ao criticar os romances naturalistas, nos quais faltava a representação da natureza e da vida brasileiras. Nosso naturalismo entregara-se à imitação da arte romanesca de Zola, o que atrasaria "o definitivo advento de uma verdadeira e forte literatura brasileira, onde o povo se sinta representado e a pátria se veja reproduzida".[7] Mas temperando-a de ceticismo, como evidenciou João Alexandre Barbosa,[8] a aceitação desse princípio, em José Veríssimo, não poderia ser excludente, como o foi para Sílvio Romero, da literatura como arte, particularmente de Machado de Assis, cuja obra independia de "uma inspiração mais pegada à vida nacional".[9] Para além do regionalismo, que pode ser estreito, e do nacionalismo, que não garante largueza de vistas, o valor da literatura, como o reconheceu Araripe Júnior (1848-1911), outra voz autorizada desse período, poderia estar na "capacidade de satisfação às aspirações de ordem estética de uma sociedade".[10]

Mas, na passagem do século XIX para o século XX, essas aspirações de ordem estética recaíram na letargia do esteticismo — uma derivação conjugada do realismo naturalista e do parnasianismo, o primeiro ornado pela *écriture artiste* e o segundo motivando, com base em uma preceptística do verso, que teve o seu

---

[6] Sílvio Romero. "Movimento espiritual do Brasil no ano de 1888 (Retrospecto literário e científico)". Em *Novos estudos de literatura contemporânea*. Rio de Janeiro/Paris: H. Garnier, s.d., p. 120.

[7] José Veríssimo. "O romance naturalista no Brasil". Em *Estudos brasileiros: segunda série (1889-1893)*. Rio do Janeiro: Laemmert, 1894, pp. 1-41.

[8] João Alexandre Barbosa. *A tradição do impasse*. São Paulo: Ática, 1974, p. 145.

[9] J. Veríssimo. "O sr. Machado de Assis", op. cit., pp. 198-9.

[10] Pedro Paulo Montenegro. *A teoria literária na obra crítica de Araripe Júnior*. Rio de Janeiro: Tempo Brasileiro, 1974, pp. 42-3.

vade-mécum — o *Tratado de versificação* (melhor seria chamá-lo de manual), de Olavo Bilac e Guimarães Passos (1905) —, um verdadeiro culto da forma (ou da fórmula) poética.

Um dos momentos de maior tensão, se não o maior, em nossa literatura, entre a leitura dos críticos e a escrita dos escritores, ocorreria no início da segunda década do século xx, com o advento do movimento modernista em 1922, lastreado, por um lado, pelas correntes estéticas europeias de vanguarda, do futurismo ao surrealismo, e, por outro, pelo critério de nacionalidade, menos como índice de um valor já possuído do que como meta de uma indagação da identidade brasileira a intentar ou como vocação artística, social e política a perseguir. Os manifestos (Paubrasil, 1924, Verdeamarelo, 1926, Antropófago, 1928) e as revistas (*Klaxon,* 1922, *Estética,* 1924, *Nova,* 1926, *Festa,* 1927, *Revista de Antropofagia,* 1928-9) de que o período, com seus distintos grupos, no Rio e principalmente em São Paulo, foi pródigo, atestam o conflito interno, ora estético, entre a adoção das correntes europeias e a propensão nacionalista e mesmo localista do movimento, ora ideológico, com acentuado pendor político, entre discordantes e polarizadas concepções acerca da identidade brasileira.

De modo geral, todos reconheciam que o problema dessa identidade arraigava-se numa duplicidade cultural, que também é social e política: a cultura nativa, de origem rural, pré-urbana, pré-letrada, com um teor de originalidade própria, em que se associam contribuições tão diversas, folclóricas, culinárias, linguísticas, decorrentes do caldeamento étnico com o colonizador branco das populações subjugadas, o escravo negro e o índio submisso, e a cultura intelectual importada, bacharelesca — o nosso lado Doutor de que fala o manifesto Pau-brasil, ao mesmo tempo polícia jurídica da sociedade e polícia gramatical da língua. A inteligência modernista se propunha a sintetizar os dois lados, o pré--letrado popular, primitivo e bárbaro, esconjurado por Graça Aranha em *A estética da vida* (1921), e o pré-letrado exacerbando na arte e no pensamento um efeito de mistura, de fusão, de complementação, análogo ao da miscigenação étnica, que se refletiria, a partir da renovação da língua, com o aproveitamento de suas reservas populares de mudança semântica e sintática — efeito obtido à custa do que teria de destrutiva a "prática culta da vida", assim chamado no manifesto Pau-brasil não só a adoção do modernismo estético quanto a modernização técnica e industrial da sociedade, fecundados, porém, pelo sentido étnico a que apelavam todos, sem dar-lhe a mesma conotação: para uns consistia nos componentes mágicos, instintivos e irracionais da cultura nativa, cujo horizonte edênico e utópico os poemas de Oswald de Andrade, constantes do livro homônimo, *Pau-brasil*, recuperaram; para outros, os verde-amarelos e os do grupo Anta, remetia à interiorização do índio como elemento racial formador.

A maior oposição interna entre os modernistas, já de caráter ideológico, provinha desse olhar sobre o suposto ancestral, eleito pelo verde-amarelismo, em uma espécie de neoindianismo político de inclinação conservadora, o ancestral de uma raça futura, mas guardião, no presente, das instituições nacionais, e escolhido pelo Manifesto de 1928 como antropófago, a devoração ritual dos tupis feita metáfora tanto da assimilação orgânica da arte e do pensamento estrangeiros, no caso particular das correntes europeias de vanguarda, quanto do extravasamento das energias criadoras dos colonizados, outrora represadas pelas Ordenações do reino e pela catequese jesuítica — esses dois contrafortes do superego colonizador — numa última revolução caraíba, fonte instintual predecessora e formadora das revoluções Francesa e Bolchevique.

Tais vislumbres da identidade cultural brasileira, é preciso não esquecê-los, figuram nos textos mistos, teóricos e programáticos, dos manifestos, como fragmentos de novas poéticas subscritas por escritores e poetas — a primeira das quais constituiu o prólogo a *Pauliceia desvairada*, de Mário de Andrade, o "Prefácio interessantíssimo", de 1922, continuado em *A escrava que não é Isaura*, de 1924, repertório das mais variadas formas de verso moderno, que pode ser considerado, além de réplica ao *Tratado de versificação* antes citado, a primeira vertente da crítica modernista, voltada principalmente para a poesia. Essa vertente, que privilegia a linguagem poética, traz de volta, ali e nos manifestos e prefácios de Oswald de Andrade, a função romântica do poeta-crítico, alternando, numa mesma atividade, o trabalho de reforma de gosto por uma nova escrita e o encargo de sua leitura interpretativa. Dessa forma, no modernismo, de modo particular em sua fase aguerrida, de militância estética, revezaram-se, às vezes exercidas pelos mesmos escritores, a crítica interna, complementar à criação, e a crítica externa ajuizando obras do passado, como fizeram em diferentes momentos os já citados Mário e Oswald de Andrade, convergindo os dois, talvez, sem prejuízo das distintas fontes a que recorreram, na orientação pragmatista definida pelo primeiro, atenta à eficácia dos conceitos, caçados nas diversas correntes estéticas que os atraíram, e que os punha, afastados das tradições do naturalismo, do simbolismo e do esteticismo *fin de siècle,* bem como avessos às sistema-

50

tizações estéticas, a compasso de uma literatura mais reflexiva, inclinada à paródia, ao humor, à ambiguidade, em uníssono com as mudanças de sensibilidade da modernidade avançada.

A função do poeta e do escritor, exercida na dupla chave de criador e de crítico, se interiorizara nas obras-primas do modernismo, como *Pauliceia desvairada* e *Pau-brasil*, em poesia, e *Memórias sentimentais de João Miramar* e *Macunaíma*, em prosa, que também atestam a conquista, no curso do movimento de 22, de uma arte literária autônoma, descobrindo-se enquanto linguagem entre linguagens, mas reveladora, a despeito das contribuições desse movimento — "a estabilização de uma consciência criadora nacional" e o "direito à pesquisa estética", no juízo de Mário de Andrade —,[11] do irredento conflito do escritor com a sociedade, ainda patriarcal combinação de casa-grande e senzala, tal como Gilberto Freyre o descreveria no livro de sociologia paubrasil — se não for antropofágica — de igual título, em 1933.

Com o novo estado da literatura, a crítica externa — exercida de modo flexível e assistemático por Sérgio Milliet no seu *Diário crítico* (1940-56) em dez volumes e no *Panorama da moderna poesia brasileira* (1952), e ainda por Tristão de Athayde, contemporâneo do surgimento do modernismo, Sérgio Buarque de Holanda, que participou do movimento, e Lucia Miguel Pereira, Álvaro Lins e Otto Maria Carpeaux, na fase tardia de sua repercussão — alcançaria, entre 1922 e 1950, em uma diferente perspectiva temporal, talvez aberta pela reviravolta modernista, redimensionar, tal como Mário de Andrade começara a fazê-lo nos artigos de *O empalhador de passarinho* — e mesmo n'*O baile das quatro artes* —, manifestações populares e folclóricas de arte, obras e autores do passado. Mas o correlato na crítica, da conquistada autonomia da arte, beneficiada por essa mudança de perspectiva, não tanto da história como do tempo histórico, revirado pelo movimento modernista, foi uma inquieta consciência dubitativa, que se perguntava sobre o seu *modus faciendi,* capaz de legitimar-lhe os pronunciamentos avaliadores, sem que, no entanto, a dúvida abalasse a função ou o valor dos juízos críticos corretamente elaborados.

No período a que nos referimos, todos ou quase todos os críticos são avessos ao impressionismo, do qual tentaram resguardar-se, embora muitas vezes em

---

[11] Mário de Andrade. "O movimento modernista". Em *Aspectos da literatura brasileira*. São Paulo: Martins, 1974, p. 242.

vão — pois que tinham se formado sob essa orientação —, negando que fossem concorrentes do escritor no próprio domínio deste, tomando-lhe a obra apenas como pretexto para nova criação. Recusaram, em consequência, a tese de Oscar Wilde, de que o objetivo do crítico "é escrever suas próprias impressões. Para ele pintam-se os quadros, escrevem-se os livros e esculpem-se os mármores".[12] Unanimemente concordaram que a leitura dos livros não os servia pessoalmente, mas que estaria a serviço de outros leitores.

Para Tristão de Athayde, discípulo de Sílvio Romero na juventude, que iniciou, em 1919, sua atividade de crítico literário, adotando as lições do impressionismo francês de Anatole France, Jules Lemaître e Remy de Gourmont, antes de aderir ao expressionismo de Croce, a impressão, válida num primeiro momento, precede a escolha, a seleção dos aspectos marcantes do texto, concatenados no ato de assimilação profunda que o compreendesse como objeto literário de conhecimento. Criticar é ler, segundo esse crítico, que condenaria, em nome da ordem moral, "as correntes de dissolução, como o dadaísmo, que irrigaram a prosa de Oswald de Andrade"— mas ler no intuito de justificar o texto, no sentido de fazer justiça ao autor, pela criação de uma apreciação justa da expressão verbal examinada.[13] Mas, acrescentaria Sérgio Milliet, o crítico não é aquele que tudo lê; é antes o leitor de "obras ponderáveis", as que merecem e provocam comentários.

Fundamental do ponto de vista de Álvaro Lins, signatário, durante os anos 1940 e 1950, de rodapés de crítica literária nos jornais, a apreciação justa demandaria a justeza do que se afirma ou nega e, portanto, do juízo afinado à consciência do fenômeno literário, por ele extensivamente abrangido — do romance ao drama — à procura da determinação das influências de um autor sobre outro, como de Virginia Woolf sobre Clarice Lispector ou da utilização das formas tradicionais — como da tragédia no teatro de Nelson Rodrigues, *Vestido de noiva* e *Álbum de família*.[14]

Em polêmica com as correntes teóricas, esses críticos discutem conceitos,

---

[12] Oscar Wilde. "O crítico como artista". Em *Obra completa*, 5ª ed. Rio de Janeiro: Nova Aguilar, 1993, p. 1131.

[13] Tristão de Athayde. *Teoria, crítica e história literária*. Rio de Janeiro: Livros Técnicos e Científicos, 1980, p. 140.

[14] Álvaro Lins. *Os mortos de sobrecasaca: obras, autores e problemas da literatura brasileira — ensaios, estudos, 1940-1960*. Rio de Janeiro: Civilização Brasileira, 1963, pp. 186-93.

como o de história literária, vantajoso, segundo Sérgio Buarque de Holanda, para o exercício da crítica, que ele soube exercer sempre de maneira compreensiva, principalmente em relação à poesia — em 1925 distinguiu a expressão de "inocência superior" no *Carnaval,* de Manuel Bandeira,[15] alhures reconhecendo o elemento de crítica enfeixado em toda criação poética. É amplo o espectro dos assuntos que eles enfocam, incluindo a sociologia, na abordagem, em Lucia Miguel Pereira, da intensificação do valor econômico nas democracias, prejudicial à literatura,[16] ou incluindo a música e o estudo dos "grandes mestres" europeus do passado, na visão reconhecidamente enciclopédica de Otto Maria Carpeaux, autor da *História da literatura ocidental* (1959-1966, 8 v.).

Como se faz crítica? A essa pergunta, implícita ao estilo polêmico, de busca e discussão de conceitos ou de critérios, em que se externou, então, a consciência dubitativa no exercício crítico, responderiam, de 1950 em diante, no prolongamento de uma fase ainda pletórica do exercício de ajuizamento avaliador, que se estendeu até por volta de 1970, outros expoentes da crítica externa, como Afrânio Coutinho, Antonio Candido, Wilson Martins, Eduardo Portella, Aderaldo Castelo, Fausto Cunha, Fábio Lucas e Euryalo Cannabrava. Se alguns deles privilegiamos, como expoentes da crítica externa, deve-se isso à presença mais constante e destacada que tiveram no jornalismo literário.

Uma das razões pelas quais denominamos essa fase de pletórica decorre da circunstância de que a crítica, seguindo o ciclo do jornalismo, desde o século XIX a caixa de ressonância da literatura do país, e, portanto, de sua recepção pública num meio cultural escasso de livros — como hoje vai se tornando escasso de leitores —, foi regularmente veiculada pelos jornais das duas metrópoles, Rio e São Paulo (*Correio da Manhã, Diário de Notícias, A Manhã, O Estado de S. Paulo, Jornal do Brasil*) — antes que seus autores, em muitos casos, as enfeixassem em livro (*Estudos,* de Tristão de Athayde, *Jornal de crítica,* de Álvaro Lins). Outra razão que justifica o qualificativo é o novo momento de tensão entre a leitura crítica, desde 1950 enriquecida com a atividade de poetas-críticos — Mário Faustino, Décio Pignatari, Augusto de Campos, Haroldo de Campos, Ferreira Gullar e

---

[15] Sérgio Buarque de Holanda. *O espírito e a letra.* São Paulo: Companhia das Letras, 1996, v. 1, p. 209.
[16] Lucia Miguel Pereira. "Mercância e literatura". Em *Escritos da maturidade.* Rio do Janeiro: Graphia, 1994, p. 192.

Mário Chamie —, e a escrita dos escritores, abalada e fecundada com a publicação de *Grande sertão: veredas* (1956), de Guimarães Rosa, *Duas águas* (1956), de João Cabral de Melo Neto, e *Laços de família* (1960), de Clarice Lispector.

Nesse período, à dúvida segue-se a certeza ou quase nas várias respostas à questão sobre o modo de fazer crítica, levantada no anterior, e que encontrariam apoio, ora direto, ora indireto, nos pressupostos das várias correntes filosóficas em vigência, de que esse fazer não pode ser de todo isolado. Não há crítica sem perspectiva filosófica; a compreensão literária, ato do sujeito, implica uma forma singular de conhecimento, logicamente escudado e constituído pelo método próprio de que se utiliza. Forma singular de conhecimento, que se arvora a conhecimento do singular, não prescindindo de uma compreensão da linguagem e da arte como obra, o que significa sua dependência a pressupostos filosóficos quanto às possibilidades formadoras da língua na configuração do texto, nunca de todo isoladas do que a experiência histórica ensina.

Às vezes, a moda, a avidez da novidade aliciam o julgador literário, mas queira-o ou não, o seu ponto de vista sempre se move entre presente e passado, segundo expectativas razoáveis do futuro da produção poética. É um ponto de vista reticulado, nunca isento filosoficamente. Sabe-se que os formalistas russos se formaram na fenomenologia de Husserl. O estruturalismo francês cresceu em sintonia com a linguística saussuriana.

Não somente o marxismo, como concepção global da vida social e histórica, juntamente com as teorias sociológicas e historicizantes, de que terá sido uma das matrizes, mas também a filosofia francesa dos valores (Louis Lavelle), além do neopositivismo, associado à tendência cientificista, permearam, antes da semiótica, da fenomenologia, das filosofias da existência, e, em particular, da hermenêutica de Heidegger e Gadamer, as postulações teóricas da crítica firmadas nesse momento.

Foi o momento de uma pausa politicamente liberalista de nossa sociedade na década de 1950 e no início dos 1960, precedendo a queda no fosso do regime militar a partir de 1964; durante esse interregno, o reinante clima de conflito ideológico entre marxistas e não marxistas, estes mais inclinados às filosofias da existência, pressionou o debate crítico nuclear da época, que se travou em torno da linguagem poética, e do qual participaram os poetas-críticos. Mário Faustino à frente da página "Poesia-Experiência" do Suplemento Dominical do *Jornal do Brasil*, exclusivamente dedicada à divulgação e à crítica de poesia, defende o pragmatismo; não é o de Mário de Andrade, mas o de Pound, preocupado em harmonizar o novo com o tradicional, segundo a fórmula do *make it new*, cunhada pelo poeta norte-americano dos *Cantos*, que só poderia obter o aclaramento crítico por meio de exemplos (*exhibits*), de amostras poéticas nas línguas originais e no ato de traduzi-los.

Augusto de Campos, Haroldo de Campos, Décio Pignatari descem à mesma arena de Mário Faustino; mas seja que os três primeiros se pusessem em defesa do concretismo, de uma poesia de vanguarda, substituindo a sintaxe discursiva pela visual, seja que o último fincasse pé na defesa da tradição renovada, esses contendores, quaisquer que fossem as diferenças entre suas ideias, no essencial recuperadoras do "direito à pesquisa estética" defendido por Mário de Andrade, tendiam a alcançar um só fim: separar o prosaico do poético, considerados polos extremos da linguagem, mesmo na concepção neoconcretista de Ferreira Gullar e da tardia variante da poesia de vanguarda dos anos 1970, como produção do texto em Mário Chamie. A crítica de poesia operava constantemente essa separação, e, de comum acordo, os concretistas e o dirigente de "Poesia-Experiência" admitiram que traduzir era instrumento crítico poderoso do conhecimento das qualidades estéticas dos poemas.

Mas, passando por esse depuramento crítico, poderia ser a poesia engajada? Perguntava-se, ainda, desde que se difundira entre nós a tese existencialista do engajamento sartriano, interpretada, por exemplo, nos livros de Affonso Romano de Sant'Anna e de Affonso Ávila, *O desemprego do poeta* (1962) e *O poeta e a consciência crítica* (1969), respectivamente, nos quais se punham em confronto ideologia e estética, liberdade de criar e compromisso social e político. De qualquer maneira, não se podia conceber a obra senão como estimuladora da ação, e a crítica como resposta ativa às criações literárias, ela mesma, conforme adiantava Haroldo de Campos, de natureza inventiva. O poema de João Cabral de Melo Neto, elaborado segundo uma disciplina intelectual própria do geômetra, é avesso ao extravasamento onírico; mas o João Cabral de "duas águas", das composições a modo popular, para serem ouvidas, como *Morte e vida severina*, e das composições de fino lavor imagético, para serem lidas, era, dizia-nos ainda Haroldo de Campos, um "geômetra engajado" (*Metalinguagem*, 1967). Talvez o horizonte social utópico, que despontava, na pausa liberalista e nacionalista da sociedade a que me referi, garantisse a ideia da possibilidade de uma futura conciliação entre esses extremos de participação política e da criação poética, por meio de uma poesia revolucionária, como então se dizia, repetindo-se Maiakóvski.

Já se poderia então interpretar a polarização do prosaico e do poético no sentido da oposição mais extremada entre o científico e o artístico, entre a linguagem constituída e a linguagem constituinte, distinção estabelecida por Merleau-Ponty, cuja filosofia, como a hermenêutica do próprio Heidegger, chegava entre nós depois da de Sartre, e quase ao mesmo tempo que o estruturalismo de corte francês. Para enfrentar as pretensões científicas do último na explicação da obra literária, Eduardo Portella radicalizou aquela oposição; a diferença era favorável à crítica: pois que o polo poético, nada mais do que a contida força da *poiesis*, é o que o crítico tem de invocar e convocar na execução de sua tarefa simplesmente hermenêutica, contra a preponderância dos modelos cientificistas. "O intérprete só interpreta se empreender o mesmo esforço, o mesmo movimento libertário da poesia (leia-se *poiesis*), se assumir a elasticidade do fazer poético", em seu *Fundamento da investigação literária*, 1974.

Dera-se, entrementes, a ascensão da teoria da literatura — ambíguo nome, quase ciência e apenas teoria, encampando a poética, a retórica e a estética, que consolidou e enobreceu o ingresso da atividade crítica na universidade, convertida em parte considerável da competência do magistério superior habilitado em Letras, prolífico em sua incessante produção de monografias, dissertações e teses universitárias, que, dificilmente computável, em breve saturaria a bibliografia especializada. Por isso, atemo-nos, daqui por diante, nesta exposição, a tópicos cronologicamente oscilantes, mais de ordem exemplificativa.

Método específico de análise para um objeto específico, a crítica, segundo Afrânio Coutinho (*Correntes cruzadas*, 1953, e *Por uma crítica estética*, 1954; *Da crítica e da nova crítica*, 1957), fornece-nos o conhecimento objetivo das obras. Como esse conhecimento captaria qualidades de determinado tipo, a objetividade a que se aponta concerne aos valores estéticos que as constituem, conhecidos por esse método específico e englobados individualmente pelas obras em universos suficientes, autotélicos. Implantado, sem o autor talvez aperceber-se disso, no solo de uma filosofia dos valores, que define a especificidade de tais objetos não reais (os valores não existem, mas valem), o notável trabalho de Afrânio Coutinho, visando garantir a autonomia da crítica na constituição, por ela mesma, da autonomia dos valores, exige que o seu método seja científico e que científico seja também o conhecimento obtido. Dessa forma, em uma assimilação do cientificismo difuso na ambiência cultural, defende-se a ideia de que a crítica seja ciência ou um *analogon* da ciência, no seu rigor como atividade intelectual e reflexiva, com um método específico, rigoroso. A ciência "comunicará à crítica um denominador comum, acessível a quem se disponha somente a aprender", o que a habilita à prática nas universidades, "que são lugar próprio para isso [...]".[17]

Essa apologia da especificidade do método e do objeto tornou-se a marca de uma Nova Crítica, como passou então a chamar-se. E não havia exagero nisso. Como acentuou Fausto Cunha, esse retificador de posições nos anos 1960, em páginas do seu livro *A luta literária* (1964), *Da crítica e da nova crítica*, de Afrânio Coutinho, era "um livro decisivo na história da crítica brasileira".[18] Sem que, no entanto, como acentua o mesmo Fausto Cunha, se devessem eliminar, em proveito da crítica estética, por supérfluas, correntes outras, como as historicizantes ou genéticas, nem muito menos abstrair a quota do impressionismo na avaliação literária (a própria ciência estética, se é que se trata de ciência, vale-se, lembrava ele, de impressões) para preservar a integridade da leitura interna ou intrínseca dos textos, avaliados unicamente pelo *close-reading* patrocinado pela Nova Crítica. O qual, diga-se de passagem, não é incompatível com o regime da estilística, já então conhecido, principalmente em sua versão de procedência espanhola (Dámaso Alonso, Carlos Bousoño). Mas o *close-reading*, a leitura fechada do texto, sem janelas para o psicológico, o social e o histórico, beirou um novo dogmatismo formalista, risco atenuado, em Euryalo Cannabrava, pela admissão da pluralidade da arte como linguagem.

Filósofo de extração analítica, pendendo, como deixara patente em seus *Elementos de metodologia científica*, para o reconhecimento neopositivista da ciência, como único padrão cognoscitivo legitimável e legitimador, Euryalo Cannabrava nos mostraria, por tudo quanto disse em sua *Estética da crítica* (1963), que Afrânio Coutinho tomava como ciência o próprio juízo estético, para Kant sem conceito enquanto juízo de gosto. Ora, esse juízo que, condicionado por fatores pessoais, não se integra ao discurso científico é plurivalente, como plural é a linguagem da arte. Assim, os enunciados da crítica, pertencendo à mesma família dos juízos estéticos, não têm senão um alcance probabilístico.

---

[17] Afrânio Coutinho. *Da crítica e da nova crítica*. Rio de Janeiro: Civilização Brasileira, 1957, p. 101.
[18] Fausto Cunha. *A luta literária*. Rio de Janeiro: Lidador, 1964, p. 49.

A mobilidade e a parcialidade dos métodos, bem como a sua mútua contemplação, para que apreendidos correlacionadamente possam ser os aspectos todos constitutivos da obra, parecem-me os pertinentes traços distintivos do pensamento de Antonio Candido como crítico. Das impressões, que não podem ser alijadas nesse domínio móvel dos juízos, como bem viu outro crítico mais jovem, Davi Arrigucci Jr.,[19] escrevendo a propósito do mesmo Antonio Candido, até o conhecimento dos detalhes compositivos da obra, confluentes na totalidade de seu mundo — tudo interessa ao crítico, desde que em proveito da recuperação da realidade viva que o texto proporciona ao leitor. Essa realidade viva, "o resultado mais tangível do trabalho de escrever", é o que o crítico não deve perder de vista,

> embora lhe caiba sobretudo averiguar quais foram os recursos utilizados para criar a impressão de verdade. De fato, uma das ambições do crítico é mostrar como o recado do escritor se constrói a partir do mundo, mas gera um mundo novo, cujas leis fazem melhor sentir a realidade originária. Se conseguir realizar essa ambição, ele poderá superar o valo entre "social" e "estético" ou entre "psicológico" e "estético" mediante um esforço mais fundo de compreensão do processo que gera a singularidade do texto.[20]

A ambição de Antonio Candido como crítico ultrapassa a escala de aplicação do simples método sociológico; utilizando antes uma abordagem sócio-histórica, atenta ao "social", ao "psicológico" e ao "estético", experienciada em diferentes instâncias, como na história literária, em que produziu, em 1959, *Formação da literatura brasileira*, ao mesmo tempo livro de crítica e de história; na verdade, Antonio Candido ambicionou superar aí o valo entre o "estético" e o "histórico".

O grande problema com que se defronta o historiador da literatura é organizar, num conjunto coerente, a sucessão de fenômenos já qualificados literariamente ou que ele qualifica como tais, e que são obras ou textos investidos de predicados poéticos ou estéticos. Não pode o historiador prosperar nesse terreno

---

[19] Davi Arrigucci Jr. "Movimentos de um leitor". Em M. A. D'Incao; E. F. Scarabôtolo (orgs.). *Dentro do texto, dentro da vida*. São Paulo: Companhia das Letras, 1992, p. 181.

[20] Antonio Candido. *O discurso e a cidade*. São Paulo: Duas Cidades, 1993, pp. 9-10.

temporal sem que suas escolhas não sejam também as de um crítico. É o que lembrava João Alexandre Barbosa, em 1962, enfrentando em *História da literatura e literatura brasileira*, comunicação sua no II Congresso Brasileiro de Crítica e História Literária (Assis, SP, 1961), os problemas de historiografia literária identificados por René Welleck. Como inserir as obras no curso da história, que transcende a literatura, se não recorrêssemos, a cada passo, à mediação do crítico?

A *Formação da literatura brasileira*, de Antonio Candido, pretendeu resolver esse problema unindo os dois papéis, na convicção de que a literatura nacional desponta ali onde já se pode, como no período arcádico, identificar correlação entre obras e leitores, formando um sistema simbólico, prestes a converter-se em tradição. Ao firmar essa correlação, o conhecimento histórico integra a estética, e a estética integra a história, de tal modo que assimilada ficasse "a dimensão social como fator de arte".

Já que a crítica exige um juízo explícito sobre um objeto implícito à linguagem artisticamente elaborada, não seria descabido conceber, como o fez Wilson Martins em sua Comunicação ao mesmo II Congresso Brasileiro de Crítica e História Literária, em 1961, que esse juízo não se fundamenta senão mediante o apoio dos diversos métodos reconhecidos, culminando em uma síntese histórica "que veja a Literatura nos seus quadros próprios de nação, civilização e momento histórico".[21] A influência de Sílvio Romero (e de Taine), ressalta-o a terminologia de Wilson Martins, ainda não cessara de todo.

De novo se aproximaram, portanto, a vertente da história literária e a vertente da crítica, aproximação confirmada por *A literatura no Brasil* (1956-9), história literária em vários tomos e a cargo de diferentes autores, sob a orientação de Afrânio Coutinho, nem sempre bem-sucedida em sua pretensão de manter o primado do estético sobre o histórico; aproximação também antecipada pela *História da literatura brasileira*, escrita, muito antes, em 1938, por Nelson Werneck Sodré, seguindo metodologia estritamente marxista. Na crítica, o paladino dessa metodologia, sob a diretriz de Plekanov, foi Astrogildo Pereira, mormente em seus ensaios e apontamentos sobre Machado de Assis. Somente nos anos subsequentes desbloqueou-se de seu dogmatismo em *Os marxistas e a arte: breve estudo de algumas tendências da estética marxista*, de Leandro Konder (1967),

---

[21] Wilson Martins. "A crítica como síntese". Em II Congresso Brasileiro de Crítica e História Literária, 1961, Assis, SP. *Anais...* Assis: Faculdade de Filosofia, Ciências e Letras de Assis, 1963, p. 147.

pela relativa flexibilidade do realismo de Lukács, que Roberto Schwarz (*A sereia e o desconfiado*, 1965) terá utilizado, e cujas limitações Luiz Costa Lima apontaria em *Por que literatura* (1966).

Mas a crítica, que já ganhara, em definitivo, um vulto de ensaísmo humanístico, começando a bem escrever nos ensaios de Alexandre Eulalio — o mais notável sobre *O ensaio literário no Brasil* (1962) — e nos estudos de Augusto Meyer (*A forma secreta*, 1965), um dos quais, a propósito de Machado de Assis, chamando às falas o vivíssimo Agripino Grieco (1888-1973), ferrabrás letrado ainda na presidência honorária do Tribunal literário —, a crítica, dizia, já diversificada em diferentes mansões teóricas, era ou sintética, na acepção de Wilson Martins, ou formalista, em resposta ao chamado formalismo russo, apoiado na linguística de Jakobson, então difundidos, e mesmo ao estruturalismo francês, ou histórico-sociológica, raramente psicológica e difusamente psicanalítica, assimilada que tinha sido, pela semiótica (a obra como articulação e comunicação de signos) e pela hermenêutica (a obra como transmissão histórica de sentido para um leitor), a diferença freudiana entre conteúdo latente e conteúdo manifesto da *Traumdeutung* à diferença textual entre expresso e subjacente ou subentendido. Essa diversidade de mansões, que se manifestou no II Congresso Brasileiro de Crítica e História Literária, já referido, mais enriquecida aí ficaria com o acréscimo, devido à modelar comunicação de Anatol Rosenfeld, sobre a estética fenomenológica, em língua alemã, do polonês Roman Ingarden, que suscitaria o método crítico correspondente de análise da obra literária — não explicativo ou avaliador, mas descritivo de seus componentes, organizados em níveis, estratos ou camadas superpostas de linguagem — das células sonoras da inferior ou básica às ideias metafísicas manifestas na superior — e aplicável à poesia, à ficção e ao drama.

Nem a crítica sintética, esteticista ou formalista, nem mesmo a estruturalista e a fenomenológica, posta em prática por Anatol Rosenfeld no campo da realização teatral e por Maria Luiza Ramos no campo da poesia em seu *Fenomenologia da obra literária* (1969), tiveram o êxito da denominada crítica sócio-histórica — êxito medido quer pela sua reação positiva à pedra de toque das novas linguagens literárias em ascensão — às novelísticas de Guimarães Rosa e de Clarice Lispector, e à poética de João Cabral de Melo Neto, sobre que versaram estudos de primeira recepção da autoria de Antonio Candido, Roberto Schwarz e Luiz Costa Lima, quer pela sua extraordinária continuidade até quase o início da década de 1990, retomada que foi pela *História concisa da literatura brasileira* (1970), de Alfredo Bosi, por Flávio Loureiro Chaves, em seu ensaio sobre o romance de Erico Verissimo (1976) e sobre as relações mais gerais entre o histórico e o literário (1988), e antes por José Guilherme Merquior, em notáveis ensaios demolidores da arrogância dogmática do formalismo — expressão com que se designa o exclusivo estudo dos procedimentos construtivos do texto — contra a qual já se insurgia, em 1965, em *Viola d'amore*, advogando a insuficiência do critério estético, o hoje injustamente esquecido Franklin de Oliveira. Mesmo os poetas críticos da estirpe concretista, ao concluírem a crise do verso e a necessidade de superá-lo da relação entre a sociedade industrial e a poesia, recorreram, se não a um método, a uma perspectiva sócio-histórica.

A fase das respostas certas, metodológicas, será também, ao mesmo tempo, a da retomada e a da recusa da estética — retomada em José Guilherme Merquior, recusada em Luiz Costa Lima, no segundo Luiz Costa Lima, para diferenciá-lo do primeiro, o autor de *Por que literatura*. Nos dois, Merquior e Costa Lima, o ensaísmo crítico toma o vulto de indagação histórica, sociológica e política, empenhando a cultura toda no conhecimento da literatura, da arte em geral e no movimento das ideias, particularmente no Brasil. O que os liga entre si é a retomada do conceito clássico de *mimesis*, o aproveitamento do método de Lévi-Strauss — no *Estruturalismo e teoria da literatura* (1973), de Costa Lima, e no *A estética de Lévi-Strauss* (1975), de Guilherme Merquior, e a específica caracterização da literatura brasileira e estrangeira modernas por ambos.

A Escola de Frankfurt, seja com a dialética do Iluminismo, de Adorno e Horkheimer, seja com a alegoria, tal como a conceituou Walter Benjamin, serve ao segundo para aprofundar a modernidade literária e artística, acompanhando nesta a interiorização do negativo, sua reação à sociedade industrial, que lhe marcará o estilo, e que é onde reside a força das tendências pós-românticas; a identidade estética das obras carregaria, por isso, o *páthos* da crítica da cultura (*Arte e sociedade em Marcuse, Adorno e Benjamin*, 1969). Mas o autor acende o facho de sua investigação com outros combustíveis: a iconologia de Panofsky, a semiótica estética de Mukarovsky, certo de que os signos em arte, e de modo especial da linguagem literária, não são intransitivos (*Formalismo e tradição moderna*, 1974). A semiótica é também sintomatologia; os signos em função artística revelam estruturas inconscientes da cultura e da sociedade.

São tais estruturas, pensa Costa Lima, que interferem nos juízos estéticos, comprometidos com um sistema de representação social e, portanto, inabilitados para que se possa tomá-los, no ponto de partida, como suficientes instrumentos de análise. Esse sistema, como uma ordem de símbolos, ideologicamente efetiva, é que condiciona a recepção das obras, a respeito das quais pronunciamos juízos estéticos (*Lira e antilira*, 1968; *A metamorfose do silêncio*, 1974; *Mímesis e modernidade*, 1980). Ora, a *mimesis*, admitida por Aristóteles na tragédia, liga a poesia ao mito e ambos ao pensamento. Mas, na tradição da estética, no século XVIII, ela é rebaixada como simples imitação. Eis o que talvez seja o primeiro indício da questão do controle do imaginário, seja positiva, seja negativamente exercido e que guia a ensaística crítica de Luiz Costa Lima, em pleno e longo curso nesta finissecular década de 1990 (*O controle do imaginário: razão e imaginação no Ocidente*, 1984; *O fingidor e o censor*, 1988, entre outros).

Mas a ordem dos símbolos sociais, ou, para dizê-lo com Michel Foucault, a ordem dos discursos literários, constitui o meio socialmente efetivo da acolhida das obras, acolhida histórica, segundo Jauss, gerando expectativas favoráveis ou desfavoráveis ou, segundo Iser, bloqueios ideológicos e reações transgressivas no espírito dos leitores. O controle do imaginário, os efeitos da história, inclusivos de tradição e inovação, de que fala Gadamer, o cerco social dos discursos, aconselham cautela ao crítico, que só pode ser juiz enquanto intérprete, consciente de que qualquer verdade alcançada, não sua, mas da obra, será por outrem reformulada ou negada. É o que ensina a estética da recepção, penúltima corrente a ingressar entre nós, e por meio da qual passamos à fase da crítica da crítica, ou seja, da problematização do exercício de tentar explicar ou compreender o literário (O que condiciona a leitura do julgador? A quem se dirige? Qual o seu público? De onde provém a autoridade que exerce?), precisamente quando ocorre sensível melhoria nos suportes textuais e documentais de que dispúnhamos — maior número de edições integrais, início das edições críticas, preservação institucional de manuscritos e/ou de originais, maior prática da literatura comparada entre os professores de Letras, e a publicação, em dois volumes, de *A crítica literária no Brasil* (1983), de Wilson Martins.

Talvez tudo isso tenha nos habilitado a alargar e aprofundar a história literária, como Alexandre Eulalio o fez em seu trabalho sobre *A literatura em Minas no século XIX* (1980), a interligar a história literária à história política e social, como no recente *Luzes e trevas: Minas Gerais no século XVIII* (1998), de Fábio Lucas, a reintegrar nessas duas histórias, em dimensão nacional, um Sousândrade, antes retirado do limbo, por uma ação conjunta dos poetas-críticos do concretismo e de Luiz Costa Lima, a nelas recolocar um Oswald de Andrade, anárquico rebelde, cuja importância subiu à estratosfera da aceitação dos leitores ou dos espectadores de *O rei da vela*, na fase cruenta do regime militar, e a de novo discutir o revalorizado barroco, depois dos trabalhos de Affonso Ávila (*Resíduos seiscentistas em Minas*, 1967; *O lúdico e as projeções do mundo barroco*, 1971) e Haroldo de Campos (*O sequestro do barroco na formação da literatura brasileira: o caso Gregório de Mattos*, 1989). A consequência quase lógica de tais ajustamentos e retificações foi a revisão sistemática dos cânones, principalmente daqueles estabelecidos antes da independência política, iniciada por Flávio Kothe, em *O cânone colonial*, 1997.

Outra consequência, correlata à manifesta insatisfação com o *close-reading* e a estilística, parece-me ser a ampliação da crítica intratextual, como nos estudos de Davi Arrigucci Jr. sobre livros de poesia de Manuel Bandeira e Murilo Mendes (*Humildade, paixão e morte*, 1990; *O cacto e as ruínas*, 1997) e o refinamento da intertextual, ligando textos diferentes, de que nos dão ótimos exemplos os estudos de Walnice Nogueira Galvão sobre o cruzamento da mítica Donzela Guerreira do romanceiro espanhol com o ambíguo donzel Diadorim, amado companheiro de Riobaldo no *Grande sertão: veredas*, de Guimarães Rosa (*Gatos de outro saco*, 1981), e aqueles outros de Flora Süssekind, mostrando o laço quase genético entre a linguagem dos viajantes estrangeiros no Brasil e a interiorização territorial da literatura brasileira em nossos românticos e realistas (*O Brasil não é longe daqui*, 1990), bem como a mútua interferência da literatura com as invenções modernas (*Cinematógrafo de letras*, 1987) e, mais ainda, o rastro deixado nas cartas que entre si trocaram Bandeira, João Cabral e Drummond, da diferença de natureza das suas respectivas poéticas (*A voz e a série*, 1998).

Por outro lado, volta-se a crítica, nos trabalhos de Silviano Santiago (*Uma literatura nos trópicos*, 1978; *Vale quanto pesa*, 1982), para o aclaramento, dentro da dialética de dependência colonial e universalidade metropolitana, do princípio de nacionalidade, utilizado como critério estético desde Sílvio Romero, e continuando na valorização da cultura nativa pelos modernistas. De acordo com essa dialética, a nacionalidade é apenas o entrelugar do escritor — entre "a assimilação e a expressão", entre o que se recebe do centro europeu e o que na periferia se transforma. O entrelugar é, portanto, o lugar da diferença. Assim examinado, o problema retoma a antropofagia oswaldiana, e a sua solução seria exclusivamente antropofágica, se a diferença alegada não fosse a conceituada por Jacques Derrida, pensador sobre cuja terminologia Silviano supervisionou um *Glossário*, publicado em 1976, e que autoriza a "desconstruir" os textos, isto é, a descentrá-los, pois que não teriam centro, como sentido nuclear a interpretar. Na filosofia, o "desconstrucionismo", último método ou antimétodo a entrar neste roteiro, descobre o continente submerso da literatura e, na literatura, descobre o imprevisível e desprivilegiado movimento dos signos escritos. Sem privilegiar o literário, Silviano estuda a "poesia suja" e a ficção dos anos 1970 e desemboca na música popular (o estilo e o estrelato de Caetano Veloso) que, de resto, interessa o poeta-crítico Augusto de Campos, em *Balanço da bossa* (1968), e Adélia Bezerra de Meneses, em *Desenho mágico: poesia e política em Chico Buarque* (1982).

Sairá, pois, a crítica literária dos limites da estrita literatura, como antes esta já saíra, com Câmara Cascudo, do erudito para o popular. Mas recuaria, também, na direção do pré-literário, de toda essa massa de histórias dramáticas entramadas nos folhetins, investigada por Marlyse Meyer (*Folhetim: uma história*, 1996), que "veicularam o que a memória do iletrado gravava e reproduzia e ouvia na contação do narrador" — nos velhos e novos folhetins, o *Saint-Clair das ilhas*, o *Rocambole* ou *O conde de Monte Cristo*. Mas, nessa expansiva sortida, recuperaria a crítica a sua pletórica atividade das décadas de 1940 a 1960?

Aparentemente, sim! Indica-nos isso o alto nível intelectual dos estudos sobre a ficção de Machado de Assis, uma das constantes preocupações de nossa crítica — estudos que quebraram a ideia de distanciamento sociopolítico do criador de *Dom Casmurro* —, bastando citar, depois dos de Roberto Schwarz (*Ao vencedor as batatas*, 1977; *Um mestre na periferia do capitalismo*, 1990), *Machado de Assis: a pirâmide e o trapézio* (1976), de Raymundo Faoro, e o último aparecido, *Machado de Assis: o enigma do olhar* (1999), de Alfredo Bosi; indica-o, também, a continuidade na recepção de Guimarães Rosa, com o reconhecimento da identidade suprarregional de *Grande sertão: veredas* e das novelas sertanejas desse autor. E como não considerar o incessante renovo, nacional e internacional, da leitura de Clarice Lispector, legitimada a errância de sua escrita, transbordante dos gêneros tradicionais (Berta Waldmann, Olga Borelli, Olga de Sá, Nádia Batella Gotlib)? Por acaso não conta a intensiva prática da tradução, sobretudo em poesia, teorizada como conhecimento reapropriador, em diferentes graus, da linguagem poética e da prosa romanesca, tanto por Paulo Rónai, pioneiro na matéria, como por Augusto e Haroldo de Campos e José Paulo Paes (*Tradução: a ponte necessária*, 1990)? E o que dizer da oportuníssima e necessária incursão de nossa crítica nas literaturas de língua espanhola da América latina, com *O escorpião encalacrado* (1973), de Davi Arrigucci Jr., sobre Julio Cortázar, com os trabalhos de Ilemar Chiampi e com o denso e documentado *Vanguardas latino-americanas* (1995), de Jorge Schwartz, pondo em paralelo o modernismo brasileiro e os diversificados movimentos "vanguardistas" da época nos outros países do continente meridional?

Acrescente-se a essa lista não pequena de sinais de expansividade a reabertura, à conta do giro reversivo da história, da investigação acerca do próprio modernismo, como a que, conduzida por João Luiz Lafetá, focalizou as linhas contrastantes da crítica dentro desse movimento (*1930: a crítica e o modernismo*, 1974) ou as reedições das obras de seus expoentes, bem como estudos a respeito deles, Vera Chalmers abordando o jornalismo de Oswald de Andrade (1976), Maria Eugenia Boaventura, a antropofagia (1985), e o próprio Oswald biograficamente (*O salão e a selva*, 1995). E tantos outros estudando Mário de Andrade: Cavalcanti Proença, Telê Ancona Lopez, Haroldo de Campos.

Mas em que pese tal aparência de recuperação, a crítica, sem mais representar um polo de tensão com a escrita dos escritores, está em crise profunda desde algum tempo nos seus princípios, na sua presença pública, na sua operatividade como leitura; há uns bons três decênios em declarada falência de sua função julgadora ou avaliativa, procurou compensar a queda, conforme nos mostra Leyla Perrone-Moisés (*Falência da crítica*, 1973; *Texto, crítica e escritura*, 1978), convertendo-se, entre os franceses, em escrita autônoma, objeto de "paixão amorosa", do prazer barthesiano do texto. Mas, no Brasil de hoje, quando há mais leitores, mais livros, mais jornais, como falar em crise daquele ofício intelectual de julgar que acompanha a literatura, se ela ainda é literatura?

Por que, então, crise? Somente da crítica ou também da literatura? Onde está o sintoma das causas e de seus efeitos? É no livro que podemos encontrá-los, responde Walnice Nogueira Galvão (*Desconversa*, 1998):

> no conformismo, na predileção pela escrita fácil, no abandono da experimentação formal, na redundância estética, na busca do impacto aprendida com o jornal e a televisão. A crítica literária definhou (enquanto o ensaio crítico em livro cres-

ceu); os suplementos literários desapareceram em sua maioria; o *press-release,* que faz parte da máquina do mercado e não da esfera da literatura, transveste a informação sobre livros.[22]

O escritor, conclui Walnice, "não consegue divisar a fisionomia de seu leitor" — e ambos, acrescentamos nós, não divisam mais a fisionomia do crítico, desfeita pela anódina presença do "resenhista". A crítica não é mais veiculada pelo jornal; é, sim, como qualquer matéria noticiosa, veículo do jornal.

No entanto, os estudos críticos, fora do jornal, abundam; avolumam-se as investigações sociais, históricas e culturais do discurso literário, como em *A sátira e o engenho: Gregório de Matos e a Bahia do século XVII* (1989), de João Adolfo Hansen; aumenta o surto ensaístico de trabalhos meio filosóficos, meio literocríticos, como os de Jeanne Marie Gagnebin e Willie Bolle sobre Walter Benjamin. Talvez pudéssemos pensar que vivemos outro período cultural, o da pós-modernidade, se o conceito de pós-modernidade não se enraizasse, como demonstra Leyla Perrone-Moisés (*Altas literaturas*, 1998), no de modernidade.

Mas talvez seja mesmo a crise da crítica o efeito exterior de uma crise da própria literatura, combalida, intoxicada, inconfortada, maquilada dentro do vigente sistema de valores midiáticos da vida cultural brasileira globalizada. "Será" — pergunta Leyla, e eu com ela — "que, ao efetuarmos a liquidação sumária da estética, do cânone e da crítica literária, não jogamos fora, com a água do banho, uma criança que se chamava literatura?"[23] Teríamos então de rever, como admite a mesma Leyla, as desconstruções, que foram necessárias, rever o lugar mesquinho da literatura no ensino médio, rever as nossas atitudes em face dela, enfrentar a mentalidade que a rebaixou. Se a literatura cai, a crítica despenca.

No entanto, crise não é catástrofe. Crise é incerteza acerca do que fazer agora e do que virá depois.

BIBLIOGRAFIA

[22] Walnice N. Galvão. *Desconversa.* Rio de Janeiro: UFRJ, 1998, p. 59.
[23] Leyla Perrone-Moisés. "A crítica literária hoje". Em Congresso Abralic, 5., 1996, Rio de Janeiro. *Cânones & contextos — anais.* Rio de Janeiro: Abralic, 1997, v. 1, p. 89.

M. de Andrade. "O movimento modernista". Em _____. *Aspectos da literatura brasileira*, 5ª ed. São Paulo: Martins, 1974, pp. 231-55.

D. Arrigucci Jr. O *cacto e as ruínas: a poesia entre outras artes*. São Paulo: Duas Cidades, 1997 (col. Mundo Enigma).

_____. *O escorpião encalacrado: a poética da destruição em Julio Cortázar*. São Paulo: Perspectiva, 1973 (col. Debates, v. 78).

_____. *Humildade, paixão e morte: a poesia de Manuel Bandeira*. São Paulo: Companhia das Letras, 1990.

_____. "Movimentos de um leitor: ensaio e imaginação crítica em Antonio Candido". Em M. A. D'lncao; E. F. Scarabótolo (orgs.). *Dentro do texto, dentro da vida*. São Paulo: Companhia das Letras/Instituto Moreira Salles, 1992, pp. 181-204.

T. de Athayde. *Estudos: primeira série*. Rio de Janeiro: Edição da Terra do Sol, 1927.

_____. *Estudos: segunda série*. Rio de Janeiro: Edição da Terra do Sol, 1928.

_____. *Teoria, crítica e história literária*. Seleção e apresentação Gilberto Mendonça Teles. Rio de Janeiro: Livros Técnicos e Científicos, 1980.

A. Ávila. O *lúdico e as projeções do mundo barroco*. São Paulo: Perspectiva, 1971 (col. Debates, v. 35).

J. A. Barbosa. *A tradição do impasse: linguagem da crítica & crítica da linguagem em José Veríssimo*. São Paulo: Ática, 1974 (col. Ensaios, v. 8).

_____. "História da literatura e literatura brasileira". Em Congresso Brasileiro de Crítica e História Literária, 2., 1961, Assis, SP. *Anais...* Assis: Faculdade de Filosofia, Ciências e Letras de Assis, 1963, pp. 159-87.

M. E. Boaventura. *O salão e a selva: uma biografia ilustrada de Oswald de Andrade*. Campinas/São Paulo: Unicamp/Ex Libris, 1995.

_____. *A vanguarda antropofágica*. São Paulo: Ática, 1985 (col. Ensaios, v. 114).

W. Bolle. *Fisiognomia da metrópole moderna: representação da história em Walter Benjamin*. São Paulo: Fapesp/Edusp, 1994.

A. Bosi. *História concisa da literatura brasileira*. São Paulo: Cultrix, 1974; 32ª ed.: São Paulo: Cultrix, 1995.

A. Bosi. *Machado de Assis: o enigma do olhar*. São Paulo: Ática, 1999.

F. Brunetière. *Manuel d'histoire de la littérature française*. Paris: Delagrave, 1897.

A. de Campos. *Balanço da bossa: antologia crítica da moderna música popular brasileira*. São Paulo: Perspectiva, 1968 (col. Debates, v. 3); 5ª ed. ampl.: *Balanço da bossa e outras bossas*, 1993.

H. de Campos. *A arte no horizonte do provável*. São Paulo: Perspectiva, 1969 (col. Debates, v. 16).

_____. *Metalinguagem: ensaios de teoria e crítica literária*. Petrópolis: Vozes, 1967; 4ª ed. rev. e ampl.: *Metalinguagem e outras metas: ensaios de teoria e crítica literária*. São Paulo: Perspectiva, 1992 (col. Debates, v. 247).

Antonio Candido. *O discurso e a cidade*. São Paulo: Duas Cidades, 1993.

_____. *A educação pela noite e outros ensaios*. São Paulo: Ática, 1987 (col. Temas, v. 1); 2ª ed.: 1989.

_____. *Tese e antítese: ensaios*. São Paulo: Nacional, 1964.

_____. *Vários escritos*. São Paulo: Duas Cidades, 1970; 3ª ed. rev. e ampl.: São Paulo: Duas Cidades, 1995.

E. Cannabrava. *Estética da crítica*. Rio de Janeiro: Ministério da Educação e Cultura/Serviço de Documentação, 1963 (col. Letras e Artes, v. 13).

O. M. Carpeaux. *História da literatura ocidental*. Rio de Janeiro: O Cruzeiro, 1959-1966, 8 v.

_____. *Reflexo e realidade: ensaios*. Rio de Janeiro: Fontana, 1976.

_____. *Sobre letras e artes*. Seleção, organização e prefácio Alfredo Bosi. São Paulo: Nova Alexandria, 1992.

V. M. Chalmers. *3 linhas e 4 verdades: o jornalismo de Oswald de Andrade*. São Paulo: Duas Cidades/Secretaria da Cultura, Ciência e Tecnologia do Estado de São Paulo, 1976.

F. L. Chaves. *Erico Verissimo, realismo e sociedade*. Porto Alegre: Globo/Instituto Estadual do Livro, 1976 (col. Literatura: Teoria & Crítica); 2ª ed.: Porto Alegre: Mercado Aberto, 1981 (col. Documenta, v. 6).

_____. *História e literatura*. Porto Alegre: UFRGS, 1991.

A. Coutinho. *Da crítica e da nova crítica*. Rio de Janeiro: Civilização Brasileira, 1957 (col. Vera Cruz, v. 9).

F. Cunha. *A luta literária*. Rio de Janeiro: Lidador, 1964.

J. Derrida. *Glossário de Derrida*. Trabalho realizado pelo Departamento de Letras da PUC/RJ. Supervisão de Silviano Santiago. Rio de Janeiro: Francisco Alves, 1976.

A. Eulalio. "O ensaio literário no Brasil". Em B. Waldman; L. Dantas (orgs.). *Escritos*. Campinas/São Paulo: Unicamp/Unesp, 1992, pp. 11-74.

A. Eulalio. "A literatura em Minas Gerais no século xix". Em B. Waldman; L. Dantas (orgs.). *Escritos*. Campinas/São Paulo: Unicamp/Unesp, 1992, pp. 75-137.

N. Frye. *Anatomy of criticism*. Nova York: Princeton University Press/Atheneum, 1966. Trad. bras. Péricles Eugênio da Silva Ramos. *Anatomia da crítica*. São Paulo: Cultrix, 1973.

J. M. Gagnebin. *História e narração em Walter Benjamin*. Campinas/São Paulo: Unicamp/Perspectiva/Fapesp, 1994 (col. Escudos, v. 142).

W. N. Galvão. *Desconversa*. Rio de Janeiro: UFRJ, 1998.

_____. *Gatos de outro saco: ensaios críticos*. São Paulo: Brasiliense, 1981.

J. A. Hansen. *A sátira e o engenho: Gregório de Matos e a Bahia do século XVII*. São Paulo: Companhia das Letras/Secretaria de Estado da Cultura, 1989.

S. B. de Holanda. *O espírito e a letra: estudos de crítica literária, 1920-1947*. Org. A. A. Prado. São Paulo: Companhia das Letras, 1996.

_____. *O espírito e a letra: estudos de crítica literária, 1948-1959*. Org. A. A. Prado. São Paulo: Companhia das Letras, 1996.

F. R. Kothe. O *cânone colonial*. Brasília: UnB, 1997.

J. L. Lafetá. *1930: a crítica e o modernismo*. São Paulo: Duas Cidades, 1974 (col. Universidade, v. 3).

L. C. Lima. *Estruturalismo e teoria da literatura: introdução à problemática estética e sistêmica*. Petrópolis: Vozes, 1973 (col. Mestrado, v. 1).

_____. *Lira e antilira: Mário, Drummond, Cabral*. Rio de Janeiro: Civilização Brasileira, 1968 (col. Vera Cruz, v. 127); 2ª ed.: Rio de Janeiro: Topbooks, 1995.

_____. *A metamorfose do silêncio: análise do discurso literário*. Rio de Janeiro: Eldorado, 1974.

_____. *Mímesis e modernidade: formas das sombras*. Prefácio Benedito Nunes. Rio de Janeiro: Graal, 1980.

_____. *Pensando nos trópicos: dispersa demanda II*. Rio de Janeiro: Rocco, 1991.

_____. *Por que literatura*. Petrópolis: Vozes, 1966 (col. Nosso Tempo, v. 2).

A. Lins. *Jornal de crítica: segunda série*. Rio de Janeiro: José Olympio, 1943.

A. Lins. *Os mortos de sobrecasaca: obras, autores ·e problemas da literatura brasileira — ensaios e estudos, 1940-1960*. Rio de Janeiro: Civilização Brasileira, 1963 (col. Vera Cruz, v. 44).

F. Lucas. *Luzes e trevas: Minas Gerais do século XVIII*. Belo Horizonte: UFMG, 1998.

W. Martins. "A crítica como síntese". Em Congresso Brasileiro de Crítica e História Literária, 2, 1961, Assis, SP. *Anais...* Assis: Faculdade de Filosofia, Ciências e Letras de Assis, 1963, pp. 139-57.

_____. *A crítica literária no Brasil*, 2ª ed. Rio de Janeiro: Francisco Alves, 1983 (col. Ensaio e crítica), 2. v.

A. B. de Meneses. *Desenho mágico: poesia e política em Chico Buarque.* São Paulo: Hucitec, 1982.

J. G. Merquior. *Arte e sociedade em Marcuse, Adorno e Benjamin: estudo crítico sobre a escola neo-hegeliana de Frankfurt.* Rio de Janeiro: Tempo Brasileiro, 1969.

_____. *A estética de Lévi-Strauss.* Rio de Janeiro: Tempo Brasileiro, 1977.

_____. *Formalismo e tradição moderna: o problema da arte na crise da cultura.* Rio de Janeiro: Forense Universitária, 1974.

A. Meyer. "Carta aberta a Agripino Grieco". Em _____. *A forma secreta.* Rio de Janeiro: Lidador, 1965, pp. 167-73.

M. Meyer. *Folhetim: uma história.* São Paulo: Companhia das Letras, 1996.

S. Milliet. *Panorama do modernismo brasileiro.* Rio de Janeiro: Ministério da Educação e Saúde, 1952.

P. P. Montenegro. *A teoria literária na obra crítica de Araripe Junior.* Rio de Janeiro: Tempo Brasileiro, 1974.

J. P. Paes. *Tradução, a ponte necessária: aspectos e problemas da arte de traduzir.* São Paulo: Ática, 1990.

L. M. Pereira. *Escritos de maturidade: seleta de textos publicados em periódicos, 1944-1959.* Pesquisa bibliográfica, seleção e notas Luciana Viégas. Rio de Janeiro: Graphia, 1994.

L. Perrone-Moisés. *Altas literaturas.* São Paulo: Companhia das Letras, 1998.

_____. "A crítica literária hoje". Em Congresso Abralic, 5., 1996, Rio de Janeiro. *Cânones & contextos — anais.* Rio de Janeiro: Abralic, 1997, v. 1, pp. 85-9.

_____. *Falência da crítica: um caso limite: Lautréamont.* São Paulo: Perspectiva, 1973 (col. Debates, v. 81).

L. Perrone-Moisés. *Flores da escrivaninha: ensaios.* São Paulo: Companhia das Letras, 1990.

_____. *Texto, crítica e escritura.* São Paulo: Ática, 1978 (col. Ensaios, v. 45).

E. Portella. *Fundamento da investigação literária.* Rio de Janeiro: Tempo Brasileiro, 1974.

M. Proust. *Contre Sainte-Beuve*. Paris: Gallimard, 1954.

S. Romero. *Novos estudos de literatura contemporânea*. Rio de Janeiro/Paris: H. Garnier, s.d.

P. Rónai. *Escola de tradutores*. Rio de Janeiro: Edições de Ouro, s.d.

A. Rosenfeld. "A estrutura da obra literária". Em Congresso Brasileiro de Crítica e História Literária, 2, 1961, Assis, SP. *Anais*... Assis: Faculdade de Filosofia, Ciências e Letras de Assis, 1963, pp. 49-77.

_____. *Texto/contexto*. São Paulo: Perspectiva, 1969 (col. Debates, v. 7).

S. Santiago. *Nas malhas da letra*. São Paulo: Companhia das Letras, 1989.

_____. *Vale quanto pesa*. Rio de Janeiro: Paz e Terra, 1982.

_____. *Uma literatura nos trópicos: ensaios sobre dependência cultural*. São Paulo: Perspectiva/Secretaria da Cultura, Ciência e Tecnologia do Estado de São Paulo, 1978 (col. Debates, v. 155).

J. Schwartz. *Vanguardas e cosmopolitismo*. São Paulo: Perspectiva, 1983 (col. Estudos, v. 82).

_____. *Vanguardas latino-americanas: polêmicas, manifestos e textos críticos*. São Paulo: Edusp/Iluminuras/Fapesp, 1995.

R. Schwarz. *Que horas são?: ensaios*. São Paulo: Companhia das Letras, 1987.

_____. *A sereia e o desconfiado: ensaios críticos*. Rio de Janeiro: Civilização Brasileira, 1965. Segundo Leandro Konder, "orelhador" da primeira e da segunda edição: "em sua primeira edição, este livro apareceu mutilado por inúmeros — e graves — erros tipográficos". 2ª ed.: Rio de Janeiro: Paz e Terra, 1981 (col. Literatura e teoria literária, v. 37).

Cesare Segre. *Os signos e a crítica*. Trad. bras. Rodolfo Ilari e Carlos Vogt. São Paulo: Perspectiva, 1974 (col. Debates, v. 83).

N. W. Sodré. *História da literatura brasileira: seus fundamentos econômicos*, 2ª ed. rev. e ampl. Rio de Janeiro: José Olympio, 1940 (col. Documentos brasileiros, v. 23).

F. Süssekind. *O Brasil não é longe daqui: o narrador, a viagem*. São Paulo: Companhia das Letras, 1990.

F. Süssekind. *Cinematógrafo das letras: literatura, técnica e modernização no Brasil*. São Paulo: Companhia das Letras, 1987.

_____. *A voz e a série*. Rio de Janeiro: Sette Letras, 1998.

J. Veríssimo. *Estudos brasileiros: segunda série (1889-1893)*. Rio de Janeiro: Laemmert, 1894.

O. Wilde. "O crítico como artista". Em _____. *Obra completa*, 5ª ed. Rio de Janeiro: Nova Aguilar, 1993, pp. 1110-64.

Ocaso da literatura ou falência da crítica?

Os antigos gregos começaram, tardiamente, a ler, no sentido literário, os poemas homéricos que conheciam desde a infância, e que só foram comentados, de várias maneiras, a partir da época helenística. A crítica literária surgiria de tais escólios, portanto das glosas à literatura escrita, o que significa admitir que surgiu da prática da leitura dos textos, como decorrência da necessidade de compreendê-los e interpretá-los.

Daí por diante não haveria mais literatura sem crítica e sem leitura. As duas, crítica e literatura, caminhariam juntas: a segunda vive por e para ser lida e a primeira só da leitura da outra pode viver. Nada mais trivial. Mas poderá ocorrer, como certos sinais pressagiam, que a literatura venha a perder, algum dia, sua ressonância crítica, se não vier ela própria, também, a definhar, tornando-se, à falta de leitura, um simulacro de si mesma. Um simulacro igual àquele que da bela Helena de Troia ficara, incólume e fiel a Menelau, resguardada no Egito, segundo nos conta Eurípides, enquanto a verdadeira teria ido, com Páris, incendiar Ílion, provocando a guerra da *Ilíada*.

Quanto mais a literatura for viva, quanto mais ela tiver importância num dado meio cultural, na proporção de seus leitores, mais florescerá a crítica literária em seus diversos gêneros, pois onde a crítica floresce, há várias "mansões" teóricas e metodológicas, como num reino dos céus de comentadores, analistas e intérpretes.

Na Antiguidade e na Idade Média, o Gramático, o Retórico e até o pedagogo ocuparam as primeiras "mansões" da Crítica. No Renascimento, exerceu a Crítica o Humanista, esse fundador do cânone das letras clássicas. Cânone é palavra da religião que ingressou na literatura. Nos primeiros séculos do cristianismo, os abundantes escritos sobre a vida de Cristo foram separados em duas categorias. Evangelhos canônicos, como as quatro narrativas de são Lucas, são Marcos, são Mateus e são João, e evangelhos apócrifos, como os de Tomás, de Basilides e do pseudo-Mateus, declarados falsos, condenados à execração e esquecidos até sua recuperação e publicação em nossa época. Aqueles primeiros integram a parte central do cânone do Novo Testamento, composto de outros livros, todos reconhecidos como textos sagrados, fontes imutáveis da palavra divina.

Nas Letras, critérios poéticos, retóricos e estéticos identificam certos textos, em detrimento de outros, como literários; esse reconhecimento marca-lhes o caráter canônico, de onde decorre seu acatamento social num determinado período. Semelhantes aos textos religiosos, consagra-os a autoridade de uma tradição, mas, diferindo daqueles, vigem até serem substituídos por novos cânones. Consagrados, mas não sagrados e, às vezes, parecendo sê-lo, os cânones literários remontam a princípios, valores e modelos de que decorrem normas e regras.

Assim os cânones das Letras clássicas, que conformaram o "classicismo", erigiram, como modelos a imitar, com base na tradição da Antiguidade e na autoridade da poética de Aristóteles, da Epístola ad Pisones, de Horácio e do escrito de Longinus sobre o sublime, as obras valiosas desses normativos da literatura. O crítico, mentor dessa tradição das Belas-Letras, põe diante daqueles que as praticam o imperativo das regras decorrentes das normas, espelhando o perfil dos bons modelos épicos, líricos e trágicos do mundo greco-latino (Homero, Ésquilo, Sófocles, Eurípides, Virgílio, Cícero, Ovídio, sobretudo), expostos e comentados em continuidade à cadeia interpretativa que lá começou. O crítico era uma consciência feliz. Longe ainda estava dos juízos depreciativos — literato de segunda ordem, parasita, vampiro da literatura — com que irão infamá-lo os beletristas ou de que ele mesmo se acusará após o Renascimento.

Só a partir da transição do século XVIII para o século XIX, por espelhamento na palavra "crítica", então tornada preferencial — crítica dos sentimentos, crítica da experiência, crítica da razão —, foi que passou a haver uma crítica literária com essa denominação — no momento em que, segundo parecer do Michel Foucault de *Les mots et les choses*, a "literatura" propriamente dita teria surgido. Desde então a má consciência, nele hoje agravada, visitaria o crítico, em decorrência daqueles juízos depreciativos e que um diagnóstico psicanaliticamente primário pode elucidar. Dado que ele cobrava o respeito às regras, exprobando os que as transgrediam, logo funcionaria como um Superego autoritário, e, assim, como um " inferior vindicativo",[1] condição que recalcou e não aceitou.

O crítico interiorizaria essa pecha como um sentimento de inferioridade quanto mais o solicitava, desde os fins do século XVIII, a estimulante difusão iluminista: além de dicionários e enciclopédias, editavam-se periódicos, revistas ou jornais, nos quais se publicavam e comentavam romances para leitores mais numerosos que os de antanho, egressos tanto da antiga nobreza como da novel burguesia. Eram as duas grandes cabeças coletivas unidas, para o crítico, numa só entidade coletiva chamada de *público*, corpo da opinião que ele terá que honrar. O livro começava a reproduzir-se em maiores quantidades do que antes, com o crescimento desse corpo multitudinário, ao qual será endereçado. Mas quem lê são os indivíduos, com interesses distintos e pertencendo a diferentes classes sociais. Para eles é que o crítico realmente fala, e por eles, como um direito que lhe assiste, posto em questão pelo romantismo, quer ser escutado.

Já então contestado o cânone clássico, seus princípios, invalidados como regras, sujeitar-se-ão ao juízo de gosto estético. Os românticos alemães, principalmente, contestam ao crítico aquele direito, sob a alegação de que lhe faltaria competência para exercê-lo na base de julgamentos acerca da beleza artística, que não é extrínseca, como uma propriedade objetiva das obras, mas a elas intrínseca, como objeto de apreciação da parte de quem as contemplasse desinteressadamente, fruindo-as em função do prazer que proporcionam em consonância, portanto, com o sentimento do contemplador, em estado de atenção reflexiva.

Considerou-se o gosto estético a faculdade de discernimento do belo, equivalente a um ato de intuição espiritual, que iria ao encontro da imaginação do artista no que ele produzia, da originalidade individual, afirmativa da liberdade de seu Eu — de seu *gênio*, essa disposição excepcional para criar (verbo novo do vocabulário artístico), como se compartilhasse das intenções da Natureza e

---

[1] Leyla Perrone-Moisés. *Texto, crítica e escritura*. São Paulo: Ática, 1978, p. 17.

pudesse, conforme enunciaria Kant, dar regras à arte. Assim, não poderia o crítico julgar se não fosse um "autor em segunda potência", se não pudesse repetir o que o artista produzisse, se não fosse ele também, poeta, um gênio imitando outro gênio. No entanto, Kant dizia que, no domínio do Belo, não poderia haver ciência, mas somente crítica.

Em breve a crítica se arrogaria ser porta-voz da opinião pública, julgando o mérito e o demérito dos textos, primeiramente à luz das intenções do autor neles reveladas, depois, com o apoio das várias ciências em desenvolvimento no século XIX, pelo que documentam das disposições psicológicas inerentes ao indivíduo, das exigências do momento histórico e das demandas da sociedade. A Psicologia, a História e a Sociologia foram chamadas a justificar os juízos críticos, de acordo com as leis naturais explicativas, e que também fundamentariam, tal como acreditou Sainte-Beuve, o historiador de Port-Royal, em suas *Causeries du lundi* (Conversações da segunda-feira) — artigos em série publicados em periódico de larga difusão —, as apurações do valor ou do desvalor dos escritos literários, aferidos segundo a concordância ou a discordância entre eles e as biografias dos artistas, que teriam a função de documentar. Mas essas conversações semanais veiculavam uma atividade judicativa, que julgando a obra pela biografia do homem que a escrevera, pretendia triar o joio do trigo, separar, no terreno literário, as plantas viçosas das rasteiras e das daninhas.

Na verdade, conforme escreveu Proust, Sainte-Beuve conhecia bem os homens, mas conhecia mal os escritores, que procurava identificar nos documentos de suas vidas. Nem os encontraria como escritores se os procurasse em suas obras, porque nelas, onde o real perde para o estético, os escritores se *outram*, se inventam, se recriam. No século XX, a crítica, além de sua modalidade difusa e reiterada de resposta às primeiras sugestões da obra imediatamente cantadas (impressionismo), visaria o elemento estético, como a especificidade a caracterizar o literário, ora tomado como organização poética de significação autônoma e intransitiva (*close-reading*), ora à busca da forma significante da linguagem em suas operações de construção interna (formalismo), ora na correspondência entre a forma e os significados sociais e históricos (crítica histórica e sociológica) — seja com apoio na Ciência da Linguagem (Estilística), seja com apoio na Fenomenologia (crítica fenomenológica), seja com o apoio na noção de estrutura linguística (crítica estruturalista).

Na segunda metade do século XX, todas essas correntes já eram largamente difundidas entre nós, mormente em artigos jornalísticos, à época um ordinário veículo da literatura e dos juízos críticos, utilizado desde a fase oitocentista de nossa crítica, entre o romantismo que a fundou, com o seu componente nacionalista, e o naturalismo, que a vinculou ao meio social e ao então acreditado curso das leis históricas. Salvo a impressionística, tais correntes estavam todas representadas em 1961, no II Congresso Brasileiro de Crítica e História Literária, reunido em Assis, por iniciativa da Faculdade de Filosofia e Letras dessa cidade paulista. Quem comparecesse a esse Congresso, marcado pela presença do concretismo como grupo de vanguarda, poderia testemunhar um momento alto, de pletora da literatura e de diversificado aumento qualitativo da crítica.

Publicara-se, em 1956, *Grande sertão: veredas*, de Guimarães Rosa, e *Duas águas*, de João Cabral de Melo Neto; em 1960, saíra o livro de contos de Clarice Lispector *Laços de família*. Continuavam renovadas as poesias de Carlos Drummond, Murilo Mendes, Jorge de Lima, Manuel Bandeira e Cecília Meireles. Explodira a vanguarda concretista, ascendiam novos poetas, como Mário Faustino, Ferreira Gullar e tantos outros. Tais eram os pontos em comum, as afinidades teóricas e os distintos níveis adotados na apreciação das obras, que as várias correntes críticas, representadas naquele Congresso — e veiculadas pelos jornais em seus suplementos literários —, pareciam manter entre si, a despeito das diferenças metodológicas e doutrinárias que as separavam, um simpósio de complementação mútua e de recíproco enriquecimento.

Havia, por certo, desde a década de 1940, uma crítica jornalística, a do *reviewer*, como dizia então Afrânio Coutinho, do resenhista, como dizemos hoje, mas também, pelo que ocorreu na década seguinte e depois, havia uma crítica em estilo jornalístico, mais ágil e não menos apta do que a outra, e lado a lado, continuando uma linha já tradicional do jornalismo literário brasileiro, contávamos, dentro ou fora dos então famosos "rodapés", com o artigo analítico, de exame e avaliação de textos surgentes, como os de Alceu de Amoroso Lima (Tristão de Athayde), de Álvaro Lins, de Wilson Martins, Afrânio Coutinho e outros, em mais de um jornal, aos quais se adicionavam desde antes, nos órgãos da imprensa, os artigos, em forma ensaística, de Sérgio Buarque de Holanda, de Lucia Miguel Pereira, ou, concomitante ou posteriormente aos primeiros autores citados, de Augusto Meyer, Otto Maria Carpeaux, Antonio Candido, Adolfo Casaes Monteiro, Jorge de Sena, Franklin de Oliveira e Euryalo Cannabrava, para falarmos somente daqueles críticos que mais assídua ou regularmente escreviam em periódicos, muitos deles sendo, também, professores universitários.

Do *Diário de Notícias* ao *Correio da Manhã*, do *Jornal do Brasil* ao *Estado de S. Paulo*, o jornal foi, pelo menos durante duas décadas, diante da restrita circulação de revistas, como veículo da crítica literária, uma das principais caixas de ressonância pública da literatura em nosso país. Basta dizer, em confirmação disso, que a primeira recepção crítica das obras de Guimarães Rosa, de João Cabral e de Clarice Lispector se fez jornalisticamente.

Já em artigo publicado no *Diário de Notícias*, em 1948, Sérgio Buarque de Holanda previra quanto as faculdades de filosofia, recém-fundadas, beneficiariam os estudos críticos, sobretudo na desconfiança que inspirassem "pelo autodidatismo e pelo personalismo exacerbado". A Teoria da Literatura, introduzida nos cursos de Letras, traria não só esse benefício. Também contribuiria para desrecalcar o crítico, ao mesmo tempo não permitindo, por força da dúvida que despertava no trato da coisa literária, devido à sua condição de teoria e não de ciência, que passasse do estado de má consciência ao estado de consciência plenamente satisfeita. Bem compreendida, a Teoria da Literatura daria um novo acesso, menos preconcebido, às Ciências Humanas e à Filosofia, à História e à Hermenêutica. Não há, em princípio, uma crítica universitária, por oposição à crítica jornalística de boa qualidade, senão no sentido daquela que professores universitários assinam em jornais ou em livro, muitos dos quais, mais recentemente, se originariam de dissertações ou teses acadêmicas.

Mas se, nos dias de hoje, os jornais não se fecharam de todo à crítica, acolhendo-a quase que exclusivamente (valorize-se o *quase* como ressalva para as honrosas exceções) na forma de recensões ou de informes editoriais, o certo é que se retraíram no papel de transmissores públicos dessa atividade. Altos seriam os custos da continuação do exercício desse papel; diante do reduzido interesse do público pela crítica, apurado estatisticamente em "criteriosos inquéritos de opinião", não mais se justificaria, no presente, o investimento com que arcavam os beneméritos suplementos de outrora, publicando ensaios tão longos como os que se permitia estampar o Suplemento Dominical do *Jornal do Brasil* e concedendo ao colaborador, como fazia o Suplemento Literário de *O Estado de S.Paulo*, o direito de enviar à redação a "matéria" que quisesse, dimensionada em quantia de laudas quase a seu arbítrio. Se essa pletora não pode se repetir, de quem é a culpa?

A culpa é do público, concluem os índices de opinião; a culpa é do mercado, clamam os sistemas empresariais de comunicação. Mas o desfalque, de que se ressente o antes próspero jornalismo literário, redunda em prejuízo para o leitor e para a literatura — sujeitos aos constritores padrões informativos da mídia, que os nivela a meios de rentabilidade para melhor consumo, convertido em nova mão da Providência econômica.

Não reivindicamos, apontando o predominante caráter midiático do jornalismo responsável pelo desfalque, consequente à retração indicada, o retorno à situação anterior, nem pretendemos "resgatar" o exílio jornalístico da crítica. Estamos, sim, assinalando o que talvez seja o sintoma da ascensão de um novo tipo de mentalidade ou de "cultura". Poderá ser a "terceira cultura" (das duas, a humanística e a científica, tratou sir J. P. Snow), aquela correspondente ao avançado domínio planetário da técnica, em que tanto insistiu Heidegger — que é também domínio do produtível, do ciclo mercadológico —, dentro do qual uma só corrente de demandas de consumo une, num único sistema empresarial de comunicação rentável, a fabricação do papel à produção do livro, da revista e do jornal, estes ao rádio, à televisão e ao computador. Pulsa, nesse domínio do produtivo e do rentável, que é também o da manipulação e da formalização do pensamento, tendendo a uniformizá-lo e a informatizá-lo, um éthos do lucro e do poder, à busca do fácil, do banal, do óbvio, com a sua mentalidade calculadora, imediatista, hedonística, espetaculosa, um tanto megalômana, pouco a pouco descentrada da reflexão, do prazer contemplativo, das inquietações intelectuais e filosóficas. Para tal mentalidade, a literatura, "*ce métier de chambre*" (ofício de câmara ou de quarto), como dizia Paul Valéry, vai se tornando estranha. Pois que a literatura como tal, principalmente a poesia, sabe ser lenta, tortuosa, às vezes difícil, inquisitiva, extraordinária, conflituosa, atordoante para o pensamento, com horizontes longínquos, e só degustável em calma reflexiva. Leyla Perrone--Moisés resume, melhor do que eu, o efeito dessa mudança de atitudes:

> Mais do que as mutações tecnológicas elas mesmas, que não excluem a arte de escrever e de editar livros, podendo até renová-la, foram as mudanças de visão do mundo, de motivações e de comportamento trazidas por essas novas técnicas que tornaram obsoleta a prática da literatura. O próprio modo de ser da pós-modernidade é avesso à concentração, ao isolamento e à paciência exigidos pela leitura.

O estado de simpósio metodológico e teórico da crítica literária, entrevisto em 1961, se desfez nos anos de governo ditatorial, que nos deram a "modernização do capital, de que a ditadura militar foi o braço armado",[2] concorridas bienais do livro e feiras de automóveis. Mas ainda nesse período, uma saudável crítica da crítica veio mostrar não sermos, como críticos, mais do que intérpretes, social e historicamente situados. Quando avaliamos as obras, nós as vemos sempre de uma certa perspectiva, que nos limita e nos ensina as viseiras de nossos juízos de valor. Isso é um excelente ganho da Hermenêutica e das Estéticas da recepção, como o é, também, o reconhecimento do caráter mutável dos cânones, o que já sabia o semioticista Mukaróvski, quando os vinculou a condições geracionais de idade, de profissão, de classe social e de nação. Mas passamos a "destruir" e a "construir" cânones, apressadamente e um tanto à vontade. Com essa atitude, desrespeitamos o tempo histórico; bloqueados num presente ocluso, sem passado, infringimos a Hermenêutica, com o seu justo apelo à tradição fecunda, e esquecemos que, no melhor sentido, "destruir" o tradicional é recuperar as suas raízes pretéritas, porventura ocultas no presente. Para que, então, serve a crítica?

Suponhamos, como George Steiner, que a crítica, da qual estaríamos saturados por um excesso de comentários, de análises e de interpretações, seja dispensável, e que dela nos liberemos para poder fruir diretamente as obras literárias, em suas "reais presenças". Mas como reconhecer essas presenças reais, se, como professores de literatura, ensinamos mais a "destruir" os cânones do que a reconhecê-los sem veneração religiosa, e se muitos de nós se omitem ao dever principal, suporte da ética da literatura, de transmitir aos nossos estudantes o prazer da leitura dos textos: prazer que, adestrando reflexiva e criticamente a mente e o coração de quem o experimenta, prolonga-se em descoberta de nós mesmos e do mundo?

E, no entanto, em nosso país, jamais se viu, como hoje, um tão grande e diversificado movimento editorial: "livros, livros a mãos-cheias", fartíssimo material para leitores de toda ordem. Nossos clássicos saem em edições baratas, muitas delas providas de generosos folhetos de questões e respostas para o professor e o aluno, que interpretam didaticamente, em lugar deles, os textos literários. Nosso céu tem mais leitores, nossos livros mais amores. Nem tanto. Vide as verdes campinas literá-

---

[2] Walnice Nogueira Galvão. *Desconversa*. Rio de Janeiro: UFRJ, 1998, p. 57.

rias brasileiras (e os nem sempre cinzentos prados franceses), atulhados de *montes cinco* e *compostelas*, que não as de Luis Buñuel. "Uns tomam éter, outros cocaína"; mas muitos leitores tomam o entorpecente fabricado com sobras de hinduísmo ou budismo e raspas de espiritualismo cristão em calda de autoajuda. Podemos nós, críticos e professores de literatura, fazer mea-culpa pela atual confusão, mesmo na França, entre literatura e autoajuda?[3]

Já nos envergonhamos de referir os grandes "mestres do passado", de prezar os "monumentos da literatura". Se continuar o recesso da leitura, Homero, Joyce e Guimarães Rosa deixarão de ser, dentro em breve, *the companions we keep*, companheiros de leitura e de vida. Suponhamos, enfim, que o triunfo da mentalidade antes retratada seja a derrota da literatura, convertida em simulacro, a leitura deslizando para o antiliterário, como entorpecente do espírito, e a crítica falida, com o seu público reduzido, sem condições de recepção fora do meio universitário. O que, então, fazer com a literatura, não com o simulacro, a relíssima, imediatista e utilitarista Helena, que teria ficado no Egito, mas com a sedutora, a mitopoética Helena, aquela que conflagrou Troia, que não vive sem crítica e morre sem leitura?

---

[3] Ledo engano pensar que a "terceira cultura" não avançou na França onde, segundo dados de 1978 (Noiret), 50% dos instruídos não costumam ler, percentual tendendo a 100% no caso da poesia.

2. Teoria literária

Conceito de forma e estrutura literária[1]

I

Para abordar este assunto, que parece concentrar a nossa atual perplexidade quanto ao modo de ser e ao destino da literatura, adotamos os três seguintes postulados: a *historicidade,* o *relacionamento da prática e da teoria literárias* e o *vínculo da literatura com o regime do saber.*

Fora da relação extrínseca e episódica do pensamento com a História, como realidade já feita — apanágio do relativismo e do determinismo —, aqui entendemos por historicidade o caráter temporal dos nossos conceitos, que a cultura de cada época afeiçoa a um diferente uso. Ninguém dirige o conhecimento como quer. Ao intentarmos o esforço de elaboração teórica, a *cultura implícita* ao período em que vivemos já nos fornece os pressupostos, as regras ou os princípios de interpretação que regulam o uso dos conceitos gerais, e que impõem, de época para época, um limiar temporal ao jogo do pensamento e da linguagem.[2]

---

[1] Este ensaio reformula e amplia as notas que serviram à conferência do autor, sob o mesmo título, no Primeiro Seminário Brasileiro de Crítica e Teoria da Literatura (Recife, outubro de 1973).

[2] "Joga-se um jogo inteiramente diferente nas diferentes épocas. Uma cultura inteira está implícita, pois, nos jogos de linguagem." Cf. L. Wittgenstein. *Estética, psicologia e religião: palestras e conversações.* Trad. José Paulo Paes. São Paulo: Cultrix, 1966, pp. 25-6.

Submetida a esse jogo, que responde pelos traços de permanência e de mudança no perfil da historicidade, a transmissão das heranças culturais, longe de ser uma simples transferência cumulativa, implica uma retomada do passado pelo presente. A cultura implícita ao presente, funcionando à maneira de uma retícula, assegura às ideias, aos conceitos e às categorias a sua significação perdurável e o seu diferente uso.

Na Idade Média, a Retórica antiga foi lida pela retícula do discurso teológico-escolástico. Releu-a o Renascimento, juntamente com a Poética, pela dos *studia humaniora*. E hoje, quando nos voltamos para essas fontes, redescobrimo-las em função da *literaridade*, como se passou a chamar à consciência da literatura como tal, da literatura desvinculada, a priori, dos valores sacrais — que permitiram a um Dante conceber a sua *Divina comédia* como um tratado alegórico —,[3] e sem a instrumentalidade docente expressa que, para os humanistas dos séculos XV e XVI, ligou o exercício das letras, inseparável da eloquência, ao fim pedagógico, de alcance moral ou ético, preponderante, até mesmo, no *carnavalesco Gargântua e Pantagruel*, de Rabelais.[4]

O assentamento da *literaridade* corresponde, por sua vez, a uma ordem de questões emergentes: a da significação e de suas leis, na Fenomenologia, e a da língua como sistema de signos, na Linguística saussuriana, que possibilitaram as investigações do *formalismo russo*[5] em torno da diferença conceptual entre linguagem prática e linguagem poética, onde iria alojar-se o objeto da Teoria da Literatura, enquanto visa, em diversos níveis temático-formais, ao conhecimen-

---

[3] *Duplo* seria o assunto da *Divina comédia*, literal (o estado das almas depois da morte) e alegórico (a justiça divina, exercendo-se conforme a liberdade do arbítrio); duplo seria o tratado na sua forma, pela sua tríplice divisão em Cânticos, Cantos, Ritmos (forma *tractatus*), e pelo seu modo poético, fictício, descritivo, digressivo e transuntivo (forma *tractandis*). Cf. Dante Alighieri. "Carta XVII ao senhor Can Grande da Scala: epístolas". Em *Obras completas*, v. 10. São Paulo: Editora das Américas, n.d.

[4] Expressão, sobretudo, na carta de Gargântua a Pantagruel, que traça verdadeira síntese do *humanismo* e de seus ideais ético-pedagógicos.

[5] A respeito das fontes originais do formalismo russo e da influência da fenomenologia e da linguística sobre o grupo da Opoiaz (Sociedade de Estudos da Linguagem Poética), cujos membros elaboraram as teorias formalistas, ver Krystyna Pomorska. *Formalismo e futurismo*. Trad. Sebastião Uchoa Leite. São Paulo: Perspectiva, 1972, pp. 23-5.

to da série, historicamente autônoma, dos fatos literários. Em sintonia com os principais movimentos artísticos do início do século, especialmente o *cubismo* e o *futurismo,* essas investigações dos críticos e linguistas da Opoiaz, núcleo originário do formalismo russo, refletiram-se sobre a prática literária que as estimulou, e que, pela sua maneira crítica de proceder, rompendo com as formas tradicionais, com a delimitação dos gêneros e a própria ideia de obra, exteriorizou esse questionamento da literatura no ato de criá-la, que define o estilo e o estado das letras na época presente.

Não quer isso dizer que estejamos diante de uma prática onipotente, a escavar, passo a passo, as tradições que ruem, e a produzir, nas vésperas de um juízo final histórico, os fenômenos precursores de uma escatologia das letras. Mas na linha da consciência reflexivo-crítica do presente, voltada para o fazer literário, a teoria incorpora-se à prática e a prática à teoria. A simples consciência da criação, ligando o autor à obra, duplica-se pela consciência em segundo grau, que os separa, da linguagem literária, de seus padrões e de suas transformações históricas, e, até, nas vanguardas praticantes de uma tecnologia da forma, de seus modelos conceptuais.

O relacionamento, quase entrelaçamento, do teórico e do prático — nosso segundo postulado — também representa, para a literatura, o grau cada vez mais estreito de sua conexão com as outras esferas da cultura, que Hegel já entrevira. No entanto, o esquema de filosofia hegeliana, que destinava a arte, e consequentemente a poesia, a se superarem nos produtos superiores do espírito, toma um outro sentido. Assim a ruptura das formas tradicionais, interpretada, segundo esse esquema, como o início de um processo dialético de prosificação, que eliminaria o poético sob o reflexivo, resultou no isolamento da linguagem literária, fato novo dentro do sistema da cultura ocidental, a que se refere Foucault, e que traduz a ascensão histórica da *literaridade,* da consciência da literatura como tal: "Da literatura como tal, porque depois de Dante, depois de Homero, sempre existiu no mundo ocidental uma forma de linguagem que nós agora chamamos de 'literatura'. Mas a palavra é de recente data, como também é recente em nossa cultura o isolamento de uma linguagem singular, cuja modalidade própria é ser literária".[6]

[6] Michel Foucault. *Les mots et les choses.* Paris: Gallimard, p. 313.

Prenunciada pelo romantismo, principalmente em sua fonte germânica; manifesta com a intransitividade da lírica desde o simbolismo — da lírica que se converteu num polo de autognose histórica e de crítica dos valores culturais, no período pós-mallarmeano —, o isolamento da literatura, inclusive no romance, produz-se concomitantemente à organização das ciências humanas e à precipitação da crise interna da Metafísica, sublimada, depois que se declarou na *Crítica da razão pura*, de Kant, pelo idealismo germânico do século xix.

A crise interna da Metafísica é a crise do fundamento, particularmente manifesta na suspensão dos conceitos gerais ou categorias interpretativas de alcance ontológico, a exemplo da *categoria de substância*. Esse eixo da concepção do ser, que configurou o pensamento ocidental ao configurar a Metafísica, declara-se quer na filosofia, quer nas ciências humanas e nas ciências exatas e naturais. Em todos esses campos verifica-se um processo de reacomodação do pensamento — mais ostensivo na diferenciação dos métodos e nas posições epistemológicas — e menos público, embora com igual profundidade, na prática e na teoria da literatura. O isolamento da literatura participa desse processo de reacomodação, à luz do qual a criação literária e o regime do saber se encontram sobre uma mesma coordenada: *a noção de estrutura*.

Ligada ao organicismo nos séculos xviii e xix, antes de erigir-se em esquema conceptual predominante das ciências, a noção de estrutura, alcançando a extensão de um princípio fundador do conhecimento, tornou-se o limiar desse processo de reacomodação a que nos referimos, impondo uma nova compreensão ao próprio conceito de forma, uma das bases do pensar metafísico, e cujo sentido originário, de *eidos* e *morphe* — fixado pelo sistema platônico-aristotélico —, está associado à ideia de substância (*ousia*).

Consequentemente, as porções em que o nosso tema se reparte — *a forma e a estrutura* literária — são os polos de uma diferença conceptual, que o jogo do pensamento e da linguagem carreia da *cultura implícita* à nossa época ao nível das disciplinas em que se reparte o saber e ao da literatura. Levar em conta essa diferença, colocando-nos, ao refletirmos sobre o conceito de forma e de estrutura literária, no limiar daquele processo de reacomodação, é o único objetivo destas considerações, de caráter introdutório, que visam, tão somente, a preparar o caminho a uma discussão proveitosa do assunto.

II

Literatura é a espécie de arte cujo *medium* é a linguagem — foi a primeira definição que, na situação imaginada por Victoria Rippere,[7] um professor sequestrado por antropólogos marcianos teria dado a esses especialistas de outro planeta, desejosos de saber em que consiste o tipo de atividade terrena praticada com o nome de literatura. E dizendo mais que a literatura, como forma, participa de certas convenções — gênero, dicção e estilo — e como linguagem possui certas características intrínsecas relativas aos sons e aos significados das palavras, na ordem e na combinação em que foram dispostas, aquele professor hipotético introduzia, nas "ciências humanas" de Marte, uma definição que remonta à *Poética* de Aristóteles.

De fato, logo no começo de sua *Poética*, Aristóteles distingue as artes pelo *medium*, isto é, pelos meios de que se valem — cores e figuras, harmonias, ritmos e palavras. Como, segundo o costume, "está claro que o povo vincula o nome de poesia à métrica",[8] a literatura, empregando tão somente palavras com ou sem metro, englobando espécies muito diferentes como os diálogos socráticos em prosa e os metros elegíacos, seria, ainda, quanto ao que produz, uma arte sem nome.

Mas assim consideradas, as artes, inclusive a da palavra, que a *Poética* estuda, identificam-se justamente de acordo com a perspectiva que condiciona e qualifica o *medium* utilizado: a *mimese*, a função imitativa do espírito em face da realidade. Pode-se, dessa maneira, afirmar que o mencionado escrito de Aristóteles reduz o âmbito bastante extenso da *arte*, equivalente, para os gregos dos séculos v e iv a.C. ao princípio de todo fazer, inteligente ou racional (*tékhne*). Fazer bem uma coisa, mas também fabricar, produzir ou praticar regularmente atos pertinentes — tudo o que, como atividade humana, distinta da Natureza, depende da adequação entre meios disponíveis e fins realizáveis, pertenceria à arte ou constituiria um seu efeito. Se da atividade resulta um objeto ou uma obra, que se criou ou se fabricou, dir-se-á, em virtude da signi-

[7] "*Literature is that form of art whose* medium *is language.*" Victoria L. Rippere. "Towards anthropology of literature". Em Jacques Ehrmann. *Structuralism.* Garden City, NY: Anchor Books, 1970, pp. 230-8.

[8] Aristóteles. *Poética*. Trad. Juan David García Bacca. México: UNAM, 1946, cap. I, p. 2.

ficação de *poiesis* — formação —, que esse efeito é poético no sentido amplo do termo, porque a arte consistiu em dar forma a dada matéria preexistente, a ordená-la de acordo com o fim que a forma determina.

Ora, a Metafísica de Aristóteles, em relação à qual a *Poética* ocupa uma posição subordinada, no sistema do Estagirita, vê na matéria (*hyle*), também denominada potência (*dinamis*), e na forma (*eidos*), também denominada ato (*energeia*), os princípios ou causas gerais do ser. Pela forma (*eidos*), que Platão isolara numa esfera inteligível e extrassensível, as coisas se identificam e se determinam quanto ao ser; o que elas são constitui a substância (*ousia*), algo determinado e idêntico que o intelecto apreende sob uma noção ou definição. Nas coisas naturais, nos seres autossubsistentes e animados, compostos de matéria e forma, a Natureza engendra, como se fosse uma "arte imanente",[9] por efeito de um *nous poietikos* formador; o que prevalece é a forma, princípio determinante, alma ou entelequia (*entelecheia*), que empresta vida ao corpo, nele apenas em potência, e lhe assegura a perfeição e o acabamento de um ser vivo, existente em ato.

No plano geral da arte, os efeitos poéticos resultam dessa mesma determinação da potência pelo ato, da matéria pela forma. O *nous poietikos* é a inteligência humana; a forma determinante é o fim a que a obra se destina, também ela um composto substancial. No sentido amplo, a *poiesis* aristotélica une a Natureza e a Arte, contudo separadas do ponto de vista das causas; os produtos de uma e de outra são análogos.

Estritamente considerada, porém, é somente poética *a arte que forma imitando* — que forma representando um aspecto da realidade natural e humana, de tal modo que a obra consubstancia ou sintetiza essa representação, que é o seu fim; e por consubstanciá-la ou sintetizá-la, produz um deleite ou prazer intelectual naqueles que a contemplam (*catarsis*). Nesse caso, o meio ou *medium* está qualificado pela função mimética que lhe condiciona o emprego. Quando a arte se realiza por meio de palavras, o *medium* verbal, como qualquer outro *medium* artístico, acha-se qualificado pela mimese, e dessa maneira condicionado ao fim específico da obra, representativo, e ao seu efeito próprio, emocional e intelectual.

Mas no sistema do Estagirita, uma outra disciplina, a Retórica, que figura a meio caminho do estudo da ação prática (Ética e Política) e da atividade forma-

---

[9] Joseph Moreau. *Aritoteles y su escuela.* Buenos Aires: Eudeba, pp. 106-7.

dora mimética (Poética), também é arte da palavra, na medida em que se ocupa do discurso — de sua forma e de seus efeitos —, estabelecendo as regras a que devem obedecer a invenção, a composição e a expressão de todo e qualquer pensamento organizado em palavras.

Nessas duas fontes aristotélicas da Antiguidade clássica, que concebem de maneira diferente a valência da linguagem como *medium* da arte, procedem duas linhas conceptuais distintas, que chamaremos simplesmente de *retórica* e *poética*, e de cuja mútua interferência dependeriam posteriormente as formulações acerca da forma literária.

A primeira linha, bastante extensa, que acompanhou a evolução da Retórica no mundo antigo — ligando a cultura grega à latina, e Aristóteles a Quintiliano — foi condicionada pelo uso da linguagem, prático e não mimético, com o fim de persuadir o ouvinte ou o leitor por meio do discurso convincente e conveniente —[10] uso codificado por essa disciplina, e que pressupõe a ideia de que o *medium* é o aditivo que se acrescenta a um significado prévio, a conceitos já formados na mente de quem discorre, e que se deseja transmitir ou transportar à alma de outrem, a fim de movê-la a deliberar, julgar ou opinar. Decorre desse pressuposto a independência da expressão, elocução ou dicção (*elocutio*, *léxis*), como ordem das palavras, compreendendo ritmos, ornatos e figurações; seria ela porém exterior ao pensamento (*logos*), que reveste com a forma apropriada a produzir o efeito de persuasão da obra. A linguagem servirá então para revestir, como expressão, um significado que o pensamento elaborou, e que a obra tem por função exteriorizar.[11] Na versão de Quintiliano, autor do tratado que maior acolhida encontrou após a dissolução do mundo antigo, e que as escolas ocidentais compilaram, interpretaram e comentaram, exprimir-se (*eloqui*) é "produzir exteriormente e comunicar aos nossos ouvintes o que concebemos no pensamento [...]".[12] Revestimento adequado de uma ideia, continente para um conteúdo, a linguagem constitui o veículo do pensamento.

---

[10] "Assentemos que a Retórica é a faculdade de ver teoricamente o que, em cada caso, pode ser capaz de gerar a persuasão." Em Aristóteles. *Retórica*. São Paulo: Difusão Europeia do Livro, cap. ii, "Arte retórica e arte poética", p. 22.

[11] De acordo com Cícero, a *léxis* ministra a "roupagem linguística" — *vestire etque ornare oratione*. Cf. Heinrich Lausberg. *Manual de retórica literaria: fundamentos de una ciência de la literatura*. Madri: Gredos, vol. 2, cap. ii, p. 9.

[12] Sem essa faculdade, "as operações anteriores do espírito são inúteis e semelhantes a uma

A outra linha, que se delineia na *Poética* de Aristóteles, condicionada pelo uso mimético e não prático da linguagem, integra o *medium* verbal à obra, como forma acabada e completa em que a representação se consubstancia pela unidade e integridade dos elementos de que se compõe, ordenados por um só fim e aptos a produzir um só efeito. Não haverá um significado independente da perspectiva mimética, que varia conforme o modo ou o gênero da obra; a elocução ou dicção, como ordem das palavras, é um dos elementos que se subordinam a essa perspectiva. A forma da obra é a sua forma de representar a ação humana por meio de palavras, seja no modo dramático da tragédia ou da comédia, seja no modo narrativo. A forma estaria para a linguagem, assim como o *nous poietikos* está para a matéria. É o princípio determinante a que se deve a unidade e a integridade da obra, que mais atenderá ao seu fim e ao seu efeito quanto mais se assemelhar a um vivente. "Quanto à imitação narrativa e em métrica, é preciso evidentemente, como nas tragédias, compor as tramas ou argumentos dramaticamente e em torno de uma ação unitária, íntegra e completa, com princípio, meio e final, para que, sendo *à semelhança de um vivente, um todo*, produza seu deleite peculiar."[13]

Nessa acepção, pois, a forma, com a feição de verdadeira enteléquia, é princípio determinante ou organizador da linguagem. As obras de arte literárias, produtos da inteligência formadora, análogas ao ser vivo e animado, compõem-se, à semelhança deste, de matéria e forma; o seu *eidos* provém da inteligência formadora, que cria atualizando — fazendo passar da potência ao ato — a matéria da linguagem.

A concepção retórica faz do *medium* verbal, como maneira de dizer (*elocutio*, *léxis*), a forma de revestimento daquilo que é dito ou significado (*logos*); a concepção poética faz do *medium* verbal a matéria que a atividade mimética integra na forma acabada e completa da obra, pela qual a maneira de dizer se ordena, não sendo aquilo que é dito ou significado independente da forma nem exterior à obra. Em ambas as concepções, o *medium* aparece como forma, mas em duas linhas conceptuais diferentes e opostas.

Tais linhas retórica e poética da forma, que se complementaram na cul-

---

espada, constantemente fechada na sua bainha". Quintiliano. *Institution oratoire*. Paris: Garnier, v. 3, VIII, 15.

[13] Aristóteles. *Poética*, ed. cit., cap. 23, p. 38.

tura renascentista — onde a Poética já figura juntamente com a Retórica, mas ainda ao lado da Gramática e da Dialética, que integravam o sistema do saber e do ensino na Idade Média —, também se harmonizaram na prática, contribuindo para o estabelecimento do cânone literário clássico, fixado antes do século XVIII. A partir de então, o tipo de experiência não cognoscitiva, como domínio específico dos juízos sobre o Belo, nos termos da filosofia crítica de Kant, que estabeleceu a vigência do pensamento estético, aplicar-se-á à literatura, reduzindo o papel daquelas disciplinas, sem deixar de absorver, já em função dos problemas inerentes a esse pensamento, as respectivas concepções da forma. É em Kant que tais problemas aparecem condensados em torno do *juízo estético*.

A experiência não cognoscitiva que o juízo estético, relativo ao Belo, tem por base é a satisfação desinteressada e contemplativa que as coisas naturais e as criações artísticas proporcionam. O juízo estético fundamenta-se, portanto, num estado subjetivo, muito embora as apreciações de gosto estético não sejam, como as de gosto sensível, estritamente individuais, e possam valer para outros ou para todos os sujeitos humanos. Assim é sui generis a universalidade desse juízo; pelo lado da satisfação desinteressada, ela depende do sujeito, e porque depende dele — de sua livre disposição para a experiência estética — é uma universalidade sempre possível e jamais de fato. Somente a satisfação desinteressada pode assegurá-la, quando a experiência que requer o juízo estético ocorre, autorizando a que nos pronunciemos acerca de algo — precisamente o Belo — que agrada sem conceito, e que tem por todo objeto o mesmo estado de prazer contemplativo em que esse juízo se fundamenta. Nessa fundamentação em círculo residem, ao mesmo tempo, o limite do pensamento estético e a escala de seus problemas resultantes das formulações anteriores.

Em primeiro lugar, o juízo estético, que nada acrescenta ao conhecimento racional-empírico — fundamentado nas intuições da sensibilidade e nas categorias do entendimento —, impõe o reconhecimento do puro caráter formal do Belo. Sentindo a beleza como objeto de satisfação desinteressada, fora de qualquer conceito, não é a realidade empírica que conhecemos. Mas sentimo-la de tal modo que relacionamos o nosso estado à coisa ou à criação artística que a motivou, como se apreendêssemos, através delas, de sua própria forma, o que é incognoscível na realidade empírica: depara-se-nos a forma do objeto como um sucedâneo da finalidade — dessa finalidade estranha à ordem natural dos fenômenos, e que apenas traduz uma exigência interna da razão. Na expressão sibilina de Kant, a beleza corresponderia à "forma da finalidade de um objeto enquanto é conhecido sem a representação de um fim".[14] Mas assim sendo, a finalidade, que pertence, enquanto forma, à experiência estética — visto que o seu índice está na satisfação desinteressada —, a finalidade, que nem integra o conhecimento objetivo nem pode se apresentar realmente nessa experiência neutralizadora da representação de um qualquer, é uma ideia fictícia. Intuição sem conceito, mas aspirando ao conceito, situa-se na imaginação entre a sensibilidade e o entendimento; sem fazer parte do conhecimento, mas descerrando uma perspectiva ao conhecimento, é uma ideia que a imaginação sustenta e que a imaginação não efetiva.[15] Em última análise, a experiência estética, que depende do *jogo da imaginação* — jogo com as intuições e os conceitos, no qual o juízo estético deverá fundamentar-se —, traduziria, para Kant, o acordo tácito entre o espírito e as coisas, ou entre o Espírito e a Natureza. O reconhecimento do caráter formal do Belo seria, por conseguinte, antes de mais nada, o conhecimento da finalidade no próprio sujeito, como agente livre que transporta à Natureza essa finalidade. Ao fruí-la esteticamente, é a si mesmo, ao seu espírito formador, que o sujeito conhece refletido ou espelhado nas coisas. A experiência estética aproximaria o Espírito e a Natureza, que o conhecimento objetivo separa como dois polos antitéticos.

Compreende-se, então, a atitude de Kant ao exigir das Belas-Artes que apresentassem a finalidade livre das coisas naturais. Quanto mais vingasse essa aparência, mais estético seria o efeito da arte, porque mais próximo de um esforço natural. Mas, nessas condições, o valor das Belas-Artes dependeria da espontaneidade da imaginação que as produz, e de que apenas o *gênio* é capaz. O possível nexo do Espírito com a Natureza, que semelhante espontaneidade sugere, traduz-se, na obra de arte, por meio de *ideias estéticas*, que são, justamente, as representações da imaginação, irredutíveis a conceitos. Dentre todas as artes, é a poesia, que tem na palavra o veículo adequado "a um livre jogo da imaginação executado como um encargo do

---

[14] Immanuel Kant. *Kritik der Urteilskraft*. Stuttgart: Reclam, 1970, p. 119.

[15] Legalidade livre da imaginação (*freie Gesetzmassigkeit der Einbildungskraft*). Seria um acordo subjetivo da imaginação com o entendimento, uma conformidade a leis sem lei (*Gesetzmassigkeit ohne Gesetz*), que se poderá qualificar de formal. Cf. *Kritik der Urteilskraft*, pp. 126-7.

entendimento", aquela que melhor pode exprimir essas ideias. O que é poético nasce, pois, da imaginação e com a imaginação se confunde.

Vejamos, agora, como essa posição se refletiu na compreensão da obra literária e de sua forma.

Se a qualificação estética da poesia deriva de seu poder para representar ideias, ideias poéticas por direito de nascimento, e que as palavras se destinam a veicular, o *medium* verbal é o revestimento daquilo que já foi elaborado pela imaginação. De forma ordenadora em Aristóteles, integrando as reapresentações à linguagem, o poético passa a constituir um conteúdo da imaginação. Como acréscimo retórico que exterioriza as ideias, o *medium* verbal será uma forma exterior e não ordenadora. Desse modo as duas concepções, a retórica e a poética da forma, segundo as fontes da Antiguidade clássica, convertem-se nos termos de uma oposição, que a obra literária encerra, entre a sua forma e o seu conteúdo, ou entre o seu interior e o seu exterior.

III

Graças ao entendimento dialético do Belo, conceituado como "aparência sensível da Ideia", a solução hegeliana a esse problema pôde abrir, para a teoria da literatura, a sua vertente propriamente estética, isto é, a vertente que, fundada na Estética como filosofia da arte, se manteve em estreita correlação com a crítica da razão metafísica iniciada por Kant e com o movimento romântico.

No esquema da evolução das artes de Hegel, traçado na interseção da *história mundial* com a *história do pensamento*, à sucessão dos períodos — simbólico, clássico, e romântico — que se dispõem em escala ascendente, e que constituem, segundo diferentes figuras temporais, etapas de realização do Espírito (*Geist*) a caminho da autoconsciência, corresponde a cadeia formada pelas diferentes espécies de arte. A montante desse processo, evolutivo quanto às suas transformações, e orgânico quanto ao maior ou menor grau de coesão do interior e do exterior, da ideia e da forma que o acompanham, a poesia, sintetizando e superando a escultura, a arquitetura, a pintura e a música, seria a mais completa e a mais espiritual das artes. "A poesia, arte da palavra", escreve Hegel, "constitui, pois, o meio-termo; uma nova totalidade, que reúne os dois extremos formados pelas artes plásticas e pela música, a fim de efetivar-lhes a síntese, e para levá-las, assim reunidas, a um nível superior, que é o da interioridade espiritual."[16]

Essa nova totalidade, que reúne dois extremos, nasce, por sua vez, rompendo com a prosa. Poesia e prosa são duas maneiras de representar, duas formas do próprio espírito, a caminho da autoconsciência, apenas atingida na etapa do conhecimento filosófico. Uma e outra já utilizam a palavra, "matéria flexível e sutil por excelência, que faz parte integrante do espírito, e que é mais apta do que qualquer outra coisa para apreender os seus interesses e movimentos".[17] Os interesses são os sentimentos, as paixões e as representações; o movimento é a ação sob qualquer das suas espécies existentes no mundo ético. A tudo isso Hegel chamou de *conteúdo*.

Assim, portanto, o conteúdo da Ideia, correspondente a um aspecto da totalidade a ser abrangida pelo conhecimento filosófico, é, como objeto de interesse espiritual, ainda quando relativo à Natureza, o domínio do humano. Desse ponto de vista, a poesia e a prosa, que pertencem a esse domínio, por elas configurado, possuem o mesmo conteúdo. O que é próprio da poesia é o seu modo de representação, integrando o geral ao particular, o abstrato ao concreto. Dotado de vida e de unidade interior, esse modo de representação, que foi a primeira forma histórica de conhecimento, antecedeu à prosa, e "começou no dia em que o homem experimentou a necessidade de exprimir-se".[18]

Isolando a poesia, como linguagem de caráter imagístico, da expressão literária, como linguagem civilizada, que adotou padrões de eficácia e de conveniência prática, Benedetto Croce adotaria, mais tarde, com apoio em Vico, a concepção de Hegel. Imagem e intuição, eis a substância da poesia, que resume "linguagem em sua mais pura essência".[19] Como intuição, é a linguagem dos sentimentos; como linguagem, é a intuição ativando todas as línguas, sem reduzir-se a nenhuma e transcendendo à forma verbal.

A forma verbal, para Hegel, gozou de autonomia quando a poesia ainda era uma pura criação (*poiein*), quando ainda se achava próxima de sua fonte originária, sem a elaboração artística de que se revestiu em oposição à prosa. Ora

---

[16] Georg W. F. Hegel. *Esthétique*. Paris: Aubier-Montaigne, tomo III, parte 2, p. 8.

[17] Idem, ibidem, pp. 22-3.

[18] Idem, ibidem, p. 23.

[19] Benedetto Croce. *La poésie*. Paris: Presses Universitaires de France, p. 17.

identificada como a consciência ordinária e sua racionalidade empírica, que se deixa absorver pelo particular, ora com a racionalidade pensante, a prosa também assume em Hegel a dimensão de uma categoria histórica. É o mundo prosaico do estado civil em que o poder do indivíduo, transferido para a organização política, não mais encontra espaço para a criação espontânea e a idealização plena.[20] A própria ascendência da poesia, no quadro evolutivo das artes, correspondente à fase romântica, significaria, para Hegel, uma transformação do poético: a subjetividade, tornada essencial, e daí o primado da lírica, converteu o mundo inteiro à medida do sujeito, em detrimento da livre idealidade, que a arte grega representou. Mas com o arrefecimento do poder individual, que restringiu a ação, sacrificando a idealidade, preparar-se-ia a superação da beleza e, através dela, a superação da própria arte, transformada num momento passado da história do espírito.

Nesses termos, o poético, que as condições do estado do mundo na fase romântica limitam quase que só à expressão sentimental e reflexiva do lirismo, destaca-se antiteticamente em relação à prosa. A polaridade conceptual entre prosa e poesia assim formulada converteu-se, passando por Croce, numa oposição essencial ao pensamento: a prosa é conceptual e discursiva, a poesia, imagística e intuitiva; a lírica, identificada à linguagem poética por excelência, tende, a despeito de sua aliança com a prosa ou com os elementos convencionais da literatura, na medida em que se reduz ao mínimo a sua discursividade, a um grau de pureza extrassensível.

Para retornarmos a Hegel, o verdadeiro princípio da linguagem poética, da linguagem que assume todos os conteúdos, e que lhes empresta uma *forma concreta*, estaria na modalidade da representação. E, graças à consubstancialidade das palavras e do espírito, essa forma concreta tem na expressão verbal exterior, como uma película sensível que a tornasse manifesta, o seu meio de transparência. Permeável à intuição, à representação e ao sentimento, a expressão verbal, modelada por dentro em função de um conteúdo espiritual já formado, e que é a *forma interior concreta da ideia*, poderá qualificar-se como *forma exterior*.

Esse desdobramento entre o interior e o exterior da obra literária ou entre a

---

[20] "Se voltamos o olhar para o mundo atual, somos obrigados a constatar que as suas possibilidades de criações ideais são enormemente limitadas, devido às condições evoluídas da vida jurídica, moral e política." Hegel, op. cit., tomo I, p. 231.

sua forma interna e a sua forma externa que a estética kantiana prenunciou era respaldado pela concepção do *gênio*, inseparável do papel relevante da imaginação, faculdade superior, acima do entendimento, e princípio de conhecimento metafísico-religioso no romantismo. A estética hegeliana, que refletiu o romantismo, consumou uma espécie de neutralização das concepções poética e retórica da obra literária. Sintetizando o interior e o exterior, a forma interna e o conteúdo formado, a *forma concreta* emprestou à obra de arte, mormente à literária, enquanto poesia, a proeminência de um órgão do espírito.

Vimos, pelo exame da *Poética* de Aristóteles, que a forma da tragédia e das narrativas é como a alma para o corpo, uma espécie de enteléquia. A atividade artística (*poiein*), que garante essa analogia, é um fazer inerente à natureza do homem, animal racional dotado de inteligência (*nous poietikos*). Mas o conceito de espírito, em Hegel, participou da concepção organicista (contra a qual, no entanto, reagiu o autor de *A ciência da lógica*), que guiou a filosofia da natureza de Schelling. Expressão do pensamento romântico, essa filosofia acompanhou o eixo das mudanças conceptuais na História Natural: a ideia de organização interna morfológica e estrutural, ligada à série dos seres vivos, nos reinos, animal e vegetal, e que, aplicada à ordem inteira da Natureza pelo discurso científico, funcionou como princípio metodológico de caracterização.[21] Foi nessa mesma época que o significado arquitetônico da palavra *estrutura*, já introduzido modestamente, desde o século XVII, na descrição do corpo humano, das línguas e dos estilos poéticos, associou-se ao organicismo, antes de passar, com Spencer, Morgan e Marx, da biologia à sociologia.[22]

Para o pensamento romântico, a forma e o conteúdo da obra de arte, sintetizados pela imaginação, unem-se segundo o mesmo princípio de organização inerente à matéria viva. Nesse sentido de formação, de organização, e também de interdependência dos elementos constitutivos, o poema, como produto de um ato criador espiritual, é uma estrutura, que continua, em nível superior, a atividade inerente à vida. A relação orgânica entre forma e conteúdo, partes de uma estrutura, foi, de acordo com Welleck, o "acontecimento mais importante e promissor do período" (Herder, Goethe e todos os românticos alemães a teriam defendido). Levou, contudo, "a certo desprezo da análise puramente retórica da

---

[21] Foucault, op. cit., p. 243.
[22] Cf. Roger Bastide. *Usos e sentidos do termo "estrutura"*. São Paulo: Edusp, 1971, p. 213.

poesia e ao declínio da teoria dos gêneros". Conforme ainda observa Welleck, o organicismo, que permitira uma nova teoria dos gêneros, por analogia com a das espécies biológicas, "ligou-se ao conceito de imaginação criadora, na medida em que esta era considerada um processo irracional, como a procriação e o crescimento".[23]

Somente quando, com a sistemática ruptura pós-simbolista dos cânones literários, os movimentos de vanguarda dos princípios deste século se espraiam, e entramos na época de convergência das heranças culturais (o *alexandrinismo* do nosso tempo, para Nietzsche), é que a Poética e a Retórica sobressaem novamente. Mas já estamos no momento em que, paralelamente à continuidade da Estética e à fértil influência do hegelianismo — em particular sobre a tipologia das concepções do mundo de Dilthey, que nos oferece uma teoria dos estilos históricos —, a noção de estrutura erige-se, independentemente do quadro organicista em que surgiu, num esquema conceptual predominante. Sobre essa coordenada do saber atual, situar-se-ia a linguística saussuriana; a ela estará conectada a teoria da literatura do formalismo russo e, ainda que não do mesmo modo, a estilística de Leo Spitzer, que muito deve ao pensamento hegeliano. Utilizada desde os primeiros escritos de Husserl, a mesma noção participa ativamente da terminologia fenomenológica, fornecendo as matrizes descritivas do novo status da consciência, que decorre de seu caráter intencional. É porém o estruturalismo que virá conferir-lhe um alcance metodológico e epistemológico. Esquema conceptual predominante, a *estrutura* torna-se um conceito regulador da *cultura implícita* à nossa época: uma retícula do presente, que preside à retomada das heranças culturais, e que possibilita, no momento em que elas convergem, uma reinterpretação da forma literária.

Mas o momento de convergência também é um período de divergências: da imagem do homem elaborada pela História Universal, sob modelo hegeliano, a que se contrapõe o "pensamento selvagem"; da Antropologia, suscitando uma nova crítica da razão, com a História; e, finalmente, do pensamento Ocidental consigo mesmo, em suas raízes metafísicas. A consciência crítica da linguagem, da arte e da literatura — e o surgimento da *literaridade* — coloca-se, pois, na encruzilhada dessa convergência feita de divergências.

Três expressões daquela consciência crítica revelam, no que concerne à

---

[23] René Wellek. *História da crítica moderna*. São Paulo: Herder, v. 1, p. 23.

natureza da obra literária, a diferença entre forma e estrutura de que falamos no início: *o sistema de Northrop Frye*, que retomou a *Poética* de Aristóteles, *a interpretação fenomenológica* e a *concepção estruturalista*, examinadas a seguir.

IV

As linhas da concepção poética e retórica da forma literária sobressaem ao longo de uma tradição, agora divisada através de obras individuais que se interligam, a despeito de sua distinta origem nacional e da diferença de tempo que as separam, dentro de uma história das formas parciais — os gêneros e os *topoi*.[24] Essa tradição aparece como um tipo de experiência única, irredutível em seu modo de ser, ao pensamento filosófico, religioso e científico. É a *experiência literária* sobreposta à sucessão dos períodos históricos, ligando, por exemplo, como uma ordem ideal, Homero a Pound, Shakespeare a Eliot, Horácio a Fernando Pessoa, Rabelais a Celine, e de que nos fala o próprio Eliot;[25] acima das fronteiras cronológicas e espaciais, ela liga o presente ao passado, o talento individual a fontes coletivas. A imaginação de cada poeta, de cada romancista, ao contrário da solta imaginação romântica, legitimar-se-á então ao participar de um imaginário já constituído, reaberto em cada obra, e que renovadamente cresce e se conserva à custa de todas. Nesse nível, a crítica literária adquire relevância histórico-cultural. Julgar uma obra individual é, antes de mais nada, assinalar-lhe a posição no conjunto de que participa. O juízo crítico que a justifica determinar-lhe-á o ponto de confluência com a experiência literária. E o que a crítica julga, em cada caso, no ciclo de civilização a que pertence a experiência literária, representada, refletida ou modificada pela obra, é, afinal, toda a literatura.

[24] Os lineamentos dessa história foram estabelecidos por Curtius em seu *Literatura europeia e Idade Média latina*. "As formas são figuras e sistemas de figuras, nas quais o espiritual se manifesta e se torna perceptível" (note-se o timbre hegeliano do autor). Ver Ernst Robert Curtius, op. cit. Rio de Janeiro: Instituto Nacional do Livro, 1957, pp. 407 ss.

[25] "*No poet, no artists of any art, has his complete meaning alone. His significance, his appreciation is the appreciation of his relation to the dead poets and artists [...] The existing monuments form an ideal order among themselves, which is modified by the introduction of the new (the really new) work of art among them.*" T. S. Eliot. "Tradition and the individual talent". Em *Selected essays*. Londres: Faber and Faber, p. 15.

Colocado, desse ponto de vista, diante de uma tradição que se decantou, um Northrop Frye, buscando, para a crítica, um caminho "que levasse em conta, em primeiro lugar, os principais fenômenos da experiência literária, e que, em segundo lugar, conduzisse à visão do lugar da literatura na civilização como um todo",[26] poderá, atento às fontes antigas, conceituar a literatura como *a organização retórica da gramática e da lógica*.

Somente duas dessas fontes antigas temos levado em conta para o exame do problema da forma literária: a Retórica e a Poética. À Gramática, que seria a terceira, aludimos de passagem; companheira da Retórica e da Dialética ou Lógica, no sistema do saber e do ensino, desde o Medievo, restringiu-se o seu interesse pela forma ao *enarratio auctorum*, isto é, à codificação de bons exemplos dignos de imitação, colhidos entre os autores. Na acepção de *bene didendi scientia*, que trata da elocução, a Retórica se confunde com a Poética, e ambas visam, conforme os seus diferentes fins, à preparação da obra (*opus*).

Numa visão sistemática dessas fontes antigas, pode-se dizer que a obra poética se distingue da obra retórica pela sua intenção mimética: a imitação concentrada da realidade humana e extra-humana.[27] Portanto, na conceituação da literatura como organização retórica da Gramática e da Lógica, deve-se ter em vista a mimes e os elementos do *mimema verbal* que Aristóteles, tratando especialmente da tragédia, discriminou: léxis (dicção), melos (musicalidade), opsis (espetáculo), dianoia (ideias), éthos (situação e caráter) e mito.[28] São esses os elementos que Northrop Frye retomou em seu sistema, que é uma verdadeira rediagramação da *Poética* de Aristóteles, erguido em quatro pilares teóricos distintos. Começa reinterpretando, por uma *teoria dos modos*, a mimese, e culmina, depois de duas outras teorias, a dos *símbolos* sobre a linguagem e a dos *gêneros* sobre as formas históricas, por uma *concepção do mito*. Sem pretendermos fazer um exame exaustivo desse sistema, partiremos da teoria do símbolo ou da linguagem, que nos permite voltar às noções de *logos* e *léxis*, já referidas a propósito das formas retórica e poética.

Como linguagem, a obra literária é uma estrutura verbal, de leitura centrípeta, que integra a *léxis*, com os seus elementos rítmicos e sonoros (*melos*), e ima-

---

[26] Northrop Frye. *O caminho crítico*. São Paulo: Perspectíva, 1973, p. 12.
[27] Heinrich Lausberg. *Manual de retórica literária*, ed. cit., vol. 1, p. 87 e v. 2, p. 447.
[28] Aristóteles. *Poética*, 6, ed. cit.

gens (*opsis*), à ordem dos significados (*logos*). Em vez de se desincorporarem nos seus objetos ou referente (*denotata*), como na leitura da linguagem comum ou prática, que é centrífuga, e que acompanha a ordem gramatical, os signos se projetam uns nos outros (*conotata*). Verifica-se entre eles não só um deslizamento recíproco, de significado a significado (polissemia), como um movimento em cadeia que os interioriza na estrutura verbal de que fazem parte (conotação). Se a leitura centrífuga é aqui secundária, se a direção final do significado é para dentro, deve-se isso ao caráter das enunciações que qualificam a linguagem literária, nem verdadeiras nem falsas. Essas enunciações, de cunho hipotético, que Frye prefere chamar de imaginativas, não são uma forma lógica. Aparentam-se com as *formas simbólicas*, de Cassirer e Suzanne Langer,[29] estruturas nas quais a diferença entre o que é literal e o que é figurado, entre uma significação meramente descritiva e referencial e uma significação poética, considerada secundária ou acrescentada, não prevalece. O literal seria, nesse domínio, a integridade ou a unidade da estrutura verbal. E assim, como diz Frye, entender um poema literalmente significa entendê-lo no seu todo como um poema, e na maneira como se apresenta. "*Such understanding begins in a complete surrender of the mind and senses to the impact of the work as a whole, and proceeds through the effort to unite the symbols toward a simultaneous perception of the unity of the structure.*"[30]

Até aqui nada nos apresentou o sistema de Frye que não possamos encontrar nas fontes clássicas ou medievais: a *polissemia* em Dante,[31] a *integridade* e o caráter hipotético dos significados no verossímil da *Poética* do Estagirita.[32] A própria percepção simultânea da unidade de estrutura (*a simultaneous perception of the unity of the structure*) exige que se considere a obra não apenas esteticamente, do ponto de vista de suas enunciações, mas também sob o aspecto dinâmico, de seu desenvolvimento, como uma *ação verbal*. Mas seja de um ângulo ou de outro, é com a forma que deparamos. "A forma de um poema, que abrange os seus detalhes todos, é a mesma quer a examinemos como estacionária, quer a

---

[29] Ver, de Ernst Cassirer, *Philosophy of symbolic forms* (Yale University Press, 1953); e de Suzanne Langer, *Philosophy in a new key* (Cambridge: Harvard University Press, 1948).

[30] Frye. *Anatomy of criticism*. Nova York: Athaeneum, p. 77, 1966.

[31] Dante chama de *polissemia* à *Divina comédia*, porque "tem mais de um significado; pois o primeiro é o que se tem da própria letra, e o outro, o que tira o seu sentido daquilo que se diz pela letra". "Carta XVII ao senhor Can Grande da Scala", op. cit.

[32] Aristóteles. *Poética*, ed. cit., 4, 7 e 23.

examinemos como em movimento através da obra, à semelhança de uma composição musical, cuja forma é uma só, quando lemos a partitura e quando escutamos a sua execução."[33] Eis a dupla face da forma literária, ora *shaping principle*, se olharmos o movimento discursivo, temporal, da obra, ora *containing principle*, se olhamos os seus elementos, *"holding the poem together in a simultaneous structure".*[34] Fácil é reconhecer as duas acepções da forma, como revestimento ou continente (retórica), e como ordenação ou integração das partes de um todo (poética), em que nos detivemos. Mas essa duplicidade resolve-se, na interpretação de Frye, por uma mudança de perspectiva. Até aqui somente formulada em função das obras individuais e isoladas, a forma diz respeito tanto à linguagem quanto ao gênero, que emerge da tradição histórica; mas também depende de um "contexto imaginativo", que permite situar as obras e compreendê-las em função de conexões regulares que as estruturam e de que elas são os casos particulares. É à mimese, conceito operatório do sistema de Frye, que devemos essa nova perspectiva.

Na sua mais lata expressão, a mimese, concebida por Aristóteles como *mimesis praxeos* — reprodução de uma ação —, é ao mesmo tempo *mimese logou*: ação verbal (*dianoia*) que varia de gênero para gênero, de acordo com a maior ou menor relevância dos elementos da arte literária. Para nos referirmos a um deles, o elemento musical (*melos*), da elocução ou *léxis*, fraco na sequência narrativa, é impositivo na lírica, dentro do relacionamento intersubjetivo que condiciona esse gênero.

Na sequência narrativa, predomina o *ritmo semântico do sentido*; seja em prosa ou em verso, trate-se de um poema épico, de um *romance viejo* ou de uma novela de Bocacio, esse ritmo, com a sua continuidade que é a da prosa (*prose rhythm*), *stricto sensu*, modela-se pelos acontecimentos a narrar. O sentido se articula semanticamente na forma de uma experiência do mundo, que inclui, expressa ou implicitamente, referências de tempo, espaço e sucessão causal.

Já na lírica, predomina *o ritmo oracular*, que desloca em função de uma *"internal mimesis"* (mimese interna), os referenciais semânticos em que se apoia. Nos *Hinos à noite* (*Hymnen an die Nacht*) de Novalis, podemos encontrar um modelo desse ritmo. A *noite* que o poeta invoca é objeto de revelação, à altura

---

[33] Frye, *Anatomy of criticism*, ed. cit., p. 83.
[34] Idem, ibidem.

de um "conhecimento" superior; abrange o espaço e o tempo noturnos, e é também uma dimensão cósmica, apagando, por força de um mito antissolar — a identidade primordial de todas às coisas —, as figuras do mundo. O sentido não semântico desse ritmo (*Zugemessen ward dem Lichte seine Zeit; aber zeitlos und raumlos ist der Nacht Hersschaft. — Ewig ist die Dauer des Schlafs*),[35] que é oracular, apoia-se, tal como no conhecido poema dos *Songs of experience*, de William Blake, "The tyger" — na associação de som e de imagem. A visão do tigre apocalíptico (*Tyger! Tyger! burning bright*), que brilha nas "florestas da noite" (*In the forests of the night*), serve de foco à *mimese interna*, e sustentada pelo *ritmo oracular*, liga, simultaneamente, as imagens de cada verso — que são partes da mesma visão — e guia o encadeamento discursivo de verso a verso.

Sem *internal mimesis*, sem o mesmo tipo de continuidade da prosa, tal como antes caracterizada, outro é o ritmo que alenta a *dianoia* na literatura dramática: *the rhythm of decorum*, que é a mimese do diálogo ou da conversação, trazendo, com a relevância do éthos, o desenvolvimento conflitivo da ação verbal. Manter-se-ia, entretanto, a diferença, resultante da própria mimese, entre duas espécies de ritmo, uma que exterioriza e outra que interioriza a ação verbal. Ali a *dianoia*, descritiva e episódica, ainda que não reduzindo as imagens e os padrões sonoros (*opsis* e *meles*), é o equivalente de uma ação exterior; aqui haveria uma "*internal mimesis of sound and imagerie*",[36] equivalente a uma ação interior. O interior e o exterior, termos sujeitos à equivocidade, apenas indicam a direção da mimese, que mesmo no drama, onde a continuidade temporal se determina em função do caráter ético atuante,[37] pode estar condicionada, tematicamente, à recorrência de padrões míticos.

É o que se verifica, entre outros exemplos, no *Conto de inverno*, de Shakespeare: a continuidade episódica dos sucessos que separam o rei Leandro de sua Hermione, por ele obrigada a sacrificar Perdita, teria o seu fulcro na epifania mágica que serve de epílogo aos acontecimentos, e que, ressurreição para a rainha, e renascimento para a filha, achada depois de perdida, reaparecendo aos

---

[35] "À luz foi dado um tempo limitado; mas o reino da Noite é sem tempo e sem espaço — Eterna é a duração do sono." Novalis. *Hymnen an die Nacht*, II.

[36] Frye. *Anatomy of criticism*, ed. cit., p. 250.

[37] No sentido analógico que Frye empresta ao éthos aristotélico e que já aponta para o mito, cf. *Anatomy of criticism*, p. 120.

olhos da ilustre Corte, é também uma repetição do mito de Galateia que Eurípides já havia incorporado à sua Alceste. O fato importante a extrair disso não é apenas que Shakespeare tenha enfeixado o seu drama na forma de um mito, mas que tenha chegado a esse mito encontrando-se com o dramaturgo grego. A literatura, diz-nos Frye, é feita de literatura. O processo de estruturação que toma corpo nas obras individuais — e de que elas são os exemplos singulares ou os exemplares únicos — está no imbricamento do mítico e do retórico, combinando a variabilidade das formas históricas com a permanência das estruturas arcaicas.

Abrangendo os padrões valorativos da ação ou da conduta humana, o mito, que o autor por fim reduz a arquétipos, é "um dos extremos do projeto literário".[38] Tal faceta antropológica, de que se reveste a teoria da literatura de Frye, envolve também uma readmissão do efeito catártico da produção literária. Nos *patterns* da ação destacados pelo crítico, e que acompanham de perto os arquétipos, junguianos, teríamos circuitos de alta voltagem afetiva, e na imageria mítica, com as suas oposições de vida e morte, nascimento e ressurreição, luz e sombra, sonho e vigília, o mundo da "metáfora total".[39]

No entanto, por mais que dependente das possibilidades criadoras do mito, a literatura, como organização retórica da gramática e da lógica, possui as suas próprias formas. Historicamente elaboradas e diferenciadas, fornecem novos condutos para a mimese e assim participam do processo de organização e de desenvolvimento da linguagem, ou por outras palavras, do processo de estruturação das obras literárias. A noção de estrutura aplica-se, nesse sentido, em dois níveis complementares: um, estático, que é o nível de assimilação e de integração das formas históricas, preservadas ou modificadas na obra individual; outro, dinâmico, orientado conforme a mimese, já atuante no primeiro, e que pode tornar a obra o ponto de emergência de correlações regulares, mais gerais, dos arquétipos que a excedem. Por esses dois níveis conjugados é que a experiência literária se articula à experiência humana, e que a literatura encontra o seu lugar na civilização como um todo.

[38] Frye, ibidem, p. 136.
[39] Idem, ibidem, p. 138.

V

A fenomenologia contribuiu para a compreensão da obra literária, colocando-a justamente sob o foco do conhecimento da experiência humana em suas diferentes modalidades, que foi possibilitado pela tese, eixo dessa doutrina e do método descritivo que a caracteriza, da *intencionalidade da consciência*, como órbita das vivências intencionais e de seus objetos, ligados entre si de maneira essencial. Devido ao caráter intencional da consciência, não faltará uma dimensão ontológica à experiência estética, que o método de Husserl descreve.

A experiência estética é o pressuposto da fenomenologia da obra literária, que Roman Ingarden desenvolveu no seu *A obra de arte literária* (*Das Literarische Kunstwerk*),[40] aplicando a noção de estrutura segundo a dimensão ontológica inerente à descrição fenomenológica da consciência. Pressupõe também essa teoria a essência peculiar à imaginação que a doutrina husserliana assentou. Assim, a análise fenomenológica da obra literária, por Ingarden, que a descreve como uma espécie sui generis de objeto estratificado, decomponível em camadas, com um modo de ser autárquico, que corresponde a uma estrutura vertical, remete-nos, antes de mais nada, ao estágio avançado da descrição das estruturas da consciência, levada a cabo por Husserl em suas *Ideias I*, estágio onde o filósofo, distinguindo a imaginação como modalidade da consciência, vinculou-a à forma da percepção estética.

A famosa passagem de *Ideias I*, adiante transcrita, a propósito da percepção da gravura de Dürer, *O cavaleiro, a Morte e o Diabo*, exemplificaria a modificação de neutralidade que ocorre na percepção estética, já constituindo um ato da consciência imaginativa:

> Que distinguimos nós? Primeiramente a percepção normal cujo correlato é a coisa "placa gravada", a placa que está aqui na moldura. Em segundo lugar, temos a consciência perceptiva na qual aparecem, em traços negros, as figuras incolores: "cavaleiro e cavalo", "Morte" e "Diabo". Não é para elas, enquanto objetos, que estamos voltados na contemplação estética; dirigimo-nos para as realidades figuradas "em imagem", mais precisamente "retratadas", a saber, o cavaleiro de carne e osso etc. A consciência que permite retratar e que midiatiza essa operação, a consciência da

---

[40] Roman Ingarden. *Das Literarische Kunstwerk*, 2ª ed. Tübigen: Max Niemeyer, 1960.

"imagem" (das figuras cinzentas nas quais, graças às *noesis* fundadas, uma outra coisa se acha "figurada como pintada" por meio da semelhança), é um exemplo dessa *modificação de neutralidade* da percepção. Esse objeto-imagem, que representa outra coisa, não se oferece nem como ente nem como não ente, nem sob qualquer outra *modalidade posicional*; ou melhor, a consciência atinge-o como quase ente (*gleischsam Seiend*), segundo a modificação de neutralização do ser.[41]

Vê-se que há três momentos distintos na percepção de *O cavaleiro, a Morte e o Diabo* como gravura, cuja descrição, precedida pela prática da redução, apreende reflexivamente a consciência perspectiva como fenômeno, isto é, em seu caráter intencional de ato (*noesis*), dirigida a um objeto (*noema*). O primeiro momento, o da percepção normal, corresponde à coisa física, à placa material, à gravura em sua corporeidade. Mas os traços negros que aí sobressaem são figuras determinadas — o "cavaleiro", a "Morte", o "Diabo" — que percebemos ora uma a uma, ora em conjunto, mas sempre sob uma certa perspectiva, que é como percebemos qualquer coisa no espaço real.

A placa, em sua materialidade, equivalente à percepção da coisa, com seus dados naturais, possibilita pois, no segundo momento, a percepção de coisas que já são figuras, também variando em função da experiência sensorial. Para cada um desses momentos, a vivência é distinta; para cada um desses momentos, variou a correlação *noético-noemática*, mantendo-se porém a mesma unidade de sentido na percepção de um só objeto. Do objeto percebido (*noema*), a gravura de Dürer que abrange os dois momentos (*noesis*), posso dizer que constitui uma totalidade não independente, porque inseparável do objeto-coisa que lhe serve de suporte. Assim o objeto-gravura percebido em sua inteireza é uma estrutura autônoma, recobrindo, com o sentido que lhe é imanente — o da gravura como tal —, aquele outro, correlato ao da placa, que seria o único a considerar se detivéssemos neste ponto a descrição fenomenológica.

Diremos então que a estrutura do segundo momento, conservando a correlação do sentido que lhe é própria, e sustentada pelos atos intencionais da percepção, está *fundada* no primeiro. No entanto, são esses mesmos atos intencionais que, portadores do mesmo sentido — o objeto percebido como núcleo ou

---

[41] Edmund Husserl. *Idées directrices pour une phénoménologie*. Traduzido do alemão por Paul Ricœur. Paris: Gallimard, p. 373.

como "*camada nuclear necessária*" —, se modificam na contemplação estética, quando os atos intencionais, neutralizados na forma da consciência imaginativa, nos darão a perceber "o cavaleiro", "a Morte" e "o Diabo", mas sem o índice de realidade dos momentos anteriores.

Na contemplação estética, como terceiro momento descritivo, as figuras se apresentam reduzidas à condição de imagem; há uma nova consciência do objeto e, portanto, de acordo com as vivências intencionais respectivas, uma nova ordem de fenômenos. Sustentada por outra correlação noético-noemática, predomina, agora, a *consciência de imagem* — consciência que visa ao objeto *como imagem*, neutralizando o índice de realidade que antes o afetou. Nem real nem de todo irreal, a gravura, como objeto estético, é um *quase ente*.

Inseparável da *modificação de neutralidade*, e por conseguinte inseparável da *imaginação*, que Sartre depois concebeu como consciência *desrealizante*, o modo de ser do objeto assim postulado, e a experiência estética capaz de atualizá-lo, são o pressuposto da análise de Ingarden, de sua descrição da obra literária como uma *mehrschichtiges Gebilde*: uma forma de camadas heterogêneas.

Será necessário atribuir a esses termos o seu devido valor semântico. *Gebilde* significa o que tem forma — como o desenho ou a figura em geral — e também aquilo que se encontra formado ou constituído por integração de diferentes elementos, como é o caso de uma formação geológica. Essa última significação, reforçada pelo adjetivo *mehrschichtiges* (em camadas ou por estratos) — o mesmo que Nicolai Hartmann usaria, mais tarde, para, dentro da tradição hegeliana, conceituar o modo de ser estético da obra de arte, como objeto estratificado —,[42] mostra-nos a dominante estrutural da abordagem de Ingarden, que se propõe a levantar uma "anatomia essencial" da obra literária, a fim de abrir caminho à sua consideração estética.

Deixando, pois, de lado, quer as vivências do autor, quer a prévia identificação do caráter literário, que nos seria dado por referência a determinadas criações; deixando de lado, em suma, a questão do juízo crítico, que distingue essas criações umas das outras quanto ao seu valor, o propósito de Ingarden é estabelecer a "estrutura fundamental (*Grundstruktur*), comum a todas as obras literárias, independentemente do valor que possam apresentar".[43] Nessas condições,

[42] Nicolai Hartmann. *Ästhetik*. Berlim: De Gruyter, 1953.
[43] Ingarden, op. cit., p. 4.

não deverá a investigação ater-se àquela classe dos exemplos canônicos, isto é, das obras literárias de valor reconhecido, e sim aproveitar os espécimes, "tais como o romance policial, extraído da crônica jornalística, ou a banal poesia de amor escrita por um jovem estudante".[44]

Como Husserl afirmou acerca das constatações essenciais da fenomenologia, a construção (*Aufbau*) da obra em camadas heterogêneas, que nos leva de volta à percepção da gravura de Dürer descrita em *Ideias I*, e às suas implicações fenomenológicas, é apenas uma trivialidade. Abandonando as pressuposições de ordem cultural, histórica e crítica, praticando a redução, procuremos descrever reflexivamente a percepção fenomenológica da obra literária, da obra cuja individualidade essencial, não subjetiva mas objetiva, se destaca através das variações da experiência perceptiva mesma, consumada no ato de leitura.

O primeiro momento, o momento fundador, é o *material sonoro* — repousando nos fonemas, como unidades mínimas — e que nos dá, com a camada puramente linguística, o espectro dos ritmos e das qualidades melódicas. Essa camada autônoma, na qual a análise poderia deter-se, é a própria palavra como matéria perceptível de um certo modo: a sonoridade captada pelo ouvido interno, que se sobrepõe ao sinal escrito ou ao signo gráfico. A única efetivamente percebida, e portanto a única *real*, a camada sonora, não possui, em comparação com a placa material, o primeiro momento descritivo da gravura de Dürer, a mesma natureza de coisa; desempenha, no entanto, a mesma função, dando acesso às camadas superiores fundadas — que não podemos conceber existam independentemente dela: as *unidades significativas* com a sua órbita de objetos (espaço, tempo e objetos propriamente ditos), os *aspectos esquematizados* (imagens, símiles e metáforas) e as *objetualidades representadas* (o domínio da ação para Aristóteles, tanto do *éthos* como do *mito*, correspondendo a coisas, personagens, situações). Cada um desses momentos se funda no anterior; cada qual, com o grau de autonomia da correlação de sentido que lhe é própria, projeta-se naquele que o precede. Se a leitura passa através da câmara sonora para efetivar-se no plano superior das reapresentações, este depende, por sua vez, das unidades significativas de vários graus. Os objetos representados (*die dargestellten Gegenstand*) aparecem como plano de fundo dessas unidades, cujas enunciações são quase juízos (Northrop Frye chamou-as de hipotéticas). Sejam coi-

---

[44] Idem, ibidem.

sas, pessoas ou acontecimentos, os objetos existem ficticiamente, no modo da modificação de neutralidade. É uma existência que os *aspectos esquematizados* apoiam. Conforme os seus elementos preponderantes, os *aspectos* (*Ansichten*), que são dados juntamente com os objetos (*paratgehalten*), permitem visá-los de um certo modo, impondo-lhes uma perspectiva que os torna manifestos. Assim, a ordem das representações não forma totalidade independente; ela só se atualiza; para empregarmos uma expressão de Max Scheller, "nas costas" dos *aspectos esquematizados*.

A terceira camada também é, como momento, constitutiva dos fenômenos de ordem superior a que serve de suporte. Desempenha, por isso, uma função determinante (*Bestimungsfunktion*) na organização do mundo imaginário, inclusive condicionando a captação de valores espirituais, metafísicos e não metafísicos, que se entreabrem a partir dela, e que podem constituir novas camadas de significação. Fenomenologicamente, esses valores não existem como ideia; revelam-se através das situações objetuais, por sua vez concretizadas nos esquemas, que operam sobre as unidades significativas fundadas na sonoridade verbal. Em resumo, a ideia, sem "qualidades valorativas", a título de puro conceito, independentemente da concretude que lhe emprestam os esquemas e, remissivamente, as qualidades da matéria verbal, seria uma concepção sem integridade poética, sem existência fenomenológica.

Assim, o trágico da morte, como valor espiritual, que se manifesta num poema de Carlos Drummond de Andrade — a elegia "Tu? Eu?", de *Boitempo*, cheia de sarcasmo — é determinado mormente, sem omitir-se o tom elegíaco do verso de sete sílabas e de suas rimas (camada sonora), das enunciações (unidades significativas) na forma do condicional (Se morres derrotado,/ não morres conformado) ou na forma negativa (Nem morres informado [...] Nem sabes se és culpado [...] Não morres satisfeito [...] Não aceitas teu fim), pelo esquema trocadilhístico assente no jogo de significados correlatos (*conformação, informação* e *desinformação*). É nesse jogo dialógico do poeta morituro, insatisfeito, cético e impiedoso com o seu outro, que o trágico da morte, associado ao mais puro sarcasmo da vida, reluz no final: "Não morres satisfeito,/ morres desinformado".

Quanto mais uma obra revela qualidades na escala da vivência dos valores — valores não apreendidos por outro meio, e que o discurso filosófico apenas pode discriminar de maneira abstrata —, mais harmonicamente funcionam as camadas constitutivas. Pode-se então afirmar que a altura da estratificação determina, para Ingarden, o maior ou menor caráter literário da obra, o que não deixa de ser um critério valorativo, embora concordante com a análise fenomenológica. Nessas condições, colocando-nos do ângulo de nosso estudo, indaguemos qual seria o verdadeiro alcance analítico da "estrutura fundamental" da obra, como uma construção de camadas heterogêneas.

Os seis estratos mencionados entram, cada qual de per si, na sua *peculiaridade material*,[45] e uns em relação aos outros, na conformação de um todo. Construção orgânica (*organischen Bau*), a unidade desse todo se fundamenta nas características particulares das camadas. Daí a natureza polifônica de que a obra se reveste como forma total. O problema da diferença entre forma e conteúdo desaparece diante da essencial correlação fenomenológica, sustentada em diferentes níveis, entre elementos que já constituem totalidades de sentido, e que são também, conforme a doutrina de *Ideias I*, estruturas interdependentes. A obra singular, apreendida numa vivência concreta, abrange, pois, momentos diferentes, edificados uns sobre os outros, e que se relacionam pelo nexo de fundação. Essa vivência concreta, que se atualizaria pela leitura, pressupõe a experiência estética. Sem a experiência estética, que Husserl nos ensinou a ver como uma *modificação de neutralidade* das vivências intencionais (*noesis*), e de seus respectivos correlatos (*noema*); sem a passagem do índice de realidade ao do imaginário, não poderíamos chegar ao nível descritivo que possibilita a percepção em segundo grau dos estratos componentes da obra e a consequente apreensão deles como fenômenos, redutíveis a essências materiais, com os seus componentes invariáveis. Por outro lado, a experiência estética, que serve de pressuposto a Ingarden, na qual a vivência do objeto transfere-se a uma outra modalidade de ser, tem um alcance ontológico. Assim, o desenvolvimento da análise de Ingarden é inseparável da estrutura da consciência no estágio avançado da descrição husserliana: a caracterização das camadas estriba-se numa *Wesenschau*: na intuição da essência dos fenômenos. E a passagem de camada a camada, com o nexo de fundação que as liga, efetua-se como passagem de um a outro nível da experiência e de suas vivências intencionais, quando o leitor da obra assume uma atitude estética.

Pode-se afirmar, respeitando-se o princípio da intencionalidade, e consequentemente a correlação noético-noemática que ele implica, que a estrutura

---

[45] A matéria constitutiva de cada uma das camadas fenomenologicamente consideradas.

da obra, fenomenologicamente considerada, acompanha a estrutura da consciência; e, mais ainda, que nos oferece um *analogon* dessa estrutura. Antes de ser objetivação do espírito, nos termos da filosofia hegeliana, o mimema verbal, desprendido do seu autor, dotado da consistência de um objeto que o leitor atualiza na atitude estética, é, como totalidade significativa, uma estrutura intencional, que a consciência funda e constitui num espaço intersubjetivo.

VI

Observa-se nas duas teorias que antes examinamos o realce do conceito de *estrutura*, mas de maneira tal que esse conceito também seria aplicável ao mimema verbal, na acepção aristotélica da forma poética. Poder-se-á dizer da tragédia, interpretada por Aristóteles, que é uma estrutura, com a condição porém de atribuirmos à *enteléquia* o entendimento da filosofia romântica da Natureza, concebendo-se a noção de alma pela retícula do organicismo.

A forma individualizadora, como princípio determinante da inteligência (*nous poietikos*), na ordem do fazer a que pertence a arte, é a primeira causa, para Aristóteles. Por analogia com o ser vivo, a obra repete e reproduz a natureza das coisas naturais, dotadas de movimento.[46] Os seis elementos que participam de sua composição heterogênea integram um conjunto autossuficiente. Da interdependência deles nasce a unidade do todo, cujas partes inseparáveis constituiriam então uma estrutura.

Se aplicada ao todo vivo de Aristóteles, a estrutura indica apenas essa unidade por interdependência e inseparabilidade das partes, que o termo *psiqué* (alma), com o seu significado de forma substancial como enteléquia a nomeia. Nessa perspectiva, que é a da *ousia*, o conceito de estrutura nada acrescenta ao de forma, como *eidos* e *morphe*.

É difícil, por isso, aceitar que Aristóteles tenha sido o "pai da reflexão

---

[46] Compreendeu-o Joyce numa de suas notas: "e tekhne mimeitai ten physin — *This phrase is falsely rendered as 'art is an imitation of Nature'. Aristotle does not here define art; he says only, 'art imitates Nature', and means that the artistic process is like the natural process*". James Joyce. "Aesthetics". Em *The critical writings of James Joyce*. Londres: Faber and Faber, p. 145.

estrutural",[47] a não ser que se desrespeite a hierarquia dos conceitos, e se passe a ler a *Poética* do Estagirita independentemente de sua *Metafísica*. O próprio Umberto Eco, que é quem se dispõe a encontrar em Aristóteles a pré-história de uma teoria da estrutura, adverte-nos sobre a necessidade de separar a ideia de conjunto autossuficiente, que "impregna toda a História da Filosofia,[48] sem exceção de sua fase medieval, da concepção estruturalista da estrutura. As filosofias da vida, a Fenomenologia, o Neokantismo de Cassirer e Suzanne Langer, a *Gestalttheorie* e o Neoaristotelismo de Northrop Frye, que vão mais além daquela ideia, já participam desse "estruturalismo genérico", pós-organicista, de que fala o crítico italiano.

Na doutrina sistemática de Northrop Frye, a noção de estrutura se aplica, conforme vimos, à obra individual, considerada, do ponto de vista de seu significado, uma estrutura verbal centrípeta, polissêmica, e também ao contexto imaginativo ou mítico que a obra individual representa. Do primeiro ponto de vista, que se confunde com a integridade da organização verbal, a estrutura, como princípio de diferenciação da linguagem, relativamente à organização gramatical e lógica, é a unidade da forma e do conteúdo. Distinguindo, entretanto, *conteúdo* e *sentido*, Northrop Frye vai buscar a inteligibilidade última de um texto literário no "contexto imaginativo" de que esse texto partilha com outros da mesma espécie. Desse segundo ponto de vista, a estrutura corresponde aos arquétipos, como princípios ativadores da linguagem. Ainda que *patterns* da ação humana condicionando a mimese, os arquétipos ainda pertencem à família das formas substanciais, e assinalam o fundo psicologista da teoria de Frye.

Isenta de psicologismo, abrangendo, como unidade de sentido, os elementos da obra, que funcionam em diferentes níveis ou camadas, a "estrutura fundamental" de Ingarden absorve a forma e o conteúdo numa totalidade inclusiva; os seus níveis materiais individualizados, estruturas mais simples, são outras tantas formas que se correlacionam e se equilibram. A correlação e o equilíbrio das camadas, inerentes ao sentido que a experiência estética atualiza, tanto mais se manifestam quanto mais ela se aprofunda. Dado que a interpretação fenomenológica "move-se constantemente entre os elementos e o todo, o todo e as partes

---

[47] Umberto Eco. *A estrutura ausente*. São Paulo: Perspectiva, p. 255.
[48] Idem, ibidem, p. 252.

e camadas",[49] esse método suprime, além da oposição entre forma e conteúdo, a outra dualidade, da forma interna e da forma externa, aberta pelo hegelianismo e mantida pelas correntes estilísticas que nele se inspiraram.[50]

Desse modo, longe de ser um sucedâneo da forma substancial, a estrutura é, para a Fenomenologia, um conceito descritivo, que o fenômeno concreto, dado na experiência estética, exige. Mas a articulação da obra literária em camadas é de natureza eidética. Sua estrutura, com a individualidade e a diversidade das essências materiais, é um *eidos* não substancial e sim intencional. No domínio fenomenológico, a estrutura pertence, pois, com direito de *origem*, ao caráter intencional da consciência.

Segundo Hugo Friedrich escreveu num artigo polêmico,[51] as únicas acepções de estrutura, válidas e proveitosas para a Ciência da Literatura, seriam a de *configuração*, assinalando a individualidade singular da obra; a de *integridade estilística*, representativa dos padrões expressivos de uma determinada época, e a de *paradigma*, no que concerne à fisionomia distintiva dos gêneros literários. A primeira, insuficiente para a significação fenomenológica, emparelha-se com a *forma poética* de Aristóteles e a *forma concreta* de Hegel. A segunda poderia ficar a cargo de uma teoria histórica dos estilos, de inspiração diltheyana, à maneira da tipologia de Lucien Goldmann, segundo a qual as visões do mundo, que prevalecem para cada época e para cada sociedade são, na medida em que se traduzem por um sistema de normas, geradoras de estruturas.[52]

Das três acepções consideradas, somente a última, a de paradigma, diretamente relacionada com a estrutura da linguagem, conviria ao estruturalismo no sentido estrito — ao estruturalismo como modo de pensamento, tantas vezes indiscernível da moda, e que se transformou hoje, sob vários estilos filosóficos, "num ponto de partida com diversas estações de chegada".[53] Esse ponto de par-

---

[49] Anatol Rosenfeld. "A estrutura da obra literária". Em Anais do II Congresso Brasileiro de Crítica e História Literária, Assis, 1963.

[50] Mantém essa dualidade, que passa pela estilística de Leo Spitzer, Amado e Damaso Alonso. Ver de Damaso Alonso, *Poesia espanhola: ensaio de métodos e limites estilísticos* (Rio de Janeiro: Instituto Nacional do Livro, 1960); de Amado Alonso, *Matéria y forma en poesia* (Madri: Gredos).

[51] Hugo Friedrich. "Estruturalismo y estructura en la ciencia literaria". *Boletin Informativo*, 5, Cosal.

[52] Tipologia proposta, nos ensaios de *Recherches dialectiques* ("Le concept de structure significative dans l'histoire de la culture", e de *Pour une sociologie du roman* (Paris: Gallimard).

[53] Eco, op. cit., p. 254.

tida, que selou a ascendência da Linguística na Teoria da Literatura, foi a compreensão saussuriana da linguagem.

A começar pela natureza do signo linguístico, Saussure já se encontra, estabelecendo a correlação entre o *significante* e o *significado*, que não existem isoladamente — nem fora da "oposição que os separa"[54] nem fora do sistema de que fazem parte —, no polo oposto de uma concepção entitativa da linguagem. Toda a força da concepção saussuriana, que vai desalojar a pauta organicista da acepção de estrutura como um todo, recai na ideia de sistema, onde, em vez da totalidade indivisa entre os elementos componentes, encontramos apenas a ordem de suas correlações. No sistema da língua, semelhante a um jogo de xadrez, em que as peças valem pela ordem e pela posição que ocupam, são os nexos relacionais que definem a existência dos termos; e cada termo "tem um valor por sua oposição a todos os outros termos".[55]

Preenchendo a noção de estrutura, essa ideia de sistema, como nexo relacional, afirmará a vocação metodológica e epistemológica do estruturalismo, delineada pari passu com o esvaziamento do caráter entitativo da linguagem. A existência relacional dos termos ou dos elementos é o modo como os *fatos da língua* se dão a conhecer. Quando se afirma que as unidades linguísticas não existem fora das relações que as unem, independentemente das diferenças e oposições que permitem combiná-las entre si, declara-se a impossibilidade de conhecê-las como entidades. A conceituação de que a língua é um "sistema de valores"[56] constitui, ao mesmo tempo, uma regra de método e um princípio epistemológico. Se cada membro do sistema só se identifica em relação com os outros, se cada membro é uma unidade concreta demarcável por aquela que lhe é oposta, essa precedência do relacional sobre o substancial vale por uma condição a priori do conhecimento possível da língua e por uma definição de seu objeto.

Os dois temas que até aqui se destacam, o da existência dos fatos da língua e o do seu conhecimento, se recortam na tese do *Curso de linguística geral*, de que a língua, pensamento organizado na matéria fônica — comparável ao verso e ao reverso de uma folha de papel —, oferece o terreno limítrofe, onde se situa o tra-

---

[54] Ferdinand de Saussure. *Curso de lingüística general*, 2ª ed. Trad. Amado Alonso. Buenos Aires: Losada, p. 129.

[55] Idem, ibidem, p. 159.

[56] Idem, ibidem, p. 191.

balho do linguista, em que os elementos das duas ordens, a do significante e a do significado, se combinam para produzir "uma forma, não uma substância".[57]

A estrutura que serve de denominador comum às correntes estruturalistas é forma sem substância (*ousia*): forma como sistema de correlações e não como princípio determinante (*eidos*) da matéria (*hyle*); forma como um conjunto de relações homólogas e não como acabamento, individuação e perfeição do ente em sua singularidade e concretude. Por essa razão, a realidade da estrutura é, para empregarmos a conceituação já clássica de Lévi-Strauss, um "sistema regido por uma coesão interna; essa coesão, inacessível à observação de um sistema isolado, revela-se no estudo das transformações graças às quais podemos encontrar propriedades similares em sistemas aparentemente diferentes".[58] O conhecimento de uma tal realidade corresponde a um modelo conceptual, que dá conta dessas transformações.

Elaborada a partir dos objetos ou dos fatos observáveis, mas sem ser fato ou objeto, a estrutura assim concebida, que abrange as relações que os explicam, e ainda a operatória que serviu para constituí-los, não é jamais um conhecimento de coisas. Os fatos, que se identificam pela posição que ocupam num sistema, existem, quando conhecidos, apenas em razão dos nexos que os configuram. Falar, nesse sentido, de uma realidade estrutural é, portanto, referir-se à trama desses nexos, que garantem a inteligibilidade das coisas, mas subtraindo-lhes, na medida em que as convertem em membros de correlações homólogas, o caráter entitativo da substância. O modo estrutural de pensamento poderá então ser descrito, ironicamente, como aquela concepção do mundo, exposta por Ulrich, o personagem de Musil, segundo a qual "tudo é apenas elemento de um conjunto ou de inumeráveis conjuntos, os quais, provavelmente, fazem parte de um superconjunto a respeito do qual nada se sabe".[59]

Mas, firmada tanto na Linguística quanto na Matemática, na Antropologia e na Biologia, a noção de estrutura, como *sistema* e como *modelo,* que possui alcance metodológico e epistemológico, suspendeu, no sentido dialético de uma *Aufhebung* hegeliana, a validade interpretativa da categoria de substância.

---

[57] Idem, ibidem, p. 193.

[58] Claude Lévi-Strauss. "Le champ de l'anthropologie: leçon inaugurale au Collège de France". Em *Anthropologie structurale deux.* Paris: Plon, 1973, p. 28.

[59] Robert Musil. *L'homme sans qualités.* Paris: Gallimard, v. 1, p. 76.

De sua vigência, que podemos qualificar, com Heidegger, de *verdadeiro aconteci-mento* no plano da historicidade, resultou um novo descortínio do pensamento em relação a si mesmo e ao real: descortínio que nos situa, desde logo, num universo de signos, preliminarmente aberto pelas estruturas linguísticas.

Quais são as implicações, para a Literatura, do estruturalismo assim entendido, como modo de pensamento? Retornando à conceituação aristotélica de que partimos (a Literatura é a arte cujo *medium* é a linguagem), precisaremos a nossa pergunta, a fim de indagar o que sucede, na perspectiva do conceito de estrutura antes delineado, ao *medium verbal*, à *arte literária* e à *obra*.

A primeira e mais geral consequência, que se traduz pela centralização da Teoria da Literatura na Linguística, é o deslocamento da forma literária, nas duas linhas inicialmente definidas, a *retórica* e a *poética*, para a estrutura da própria linguagem. Nem revestimento nem forma exterior, nem ideia, intuição, expressão ou forma interior, o *medium verbal*, fincado sobre a diferença entre o significante e o significado, é já, em relação aos dois eixos da linguagem — o da combinação de unidades (sintagma) e o de sua distribuição seletiva (paradigma) —, ao mesmo tempo forma e matéria-prima da arte literária. É forma por ser o sistema da língua adstrito a regras (código), que lhe determinam o uso no circuito da comunicação linguística; trata-se, nesse sentido, do próprio pensamento organizado na matéria fônica, da estrutura linguística enquanto sistema de simbolização. Mas é também matéria-prima, porque esse *medium* verbal formado, disponível para o uso da palavra (*parole*), conforme as restrições do código, franqueia o acesso a um nível autônomo de estruturação da linguagem. Tanto nesse nível, que é o da *Literaridade* ou da "linguagem literária", quanto no anterior, puramente linguístico, desaparece a oposição entre forma e conteúdo.

> Para o estruturalismo, como asseverou Lévi-Strauss, essa oposição não existe: não há de um lado o abstrato e de outro o concreto. Forma e conteúdo são da mesma natureza, sujeitos à mesma análise. O conteúdo extrai a sua realidade de sua estrutura, e o que se chama de forma é *"la mise en structure"* das estruturas locais em que consiste o conteúdo.[60]

A segunda consequência da perspectiva estruturalista, especificada por

---

[60] Lévi-Strauss. "La structure et la forme: reflexions sur un ouvrage de Vladimir Propp", op. cit., p. 158.

Jakobson, é que a arte literária sustenta-se na dominância da *função poética da linguagem,* diretamente relacionada, dentro do circuito comunicativo, com a *mensagem.* Núcleo linguístico da "literaridade", a função poética, que "projeta o princípio de equivalência do eixo da seleção sobre o eixo da combinação",[61] é empiricamente verificável sobre esses dois eixos, no nível dos aspectos fonológico, sintático, semântico etc., que são as "variantes ordenadas" da obra.[62] Tais variantes indicam o sistema de procedimentos verbais em que a obra consiste. Consequentemente, a sua forma compositiva será absorvida na correlação dinâmica desses procedimentos, que correspondem ao seu *princípio de construção.*

Precisado por Tinianov, um dos formalistas russos, o *princípio de construção* levaria a ver a unidade da obra literária "como uma integralidade dinâmica, que tem o seu próprio desenvolvimento; seus elementos não estão ligados por um signo de igualdade e de adição, mas por um signo dinâmico de correlação e de integração".[63] Mas com essa unidade, que não é mais a unidade fenomenológica, individualizada e essencial, chegamos à terceira consequência da perspectiva estruturalista.

O princípio de construção transpõe o nível de inteligibilidade da literatura, para além da obra singular e isolada, ao do sistema que ela integraria juntamente com outras de um mesmo autor ou de autores diferentes, pela natureza das correlações inerentes aos seus procedimentos. Os elementos particulares que as singularizam não teriam senão uma relativa autonomia; dependendo das funções que desempenha num conjunto sistemático, a inteligibilidade da literatura como fenômeno remonta ao plano das variações de uma obra ou de um sistema de obras, por sua vez inteligíveis quando relacionados com outros sistemas, quer sejam contíguos à literatura — a exemplo dos padrões de linguagem científica, filosófica e estética —, quer sejam mais afastados da literatura, a exemplo da série dos fatos sociais e políticos.

Uma vez que a forma literária, decorrente da função poética, se descola das estruturas linguísticas em que assenta, a quarta e última consequência, represen-

---

[61] Roman Jakobson. "Linguistique et poétique". Em *Essais de linguistique générale.* Paris: Minuit, p. 220.

[62] Cf. Lévi-Strauss em colaboração com Jakobson, "'Le chats' de charles Baudelaire" (Nota introdutória). *L'homme,* v. II, nº 1, 1962.

[63] Iuri Tynianov. "La notion de construction". Em Tzvetan Todorov. *Théorie de la littérature.* Paris: Seuil, p. 117.

tando o extremo limite da noção de estrutura nesse domínio, é a neutralização da própria *obra* pelo *discurso* diferenciado, cujos "fatos completos", na ordem das significações, produziriam essa espécie de realidade verbal fechada, a que Roland Barthes chama de *texto*.[64]

Escapa ao objetivo desta análise a apreciação crítica do conceito de texto. Contudo, interessa-nos assinalar que o *discurso*, como extremo limite do estruturalismo, marca o ponto em que a criação literária e o sistema do saber se recortam na cultura de nossa época. Participando do inconsciente pelas suas estruturas linguísticas de base, o discurso literário conquista a sua autonomia separando--se do mito e do sonho, que são, como ele, membros do universo dos signos.[65]

Encarada sob esse aspecto, a questão da forma e da estrutura literária, introduzindo-nos em um círculo mais vasto de problemas, vincular-se-ia ao processo da diferenciação dos discursos — o mítico e o onírico, o científico, o filosófico e o ideológico — que se tornou, dentro do processo mais geral da metafísica em crise, e da consequente suspensão histórica de suas categorias, a começar pela de substância, um dos centros de reacomodação histórica do pensamento.

Mas cada uma das três últimas consequências que enumeramos também deixa em suspenso, como num parêntese metodológico, que não eliminaria a validade de outras postulações, uma parte considerável da experiência literária, globalmente considerada. Assim, a função poética da linguagem aponta para o ato de criação, fator de sua dominância, e não é incompatível com a mimese; o princípio de construção aponta, através dos sistemas encadeados que condicionam a inteligibilidade da obra, para a sua historicidade iniludível. Ressalvada a primazia da estrutura, enquanto conceito regulador teórico, que a prática literária assimilou, na época da problematização da literatura, podemos afirmar que é na obra que o *discurso* se realiza como *texto*.

A obra é, na sua realidade textual, o lugar onde, segundo Valéry, "inscreve--se de linha a linha o duelo do espírito com a linguagem".[66] Nesse duelo, o espírito, atividade formativa já comprometida com a ordem dos signos, opera sobre

---

[64] Roland Barthes. "Linguistique et littérature". *Langages*, nº 12, 1969.

[65] Ver a respeito dessa separação os caps. v e vi do estudo pioneiro de Luiz Costa Lima *Estruturalismo e teoria da literatura* (Petrópolis: Vozes, 1973).

[66] Paul Valéry. "Présentation du 'Musée de la littérature'". Em *Regards sur le monde actuel et autres essais*. Paris: Gallimard, p. 363.

estruturas a que também serve de veículo. Longe de ser um conjunto de estruturas fechadas, a realidade textual abre-se sob três aspectos distintos: *o de sua inscrição*, relativa ao ato de escrever, situado num plano existencial, aquém da obra; *o de sua temporalização*, para além da obra, remetendo-nos ao sistema que ela integra, e daí à sua historicidade; *o de sua criação*, na própria obra, como espaço intersubjetivo da experiência estética. Desses três planos do texto, que somente a experiência estética pode abrir, o primeiro é suscetível de interpretação ontológica, o segundo de análise sociológico-histórica e o terceiro de descrição fenomenológica.

Pensar estruturalmente a obra literária, na interseção desses três planos, é pensá-la jamais como objeto substante ou coisa, e sempre como foco de sentido, emergindo das correlações múltiplas (estruturas propriamente ditas) do *medium*: verbal (forma propriamente dita). Essa maneira de pensar produziria, como modo de ler, a conversão de toda a realidade textual em atividade poética. Seria um método prático e uma prática metodológica, proporcionando o conhecimento e a experiência da *poiesis* imanente à língua, que estes versos de Jorge de Lima recomendam:

Lede além
do que existe na impressão. E daquilo
que está aquém da expressão.

O trabalho da interpretação e a figura do intérprete na literatura

I

Concordando no fundamental, com o ponto de vista de "A interpretação da obra literária", pretendo acrescentar-lhe pequeno escólio, depois de resumir as teses principais dessa reflexão de Alfredo Bosi.[1] Segundo ele, a interpretação é o modo intuitivo, sintético e dialético do conhecimento das obras literárias, que consiste em apreender-lhes o sentido. O intérprete, como mediador desse sentido, o traduz para uma linguagem outra, conceptual e reflexiva, captando-o de forma singular a que se acha incorporado. A forma se articula não apenas em função das estruturas da língua, mas também dos elementos pulsionais da escrita e dos estímulos culturais aferentes ao ato de criação. Para esse ato, considerado um processo formativo, volta-se o intérprete, empenhado na decifração da forma.

Assim a prática da interpretação, interessada em devassar o texto, é tanto retrospectiva, procurando entender-lhe o processo formativo, quanto prospectiva, procurando delimitar-lhe, ao correr da leitura, o sentido que desembocou na forma. O intérprete é mediador e tradutor, porque é antes de tudo leitor. Leitor crítico,

---

[1] O texto comentado foi incluído em Alfredo Bosi. *Céu, inferno: ensaios de crítica literária e ideológica*. São Paulo: Editora 34/Duas Cidades, 2003, pp. 461-79. [N. O.]

sem dúvida: seu empenho de conhecimento leva-o a devassar o texto para encontrar as amarras sutis que enredam a forma no real, tanto em sua origem, para o escritor, quanto na sua conexão histórica, para o público ideal a que se transmitiu.

Duas delas nos são apresentadas: a perspectiva que surpreende a conexão da obra com a cultura, motivo de sua subsistência e fecundidade temporal, e o tom dominante, espécie de a priori afetivo da expressão, também como o primeiro elemento de inteligibilidade, mas que nos devolve ao sujeito individual.

Esses conceitos mediadores mostram-nos o nível compreensivo da interpretação, que opera a partir do discernimento de unidades de significação, rastreadas intuitivamente e orientando análise a que se antepõem. Assim, o sentido transcende e sobredetermina qualquer sorte de dado — linguístico, estrutural ou formal — da obra literária, de que constitui a correlação interna não fechada, transbordando do escrito ao não escrito, do textual ao extratextual. É que a tarefa do intérprete comporta uma exigência de completude cognoscitiva. O conhecimento da obra é também o conhecimento do que ela manifesta ou revela da vida cultural e histórica de que participa, e que, de certa maneira, também produz. Consequentemente, o trabalho de interpretação não cessa antes de assinalar a passagem das formas de vida às formas literárias, e inversamente, o reingresso destas naquelas.

Aqui termino o resumo, se não das teses fundamentais do prof. Alfredo Bosi, pelo menos do espírito da sua exposição, que espero não haver desnaturado, e começa o escólio, talvez apenas glosa ou achega à condição do intérprete de que ele trata. A sua reflexão gira no círculo hermenêutico que menciona. Além disso chama de hermeneuta — apelação que tem seu peso específico — ao mediador-tradutor, marcado pela estranha duplicidade, a que o obriga seu ofício, de ter sempre por discurso próprio o discurso do outro. Com a amplitude que Alfredo Bosi lhe empresta, o trabalho de interpretação não se confina à Teoria da Literatura e releva da Hermenêutica. Tentarei, pois, ligar os princípios e os pressupostos na interpretação, tal como no-lo apresenta o expositor, aos fundamentos e implicações da Hermenêutica.

II

Por que interpretar? Sem que o autor a formule expressamente, essa pergunta, que lateja desde o início de sua exposição, como leitmotiv, conduz-nos ao âmago do problema da significação e da linguagem. Não há signos transparentes, as palavras são opacas. Se houvesse relação direta entre palavra e coisa, se a grafia nos mostrasse o significado como o desenho o seu modelo, "então não haveria forma simbólica, nem se faria necessário esse trabalho tenaz que se chama interpretação".

A interpretação é, pois, a resposta necessária à contingência do caráter simbólico da linguagem. Esse princípio, extensivo aos textos em geral, como forma mediadora do sentido fixado na escrita, cruza-se com a motivação central da Hermenêutica, enquanto exegese textual, nascida, para empregarmos a expressão de Michel Foucault, da suspeita de que "a linguagem não diz exatamente o que diz. O sentido que se apreende, e que é imediatamente manifesto, não é, porventura, senão um sentido menor, que protege, encerra, e, apesar de tudo, transmite outro sentido [...]".[2]

Michel Foucault aponta-nos o fenômeno do sentido duplo ou multíplice, referido por Dante como polissemia ao apresentar a *Divina comédia* ao senhor Can Grande da Scala, carta xvii: epístolas,[3] seguindo nisso os padrões da exegese bíblica. O campo da Hermenêutica, como arte ou técnica de interpretação, acompanharia o desdobramento da linguagem por alegorese.

Na verdade, essa arte teve um duplo nascimento, fora da literatura: surgiu da exegese da palavra mágico-religiosa dos áugures e oráculos na Grécia antiga pré-clássica, e foi transposta, quando a cultura helênica secularizou-se no âmbito da Pólis, à decifração dos poemas homéricos, transferindo-se, depois, à interpretação teológica, bíblica, desde os primeiros Padres da Igreja, em contato com os filósofos gregos; surgiu, de novo, durante a ascensão do idealismo germânico, paralelamente ao surto do movimento romântico, como arte geral da interpretação dos textos, segundo o projeto da *Kunstlehre*, de Schleiermacher, reorientado por Dilthey numa direção historicista.

Para o primeiro, a Hermenêutica era um suprimento da interpretação filológica e gramatical, a técnica de abordar o texto descobrindo a intenção de seu ator, soterrada na literalidade das palavras, e que o tornaria enfim compreensível. Inspirado pela ideia do gênio criador, versão romântica da doutrina platônica do *Ion*,

---

[2] Michel Foucault. "Nietzsche, Freud, Marx". Em *Nietzsche. Cahiers de Royaumont*, nº vi. Paris: Minuit, 1967, p. 183.

[3] Dante Alighieri. *Obras completas*. São Paulo: Editora das Américas, v. 10.

de que os poetas *ermanes eisin ton theon* são os mensageiros dos deuses, Schleiermacher reduzia a significação da obra à expressão da individualidade excepcional que a produzira. A autoria era mais do que a origem do processo formativo e mais do que a condição da individualidade da forma, da diferenciação estilística da linguagem.

Caberia a Dilthey modificar esse ponto de vista, sem dispensar de todo o substrato psicológico da significação que o ponto de vista de Schleiermacher implicava, generalizando a Hermenêutica como método de conhecimento da atividade humana que se objetifica na cultura, e cujos produtos históricos constituem objeto das ciências do Espírito (*Geistwissenschaft*). As criações culturais, que subsistem historicamente, não podem ser conhecidas independentemente da intencionalidade a que correspondem, limite da compreensão, restituível mediante o trabalho interpretativo, aplicável, sobretudo, aos "testemunhos humanos conservados pela escrita".

Mas, colocada nesse plano, que ultrapassa a exegese clássica ou medieval, a Hermenêutica também generalizou o problema da interpretação, considerado não só raiz do conhecimento compreensivo das Ciências do Espírito ou Ciências Humanas, oposto à modalidade analítica e causal do conhecimento explicativo, como intrínseco à experiência da vida ou, dir-nos-ia Heidegger mais tarde, como aspecto fundamental da existência humana, da situação do sujeito no mundo e do ser histórico do homem. Jamais compreendemos o que quer que seja sem uma preconcepção, afirma o mesmo Heidegger em *Ser e tempo*, formulando o paradoxo, chamado círculo hermenêutico, antecedente do círculo filológico de Leo Spitzer, o *Zirkel im Verstehen*, dentro do qual recai a interpretação e, consequentemente, a exegese textual, antecipada sempre por uma concepção prévia do que se interpreta, por um sentido preliminar aparente de que se parte em busca do sentido autêntico.

Nesse círculo move-se o intérprete das obras literárias, quando parte da forma, que lhe abre o movimento prospectivo da leitura, para entender retrospectivamente o processo formativo.

Dois problemas maiores se nos apresentam desse ângulo: um concerne à prática mesma da interpretação, ao confronto do intérprete com o texto, e o outro à completude dessa prática, que exige o rebatimento da correlação significativa interna da obra à realidade histórica da qual procede e na qual reingressa como produto cultural que é. O primeiro problema se desdobra em três questões, técnica, histórica e estética.

A questão técnica diz respeito ao modo, ao procedimento da interpretação, o ir e vir do todo às partes e das partes ao todo, caminho régio da Hermenêutica, a que se refere Alfredo Bosi "como uma prática intelectual que solda na mesma operação as tarefas do analista e do intérprete". Mas o todo é antecipado pela leitura, e é a leitura interpretativa que deverá firmá-lo ou infirmá-lo pelo exame analítico das partes da obra. Daí falar-nos Spitzer, citando Schleiermacher, na "adivinhação" do todo, porquanto "o detalhe só pode compreender-se em função do todo e qualquer explicação de um fato particular" pressupõe a compreensão do conjunto".[4] Contudo, para que isso aconteça é preciso que o intérprete arrisque uma linha de interpretação na base da compreensão prévia dos temas com que o texto já lhe acena ao começar a lê-lo.

De fato, conforme reconheceu Beardsley, enquanto a explicação se limitaria a fornecer-nos "o sentido contextual de um grupo de palavras" —[5] metáforas, metonímias e demais tropos — e a elucidação (*elucidation*) se destinaria a determinar partes da obra, suscetíveis de generalização psicológica, ou seu mecanismo de composição, e ainda seu perfil estilístico, a interpretação ocorreria no nível temático, de onde as enunciações do poeta lírico ou a ação, o caráter e o éthos dos personagens de um romance nos propõem a pergunta — o que isso significa?

Por exemplo, as palavras pedra, secura, deserto, na poesia de João Cabral de Melo Neto, já são temas que integram a perspectiva realista do lirismo cabralino, afinada com o tom dominante da composição despojada, ascética, ambos, tom e perspectiva, reveladores do mundo áspero que se apresenta como a conexão interna da obra. No rastro dessa tematização, que uma primeira leitura pode ter surpreendido, é que o trabalho interpretativo sonda o possível ajuste das imagens, das analogias, dos enunciados descritivos, dos apoios lógicos e do controle racional da composição, à perspectiva do lirismo do poeta pernambucano. Trava-se, portanto, entre o intérprete e o texto, uma espécie de diálogo, de dialética da questão e da resposta: interpelação mútua de um pelo outro, o intérprete questionando o tex-

---

[4] Leo Spitzer. *Linguística e história literária*. Madri: Gredos, p. 40.
[5] Monroe C. Beardsley. *Aesthetics: problems in the philosophy of criticism*. Nova York: Harcourt, Brace & World.

to e sendo por este questionado, com seu silêncio ou a sua resposta que fazem a interpretação avançar ou recuar. "O fato de um texto transmitido", afirma Gadamer, "torna-se objeto de interpretação. Quer dizer que ele coloca uma questão ao intérprete."[6]

Mas como pode o intérprete interrogar o texto, se não houver um vínculo que determine o seu acolhimento e coloque o interrogante em situação para interpelá-lo? A procedência dessa pergunta atenua-se diante da mencionada poesia de João Cabral de Melo Neto, com a qual mantemos uma vizinhança de coevos, partícipes de sua atualidade, como sucede relativamente às poéticas de tantos outros autores, do modernismo para cá, que nos habituaram a uma certa maneira de elocução, a uma concepção do fazer literário, e que até mesmo influíram na retomada crítica das tradições da nossa literatura.

Como porém nos situarmos, passando-se a um exemplo extremo, perante as tragédias de Sófocles, produtos de uma época longínqua, circundadas por um outro horizonte histórico, estranho ao nosso, e que não teriam significado para as plateias do teatro de Epidauro no século v a.C., o mesmo que poderão significar para nós hoje, seja numa encenação pretensamente restauradora, seja numa encenação inovadora?

Essa nova formulação da pergunta anterior deixa-nos perceber a questão histórica da prática interpretativa. Pois se tal prática se inicia por uma compreensão antecipada, então, apesar da distância temporal que nos separa de Sófocles, o sentido preliminar do que as suas tragédias dizem se me propõe nos próprios textos, por força da tradição que o transmitiu, graças ao elemento comum do discurso, da experiência linguageira, da execução da fala fixada na escrita, e que me alcança porém desencadeando-se da leitura comensurada à situação que presentemente ocupo.

O sentido do *Édipo rei* não está inscrito no texto como etiqueta de sua identidade, nem é um lugar vazio de onde se evolou, e que preencheríamos *ad libitum*. Algo global, porquanto sem ele não encetaríamos a interpretação, unidade inaparente, conexão interna da tragédia antiga, que nem a léxis, nem o éthos nem o mito compõem em separado, unidade nuclear, sem concentrar-se em qualquer aspecto da composição, e também não apreensível por um processo de recons-

---

[6] Hans-Georg Gadamer. *Vérité et méthode: les grandes lignes d'une herméneutique philosophique*. Paris: Seuil, p. 216.

trução filológico-documental, o sentido do texto é sempre o mesmo, pois que a ele retorno pela leitura, e sempre diferente, pois que se desencobre ao encontro de minha situação, nos limites da perspectiva cultural e histórica que ela me impõe, e que me possibilita compreendê-lo.

Assim considerada, longe de ser passiva, a compreensão é produtiva. Não quer isso dizer que fabrique o sentido, mas que aplico dentro da dialética da questão e da resposta, em razão de minha própria historicidade, a interpretação como meio de descobri-lo. "A consciência que lê", acrescenta Gadamer, "é necessariamente uma consciência histórica, uma consciência que se comunica livremente com a tradição histórica."[7]

Só posso aceder à obra como intérprete ou leitor, e só posso compreendê-la por efeito da situação histórica, de uma determinada perspectiva, através da qual ela se torna questionável para mim. De modo que o "leitor deve confessar a si mesmo que as gerações futuras compreenderão diferentemente o que ele leu nesse texto".[8] Assim como a tragédia de Sófocles para nós, a poesia de João Cabral para os que virão será compreendida diferentemente, dando lugar, sem ser outra, a diferentes interpretações, complementares entre si, compatíveis com o seu sentido nuclear, e para as quais a fortuna crítica atual do poeta já terá contribuído como fonte de tradição. Mas se a tradição e a experiência linguageira respaldam o questionamento e autorizam a aplicação do trabalho interpretativo, o nexo da obra ao leitor e/ou ao intérprete não se abre mediante a pura consciência histórica.

A abertura do caminho hermenêutico, que o encadeamento à tradição e a eficácia da experiência linguageira permitem, a acessibilidade, na razão direta do alcance de sua fala, ao texto dependem de sua relevância estética. A questão estética é correlata à questão histórica, e não se pode determinar a precedência de uma em relação à outra. Creio que o embaraço maior para que se considerasse a primeira questão como problema inerente à prática hermenêutica decorreu da falta de aclaramento da distinção entre conceitos tais como valor e norma, objeto e função estéticos. Variam o valor e a norma, que constituem regimes de diferentes tradições, dependendo dos movimentos artísticos, da posição social do escritor e também do condicionamento ideológico. Por outro lado, o isolamento

[7] Idem, ibidem, p. 238.
[8] Idem, ibidem, pp. 183-4.

do objeto estético aparece no mundo moderno quando se produz o isolamento da arte como domínio da cultura estética. Mas acompanhando essas variações, a função estética, da ordem perceptual ou sensível, desinteressada (*ohne Interesse*), segundo assinalou Kant na *Crítica do juízo*, é função mobilizadora dos esquemas imaginativos e conceptuais, que asseguram o acesso e o transporte do sentido nas obras literárias.

Em resumo, o desinteresse, o *ohne Interesse* kantiano, não é a anulação do interesse sob a dominância contemplativa do objeto, em detrimento do conhecer. Relevância estética significa que a fruição de um objeto ou de um texto suspende as expectativas prática e teórica do sujeito, interrompendo o uso da linguagem ordinária e concentrando a percepção. O prazer desinteressado provoca um novo interesse, que reprojeta a imaginação e mobiliza a compreensão dos textos. É a esse efeito que chamo de recepção estética, pressuposto, enquanto "experiência primária de uma obra de arte"[9] de sua interpretação. Ela não é uma reação parcial do receptor, mas uma reação que inclui, aproveitando-se observação de Mukarovsky, "todos os aspectos de sua atitude perante o mundo e a realidade".[10] A contrapartida da recepção estética é o reconhecimento da significação que à interpretação cabe circunscrever.

Nesse sentido, a relevância estética é a relevância de forma como forma simbólica e o assinalamento do modo de existência da obra literária como discurso ficcional. A prática interpretativa não pode desaperceber-se do caráter ficto daquilo que compreende.

Ora, essa prática, alentada, conforme vimos no início, por uma exigência da completude cognoscitiva, implica, em última análise, a determinação das amarras que, no ciclo da produção e da recepção literária, atam-se, por dois pontos distintos, o processo formativo no escritor e o receptivo no leitor, entre a obra e a realidade. Passamos, então, a tratar, em rápidas linhas, do segundo problema, antes referido: o rebatimento da correlação significativa interna da obra ao real.

Esse problema, que apenas pretendemos esboçar, decorre da contradição que parece haver entre o objeto ficcional do discurso literário e a postulada cone-

---

[9] Hans Robert Jauss. "A estética da recepção: colocações gerais". Em *A literatura e o leitor: textos de estética da recepção*. Seleção, trad. e intr. Luiz Costa Lima. Rio de Janeiro: Paz e Terra, p. 46.
[10] Jan Mukarovsky. *Escritos sobre estética e semiótica da arte*. Lisboa: Imprensa Universitária/ Estampa, p. 80.

xão com o real de suas enunciações. Na ficção exterioriza-se, de acordo com a fenomenologia de Sartre, a intencionalidade desrealizante da imaginação. Consequentemente, a linguagem de obra careceria de alcance referencial. Nela os signos se projetariam uns nos outros em vez de se desincorporarem nos seus referentes. Derivou dessa posição a ideia dos críticos de procedência estruturalista, esposada por Northrop Frye, de que a leitura dos textos poéticos é uma leitura preponderantemente centrípeta, que se interioriza na estrutura verbal. "Em todas as estruturas verbais literárias a direção final do significado é para dentro."[11] Entretanto, se do ponto de vista semiológico pode-se conceber, com Northrop Frye, que o impacto da obra como um todo sobre o leitor ocasiona nada mais do que "uma percepção simultânea da unidade da estrutura",[12] a efetuação da leitura, sob o foco do sentido que se desata, não se produz no nível do universo pontual dos signos, mas das frases e das unidades mais complexas do discurso a que aquelas se integram, e a partir das quais começa o trabalho de interpretação dos textos.

Considere-se que os termos "texto" e "obra", para a Hermenêutica, são mutuamente conversíveis. O texto é "uma entidade complexa de discurso"[13] como escrita que se produziu numa forma; a obra é a escrita produzida como discurso, em função da prática poética, ao cabo do processo formativo, a que Aristóteles deu o nome de *mímesis*. Essa mútua conversão atende no correlacionamento dialético entre o porte subjetivo interlocutório e referencial do discurso — instância da fala, na acepção de Benveniste — temporalmente realizado, e que, a outrem dirigido, é "sempre discurso a respeito de algo" e o caráter objetivante da escrita, ao mesmo tempo elemento de distanciação, quer da individualidade do autor, quer da referência ao real da linguagem ordinária.

O discurso tende a exprimir e a representar o real, a escrita a distanciar-se dele ou a desrealizá-lo. Pelo primeiro, a linguagem projeta a forma de um mundo, pela segunda a enunciação do discurso ingressa na modalidade fictícia de representação.

No entanto, como nos propõe Paul Ricœur, a quem muito de perto acom-

---

[11] Northrop Frye. *Anatomy of criticism*. Nova York: Princeton University Press/Atheneum, 1966, p. 74.

[12] Idem, ibidem, p. 77.

[13] Paul Ricœur. "Métaphore et référence". Em *La métaphore vive*. Paris: Seuil, p. 277.

panhamos neste tópico, "não há discurso de tal forma fictício que não vá ao encontro da realidade, embora em outro nível, mais fundamental que aquele que atinge o discurso descritivo, constatativo, didático, que chamamos de linguagem ordinária".[14] Graças ao jogo dialético entre discurso e escrita no processo formativo da obra, os textos literários articulam uma nova espécie de referencialidade — principalmente devido à impertinência semântica dos enunciados metafóricos, principal fonte de alegorese — não a coisas e objetos e a estados de fato, mas ao ser-no-mundo. Interpretar uma obra é, portanto, desdobrar o mundo a que ela se refere, mas na modalidade do como se da ficção, que também se abre, através da linguagem, para as estruturas gerais da existência humana, tais como a tonalidade afetiva ou disposição anímica, a apropriação projetiva do mundo e a intersubjetividade. São essas estruturas que possibilitam a mimese, garantindo o traspasse da vida cultural e histórica no processo formativo, e que, ativadas pela percepção estética, funcionam enquanto esquemas do traspasse do mundo projetado na obra ao leitor, quando o sentido dela é compreendido, de cada vez, numa situação determinada. É interagindo com o leitor que o texto, afinal, se torna plenamente obra.[15] O intérprete opera nesse plano não menos histórico e social do que intersubjetivo, onde se torna concorrente do trabalho geral do conhecimento.

O que separa o intérprete do leitor é a tênue película da consciência crítica e histórica, que une, por sua vez, o intérprete ao chamado crítico literário. Como a do intérprete, enquanto hermeneuta, a atividade do crítico legitima-se, nas condições atuais da cultura, quando traduz para o discurso conceptual e reflexivo o discurso dos textos literários, a fala que eles encerram, reveladora de nós mesmos e do mundo.

Essa tradução, como encargo, faz do hermeneuta um copartícipe da criação poética e do conhecimento teórico, a meio caminho das ciências humanas e da poesia — se é que ele também não está entre a poesia e a filosofia. A execução desse encargo talvez respondesse à última pergunta que se poderia acrescentar à exposição de Alfredo Bosi: para que interpretar?

---

[14] Paul Ricœur. "A função hermenêutica do distanciamento". Em *Interpretação e ideologias*. Rio de Janeiro: Francisco Alves, p. 56.
[15] Cf. Paul Ricœur. *Temps et récit*. Paris: Seuil, v. 1, p. 277.

Prolegômenos a uma crítica da razão estética

Busco en la realidad ese punto de inserción de la poesía que es también un punto de intersección, centro fijo y vibrante donde se anulan y renacen sin tregua las contradicciones. Corazón-manantial.

Octavio Paz, *Los signos en rotación*

Os três estudos sobre a *mímesis* aqui reunidos não só fortalecem e aprofundam a teoria da literatura que o autor vem elaborando há quase uma década, como também definem, de modo claro, num plano de importância filosófica, as relações que ela entretém com as ciências humanas e as *disciplinas humanísticas*. A fim de que se avalie o que isso representa para o nosso ensaísmo — e para a sorte dos estudos literários entre nós — recapitularemos o estado anterior mais recente dessa teoria, a que corresponde toda uma concepção da crítica.

A ideia principal, repetidas vezes sustentada por Luiz Costa Lima, abrange duas teses conexas: a literatura é discurso de representação e a crítica literária uma prática de investigação teórica das formas concretas, particulares — das obras em que esse discurso se produz — e que tem por objetivo desentranhar de sua linguagem, descendo ao que elas enunciam, as estruturas que as tornam interpretáveis e as carregam de potencialidade estética. Sendo essas estruturas objeto de conhecimento, a prática da crítica é uma prática teórica. A teoria correspondente a tal prática presta preliminar reconhecimento ao efeito estético, mas para refocalizá-lo do ponto de vista do funcionamento das estruturas. Consequentemente, a crítica e a teoria respectiva não são estéticas. Se o fossem, aquela se limitaria a descrever a forma significativa sem chegar a conhecê-la: sem apreender como ela opera, e por que sorte de fatores inerentes à construção singular da obra pode o ato de leitura desatar-lhe o efeito estético. Questões dessa ordem excedem à competência das disciplinas humanísticas — a Retórica e a Poética, que se associaram à Estética ou foram pela Estética absorvidas na época moderna — e põem a análise literária no âmbito das ciências humanas, de que utiliza, de maneira convergente, certos conceitos clarificadores — linguísticos, psicanalíticos, antropológicos — evitando o enfeudamento da literatura a um tipo de explicação reducionista. Os pressupostos categoriais do método remontam a conceitos freudianos (a tópica do aparelho psíquico e o deslocamento das *pulsões*) e semiológicos (a duplicidade dos signos linguísticos e dos eixos de sua organização sistemática). Neles assentam os procedimentos consecutivos de *decomposição*, sobre o eixo sintagmático, dos enunciados ou dos significados manifestos em suas enunciações latentes, e de *recomposição* das *invariantes* dessas enunciações que as estruturam sobre o eixo paradigmático da obra, como partes de um sistema simbólico, sujeito a transformações lógicas, que seguem de perto o *bricolage* do pensamento mítico. Nem mecânicos nem orgânicos, inspirados nas *Mythologiques* de Claude Lévi-Strauss, os *modelos* estruturais, que finalmente a análise assim encaminhada nos oferece, seriam, a nosso ver, modelos de funcionamento do *sentido* do discurso literário, que nos autorizam a firmar uma hipótese de sua interpretabilidade. Conhecer a obra é, pois, apreender as razões de sua singularidade, que a capacitam a traduzir-se em múltiplas interpretações compatíveis entre si, e de constituir-se, em função dos sentimentos que provoca no leitor — pela ação fruitiva da leitura —, num objeto de juízo estético ou reflexivo. Por outro lado, tal método não se detém no conhecimento das estruturas. Sua justificada ambição cognoscitiva, que contraria o estilo "estruturalista", formal, de análise, avesso ao alcance transitivo da literatura, é perseguir o nexo entre a "ordem das estruturas e a ordem dos acontecimentos", responsável pelo efeito estético, a fim de atingir o ponto nevrálgico de transação do discurso literário com a realidade.

A longa via da análise, que tem caminho de retorno ao real, não é o desenvolvimento da experiência estética; ao contrário, ela passa por trás dessa experiência, de que lhe caberá dar conta, e exige que o crítico suspenda a sua vigência, praticando uma *epoché* dos princípios do *valor*, da *autonomia formal*, da *significação* intrínseca e da *especificidade* do objeto, que a caracterizam. Só quando, como um precavido Ulisses, consegue neutralizar o canto de sereia da experiência imediata e intuitiva das obras, pode a teoria guiá-lo na demorada e estreita passagem, que leva, através das palavras traiçoeiras, da intuição ao conceito, e permite retornar ao real por meio das estruturas. O rasgo de ousadia intelectual de Luiz Costa Lima nesse livro é realizar essa proeza de travessia teórica, navegando no velho barco da *mímesis*. Pois como e por que voltar, na época dos formalismos, ratificadores do desprezo votado pelos românticos à *mímesis*, ao embaraçoso princípio da *Poética* de Aristóteles, que o próprio autor, desde seu *Estruturalismo e teoria da literatura* (1973), colocou sob forte suspeição?

O princípio aristotélico, dizia-nos ele, centraliza a obra na realidade, e obedece, por isso, a um mecanismo, que naturaliza os signos e encobre o deslocamento dos significantes, análogo ao do decalque ideológico, então concebido como matéria de discurso autônomo. As representações literárias conservam sempre a distância dos conteúdos manifestos aos latentes, introduzida por esse deslocamento *pulsional*, coextensivo à linguagem, e que flui do dinamismo do inconsciente, fonte psicológico-simbólica comum do mito e da poesia. Tanto bastaria para demitir a *mímesis*, em proveito da categoria de *produção* do sentido, e considerar a literatura, ressalvada a vigilância que ela exerce sobre a transformação das *pulsões* que a trabalham, um membro irregular e renitente da grande família semiológica, mais próxima do mito e do sonho, e mais afastada do discurso ideológico. Aristóteles ressaltava, porém, a despeito disso, que o poeta é antes de tudo um artífice de fábulas (*muthoi*). Fora da interpretação estrita e isolada da verossimilhança, vitoriosa por força da tradição clássica, a *mímesis*, que se identifica pelo *mimema*, isto é, por uma obra, resulta idêntica à *poiesis*. Devido ao fato mesmo de construir o termo de um ato de produção, por certos meios e de maneira determinada, a obra mantém uma diferença em relação ao real, que capta por semelhança, sem reduplicá-lo, imitá-lo, ou naturalizá-lo. Além disso, Aristóteles, para quem o poeta por excelência, como *mimethes*, é o autor trágico, faz assentar o fulcro daquela equivalência no mito. Como parte central da tragédia, o mito condensa o caráter mimético dessa forma, em que culminava um processo de construção poética.

Ora, a tragédia aparece numa fase de transição da cultura grega; é gênero de espetáculo público, que imita uma ação mediante homens em ação; ela transpõe para o diálogo certos acontecimentos coletivos, comunicando significados de que os espectadores participam, experimentando a *catarse*, o efeito de balanço dos sentimentos extremos, que completou o conceito do gênero. Assim — pode-se concluir — a *Poética* do Estagirita apenas conceptualizou o produto de uma experiência coletiva da vida grega, às vésperas de seu final esgotamento. Mas a potencialidade da tragédia abrir-se-ia em cada época, atualizada, no ciclo dos mesmos significantes, por significados substitutos às representações originárias que se perderam. Desse modo, a continuidade diferenciada do efeito trágico, segundo condições culturais e sociais diversas, encerra problema idêntico ao da interpretabilidade dos textos literários, ou, como Luiz Costa Lima passa a dizer, ao de sua *recepção* estética. Era necessário reabordar a *mímesis* à luz da origem e do espírito da tragédia, para surpreender os fatores que possibilitaram, desde o momento em que vingou entre os gregos — quando a palavra mágico--religiosa cedeu lugar à palavra dialogal no espaço da *politeia*, regido pela autoridade das leis —, o incessante apelo de uma forma gerada em circunstâncias históricas determinadas, no envolvimento festivo de um espetáculo público.

O retorno ao antigo conceito teria, portanto, que contornar a *Poética*, onde se estabilizou, depois dos diálogos platônicos, a investigação filosófica da poesia, e alcançar o processo vivo da construção poética, que se confunde com a prática da *mímesis*, introduzida no confronto da tradição em recesso com uma nova realidade a pensar. O confronto corresponde ao conflito, ao *agon* entre duas Justiças, entre a velha e a nova *diké* — ou entre a instância superior, religiosa, do poder sacral e o frágil descortínio humano — assentando no mito e tornando-o problemático, movendo-se do familiar para o estranho, pela ação dialogal das palavras, nem verdadeiras (*aléthés*) nem falsas (*pseudos*), mas enganosas ou mentirosas como diria Platão em *A república*. O desfecho trágico concilia o real e o possível, o que é conhecido ou reconhecido por todos — as representações, os significados comuns — e a projeção de possibilidades que a ação das palavras, da *léxis* e da forma significante como um todo, deixam em aberto. O produto mimético é assim o "microcosmo interpretativo de uma situação humana", e como tal, um meio, agenciado pelo imaginário, que as palavras dessacralizadas franqueiam em sua "dobra", em sua "força de engano", de "reconhecimento dos pares sociais com a comunidade a que pertencem". Nesse agenciamento está o perigo da *mímesis* — o risco da tragédia — a cujo processo agonal se opõe o *logos* filosófico que a reconceptualizou.

O cenário inicial completo de tal reconceptualização, modificada na *Poética* de Aristóteles, foi *A república*. Nesse diálogo, Platão sujeitou a "explosão das sombras" à soberania metafísica das ideias. A *mímesis* obtém aí o acolhimento restritivo do *logos* filosófico, que a subordina aos fins éticos e pedagógicos da Pólis fundada sobre a Justiça, como *imitação* do Bem e da Virtude. Fora disso, conclui o Livro x, ratificando a expulsão, no Livro iii, dos autores de tragédia e comédia — poetas *imitadores*, praticantes do estilo direto (393, c) —, a *imitação* é puro jogo, atividade não séria e supérflua, e o *mimema* um reflexo ilusório, estando o *mimetes* "três graus abaixo do rei e da Verdade" (597, e).

Se o principal resultado do primeiro capítulo é a readmissão da *mímesis*, que labora sobre representações comuns, captada em sua historicidade, outras conquistas teóricas relevantes, à custa de um senso das conexões históricas, apurado no segundo capítulo, devem-se à maneira de considerar o processo de reconceptualização daquela categoria poética, inseparável da concepção da realidade e do saber organizado, no quadro da cultura grega na época clássica. O desempenho de Platão, cheio de nuanças, nesse processo, realçadas de encontro à questão do ser e do não ser discutida em *O sofista*, autoriza-nos a enfocar, de um ângulo específico, a tese de Nietzsche acerca do caráter reativo da *paideia* filosófica. O disciplinamento da *mímesis* terá sido um dos focos de condensação do ideal ascético, que possibilitou canalizar a força dos impulsos reprimidos para a *vontade de verdade*, e erguer o mundo suprassensível, metafísico, das ideias imutáveis. Feito em nome da razão, que procede desse mundo verdadeiro, no qual a palavra do filósofo firma a sua autoridade, aquele disciplinamento deslocou o significado da *mímesis* para a simples imitação (*imitatio*), recalcando o poder poético da linguagem no conhecimento superior do inteligível. O julgamento condenatório dos poetas é a "hybris platônica da seriedade", e também a permanente tentação da filosofia. A riqueza conceitual de "A explosão das sombras: mímesis entre os gregos", que não nos cabe detalhar, concorre com a do segundo capítulo, cujo desenvolvimento, em torno do mesmo conceito resgatado, serve de contraprova às conclusões do primeiro, tomando como caso exemplar a lírica moderna.

Uma das partes mais altas e densas do livro, a sondagem histórica de "O questionamento das sombras: mímesis na modernidade", descendente legítimo do ensaísmo de Walter Benjamim, mostra-nos como o poder de negação de lírica moderna, enquanto crítica das representações opostas — as tradicionais perimidas e as da burguesia triunfante —, surge do conflito mesmo da *mímesis* na sociedade capitalista. Sem recorrer a cediças posições causalistas, o autor encontra nas condições diminutivas do exercício da *mímesis*, subtraído à existência das representações comuns, a razão de ser do negativo. Impedindo que essas representações se formem, os mecanismos dissocializantes do capitalismo teriam a sua contrapartida na *dessublimação do poético*, iniciada com Baudelaire, quando a lírica desce do Ideal para o trivial, e consumada na poesia de Mallarmé, que esvazia a transcendência e se afunda no abismo da linguagem. Ilusório pensar, no entanto, como Adorno, que a negatividade tenha se convertido numa força afirmativa, interiorizando na literatura e na arte o poder de resistência estética ao império da produção e do consumo.

Talvez possa o leitor divergir das apreciações sobre a autodestruição poética de Rimbaud e o narcisismo intelectual de Valéry, que teriam despotenciado a tensão conflitiva na poesia da modernidade, enfim fragmentada até o dilaceramento, estampado na unidade exterior das achegas, como as *footnotes* que complementam a leitura do *Waste land*, de Eliot. Mas haverá, certamente, de acompanhar as duas mais vigorosas conclusões do segundo capítulo: o *desvio do negativo* pela estetização, e a nova *mímesis*, que se configura em Mallarmé, internalizada na produção do texto. O que era antes a categoria psicossimbólica do discurso literário — a *produção* — torna-se agora uma espécie distinta de *mímesis* — estudada no terceiro capítulo, "A Antiphysis em Jorge Luis Borges" — e que se diferencia da modalidade tradicional em permanente crise.

No conjunto, os três ensaios ligam-se entre si por um núcleo conceptual comum, concentrado no início do segundo: a *teoria das representações,* mediante a qual, conotando as duas espécies distintas de *representação* e de *produção*, entre as quais oscilará o desenvolvimento da lírica moderna, a *mímesis* passa à posição de conceito histórico-poético. Originariamente sociais, e por isso mesmo de consistência ideológica, unindo o pensamento ao mundo numa rede de símbolos, as representações, de que o poético é um diferenciador não substantivo, concretizam-se no plano *extralinguístico* do comportamento — com seus ritos cotidianos e suas relações de poder — e no linguístico, em que o contingente coercivo daquele entra no circuito da comunicação dos signos verbais. Na rede de símbolos já se forma, portanto, a trama ideológica que vincula as enunciações do discurso. Produzindo-se diretamente sobre a linguagem verbal, a diferenciação poética está condicionada à "linguagem semiológica" das representações sociais e à regulação normativa da comunicação estética dos signos, de que depende o processo histórico de *recepção* das obras. Se a experiência estética não pode ser tomada como princípio do trabalho de análise crítica, é porque ela começa e mantém-se toda vez que essa comunicação se efetiva historicamente. Mediada por normas, a sua efetivação se dá quando ocorre o preenchimento dos significantes por significados, que se atualizam, e que asseguram a recepção dos textos literários.

Diríamos, em resumo, que a experiência estética se concretiza em função da prática social dos significados, das representações ativadas pelo leitor, segundo a sua perspectiva histórica de intérprete. Mas *as condições* de possibilidade da experiência estética remontam ao elemento mediador, que liga a forma dos significantes à matéria eventual dos significados, e sem o qual estes não se atualizariam. Inculcado pela *mímesis*, não é por acaso que esse elemento mediador, por onde se opera a intersecção das estruturas subjacentes à obra, buscadas pelo crítico, com a realidade representada — com a "ordem dos acontecimentos" —, recebe o nome de *esquema*. Tais como os *Schema* kantianos da imaginação transcendental, a meio caminho da intuição e do conceito, e que ultrapassando o meramente empírico, fornecem a base intuitiva do conceptual, *os esquemas da ficção* permitem, ao mesmo tempo, o distanciamento dos dados imediatos, a suspensão dos componentes ideológicos das representações e o deslocamento dos signos.

Desse ponto de vista, porém, é a *mímesis* de *representação* que se problematiza em favor da modalidade de *produção*. Não falou Kant, em sua *Crítica do juízo*, numa *Einbildungskraft*, numa imaginação produtiva, criadora, como o princípio vivificador da mente, que é o "espírito" (*Gemüt*) na arte? Trata-se do primeiro problema a ser debatido no quadro de uma teoria da literatura, que delineia as condições de possibilidade do discurso literário em geral.

A teoria do discurso literário de Luiz Costa Lima chega assim ao nível superior mais abrangente de uma teorização das condições gerais que se oferecem à teoria da literatura para constituir-se como ciência humana, sujeita ao critério de rigor metodológico e capaz de reabastecer-se na tradição humanística, que preservou a equivalência de *mímesis* com a *poiesis*. Sob tal perspectiva filosófica, marcadamente epistemológica, a crítica literária, tornando-se uma *crítica da razão estética*, pode estabelecer a conexão interdisciplinar das ciências humanas e dos estudos humanísticos, sem a qual o cultivo da literatura se estiola no culto reverencial das *belas-letras* e no diletantismo do espírito.

3. História literária

Reflexões sobre o moderno romance brasileiro

I

Tomando por base a noção de moderno, inicialmente ligada à "problematização dos valores românticos", João Alexandre Barbosa estende a linha de modernidade do romance brasileiro a seis autores, no todo ou apenas numa parte de suas obras: Machado de Assis, Oswald de Andrade, Mário de Andrade, Graciliano Ramos, Guimarães Rosa e Clarice Lispector. Seriam como as seis matrizes de nossa prosa romanesca, admitidas por motivos diferentes e pelas mesmas razões fundamentais na linha que possibilitaram traçar, e de cuja recíproca interligação resulta o "processo pelo qual há de passar qualquer autor de romance no Brasil".

No Machado de Assis de *Memórias póstumas de Brás Cubas* a *Memorial de Aires*, no Oswald do par *Miramar-Serafim*, do Graciliano Ramos de *São Bernardo* a *Vidas secas*, no Guimarães Rosa de *Grande sertão: veredas*, na Clarice Lispector de *A paixão segundo G.H.*, sobretudo, traduzir-se-ia o desajuste entre a realidade e a sua representação, desajuste em suspenso ou recobrado por uma nova articulação estampado na forma ou na estrutura da obra. Por outras palavras, se considerarmos o romance como obra, seria pela forma da história ou do discurso, pela posição do narrador ou pela do personagem, ou, ainda, pelos desdobramentos internos da narrativa, que o desajuste ou a nova articulação com a realidade podem deparar-se, realidade significando aqui um certo "modelo de realidade" e, portanto, de uma espécie datada de realismo, que as obras modernas transgridem.

Trata-se do realismo oitocentista, mais propriamente do naturalismo, a que corresponde o romance de estrutura unilinear, cenográfico quanto ao espaço, estático quanto ao tempo, objetivista quanto à visão dos personagens, acontecimentos e situações, reprodutivo de cenas interiores ou exteriores, psicológicas ou sociais da "vida real", modelo via de regra ingênuo, desapercebido da ilusionística e deformante trama das representações do senso comum, isto é, das representações sociais e das concepções do mundo, de que descendem, através da linguagem, os universos simbólicos da literatura. A literatura moderna traz consigo uma preliminar consciência dos nexos por meio dos quais o trabalho da linguagem a vincula à sociedade e à cultura. Daí porque desconfia de uma direta e imediata relação com a realidade, e daí porque o romance, prevenido criticamente contra o cerco das aparências, salva a sua vocação realista, fazendo recair sobre a linguagem retrabalhada o ônus de novamente ligá-lo ao real.

Eis, segundo nos parece, o que pressupõe o traçado da linha da modernidade no romance brasileiro, verdadeiro corte hermenêutico transversal de setenta anos de literatura que alcança, independentemente da ordem cronológica do seu aparecimento, obras de diversas tendências, pertencentes a três distintos períodos históricos literários. Como em toda aproximação hermenêutica, esse corte se estende do presente ao passado para retornar do passado ao presente. No acesso interpretativo a textos de períodos diferentes, os primeiros podem ser os últimos e os últimos os primeiros. Machado de Assis, como "nosso primeiro autor de ficção rigorosamente moderno", é verdadeiramente o último numa cadeia retrospectiva que principia em Guimarães Rosa no presente, avançando na direção do passado até o seu primeiro elo, Machado de Assis. E é desse, por onde começa, que a linha da modernidade remonta, de novo, sucessivamente, aos modernistas e a Graciliano Ramos, para chegar, através de Clarice Lispector — colocada numa posição incerta —, a Guimarães Rosa, agora o último, por onde principiou.

Diante do posto atribuído aos dois modernistas numa linha que encerra complexas relações intertextuais e problemas de recepção crítica, historicamente relevantes, entendemos que o assunto principal a discutir é o da prosa moderna brasileira inaugurada pelo Movimento de 22, em sua fase heroica, e que se interrompeu depois do aparecimento do romance do Nordeste. O trabalho de João Alexandre Barbosa convida-nos, pois, a uma reflexão sobre o modernismo e o regionalismo no romance, e porque sugere uma reacomodação dos parâmetros da receptividade crítica a esse gênero em nossa literatura, em função de suas matrizes modernas, força-nos a nos interrogarmos sobre a criação romanesca de hoje.

A respeito desses temas e dos autores focalizados, seguem-se, começando pelo modernismo, que é de fato o ponto crucial, algumas considerações não de todo impertinentes.

II

Miramar-Serafim e *Macunaíma* foram os primeiros textos modernos de nossa prosa modernista, porque problematizaram nossa realidade social, criticamente visada pelo próprio tratamento dado à linguagem e à forma da composição, "em franca ruptura com os padrões do realismo naturalista. Como viu Luiz Lafetá,[1] esse alcance problematizador dos textos de Oswald e Mário se deve à convergência dos dois projetos que orientaram o Movimento de 22, o *estético*, acompanhando o das vanguardas europeias do começo do século, e o *ideológico*, voltado para o conhecimento e a expressão artística da realidade do país, convergência que, tal como ocorreu na poesia, relevou da vertente primitivista, *pau-brasil* e *antropofágica*, com o seu humor liberatório, a sua inclinação parodística, a sua aliança com o mito, o cotidiano, o banal e o popular. Assim, as mesmas propensões formais e as mesmas abordagens temáticas que garantiram a mudança radical da linguagem poética, e que serviram para fixar o início da tradição moderna de nossa poesia, modificada, ampliada e consolidada nas obras dos poetas da primeira e da segunda gerações modernistas, e portanto as mesmas exigências estéticas, responderiam pela relevância da forma naqueles textos em prosa do modernismo, assegurando sua função como matrizes do romance moderno. Mas o alcance crítico-satírico que a forma de composição nelas ganhou teve sua raiz na atitude dos nossos dois principais

---

[1] João Luiz Lafetá. *1930: a crítica e o modernismo*. São Paulo: Duas Cidades, 1974, p. 15.

modernistas, Oswald e Mário de Andrade, contra a vigilância gramatical, contra o controle normativo do idioma, que recalcou as possibilidades literárias da língua inculta e do nível de sua expressão oral.

"A Gramática apareceu depois de organizadas as línguas", dizia em seu "Prefácio interessantíssimo" à *Pauliceia desvairada* Mário de Andrade, que acalentou a ideia de uma língua brasileira — ideia torta realizada pelas linhas certas da escrita literária de *Macunaíma*: a primeira travessia mítica e desmistificadora das diversas regiões e linguagens do Brasil por um anti-herói não ufanístico e não exótico, Imperador das Amazonas a percorrer o espaço e o tempo sem fronteiras dos contos populares e lendas indígenas que lhe guiaram as façanhas, contrastando o rural e o urbano, o primitivo e o civilizado, a cultura intelectual e as culturas nativas. O encadeamento mágico das ações do "herói sem nenhum caráter" é bem um *repoussoir* às linguagens de dominação histórica, e o primitivismo de sua *gesta* um agente rabelaisiano da inversão carnavalesca das hierarquias, que cessa na tristeza e no abandono do Uraricoera, onde Macunaíma, "de tanto pensar na terra sem saúde e com muita saúva", se transforma na Ursa Maior. Falsa saga, sagarana, paródia do romanesco, investe-se em Macunaíma a "contribuição milionária de todos os erros", que o Manifesto Pau-brasil reclamou para a linguagem literária "sem arcaísmos, sem erudição", e a que Oswald de Andrade acrescentou o sortimento neologístico de *Memórias sentimentais de João Miramar*, ao nível da forma de composição desse romance ágil, "nascido da invenção", montagem de episódios, de rápidos entrechos dialogais e epistolares, versão em prosa do simultaneísmo harmonístico, ideia com que Mário de Andrade repensou, para a lírica, a construção cubo-futurista.

Na estrutura da "estética do fragmentário"[2] das *Memórias sentimentais* situar-se-ia o lugar da forma da composição tornada forma problemática de representação, desarticulando o enquadramento do realismo objetivista, para articular, numa colagem de cenas, a figura urbana do capitalismo financeiro, dentro do qual João Miramar, em meio a uma ronda de protestos de letras, de escritórios de advogados e de processos forenses, se envolve em aventuras amorosas. Entre a nostalgia de uma viagem à Europa e um fracassado proje-

---

[2] Haroldo de Campos. "Miramar na mira". Introdução a Oswald de Andrade. *Memórias sentimentais de João Miramar*. São Paulo: Difusão Europeia do Livro, 1964, p. 40.

to de indústria cinematográfica, perpassam cenas dos conflitos das duas parcelas da burguesia paulista, a do café e a da indústria, desencobertos e apresentados satiricamente como agitação farsesca no "contemporâneo fórum de Nosso Senhor Jesus Cristo". Esse "quadro vivo de nossa máquina social", como chamou ao livro o seu pseudoprefaciador Machado Penumbra, explodiria em *Serafim Ponte Grande* com a rebentação total do decoro da linguagem a cargo do personagem homônimo, esse híbrido de Arlequim e de Ubu-Roi,[3] a dirigir contra a sociedade, antes de apartear-se dela a bordo do *Durasno*, nave da dessublimação sexual e do anarquismo permanente, o gesto de um canhoneio simbólico.

Não obstante a consistência crítico-satírica desses textos de Mário e Oswald, que concretizaram na prosa o ajuste entre o projeto estético e o projeto ideológico do Movimento de 22 pela mesma vertente primitivista que o concretizou na poesia, *Memórias sentimentais de João Miramar*, *Serafim Ponte Grande* e *Macunaíma* não tiveram posteridade imediata, no período de 1930, quando floresceu o romance do Nordeste, incidindo, como reconheceu Antonio Candido, numa "espécie de Neonaturalismo desenvolvido sem influência direta dos modernistas [...]".[4] O nível da *mimese,* como o humor, a paródia e a disponibilidade à fala só seriam retomados em nossos dias, após o renovo da recepção crítica às obras de Mário de Andrade e Oswald de Andrade, no romance da fase que chamaremos pós-rosiana, as décadas de 1960 e 1970) que consideraremos no tópico final.

III

Assim pois, quando a poesia já se tornara moderna, uma forma de realismo objetivista do século XIX passaria a dominar o romance, associando-se, dentro do clima ideológico nacionalista do Movimento de 22, ao regionalismo, que se configurou desde o período romântico, e tornando-se o regime normativo da

[3] Geraldo Ferraz, estabelecendo paralelo com o personagem de Jarry, entendia que Serafim, caricatura do pequeno-burguês, superou o Ubu-Roi. Cf. Oswald de Andrade. "Uma apologia e um libelo". *Jornal de Notícias*, São Paulo, 20 de fevereiro de 1950.
[4] Antonio Candido. "Movimento geral da literatura contemporânea". *Revista Tempo Modo*, número especial dedicado ao Brasil, Lisboa, s.d., caderno nº 50.

novelística brasileira de 1930, extensivo às décadas de 1940 e 1950, tanto na sua vertente rural quanto urbana.

José Américo de Almeida declarar-se-ia avesso a "corruptelas e solecismos" no prefácio de *A bagaceira* (1928), romance sobrecarregado da herança do estilo ornamental *fin de siècle*, que também se refletiu em *Os condenados* (1922), de Oswald de Andrade. Utilizando a linguagem culta, a ficção dessa fase, socialmente empenhada, admitiu particularidades léxicas e sintáticas do falar brasileiro, segundo as expressões localistas, num sentido documental, para autenticar o caráter regional da narrativa. Os romances do *ciclo da cana-de-açúcar* de José Lins do Rego, *Menino de engenho, Doidinho, Banguê* e *Usina* e os de Jorge Amado, como *Cacau* e *Jubiabá*, permaneceram presos ao viés de ideologias distintas e opostas, "nostálgicas e reacionárias" nos primeiros e político-partidário nos últimos.[5]

Mas o esquema neonaturalista da composição não cerceou, por si só, a transparência da ficção ao real, que pode fazer do romance um meio de conhecimento e de penetração crítica. *Fogo morto* (1943), de José Lins do Rego, já sem as amarras do tradicionalismo regionalista, *Terras do sem-fim*, de Jorge Amado (1942), com o seu porte épico, *Os corumbas* (1933), de Amando Fontes, com o seu porte dramático — uma das primeiras cenas do meio proletário —, alcançaram, do ponto de vista de configuração dos personagens e dos acontecimentos narrados, uma representação abrangente ou inclusiva da realidade, o que significa dizer que um estilo literário envelhecido na Europa pôde, em certos casos, recuperar-se do estado de anacronismo a que chegara no lugar de origem, e receber função nova num país culturalmente dependente, como, aliás, ocorrera em proporção maior com a sobrevivência do estilo barroco entre nós, reassimilado e renovado no século XVIII, também no domínio da literatura.

O alcance do regionalismo que, num certo sentido, "é e continua sendo uma força estimulante na literatura",[6] é apenas um prolongamento dessa questão de ordem geral, talvez decorrência do maior ou do menor domínio que sobre a ficção exercem as posições ideológicas, favorecendo ou impedindo a retomada da função estética da linguagem. *O amanuense belmiro* (1936), de Cyro dos

---

[5] Flávio Loureiro Chaves. *Erico Verissimo: realismo e sociedade*. Porto Alegre: Globo, 1976, p. 4.

[6] Antonio Candido. "Literatura y subdesarrollo". Em César Fernandez Moreno (coord. e intr.). Em *América Latina en su literatura*. Paris: Unesco, 1972.

Anjos, *Os ratos* (1936) e o esquecido *Louco do Cati* (1942), de Dionélio Machado, quebraram, por diversos meios — pela ironia, pelo envolvimento ao cotidiano, pela conduta ambígua dos personagens —, as limitações das estruturas literárias tradicionais que utilizaram. Erico Verissimo quebrou-as em *Música ao longe* (1935). *A menina morta* (1945), de Cornélio Pena, modificou as mesmas estruturas na criação de uma atmosfera social e histórica, que se alimenta da memória familial.[7] Seria por força de sua inclusividade, no que diz respeito ao recorte de camadas sociais e profissionais do Rio de Janeiro, a partir da situação de uma personagem de classe média, que *A estrela sobe* (1943), de Marques Rebelo, retrata melhor a burguesia e sua tragédia do que a *Tragédia burguesa*, de Otávio de Faria, cujo primeiro volume, *Mundos mortos*, data de 1937, e na qual a concepção do mundo do autor tolhe a desenvoltura de seus tipos humanos,[8] e é em grande parte responsável pela maciça seriedade de seus conflitos melodramáticos.

A posição de Graciliano Ramos, romancista de quem o regionalismo receberá uma conotação nova, e que rejeitou a estética dos modernistas, leva-nos a pensar que em nosso sistema literário o moderno, como "literatura de desconfiança", constitui um dos índices da integridade do romance como obra de arte.

Construindo a sua obra quase que inteiramente no decênio de 1930 (*Caetés*, 1933; *São Bernardo*, 1934; *Angústia*, 1936; *Vidas secas*, 1938), Graciliano Ramos, que se aproxima de Machado de Assis pela linguagem, e se afasta, em distância diametral da "aderência saudosista" à região de seu colega e amigo José Lins do Rego, foi um galé da escrita, empenhado em obter a integridade da obra, condizente com a vocação realista da criação romanesca. Sua atitude de fiel do romance foi um misto flaubertiano de crença na força desencobridora da arte e de cética reserva "às mentiras impressas" da ficção a que se referiu em *Infância*, mentiras que o maravilhavam e desconcertavam ao mesmo tempo, enquanto através desse objetivo de uma paixão prematura, as coisas e as pessoas à sua volta eram vistas de modo diferente, distanciadas e deformadas pela leitura dos folhetins. "A existência comum se distanciava e deformava; conhecidos e transeuntes ganhavam caracteres dos personagens de folhetim."[9]

Graciliano conseguiria sobrepujar o risco de falseamento do objetivismo

---

[7] Luiz Costa Lima. "As linguagens do modernismo". Em *O modernismo*. São Paulo: Perspectiva, 1975.
[8] Luiz Lafetá, op. cit., pp. 178 ss.
[9] Graciliano Ramos. *Infância*. Rio de Janeiro: José Olympio, 1953, p. 215.

realista, introduzindo na estrutura de *São Bernardo* e *Angústia* a perspectiva memorialística, em que a distância das coisas lembradas corrige a deformação das coisas representadas. No jogo ficcional do seu romance, como "linguagem que não apenas expressa mas que deixa ver o seu trajeto de conquista", essa perspectiva transparece no encaixamento das duas fases distintas do mesmo livro elaborado por Paulo Honório — uma escrita no decurso da ação, outra após o sacrifício de Madalena, que rememora a mulher, iluminando retrospectivamente a primeira fase da narrativa. O monólogo interior de Luís da Silva, em *Angústia*, é exigido por esse distanciamento da memória.

Mas já não é memorialística a perspectiva formadora de *Vidas secas*, em que a secura da linguagem, a sua limpeza retórica, a sua *mimese* ascética e empática, desfazem a diferenciação localista do regional, na medida em que a região, onde transita a família de Fabiano, se converte no marco de uma situação humana de universal concretude.

Nessa ordem de ideias, *Grande sertão: veredas*, que deslocalizou o Sertão, situando outros espaços no espaço regional, é a consumação, no sentido dialético da palavra, que inclui acabamento e elevação a um plano superior, do regionalismo. E chegaria ao fim, como a recepção da obra rosiana, que "inaugura um novo momento em nossa trajetória romanesca",[10] a hegemonia normativa do neonaturalismo e de sua aliança com a ficção de cunho regionalista.

IV

No entanto, tal foi a ascendência desse tipo de realismo em nosso romance que se cobrou da obra de Guimarães Rosa, quando ela apareceu, a estrita verossimilhança dos caracteres, contra um pretenso abuso da linguagem como estilo. Como poderia Riobaldo, um rústico, monologar na linguagem tão elaborada e tão requintada do romance, produto da "passionalidade linguística" do autor e não da fidelidade ao real que caracteriza o gênero?, perguntava o crítico João

[10] Eduardo Portela. *Dimensões I*. Rio de Janeiro: Agir, 1959, p. 84.

Gaspar Simões.[11] Afinal, Riobaldo está localizado no sertão, mas o texto não o representa em sua condição de sertanejo.

Perdia-se de vista a pluralidade dos Sertões rosianos; abstraía-se o desdobramento, a partir da tópica regional, do espaço da aventura humana, sob os grandes paradigmas da *viagem* e do *combate*, e o desse espaço num terceiro, metafísico e religioso, sob o paradigma da escolha entre o Bem e o Mal, entre Deus e o Demônio. O sentido da narrativa de Guimarães Rosa, não vinculado às representações parciais de qualquer um desses espaços, está no movimento de um a outro — movimento ascendente do primeiro a completar-se nos dois últimos, e descendente dos dois últimos a modificar o primeiro, e que gera, através do motivo dominante, o pacto com o Demônio, o problematismo da própria ação projetado como questionamento do cerne da realidade. A forma do romance põe em questão a forma do real. E como a forma ou a estrutura da narrativa, que colige os três espaços representacionais antes referidos, é inseparável de um processo evocativo de narração em primeira pessoa, processo que, canalizado pelo personagem-narrador, Riobaldo, se produz como ação verbal de abertura do mundo — o sertão dos sertões —, compreende-se que a "articulação" da obra rosiana não esteja assente senão na linguagem, que efetua a gênese poética das representações.

Estamos diante de um realismo poético, isto é, de um realismo em que a trama da ação e das situações nasce a cada momento da originária trama da linguagem, o *epos* inseparável do discurso que o constitui. Desse modo, a forma do romance é a forma do discurso, que não pode ser separada na narrativa, de sua história e de sua *diegesis*, sem que, portanto, se justifique a reserva que a propósito manifestou Wilson Martins ao escrever que Guimarães Rosa "sacrificou um pouco o romance enquanto romance em favor do romance enquanto obra de arte da linguagem [...]".[12]

É a extrema inclusividade dessa obra — um épico moderno, na acepção hegeliana repensada por Lukács (Riobaldo seria um *herói problemático*, empreendendo a busca "de valores autênticos num mundo degradado"), que remergulha nas raízes míticas do romanesco, nos livros de Cavalaria e na

---

[11] João Gaspar Simões. "Uma incógnita chamada Guimarães Rosa". *Diário de Lisboa*, Suplemento Literário, 28 de novembro de 1968.

[12] Wilson Martins. "O romance". *Revista Tempo e Modo*, ed. cit.

matéria de contos populares, sem perder o dialogismo do pensamento, obra-
-síntese porque transgride e transfunde outros textos, encontrando na fala e
na sua oralidade o princípio da mimese — é esse complexo universo que assegura a proeminência estética de *Grande sertão: veredas*, tanto numa direção
retrospectiva, pois que refocou o sistema literário em que se inseriu, quanto
numa direção prospectiva, pois que trouxe à novelística, a partir da linguagem, extensivamente retrabalhada, um novo limiar de recepção e de aceitabi-
lidade críticas. Uma das principais marcas de origem do moderno romance,
o *monólogo interior*, reabsorvido, antropofagicamente, na textura de *Grande
sertão: veredas*, é o que de imediato revela a transparente ligação do primeiro livro de Clarice Lispector com a vanguarda do começo do século na prosa de ficção.

Perto do coração selvagem (1943) introduziu entre nós o "perspectivismo
consciente",[13] com que Auerbach caracterizou a espécie de mimese da nova ficção do século xx (Proust, Joyce e Virginia Woolf), inédito à época em que surgiu, se considerarmos que a sua narrativa esgarçada, o tempo objetivo combinado ao da recordação, e tendo como centro o aprofundamento introspectivo
de uma personagem, afastava-se do analitismo psicológico da novela coetânea.
Pouco ou quase nada tinha a ver com o subjetivismo da ficção de Lúcio Cardoso,
que chegaria, em 1945, à interiorização fantasmagórica de *Ignácio*.

Perto do coração selvagem foi o início de uma obra absorta em densa temática existencial, e que atingiu "momentos raros em qualquer literatura, de fixa-
ção epifânica". Fazendo do ato de narrar um mostrar, e do mostrar um ato de linguagem, interrogativo, a obra de Clarice Lispector evoluiria, porém, mediante
sucessivos desvios do eixo mimético da consciência que a norteou, para um tipo
de texto exploratório, nem romance nem novela ou conto: um *improviso*, apenas *ficção* ou *pulsações* — texto exploratório, mas de caráter autorreflexivo, agônico em seu sofrido embate com as coisas e a linguagem, monologal e contudo
dramático, pelo dilaceramento do Eu narrador na posição de agente e paciente,
além de *experimental*, no sentido de experiência de vida, capaz de requerer uma
mudança de formas, arrolando a autora numa vanguarda irredenta da literatura que ela própria admite.

---

[13] Erich Auerbach. *Introduction to romance languages & literature*. Nova York: Capricorn, p. 251.

Para mim vanguarda seria, pois, um novo ponto de vista, mesmo que às vezes levasse apenas a mais um milímetro de visão. O novo modo de ver leva fatalmente a uma mudança formal. E agora estou, para melhor clarificação, usando a dicotomia de fundo e forma. E ainda utilizando essa divisão: se a vanguarda da forma modifica o conceito das coisas, há o outro modo de vanguarda e que é uma maneira de ver que vai lentamente e necessariamente transformando a forma.[14]

Já tendo problematizado o alcance da literatura narrativa em *A paixão segundo G.H.*, quinto romance da autora, e o primeiro escrito inteiramente na primeira pessoa, e que é um verdadeiro relato da perda de objeto da narração e da desagregação do Eu da personagem feminina, Clarice Lispector também levaria ao tecido da composição, em *A hora da estrela* (1977), como expressão de desconfiança à mentira da ficção, o desmascaramento da própria escritora, confrontada, nas condições de exercício de uma atividade que a situava numa determinada classe, através de um jogo de identidades interpostas, repetido de diversas maneiras em *Um sopro de vida*, à sua personagem, que da escritora-narradora se encontrava existencial e socialmente separada.

Desse ponto de vista, Clarice Lispector ganha uma posição mais do que intercalar ao longo da linha da modernidade do romance brasileiro. Considerada a trajetória que ela perfez, do perspectivismo da consciência ao texto de consciência descentrada, trata-se de uma posição extrema do moderno. Talvez se possa afirmar que ela é que forma o último elo da cadeia de matrizes componentes da tradição moderna de nosso romance — tradição cumulativa que retoma, nos anos 1970, a da prosa modernista interrompida em 1930 e que constitui um repertório próprio da nossa literatura de ficção.

Mas acrescentaria a essa cadeia um de seus elos perdidos, o *Doramundo*, de Geraldo Ferraz (1956), em que a forma do discurso e a forma da história encontram a sua correlação nas múltiplas perspectivas, ora aproximadas ora distanciadas, que recaem sobre os personagens, a voz do narrador ausente substituída pela voz coletiva da cidade de Cordilheira, onde as pessoas vivem em estado de agregação, coniventes na execução de um pacto homicida; a importância que assu-

---

[14] Clarice Lispector. "Literatura de vanguarda no Brasil". Em *Movimientos Literarios de Vanguardia en Iberoamérica*, Memoria del Undécimo Congreso, México, Universidade de Texas, Instituto Internacional de Literatura Iberoamericana, 1965.

me a linguagem sintética desse romance, com descrição de recorte metonímico, é proporcional ao alcance das representações dos conflitos da pequena cidade, como alegoria da desincorporação do indivíduo numa vida coletiva anônima.

V

Na fase pós-rosiana, a região como meio ou ambiente característico tornou-se o quadro situacional da obra, de contextos sociais, culturais, e particularmente linguísticos, por ela reelaborados. Mostram-no certos romances das décadas de 1960/70, aqui referidos exemplificativamente, que podemos vincular à tradição moderna: *Sargento Getúlio* (1971), estruturado num monólogo íntegro de impostação oral e de dicção inculta, que assimila, em variáveis ritmos dramáticos, ditos, torneios de frases, e palavras do sertão, grafados segundo os pronuncia o personagem iletrado — Riobaldo às avessas, misto de cangaceiro e de policial torcionário, configurando um universo de violência e frustrações; *Beira rio, beira vida* (1965), de Assis Brasil, com focos narrativos correspondendo a umidades dialogais, em que se enquadram personagens quase fundidos ao meio — existências anônimas, diria Fausto Cunha;[15] *Um nome para matar* (1967), de Maria Alice Barroso, em que a alternância de pontos de vista abrange a história de um vilarejo; *Chão de lobos* (1966), de Dalcídio Jurandir, usando o monólogo interior numa função sinótica, para falarmos do último romance de um ciclo do extremo Norte, iniciado ainda na década de 1940, sob a influência da ficção do Nordeste (*Chove nos campos de Cachoeira*, 1942), e no qual falares locais, principalmente os do Marajó e de Belém, orientam o foco sempre oscilante da narrativa; *Verde vago mundo* (1972), de Benedito Monteiro, que coloca no centro da narração, por uma sucessão de cortes do enredo, unindo o mundo amazônico ao mundo de fora, o dos acontecimentos políticos decisivos, as histórias de um nativo, através de cuja linguagem, poética e regional, se desvendam matas e águas, formas de trabalho e de cultura; e *Essa terra* (1966), de Antônio Torres, em que a figura do narrador, também protagonista, reflete, numa narrativa des-

---

[15] Fausto Cunha. "A consciência do autêntico". Em Assis Brasil. *Tetralogia piauiense*. Rio de Janeiro: Nórdica, 1979.

contínua, parte da qual em primeira pessoa, a separação e o antagonismo entre os mundos rural e urbano.

Como nos mostra o penetrante descortínio de realidade nesses textos, o simples uso de técnicas de construção não tradicionais é insuficiente para caracterizar o nosso romance moderno, que caminhou para a incorporação da experiência histórica e social ao caráter dos personagens, à ação e às situações, em completos universos, transparentes a determinados momentos do passado ou do presente.

Assim, a *Ópera dos mortos* (1967), de Autran Dourado, concentra num sobrado de velha cidade mineira e na vida das duas mulheres que nele residem, o narrador se apresentando ao leitor, o peso reminiscente da decadência da zona do ouro, que ganha, em *Os sinos da agonia* (1974), a força trágica do cego Fado, em função do qual o romancista interfere em certo ponto da ação para comentar, sob a invocação de Tirésias, os destinos divergentes de seus três principais personagens.

Com uma outra temática e na primeira pessoa, embrenhado em detalhes do cotidiano, mas sem perder-se a personagem-narradora nos pequenos movimentos interiores, valorizados pelo *nouveau roman* à Nathalie Sarraute, *Entre lobo e cão* (1971), de Julieta de Godoy Ladeira, move-se num dia a dia de preocupações domésticas, que os eventuais sucessos políticos do período — a década de 1950 — penetram, os fios da história real trançados insidiosamente à vida individual. São esses os fios que *As meninas* (1973), de Lygia Fagundes Telles, surpreendem no drama de uma parcela burguesa da jovem geração de São Paulo através de personagens-narradoras distintas, três jovens estudantes, de cujas situações resulta o levantamento de um contorno moral e político. É já a história de outra geração a que se projeta nas frinchas dos livres interlúdios de uma narrativa feita por blocos, nesse ágil romance, *Combati o bom combate* (1971), de Ary Quintella, construído como autobiografia, que biografa a formação e as inquietações da intelectualidade brasileira entre a morte de Getulio e o golpe de 1964.

Uma nova consciência da forma romanesca, enquanto escrita, trouxera nos anos 1960 o romance autorreflexivo, voltado para sua própria fatura, narrando o ato de escrever, como *Dardará* (1965), de O. C. Lousada Filho, em contraponto a uma ação destituída de qualquer relevo épico, desenvolvida em torno de pequenos atos e de incidentes cotidianos.

É essa consciência que se apura, na década de 1970, no *Avalovara* (1973), de

Osman Lins, aí sujeito o romance a um jogo ficcional, conforme regras preestabelecidas sobre temas recorrentes, elaborado como figura mágica, que permite deslocamentos no tempo e no espaço, de personagens se revezando no desenho cósmico e histórico do destino que lhes dita a arquitetura da obra, suas vozes autônomas suprindo a iniciativa do agente externo que os guia, e transpassando-se os pontos de vista de cada qual, tomados sob medidas temporais distintas, ora do passado ora do presente.

O mesmo decênio, politicamente tortuoso e torturoso, de cerceamento da liberdade intelectual, sistematizadas a censura e a interferência ideológica do Estado na cultura, recuperaria, de certa maneira, algumas das dimensões crítico-satíricas da prosa modernista, o grotesco, o humor e, principalmente, a paródia. É quando aparece toda uma família diversificada de obras parodísticas: o maciço romance picaresco *A pedra do reino* (1971), de Ariano Suassuna, que descende da fusão das tradições dos movimentos messiânicos do Nordeste à matéria da literatura de cordel, seguindo o desenvolvimento entrecortado, dilatório e dialogado, de narrativas dos séculos xvii e xviii, como o Gil Blas e Jacques le Fataliste, e oscilando, permanentemente, entre o real e o imaginário; as pseudoautobiografias de *O desastronauta* (1971), de Flávio Moreira da Costa, e de *As confissões de Ralfo* (1975), de Sergio Sant'Anna; o "falso" folhetim amazônico, *Galvez imperador do Acre* (1970), de Márcio Souza, farsa antropofágica com sensível influência do humor oswaldiano, e a reescritura verdiana, em termos de recriação lúdica do processo de uma narrativa, de *A força do destino* (1977), por Nélida Piñon, sem esquecermos, pelo sentido do grotesco, *O grande mentecapto* (1979), de Fernando Sabino.

O grotesco constitui o fundo da pintura de um transbordamento coletivo, diluição do Carnaval na engrenagem do comportamento massificado, em *Cidade calabouço* (1973), de Rui Mourão, que imprime ritmo cumulativo na linguagem, de modo a torná-la um análogo do movimento ondulatório frenético de multidões em Belo Horizonte. Distinguir-se-ia, no decênio de 1970, o realismo grotesco. Entretanto, não se conseguirá insuflar à crueza das representações, enquanto expressão carnavalesca, a comicidade originária desse realismo de fontes populares. Perdia-se a "força regeneradora do riso", de que fala Bakhtin, e que os modernistas puderam conhecer e praticar. O obsceno não é mais o irreverente desvestimento das coberturas sociais do corpo humano, visto de baixo para cima, genital e sexualmente, e da livre *fornicatio* que Macunaíma e Serafim executam com muita graça, e sim o exercício da violência e do desespero, onde se espelha, como em *O caso Morel* (1973), de Rubem Fonseca, a imagem do homem dividido, à procura de sua identidade.

A divisão da personalidade, a alteridade social do homem, ou a sua alienação, chegam à literatura de ficção por meio do estratagema da forma, de que também pode servir de exemplo o díptico narrativo de *Armadilha para Lamartine* (1975), de Carlos & Carlos Sussekind, que na segunda e maior porção do romance, o diário do pai, meticuloso registro de achaques do hipocondríaco autor e das notícias políticas do dia, contrasta com e elucida a conduta do filho, o segundo autor, encerrado num asilo de loucos, descrita na primeira parte.

Lamartine é o indício de que o *herói problemático*, em conflito com o mundo, e que ao mundo responde, seja reencontrando um refúgio interior, seja enfrentando-o pela aventura ou aprendendo a viver nele, prepara-se para desertar do romance, substituído pela figura emblemática de uma condição social alienada, joguete impessoalizado das forças do poder político.

Mas a deseroização completa ocorreria em *Zero* (1974), de Ignácio de Loyola Brandão, que leva o realismo grotesco ao nível da paródia, a par do estilhaçamento da narração, feita em pedaços, desagregada e antagonística como a sociedade dividida pela luta de classes que aí se representa, onde o indivíduo das camadas inferiores, tornado um recheio de propaganda, alvo da violência externa, menos um tipo do que emblema de sua condição social, é um José qualquer. O romance problematiza a sua própria forma, já não se resolvendo nele, mas fora dele, a espécie de tensão que revela. Nessa dimensão, *Zero* é um romance político problemático, não apenas um romance político, no sentido do enfoque da realidade do ponto de vista das relações de poder, como faria Josué Guimarães em *Os tambores silenciosos* (1975), através do binóculo de suas velhas narradoras, assestado sobre os quatro pontos cardeais de Lagoa Branca.

Desaparece o herói problemático, igualmente, de outro romance político, no sentido em que tomamos a expressão; *A festa* (1976), de Ivan Ângelo, montagem de contos separados mas convergentes, que engendram o painel fotográfico de um momento de crise e de ação repressiva — painel como representação alegórica da realidade.

Já se disse que o caráter jornalístico de uma parte da ficção atual restringe o alcance do romance,[16] o circunstancial dominando o narrador, demasiadamente próximo dos fatos, sem conseguir alçá-los ao plano da universalidade concreta. A transição para esse plano efetua-se quando o testemunho se incorpora à experiência vivida, e quando a experiência vivida não é apenas a veracidade de um depoimento, tal como, segundo me parece, é o caso do romance de Renato Tapajós *Em câmara lenta* (1977), que articula o texto às circunstâncias da ação de um grupo guerrilheiro, através do distanciamento da memória.

A questão do distanciamento coloca-se mais estreitamente para a forma alegórica de representação, em que a transformação de "conteúdos históricos" em "conteúdos de verdade" necessita da reelaboração da experiência. Entre nós, o domínio da representação alegórica, que não contraria a vocação do romance para o real, quando se sabe ligar a abstração à concretude das situações, trouxe-nos algumas obras de relevo.

A primeira delas é, certamente, *Lavoura arcaica* (1975), de Raduan Nassar, com a inclusividade de uma composição plena, que tomando como modelo a parábola do Filho Pródigo, preenche-a com os múltiplos nexos conflitivos da vida familial, a forma da história aí inseparável da forma da linguagem, no ritmo da paixão incestuosa do personagem-narrador, e que se abre para uma visão trágica do mundo. Destacaríamos também *Reflexos do baile* (1976), de Antonio Callado, no gênero epistolar, que tece a trama de um episódio de luta política, abrangendo o contexto de sua ocorrência com a trança de cartas trocadas entre personalidades da Diplomacia. Mais do que nesse romance, porém, é em seu livro posterior, *Sempreviva* (1981), distante da estrutura folhetinesca de *Quarup* (1967), e do jornalístico *Bar Don Juan* (1971), que Antonio Callado encontra, graças à elaboração da linguagem, plena de alusões aos mitos clássicos dos deuses vingativos — em correlação com o tema da obra, a vingança — na ironia trágica do desfecho, de que participa a natureza animal, os pontos reversivos de passagem entre abstração e concretude.

Ainda ingressam nessa categoria de obras de porte alegórico, *Quatro olhos* (1976), de Renato Pompeu, o distanciamento obtido pela figura do narrador como escritor à busca de seu perdido livro de homem perdido, entre uma empresa de publicidade e um asilo de loucos, e cuja matéria vai narrando; *O centau-*

---

[16] Davi Arrigucci Jr. e outros. *Ficção em debate e outros temas*. Campinas/São Paulo: Unicamp/Duas Cidades (col. Remate de males, v. 1).

ro no jardim (1980), de Moacyr Scliar, em que a dupla natureza dos personagens sustenta uma relação ambígua com o real; *Ibiamoré: o trem fantasma* (1981), de Roberto Bittencourt Martins, em que o trem de uma cidade do extremo Sul, via mágica do desdobramento da ficção, numa rede de narrativas, projeta o fantasma da história real da região; e *Três mulheres de três PPPês* (1977), de Paulo Emílio Sales Gomes, três contos de um mesmo narrador-protagonista, com um traço de sarcástica ironia machadiana, burguês a retratar, através de dramas domésticos, os *mores* da sociedade brasileira em sua fase atual. Registre-se ainda a diferente linha do alegórico para a projeção imaginária, para o fantástico que abastece as utopias ou antiutopias, no nível da fábula social ou política, que passa pelos livros de J. J. Veiga *Os pecados da tribo* (1967), *A hora dos ruminantes* (1966), e *Sombras de reis barbudos* (1973).

A tradição moderna, de acordo com a conhecida formulação de Octavio Paz, é uma tradição ambígua, geradora de antitradição, feita de interrupções e rupturas. Mas é também a do espírito crítico reflexivo e, portanto, a da descoberta e do alargamento da experiência, tanto formal quanto temática. *Macunaíma*, de Mário de Andrade, descobria novas trilhas para os escritores de hoje ao gerar o "herói sem nenhum caráter", deixado no abandono do Uraricoera, onde desapareceu a família indígena extraída dos mitos recolhidos por Koch Grunberg. O aproveitamento da mitologia Mairum por Darcy Ribeiro em *Maíra* (1978), como parte essencial da estrutura do romance, sem dúvida o primeiro em nossa literatura a penetrar ficcionalmente num Uraricoera dos nossos outrora amáveis selvagens, com aproximação surpreendente a uma cultura estranha, forma uma das mais recentes porções da modernidade, enriquecida com *Em liberdade* (1982), de Silviano Santiago, o falso-verdadeiro diário de Graciliano Ramos, em que a mentira da ficção surpreende o conteúdo de verdade de uma história da inteligência brasileira iniciada a partir de Cláudio Manuel da Costa.

A modernidade no romance brasileiro, interpretada à luz do presente, parece coincidir não apenas com o reconhecimento da autonomia estética da obra, mas também com a definitiva vigência na criação romanesca, reclamada por Antonio Candido, do pensamento que trabalha o material verbal.

A recente poesia brasileira: expressão e forma

Como se apresenta hoje a poesia brasileira? É a pergunta a que tentaremos responder nesta exposição, na verdade uma sondagem, exploratória como toda sondagem, e por isso balanço inconclusivo sobre o estado recente da nossa poesia. Não se trata apenas, como o título parece sugerir, de uma notícia *sobre o que há de mais novo na poesia brasileira*. Nosso intuito é levantar, do ponto de vista da expressão e da forma, algumas das propensões e linhas características do conjunto da produção poética brasileira dentro de um marco cronológico definido: a década de 1980.

É obrigação do crítico privilegiar obras e não autores, considerando aquelas não só em função das tendências estéticas em que se enquadram, mas também dos percalços da vida cultural no período em que aparecem e das ideias que condicionaram a concepção e a prática da poesia. Mas para o nosso assunto, ainda tão vivo e tão perto de nós, o *cronista* e o *historiador* têm que fazer companhia ao crítico, aquele para o registro dos fatos da cena literária do presente e o último para recapitulação dos seus precedentes históricos no passado, eis que, como num tempo curto, o estado recente da poesia brasileira, à semelhança de uma formação rochosa mais nova, estratifica-se sob o influxo do tempo mais longo da tradição.

O crítico classifica depois de analisar; constata determinadas diferenças e afinidades que o historiador interpreta, movimentando-se do passado ao presente e do presente ao passado. Assim, antes de entrarmos na cena literária atual, temos de olhar um pouco para trás — para os antecedentes das linguagens poéticas que vão ocupá-la, remontando às matrizes históricas que nessas linguagens reaparecem incorporadas e modificadas sob a nova perspectiva do tempo curto em que vivemos, e que constituem, afinal, como vínculos seus com o tempo longo da tradição ou das tradições, o sinal explícito de pertença a um repertório preferencial de formas, de particularidades expressivas, de padrões rítmicos, de temas, de recorrências textuais, que singularizam a identidade da poesia brasileira.

As matrizes históricas mais próximas de nossa época, como o verso livre, a variedade rítmica, o coloquialismo, o estilo de *mistura* combinando o elevado e o vulgar, as imagens-choques, o humor, foram conquistas do modernismo (1922), corrente de renovação literária com muito de revolução poética, que também significou, conforme os conhecidos conceitos de Mário de Andrade, a estabilização de uma consciência criadora nacional e a atualização da inteligência artística do país.[1]

Esgotada a ideologia nacionalista que inspirou esse movimento, e que levou não só a uma temática nacional mas também a uma visão crítico-satírica da sociedade brasileira, essas conquistas, ampliadas e consolidadas nas obras dos grandes poetas modernistas, como Mário de Andrade, Oswald de Andrade, Manuel Bandeira, Carlos Drummond de Andrade, Cassiano Ricardo, Murilo Mendes e Jorge de Lima, ao longo de quarenta anos, formaram o que podemos chamar de *tradição moderna* da nossa poética.

Os traços distintivos marcantes da poesia de João Cabral de Melo Neto, cuja obra veio a ser, depois de 1956, fonte de influência interna, como modelo de linguagem, pela sua contenção do impulso lírico, pela sua objetualidade discursiva, pelo uso poético das virtualidades lógicas do discurso — esses traços característicos seriam incompreensíveis sem o fundo dessa tradição moderna de que os *concretistas* se consideraram, na década de 1950, os executores testamentários, pretendendo ultrapassá-la.

É bem outro o nível histórico em que se situaram os *concretistas*, como poetas de vanguarda agrupados por volta de 1956: o da *antitradição*, voltada para

---

[1] Mário de Andrade. "O movimento modernista". Em _____. *Aspectos da literatura brasileira.* São Paulo: Martins, s.d., p. 242.

a arte do futuro. Pretenderam resolver o problema da crise do verso abolindo o verso, de acordo com uma concepção evolucionista das formas artísticas no mundo moderno. Em sua militância, o *concretismo* e as outras alas de vanguarda, como a *práxis* ou o tardio *poema-processo*, que de qualquer forma derivaram dele, encarnaram um *éthos grupal*, revolucionário, afirmativo, empenhado em realizar hoje a poesia de amanhã, à conta de um processo histórico de transformação social e cultural, de que esse empenho seria a necessária força coadjutora. A poesia nova deveria ser a introdução a um tempo novo. Não só essa consciência histórica, polarizada pela crença no futuro, marcou o período de advento e de expansão do concretismo. Também a crença na *virtude transformadora da palavra poética*, na sua eficácia social, pontuou os debates sobre os limites do engajamento político do poeta como poeta, travados na mesma época em que começou a se desenvolver a obra de João Cabral de Melo Neto.

Era a época liberalista e liberal de Juscelino Kubitschek. Por algum tempo a poesia tornou-se uma *res publica* num clima de otimismo econômico: o desenvolvimento, a senha ideológica governamental para a industrialização crescente que teve na construção de Brasília o seu horizonte utópico. A arquitetura de Niemeyer e o urbanismo de Lucio Costa pareciam então a medida superior da modernidade artística, como prelúdio da transformação social que orientou a ética dos poetas de vanguarda. Duas posições marcaram aqueles debates: a do engajamento com a linguagem, precedendo e condicionando todo compromisso político, a do engajamento com a cultura popular, como compromisso poético da política.

Mas com a virada política de 1964, malogrando essa participação, na atmosfera do medo às ideias, de repúdio à inteligência e de desencanto relativamente à função libertadora da poesia — atmosfera que acompanhou o regime militar, sinônimo de portas fechadas —, houve o enfraquecimento, o abandono, quando não o desprezo, da tradição moderna pela *geração típica dos anos 1970*: os poetas decepcionados com a cultura, que parecia reproduzir o fantasma do autoritarismo, os poetas que cultivaram uma atitude de transgressão a todos os códigos, fazendo da poesia linguagem de negação e de exclusão por excelência — linguagem que ficava à margem das instituições, e que resguardava a marginalização a que se expunham ou a que haviam sido relegados.

Essa atitude, que combinou tantas atitudes de esquiva e de protesto, o modo *hippie* e a maneira *beat*, a anticultura, o cinismo diante das convenções e o desafio dadaísta, raramente deu boa poesia dentro da enxurrada de versos que aparecem nesse momento, muitos dos quais coletados em *26 poetas hoje* (1976), de Heloisa Buarque de Holanda, adotando diversos veículos de reprodução da palavra escrita — os folhetos impressos, as edições mimeografadas, os pequenos livros de fabricação artesanal, à margem dos meios de produção e de distribuição do mercado editorial. O nome de *poesia marginal* com que desde a época do *tropicalismo*, que foi a diáspora das vanguardas nos anos 1960, se autodenominou essa poética negativa e negadora, anti-intelectualista, às vezes ostensivamente romântica como em Chacal, outras vezes ingênua ou afetando ingenuidade (Ulisses Tavares, Aristides Klafke), outras vezes obscena ou pornográfica (Glauco Matoso), juntou, para maior aturdimento conceptual dos críticos da época, indiferentes ou perplexos, o significado econômico, de produção não industrial, de produto fora do comércio, de coisa pobre, ao significado de recusa literária, de oposição deceptiva às poéticas ou mesmo de afetada ou arrogante ignorância delas.

A poesia marginal, dizia um dos críticos perplexos, o professor Alfredo Bosi, depois de ter assistido a um recital de poetas que honravam o título, no início da década de 1980, na Unicamp [Universidade de Campinas], era, apesar de seu significado sociológico, político e cultural, e apesar também das honrosas exceções, poesia antiliterária, aquém da linguagem poética.[2] De qualquer modo, o aspecto de marginalismo econômico parecia atestar ou corroborar a miserabilidade, no sentido jurídico do termo — como quando se diz que alguém é miserável no sentido da Lei —, de toda a nova poesia brasileira daquele período:

> *poesia arte pobre*
> *lixo-luxo da cultura*
> *nunca teve lugar*
> *no mercado comum das letras latino-americanas*
> *(onde só os brasileiros não vendem nada),*

comentava o poeta Augusto de Campos.[3] Na crista do *tropicalismo* — que carreou para a música, a poesia e as artes plásticas um conjunto de gestos e de atitudes de rebeldia aos valores consagrados — o chamado *desbunde* (segundo o *Aurélio*, ato

---

[2] "Rebate de pares". *Remate de Males 2*, Campinas: Instituto de Estudos da Linguagem, Funcamp, 1981.
[3] "América Latina: contra-boom da poesia". Em *O anticrítico*. São Paulo: Companhia das Letras, 1986.

de *desbundar*: perder as estribeiras ou rasgar a fantasia) —, apareceu o músico-poeta (Chico Buarque de Holanda e Caetano Veloso principalmente) ou o poeta-músico (Antônio Carlos de Brito, Waly Salomão).

Não fosse o enlace que então se deu entre música popular e poesia, o início da década de 1970, quando recrudesceu a repressão política, teria sido, para a geração que penou as agruras do exílio interno, a maioria reproduzindo na recusa estética o seu voluntário marginalismo, um reterregno quase que só, para repetirmos conhecido verso de Carlos Drummond de Andrade, "[...] de fezes, maus poemas, alucinações e espera".

> *Eu sou como eu sou*
> *Pronome impessoal intransferível*
> *Do homem que iniciei*
> *Na medida do impossível,*

diz o "Cogito" de Torquato Neto,[4] voz original prematuramente extinta, que se tornou o símbolo da frustração de uma juventude exposta ao suicídio, e que ele, Torquato, acabou cometendo, ou exposta à morte, nas guerrilhas reais de que muitos participaram, enquanto a "guerrilha cultural" assinalava a dispersão do vanguardismo poético de 1950/60.

Chega hoje até nós, em meio às passagens de um diário de prisão, *Camarim de prisioneiro* (1988), "O cupido da morte", de Alex Polaris, poeta e preso político (dele circulou, quando ainda encarcerado, *Inventário de cicatrizes*, em 1978), que poderá ser o exemplo do que de mais patético produziu, no seu jeito de improviso lírico ingênuo, a melhor *poesia marginal*.

> *O sol se esconde*
> *por detrás das ramagens*
> *de uma amendoeira*
>
> *Na parede,*
> *corações despedaçados*
> *dos amantes que por aqui vagaram*
> *em desespero mas lembraram*

---

[4] *Os últimos dias de pauperia*. Rio de Janeiro: Eldorado, 1973.

de amar nos intervalos da tortura
de escrever nomes emoldurados
por corações e flechas
um pouco antes
do trágico desfecho.

Comparada com as duas décadas anteriores, a cena literária presente — a década de 1980 — é pouco ruidosa e nada polêmica, sem embates teóricos. A crítica, antes exercida através dos grandes jornais do Rio e São Paulo — e nos diários das capitais dos estados —, adquire status de atividade universitária, nos cursos de Letras das Universidades. Paralelamente, a poesia, que ocupava considerável espaço nos suplementos literários desses jornais, passa quase que exclusivamente à órbita do livro, ou em coleções das editoras comerciais ou em publicações fora do comércio (houve, em 1970, experiência do poema-postal com Pedro Lyra, como, em 1960, a do poema-cartaz).

Nessa cena, de onde desapareceram as arregimentações vanguardistas, a morte de Carlos Drummond de Andrade, em 1987, projeta-se como um signo. Não era só a morte de um grande poeta; era também, depois do falecimento de Jorge de Lima e de Manuel Bandeira, de Murilo Mendes em 1975 e de Cassiano Ricardo em 1973, o último poeta modernista que desaparecia, um dos fundadores, como aqueles quatro, da tradição moderna da poesia brasileira. Drummond deixou inúmeros descendentes de sua linhagem reflexiva, geralmente irônica, capaz de combinar o cômico e o trágico sob os matizes vulgares do cotidiano, e os conflitos da experiência social e da história com o aprofundamento interrogativo dos temas existenciais.

Ele publicou, ainda na década de 1980, *A paixão medida, Boitempo III, Amar se aprende amando* e *Corpo*, que compõem, em parte, o andante rememorativo autobiográfico de sua obra densa e matricial, padrão de agudeza e de síntese, como o que gravado ficou, com humor arguto, na sua última lição de Arte Poética em "A paixão medida" (1980):

Uma breve uma longa, uma longa uma breve
uma longa duas breves
duas longas
duas breves entre duas longas

e tudo mais é sentimento ou fingimento
levado pelo pé, abridor de aventuras
conforme a cor da vida no papel

Suma irônica, breve, da experiência poética sedimentada — da luta indormida e ardilosa empreendida com e contra as palavras, como em "José", e da procura do poema, coisa entre coisas, elidindo sujeito e objeto, como em "A rosa do povo", esses versos, ligando pelo trocadilho o pé do verso e o passo da aventura, e que retornam à brevidade epigramática de certos poemas drummondianos de 1930, levam-nos de volta à *tônica humorística*, uma das matrizes históricas da tradição moderna a que nos referimos.

A primeira poética pós-modernista de importância, desde a década de 1950, que se cruza com essa tradição da qual descende, é a poética de João Cabral de Melo Neto, cujo influxo polarizador se prolonga até hoje; caracterizada pelo seu rigor construtivo oposto à efusão dos sentimentos pessoais, pela sua assimilação do *élan* épico e dramático das fontes populares, sobretudo castelhanas medievais e romances de cordel do Nordeste, dotada de um despojamento ascético que distingue a sua intenção comunicacional quase clássica e de alcance didático, essa poética, que se extremou em tematizar a própria poesia, expandiu-se na década de 1980. Cabral publica então o *Auto do frade*, uma réplica barroca de *Morte e vida severina*, depois de *A escola das facas* (1981), onde inicia o seu memorialismo poético, continuando em *Agreste*, ampliando o gênero narrativo a que já se dedicava, com os casos, anedotas e fábulas de *Crime na Calle Relator* (1987).

> Talvez possa parecer estranho que passados tantos anos de seus primeiros poemas, o autor continue se interrogando e discutindo consigo mesmo sobre um ofício que já deveria ter aprendido e dominado. Mas o autor deve confessar que infelizmente não pertence a essa família espiritual para quem a criação é um dom, dom que por sua gratuidade elimina qualquer inquietação sobre sua validade, e qualquer curiosidade sobre suas origens e suas formas de dar-se,

escrevia João Cabral na nota introdutória de *Poesia crítica*, exemplário de seus poemas sobre o poético.

Foi essa curiosidade sobre as origens e as formas do *dar-se da poesia* que selou a afinidade da "família espiritual" cabralina com o experimentalismo concretista, cujos frutos subsistiram ao desaparecimento da posição grupal vanguardeira. Estão aí largamente difundidos entre os poetas mais jovens (Carlos Ávila e Paulinho Assunção, por exemplo) os procedimentos gráficos, especiais, os modos de ruptura e sutura do verso — largamente empregados nos textos de Paulo Leminsky e Régis Bonvicino — depois de terem sido apropriados quer por um Mário Faustino e um Affonso Ávila, quer pelo último Murilo Mendes.

É certo que o espírito de vanguarda deixou de soprar, cessado o éthos combativo da consciência histórica, até certo ponto profética, que o enfunou. O *tempo novo* perdeu a sua força mítica. O futuro tornou-se simples expectativa. À experiência radical de mudança, e como mudança radical, definitiva, virando uma página da história da poesia, sucede a sua recapitulação retrospectiva no "Pós-tudo" de Augusto de Campos:

QUIS

MUDAR TUDO

MUDEI TUDO

AGORAPÓSTUDO

EXTUDO

MUDO

Entre os poetas vanguardistas de primeira linha, a unidirecionalidade da criação poética, praticada a serviço do "progresso das formas", cede lugar a uma atitude de reavaliação das heranças e de compatibilização de poéticas. Desaparece a desconfiança em relação ao "discursivo". Um Décio Pignatari retorna ao verso, considerando em *Poesia pois é poesia* (1986) uma parte de sua obra como um "resgate de quase tudo": a poesia, um tudo como o amor, incluindo "muitos encantos da arte poética antiga e nova [...]". E já fala em fundar uma "tradição contra os tradicionalistas".

Seria, talvez, uma tradição como recuperação de vários estilos, ou de nuanças de estilo da poesia Ocidental e da poesia Oriental, praticada por Haroldo de Campos, como a dar-nos o recado de que a poesia é lúdica antes de ser revolucionária. Veja-se "Austineia", uma das partes de *Educação dos cinco sentidos*, da qual destaco "Quotidie". A propósito de invasoras *waterbugs*, num apartamento de Austin, Texas, é um poema de circunstância, transformado em arte refinada de tons e entretons:

essa

legião migratória

de dragões friáveis

deambula

diurnoturna

pelas frinchas vasculares

no madeiroso interno das

paredes

(de fora

de onde você os

vê: polidos

plácidos

painéis

de um habitável

parlatório doméstico

mas de dentro

aqui de dentro

o coração

the horror

poento da

treva)

Mas o *concretismo* não tinha sido apenas a tecnologia do poema concreto. Independentemente da teorização produzida, independentemente de sua justificação histórica, o *concretismo*, naquilo que teve de poeticamente eficaz — o *concretismo,* como atitude fecunda, como prática, talvez não inteiramente percebida pelos seus atores —, uniu, pelos ínvios caminhos da interrogação da linguagem, *arte poética* e *hermenêutica.*

Em nosso tempo, a arte poética não pode ter uma só medida; ela não é mais canônica, é uma composição de cânones. Ora, a compreensão canônica exige a hermenêutica, que é interpretação das possibilidades da linguagem, prolongada numa interpenetração das línguas por via da tradução. Dois os resultados principais, indissociáveis, dessa união — um misto de contingência histórica e de inteligência *poética* — que excedeu o simples *concretismo* enquanto atividade programada: a inclusão da tradução na pauta da atividade poética (traduz-se mais e melhor hoje no sentido de reapropriação criadora dos idiomas poéticos, seguindo a lição de um Mário Faustino, de um Augusto, de um Haroldo de Campos, de um José Paulo Paes); e o fazer crítico da poesia enquanto hermenêutica dos textos, confinando com uma *arqueologia do poético* — essa dimensão da intertextualidade literário-histórica, tal como a posta em prática, entre nós, em diferentes pautas de linguagens e línguas, ao mesmo tempo que operando dentro de uma nova tradição ou de tradições novas, por poetas tão diferentes quanto o próprio Haroldo de Campos, o paulista-mexicano Hector Olea e o mineiro Affonso Ávila das epigrafias de *Cantaria barroca* (1975).

Fora do ciclo histórico das vanguardas, já não se acham mais sob a urgente pressão da busca do novo — o império da tradição moderna — as melhores vozes reflexivas da poesia recente, provindas de distintas gerações: Armando Freitas Filho (*De cor*, 1988), Alcides Vilaça (*Viagem de trem*, 1988), Nauro Machado (*O calcanhar do humano*, 1981), Francisco Alvim (*Poesias reunidas*, 1988), Armindo Trevisan (*A mesa do silêncio*, 1982), José Paulo Paes (*A poesia está morta mas juro que não fui eu*, 1988), Marcus Accioly (*Narciso*, 1984), Dora Ferreira da Silva (*Retratos de origem*, 1988), Hermenegildo Barros (*Palames*, 1985), Fernando Py (*Vozes do campo*, 1981). Essas e outras dicções várias convivem num regime de pluralismo estético: o teor classicizante de *A força da paixão* e da *Incerteza das coisas* (1984), de Marly de Oliveira, com a iluminação epifânica dos poemas breves de Lélia Coelho Frota, ainda inéditos, o verso curto rememorativo de Astrid Cabral (*Lição de Alice*, 1986) com a poesia encantatória, de celebração (Fernando Mendes Viana, Walmir Ayala, Reynaldo Valinho Alvarez), o ritmo de canção, em Carlos Nejar, com a sacralização do cotidiano em Adélia Prado (*A faca no peito*, 1988) e o verso gnômico de Foed Castro Chama (*Pedra da transmutação*, 1984).

Mas naqueles que frequentaram as vanguardas ou que escreveram no período de sua dispersão, domina a propensão à glosa e à paródia, resultante do que podemos chamar de *enfolhamento das tradições*, inclusive da própria tradição moderna. Em geral são poetas contraditórios, que fogem do estilo e procuram-no ao mesmo tempo. Não bastaria o simples *estilo de mistura* para identificar a oscilação entre o pessoal e o impessoal, o sentimento do cotidiano e a visão cósmica, presente no *De cor* de Armando Freitas Filho. Nem a linguagem ofensivo-defensiva da autonomia individual, do pôr-se à margem, é suficiente para a compreensão do intimismo confessional de Ana Cristina Cesar de *A teus pés* (1982), que glosou Baudelaire (*As flores do mal*) e as imagens rimbaudianas, como "alucinação simples", de *Inéditos e dispersos* (1985).

Enfolhamento das tradições quer dizer: a conversão de cânones, esvaziados de sua função normativa, em fontes livremente disponíveis com as quais incessantemente dialogam os poetas. Depara-se-nos a convergência, o entrecruzamento dos múltiplos caminhos por eles percorridos, que são outros textos, de tempos e espaços diferentes, na cena literária móvel do presente dentro da Biblioteca de Babel da nossa cultura, tão alexandrina, conforme a analogia histórica de Nietzsche.

Aventuramo-nos a apresentar, de maneira esboçada, certas constantes ou linhas características, que configuram o híbrido perfil poético dessa cena: a *tematização reflexiva da poesia* ou a poesia sobre poesia, a *técnica do fragmento*, o *estilo neorretórico* e a *configuração epigramática*. Nem apenas formais nem apenas conteudísticas, cada qual forma do sentido, quase todas já se encontravam latentes ou ativadas na fase modernista. No entanto, a retomada, graças à qual hoje reafloram, verdadeira recapitulação retrospectiva do modernismo e de sua tradição, passa pelo duplo crivo axiológico, valorativo, sugerido por nossas principais postulações anteriores: o *hermenêutico* de nosso alexandrinismo babélico, enquadrando o poeta dos nossos dias na confluência de todas as heranças culturais disponíveis, como um crítico, um intérprete — também arqueólogo de formas e matrizes —, e o *histórico-crítico*, enquanto experiência deceptiva do progresso, do poder regenerador da cultura intelectual, prolongada numa atitude cética, por vezes pirrônica, relativamente à verdade da poesia, ao alcance iluminador de sua palavra para o indivíduo e a sociedade.

Não se pode dizer que a tematização reflexiva da poesia, extremada nesse período por um Gilberto Mendonça Teles em *Arte de amar*, por Ivan Junqueira (*O grifo*, 1987), por um João Moura Junior em *Páginas amarelas* (1988) e por um Antonio Carlos Secchin (*Elementos*, 1983), retoma simplesmente a *Psicologia da composição*, de João Cabral de Melo Neto, ou a ironia amável do último Drummond.

Em Antonio Carlos Secchin e João Moura Junior, sobretudo, a palavra poética, já não mais um elemento positivo de integração órfica, é corruptora da linguagem: arruína-a até à anulação do significado no silêncio:

FOGO

III

[...]
Toda linguagem é vertigem
[...]
O que faço, o que desmonto,
são imagens corroídas,
ruínas de linguagem,
vozes ávaras e mentidas.
[...]
(Antonio Carlos Secchin)

IV
O poeta é o viajante
dessas horas improváveis
brancas
nuvens de sangue (sic)
sangue? nuvens de nada
(João Moura Junior)

Retrai-se a reflexão ao fácil, e desconfiando do profundo, repudia os rituais literários, as motivações secretas e os alvos metafísicos. É nessa clave que um Sebastião Uchoa Leite transpõe para a tônica do humor e a técnica do fragmento em "Encore" e "A gosma do cosmo" (*Obra em dobras*, 1988) a poesia da poesia:

ENCORE

[...]
toneladas de versos
ainda serão despejados
no w.c. da (vaga) literatura
plaft!
é preciso apertar o botão da descarga

que tal essas metáforas?
"sua poesia é um fenômeno existencial"
Olha aqui
o fenômeno existencial

A GOSMA DO COSMO

[...]
Não me venham com metafísicas
o corpo e a matéria em prosa
aqui e agora
nada de primeiros motores
nada de supremos valores
isso fica para os filhos da pátria.

Desbordando sobre a terceira — a do humor — que com a primeira tende a cruzar-se, a segunda linha característica refinou o instantâneo lírico, o registro anedótico, a poesia *pau-brasil* dos fatos, na forma inacabada, interruptiva, do fragmento. Adotou-a em 1978 o *Crescendo numa província ultramarina*, de Silviano Santiago. Desde 1968, porém, Francisco Alvim dela fizera, em *Sol dos cegos*, "uma fragmentária comédia interior e exterior" (Roberto Schwarz), aberta à parolagem, aos discursos políticos e ideológicos encravados na linguagem comum, ao rude, ao cru, ao antiliterário da "poesia marginal":

CENA DE OBRA

Sob um céu de rapina operários
trabalham.
Um deles, um negro, o serviço acabado,
lava-se nas águas de um esgoto.

A mesma linha reaparece no livro de José Almino *De viva voz* (1982), associada à consciência do transitório, e no *Marcas do Zorro* (1979), de Tite de Lemos, associada à propensão paródística.

Atualmente uma das mais variadas, a tônica do amor, geralmente incorporando as duas anteriores, ora sarcástica num Sebastião Uchoa Leite, ora lúdica, bufa e satírica no experiente Affonso Ávila (*Delírio dos 50 anos*, 1984; *O belo e o velho*, 1987), chega à supressão da palavra nas violentas fábulas gráficas de Sebastião Nunes (*A velhice do poeta marginal*, 1983).

A linha neorretórica estende até nossos dias o contencioso do poema longo na poética moderna. Dois poemas longos nos dera Jorge de Lima: o "Great western" modernista, exploratório do espaço, e "Invenção de Orfeu", na década de 1950, quando Mário Faustino escreveu o poema-título de seu livro, *O homem e sua hora*, numa dicção classicizante. Ainda na década de 1970, Ferreira Gullar publicava o extenso "Poema sujo" (1973), escatologia da matéria e da forma, luxo e lixo pobre misturados. Porém o rótulo de uma neorretórica se aplicaria com mais propriedade à linguagem lírico-dramático-narrativa, com o traço da eloquência e da impostação didática, dos poemas de longo fôlego de Affonso Romano de Sant'Ana, como, principalmente, "A catedral de Colônia" (1985), precedido pelo "A grande fala do índio guarani perdido na história e outras derrotas" (1978) — desdobramento dramático de fôlego oratório, de um monólogo lírico —, e às cadeias poemáticas de Marcus Accioly, organizadas em livro, como *Narciso* (1984), paródia de estilos e de formas, inclusive do soneto ou, diria Bakhtin, da imagem do soneto.

No plano oposto, a *configuração epigramática*, por vezes tendendo à miniatura, marca certos momentos da poesia reflexiva de Lelia Coelho Frota, os instantâneos de Olga Savary (*Magma*, 1981) e, pela vertente da poesia da poesia, os poemas diagramáticos de uma Orides Fontela (*Trevo*, 1988), de um Age de Carvalho (*Ror*, 1990), de um Rubens Torres Filho (*Poros*, 1989) e de um Fernando Paixão (*Fogo do rio*, 1989).

Às quatro linhas anteriormente expostas, acrescentamos a tendência mitogônica, ascendente nos últimos anos e extremamente diversificada. Tomando por base mitos locais como em Jorge Tufic (*Poesia reunida*, 1987), Elson Farias (*Romanceiro*, 1985) e João de Jesus Paes Loureiro (*Cantores amazônicos*, 1988), por vezes à beira do regionalismo, manifesta-se igualmente no reaproveitamento de ritmos primitivos, como os das cantigas e danças afro-brasileiras, veio explorado por Domício Proença em *Dionísio esfacelado* (1984). Afim a essa tendência, mas num plano extensivo à poesia da poesia, à técnica do fragmentário e à tônica do humor, destaca-se o *sertanismo da palavra* de um Manoel de Barros (*Arranjos para assobio*, 1982; *Livro de pré-coisas*, 1985), egresso da já distante geração de 1945:

sertanismo no sentido de exploração da brenha, como viveiro de imagens, executadas com extrema disposição lúdica, segundo aquele gesto rosiano do Grivo, em "Cara de bronze", de "jogar nos ares um montão de palavras, moedal".

Independentemente dessa tendência, o lúdico, para o qual convergem as linhas já expostas, parece-nos constituir um dos aspectos mais extensivos da poesia brasileira atual. Pela mesma via lúdica, unida à tematização reflexiva da poesia, o poema experimental do passado próximo reverte na experiência da escrita versiprosa das *Galáxias* de Haroldo de Campos (1984). O jogo poético vai buscar suas regras onde pode encontrá-las: os lances do I Ching regem as construções dos mais recentes poemas de Max Martins, autor de *A fala entre parênteses* (1982) — uma *renga* com Age de Carvalho — e de *60/35* (1983); a epifania à Ungaretti reaparece na errância interior de Sérgio Wax (*Cinzel a esmo*, 1990).

Voltamos à ideia do princípio: o pluralismo na arte poética do nosso tempo. Se desapareceu a crença na eficácia social da palavra poética, que alentou as décadas anteriores, não quer isso dizer porém que a sensibilidade política coletiva tenha desertado da poesia. Interiorizada foi como fonte do conflito ético, conforme atesta "Omissão", do último livro de Ferreira Gullar, *Barulhos* (1987):

> *Não é estranho*
> *que um poeta político*
> *dê as costas a tudo e se fixe*
> *em três ou quatro frutas que apodrecem*
> *num prato*
> *em cima da geladeira*
> *numa cozinha da Rua Duvivier?*
>
> *E isso quando vinte famílias*
> *são expulsas de casa na Tijuca,*
> *os estaleiros entram em greve em Niterói*
> *e no Atlântico Sul começa*
> > *a guerra das Malvinas*
> *Não é estranho?*
> > *por que então*
> > *mergulho nessa minicatástrofe*

doméstica
          de frutas que morrem
e que nem minhas parentes são?
          por que
          me abismo
          no sinistro clarão dessas formas
          outrora coloridas
e que nos abandonaram agora inapelavelmente
          deixando a nossa cidade
          com suas praias e cinemas
          deixando a casa
onde frequentemente toca o telefone?
                    para virar lama.

O poeta é a má consciência da sua época, disse Saint-John Perse. Confirmam-no os poetas brasileiros de hoje: marcados por aguda reflexividade sobre o poder e a importância da linguagem, também reiteram o posto paradoxal da poesia no mundo — ao mesmo tempo dentro e fora da história real.

Trinta anos depois

Mudam-se os tempos, mudam-se as vontades,
Muda-se o ser, muda-se a confiança;
Todo mundo é composto de mudança,
Tomando sempre novas qualidades.
Continuamente vemos novidades,

Camões, Soneto 201.

O que significam ainda, para os críticos e poetas que hoje celebram a Semana Nacional de Poesia de Vanguarda, seus participantes de ontem — a grande maioria então no pique da juventude —, as conclusões desse colóquio, enfeixadas no sintético documento que elaboraram e assinaram há trinta anos? Datado de fase ascensional das vanguardas, o documento em apreço, de teor didático, à semelhança das súmulas teóricas do concretismo, correntes desde 1957, e talvez o último no gênero, é um manifesto estético-poético que se combina com um programa de ação.

Nenhum de nós, remanescentes sessentões do colóquio de 1963, cometeria a ingenuidade de proceder à avaliação dessa carta de princípios, sem levar em conta o que ela representou no período de seu aparecimento e quanto mudamos nesses trinta anos, ao longo dos quais a ideia mesma de vanguarda entrou em recesso, se é que não terá chegado, para ela, como quer Octavio Paz, a hora do ocaso. O tempo transcorrido inclina-nos, na estação outonal em que ingressamos, ao distanciamento reflexivo, refratário a eventuais tentativas de recuperação saudosista, e mais propício ao juízo amável, complacente, de um olhar irônico, talvez zombeteiro, sobre o passado. É só nesse espírito que se pode fazer o almejado balanço crítico da Semana. Não se trata agora de saber se merece rejeição ou aceitação o que realizamos na juventude, quando "o tempo cobre o chão de verde manto", mas de enquadrá-lo numa perspectiva histórica. E apreciando a Semana nesse enquadramento é a nós mesmos, a um trecho de nossa biografia intelectual, a um modo de nos relacionarmos com a arte e com a poesia, que pomos em balanço. Julgando o evento de ontem na celebração de hoje, também criticamos a vontade ou a vocação vanguardista de nossa geração, em sua etapa ascendente.

"Para tudo seu momento/ e tempo para todo evento" (*Qohélet*, trad. de Haroldo de Campos). A louvar-nos nessa passagem do *Qohélet*, o momento dessa celebração corresponderia a distinto evento, desligado daquele primeiro que lhe deu origem. No entanto, em vez de separá-los, o tempo redesenha um no outro, o evento de outrora no de agora. E malgrado aquele não se repetir neste, a sua comemoração, maneira coletiva de rememorá-lo, de certa forma o recupera, episódio que foi de nossos convergentes cursos de vida, um sedimento estratigráfico da experiência comum, geracional, jamais de todo esquecida. O nosso primeiro encontro sustenta esse distanciamento que nos possibilitará reinterpretar o documento de 1963.

Basicamente, o manifesto firmava pacto unindo os paulistas fundadores do concretismo, integrantes do grupo Noigandres (Augusto de Campos, Haroldo de Campos e Décio Pignatari), aos mineiros agrupados, desde 1957, na revista *Tendência*, à testa da qual se encontravam Affonso Ávila, Rui Mourão e Fábio Lucas propugnando por uma literatura de impregnação nacional, apta a desencobrir os contrastes da diversificada realidade social do país e a despertar os leitores para a necessidade de superá-las politicamente. Affonso Ávila estendera essa diretiva à sua poesia, e foi ele o idealizador da união, que Haroldo de Campos ajudou a articular, preludiada no Congresso de Assis (1961), quando Décio Pignatari anunciou metaforicamente, como "pulo da onça", a nova fase temática, discursiva e participante do grupo Noigandres. O pacto era, de fato, um acordo entre duas vanguardas em frente ampla, o realismo crítico nacionalista de

Tendência sensibilizado pela revolução das formas do concretismo, e o internacionalismo concretista sensibilizado pela posição nacionalista que empolgou a *intelligentsia* brasileira no final da década de 1950.

Pode-se aferir pela contagem cronológica das datas extremas, 1963 e 1993, que os signatários do documento conclusivo da Semana exemplificam, até de maneira ortodoxa, o esquema da dinâmica geracional de Ortega y Gasset: os mais novos, entre quinze e trinta anos, como os mineiros Affonso Romano de Sant'Anna, Márcio Sampaio, Olívio Tavares de Araújo, mais alguns outros, e o paranaense Paulo Leminski, reuniam-se aos mais velhos, como Laís Corrêa de Araujo, os diretores de *Tendência* e os paulistas, Haroldo de Campos, Augusto de Campos e Décio Pignatari, todos na casa dos trinta, com exceção de Pedro Xisto, *senectus sed non se nilis*. A essa mesma faixa etária pertenciam os críticos não poetas, adventícios em tal congraçamento quase café com leite: o maranhense Luiz Costa Lima, o pernambucano Roberto Pontual e o paraense Benedito Nunes, três franco-atiradores, cada qual ainda com meia página de *curriculum*. Uma tese professoral que depois se nomeará, além de artigos sobre João Cabral de Melo Neto e Sousândrade recém-descoberto, publicados na *Revista de Estudos Universitários*, da Universidade de Pernambuco, da qual era secretário, credenciava o maranhense, e extensos trabalhos sobre poesia e artes plásticas no SDJB (Suplemento Dominical do *Jornal do Brasil*) escrevera o pernambucano, heresiarca do neoconcretismo, subcorrente cedo desfeita com a adesão de Ferreira Gullar, sua principal figura, ao populismo de esquerda do Centro Popular de Cultura (CPC) da UNE (União Nacional de Estudantes).

Quanto a mim — e passo à tonalidade do eu memorialístico, daqui por diante usado em alternância com o nós geracional —, também pactário, simpatizante das duas alas, o convite para o encontro deveu-se mais, creio eu, ao início da amizade com Affonso e Haroldo durante o mencionado Colóquio de Assis — do qual fui congressista avulso, sem tese — do que aos meus por vezes demasiadamente longos, mal temperados, ensaios de crítica literária e filosofia publicados no SDJB, os primeiros graças à iniciativa de Mário Faustino. Morto em 1962, esse poeta-crítico, reconhecidamente um aliado, esteve presente *in absentia* durante a Semana. A visão de largo e longo fôlego de "Poesia-Experiência", o folhetim sob sua direção, inserto naquele vivíssimo suplemento dirigido por Reynaldo Jardim, preparara-me para acolher o concretismo, que Mário Faustino, ânimo polêmico, trombeteou.

Lembro-me quanto para isso contribuíram as ideias de "Diálogos de oficina", súmula da poética de "Poesia-Experiência": a poesia como a linguagem menos discursiva possível, apresentando ou presentificando em vez de representar o objeto; a defesa da dignidade da poesia, concorrendo, como interpretação do mundo, com o conhecimento analítico da ciência e, à altura da época, interligada às artes; dever, para o poeta, de clarificar a sua língua e de transviver os problemas de seu tempo e de sua sociedade. Para o concretismo, em sua primeira etapa, a crise do verso, que Mário admitiria um pouco mais tarde em retumbante apologia da nova corrente ("[...] está tudo parado na Inglaterra, na Rússia, nos Estados Unidos, na Alemanha, na Itália, na França, na Espanha, em Portugal, na América espanhola — ao que se saiba; [...]"), levaria, em concordância com a evolução das técnicas audiovisuais, à negação do discursivo, ao poema enquanto objeto verbal presentificado simultaneamente à vista e ao ouvido: tão concreto quanto os signos gráficos e pictóricos no espaço, desataria, porém, o corpo de seus significados transeuntes em outro espaço, invisível, imaginário. No entanto, o que menos me interessava era a entrada histórica desse corpo, já superação da crise do verso, na rede global da comunicação das formas, objeto útil, consumível, por força da "fisiognomonia da época", que o nivelaria a um outdoor publicitário. Interessava-me, e muito, o alento pensante da prática dos concretistas, cada poema exigindo uma poética que fosse uma filosofia da composição, capaz de, se parodiar Valéry me é permitido, problematizar o todo possível da linguagem. Mário Faustino vira o saudável abalo dessa prática na poesia brasileira, que "estava precisando desesperadamente de um acontecimento, de um *shake up*", para livrá-la da pasmaceira em que modorrava no decênio de 1950.

Talvez do ponto de vista de *Sirius* não fosse tão desesperadora a situação de uma literatura que já tinha em poesia o *Duas águas* de João Cabral de Melo Neto e na ficção *Grande sertão: veredas* de João Guimarães Rosa. Mas ali, da parcela de espaço-tempo onde se encontrava o autor de "A poesia concreta e o momento poético brasileiro", a palavra "pasmaceira", por ele usada, queria significar a falta de perspectiva, de rumo: a carência de futuro para a poesia, que pairava no ar, sem destino. "Mas afinal, dirá o leitor honesto, de que precisa a poesia brasileira? Precisa de dinheiro. De uma estrutura econômica estável como alicerce. Precisa de que o Brasil seja rico e autoconfiante e independente em todos os sentidos." Mário tocava na questão política que nos solicitaria. Aos poetas, que deveriam expressar "sua época e seu povo" e que tinham o dever de agir sobre ambos "através de uma poesia verdadeiramente participante, crítica e transformadora do mundo", não poderia faltar o "raciocínio utópico", endereçado ao futuro. Entre nós, a carência de futuro era tanto da poesia quanto do país. Não demorou que a voz geracional difusa reclamasse, na mesma década, um projeto renovador que unisse a poesia ao país.

Como nexo intelectual entre os coetâneos em mútuo intercâmbio, ligando-os ao tempo histórico, a voz geracional articula, para usarmos as categorias de Reinhardt Koselleck, *o espaço de experiência* ao *horizonte de expectativa* dos indivíduos que a compõem. O espaço de experiência inclui o relacionamento do presente com o passado — dos contemporâneos com os antecessores de que são herdeiros, mas abrange também, em função do presente, o acesso a novas ideias e formas de pensamento. E nesse sentido, uma geração é a soma dos interesses teórico e prático comuns que a mobilizam, desde a natureza das questões discutidas à afinidade com certos pensadores de que procedem os conceitos que ajudam a resolvê-las, e que se tornam, como instrumentos de ação, vocábulos de uso corrente. Assim foi, para nós, em 1960, durante o período ascendente da nossa, a palavra projeto. O horizonte de expectativa corresponde ao esboço de futuro descortinado à ação e possibilitado pelo espaço de experiência.

No final da década de 1950, o presente trepidava. Entre nós, estendia-se, para além da criação poética, aquele "sentimento do tempo", que Adolfo Casais Monteiro lamentava faltasse à poesia portuguesa pós-pessoana, numa época em que tudo estava em jogo ("Uma poesia sem problemas", SDJB, 28 de abril de 1957). Da filosofia à poesia, da poesia à linguagem, da linguagem à história, da história à política, tudo, no Brasil, se problematizava até à raiz: a poesia até à palavra, o pensamento filosófico até à existência social e histórica, a história até às grandes causas que a movem, luta de classes e desenvolvimento industrial, a política brasileira até a realidade nacional. Mas o conhecimento da raiz trazia a descoberta da solução nova que a época reclamava, e em que se superaria. Nunca se usou com tanta frequência o substantivo "superação" e o adjetivo "radical". Radical era a solução concretista, superadora da crise do verso, radical tornara-se a Revolução Cubana, superadora do imperialismo, radical deveria ser a Reforma Agrária que esperávamos, superando a grande propriedade, o latifúndio de extração colonial.

Quem de nós pôde esquecer a esperança política despertada por Fidel Castro? Décio dedicou à Revolução Cubana uma estela poética votiva, Augusto o poema cartaz "Cubagramma", e sintonizaram com o movimento pela Reforma Agrária o *Servidão de passagem* (1961), de Haroldo, e *Carta do solo* (1961) de Affonso. Estendi à Semana Nacional de Poesia de Vanguarda o meu entusiasmo pela escalada revolucionária de Sierra Maestra e guardei-as associadas na memória. Cuba despertou a esperança política porque nosso horizonte de expectativa era utópico: a renovação da arte e a renovação da vida se correspondiam, a vanguarda política e mundo. Ambas, estética de vanguarda e revolução política, foram os potenciais prospectivos do espaço de experiência de uma geração afetada e fecundada pela filosofia de Sartre, pela sociologia de Guerreiro Ramos, pela reflexão política de Álvaro Vieira Pinto — estas duas últimas, marcos do pensamento nacionalista isebiano, elaborado no ISEB, Instituto Superior de Estudos Brasileiros — e pelo marxismo, direta ou indiretamente implicado nas três anteriores correntes de pensamento

Se bem me lembro, as discussões do conclave colocaram-nos em franca oposição à ortodoxia stalinista do Partido Comunista Brasileiro. Nossa frente ampla repudiava tanto a arte dirigida da União Soviética quanto a ideia, regressiva, do trabalho artístico, simples instrumento de efeito retórico na mobilização das massas, tal como então praticava, eliminando a vanguarda estética, tida por veleidade elitista de cunho reacionário, a serviço da classe dirigente, o populismo de esquerda a que já nos referimos. Equiparado assim ao simples militante, exigia-se do artista a renúncia à sua liberdade para acelerar a revolução, em nome do compromisso partidário abstrato que o impedia de fazer um trabalho artístico pessoal, livre e autêntico. Para nós, a arte só poderia ganhar alcance social e político quando fosse arte engajada, fruto do compromisso dos criadores, reafirmação de sua liberdade, resultado de uma escolha a partir da situação que os enraizava num mundo, numa sociedade, num país.

Liberdade, autenticidade, escolha, engajamento: esses conceitos, com os quais tentávamos furar o cerco ideológico dos Jdanov e dos Lukács, e dignificar a vanguarda estética, progressista, se não revolucionária, capaz de reavivar, com a inventividade de formas novas, revolucionárias — repetia-se o "não há arte revolucionária sem forma revolucionária" de Maiakóvski —, a "promessa de felicidade" da arte, mostram, a começar pela possibilidade de uma participação política não partidária, garantida por essa noção de engajamento — correlata à de projeto —, a ascendência intelectual de Sartre sobre a nossa geração. Acompanharíamos, também, a tendência do existencialismo sartriano e da fenomenologia de Merleau-Ponty (estudado, depois de 1960, por José Guilherme Merquior em ensaio de sua autoria no SDJB), para se aproximarem do marxismo, uma vez recuperada a flexibilidade da dialética, presa ao dogma de um desenvolvimento uniforme, que ignorava a diferença entre os povos, os contextos nacionais e as suas particularidades históricas e culturais.

Para as particularidades históricas e culturais do Brasil voltava-se o pensamento isebiano. Queria repensar a realidade brasileira com base no postulado do ingresso do país na fase de industrialização, considerada a via por excelência do desenvolvimento. A industrialização reunia condições propícias ao advento de uma consciência crítica projetada para o futuro. Era a fase de transição de um país economicamente dependente, de origem colonialista, com estruturas sociais arcaicas e classes dirigentes atrasadas, para a sociedade moderna dos produtores, que teria o seu mercado interno, necessitando, para isso, de elevar o nível aquisitivo das populações rurais, ainda indigentes, à margem do ciclo da produção e do consumo. Ideologia de transição, e assim reconhecida, o "desenvolvimentismo", gerado no período liberalista promissor de Juscelino Kubitschek, e a que deu corpo a execução do projeto arquitetônico de Brasília, anteciparia a emancipação econômica. Por mais governamental que fosse, essa ideologia favoreceu a mobilidade da camada intelectual, de que os próprios mandarins do ISEB deram o exemplo, temperando a dialética na consciência crítica, permeável aos conceitos sartrianos de liberdade e engajamento.

Um híbrido conceptual, misto de atitude valorativa e de vetor teórico, a consciência crítica possibilitaria o engajamento do sociólogo à específica realidade brasileira, depois de ter praticado, conforme ensinava Guerreiro Ramos em seu *A redução sociológica* (1958), a suspensão metodológica, a *epoché* dos pressupostos de procedência alienígena das ciências sociais. A suma do "desenvolvimentismo", escrita pelo erudito Álvaro Vieira Pinto (*Consciência e realidade nacional*, 1960), converteu a consciência crítica na dialética da transição, que penso ter sido o denominador ideológico comum dos pactários da Semana.

A mencionada tese universitária de Luiz Costa Lima, *Dinâmica da literatura brasileira: situação de seu escritor* (1961), poderia invocar a transição, como momento dialético para que se firmasse, em benefício da consciência crítica em nossa literatura, o compromisso desalienante dos poetas e ficcionistas com a realidade nacional. Ao responder à pergunta que a si mesmo colocava — "Pode-se imaginar uma vanguarda engajada?" — no início de seu artigo "A poesia concreta e a realidade nacional" (1962) — Haroldo de Campos seguia a trilha da "redução sociológica", já por ele anteriormente invocada em "Contexto de uma vanguarda" (1960), e que aproximaria da "devoração antropofágica" oswaldiana. Ainda em 1960 estudava eu num ensaio (SLJB) o calhamaço de Sartre, *A crítica da razão dialética*; extremando o empenho de conciliação do existencialismo com o marxismo, o filósofo terminara por converter aquele numa ideologia deste último, aí elevado ao posto de *"philosophie insurpassable de notre temps"*. Abstraída a desvantagem de um negócio filosófico desigual, em que a parte leonina coubera ao marxismo, o grande trunfo da obra (*"Sa pensée est dure, on aura besoin de toute une année pour la digérer"*, ouvi Paul Ricœur dizer no fim da primavera daquele ano) é, sem dúvida, o traspasse da dialética do movimento das coisas à negatividade da consciência, origem da práxis. A situação das situações passava a ser o meio material da escassez, onde o *pour-soi* exterioriza-se agindo. Por essa forma, a experiência autorreflexiva do sujeito em tal meio, primeira condição de toda história, encetaria o movimento dialético, que não mais poderíamos separar da consciência do real nem deixar de concebê-lo como um processo de totalização, do qual a consciência, inseparável de todo projeto, ativamente participa.

Não desfio a esmo recordações avulsas de uma já antiga bibliografia. Pois foi a um processo de totalização da poesia — no sentido de um projeto condicionado pela época, e que se desata, dialeticamente, da crise do verso à sua superação, do *Coup de dés* de Mallarmé ao concretismo, transitando por uma linhagem brasileira da nova corrente, nunca antes levantada com tamanha lúcida ousadia — que Décio Pignatari fez remontar o "pulo da onça" de sua comunicação no Congresso de Assis. E não seria esse dado uma conexão geracional se concorrendo com os grandes luminares, as estrelas que constelam o projeto concretista — um Pound depois de Mallarmé, um Joyce depois de Apollinaire e Cummings —, a persistente influência de Sartre não tivesse chegado até à concepção da natureza essencial da poesia e do engajamento do poeta, estabelecendo um consenso entre nós acerca dessas questões. Do Mário Faustino de "Diálogos de oficina" ao Haroldo de Campos de "Poesia e paraíso perdido" (1955) e ao Décio Pignatari de "A situação atual da poesia no Brasil", perpassa ou emerge, implicitamente admitida ou expressamente citada, como um referencial comum, a intencionalidade do poeta dirigida à palavra enquanto coisa, razão de ser do caráter intransitivo da poesia, parente da pintura, e que é, em contraponto à transitividade da prosa de ficção, ponte do verbal ao real, o primeiro tema do *Qu'est-ce que la littérature?*, de *Situations II*. Mas esse tema problematiza a possibilidade de uma obra poética engajada.

Transitivo, passando ao real, o romance convoca a consciência do leitor a ver o mundo e a agir nele moralmente, conforme a ideologia de que se acha entranhado. E aquele romancista que sem má-fé escolhe-se livre ao escrever, e que utiliza a linguagem a favor da geral liberação dos homens, assegura, segundo Sartre, o êxito humanístico da ficção, como literatura engajada. Em contraposição, sem utilizar a palavra, que ele propriamente não usa mas desusa, ao desgastar os significados da linguagem corrente, ao pô-los fora de circuito, o poeta contemporâneo, mesmo em rebelião contra a sociedade burguesa, só se engaja para fracassar, se é, autêntico poeta, o lidador da palavra-coisa. Como poderia então engajar-se o poeta da concreção, antidiscursivo construtor de formas verbais?

Contudo, a poesia concreta demandava, na formulação poundiana de Augusto de Campos, ainda em 1957, uma responsabilidade total perante a linguagem, que era sobretudo responsabilidade histórica e estética para com o progresso da língua, no sentido de sua clarificação; mas que também poderia interpretar-se como intimação ao poeta para responder eticamente pelo uso poético da linguagem, límpido instrumento de comunicação à custa de constante vigilância contra os disfarces ideológicos do discurso. Enfrentando o problema, crucial para a vanguarda estética, Pignatari, ao mesmo tempo que requalifica, em sua comunicação de 1961, a evolução das formas poéticas como um processo de totalização, viu o fator novo da linguagem brasileira através da qual esse processo refluíra, de Carlos Drummond de Andrade a João Cabral, no compromisso social, humanístico, do poeta, conseguido, diferenciadamente, mercê de uma polarização entre o poético e o prosaico.

De acordo com a sua comunicação, poderia dar-se, e de fato se deu, dentro da dialética de êxito e fracasso, como saída, para a prosa da poesia e a poesia da prosa, porta aberta ao discursivo, mas indecidida ficando, até firmar-se o pacto, a questão da eficácia prática, social, da palavra poética, que daria à responsabilidade total perante a linguagem um sentido preponderantemente político, subsumindo o ético, mas sem prejuízo do estético. Lá, no manifesto da Semana, decide-se a favor dessa eficácia, um derivado da crença, pressuposto de toda vanguarda, em que púnhamos fé, na direta e efetiva atuação da arte como força histórica de transformação do mundo.

Prospectiva, utópica sem mencionar a utopia, confluência da direção nacionalista e da inclinação revolucionária internacionalista de nossa geração, e em que tudo se encaminha para a palavra posta em ação, essa carta de princípios, mais do que um acordo entre dois grupos de vanguarda, firmava, na verdade, um pacto geracional. A frente ampla se constituía, excluída a adoção de qualquer procedimento ou técnica em particular, sobre o reconhecimento da necessidade de "novas formas e processos" que pudessem servir para o "desenvolvimento e avanço da poesia brasileira". Avançando a poesia brasileira, desenvolvendo-se esteticamente no plano da invenção verbal, conquistaria, se convenientemente veiculada por vários canais de comunicação para distintas faixas de público, uma função crítico-criativa, transmissora eficaz da palavra poética em ação, apta a estimular a consciência do povo a caminho de sua emancipação. Desse modo, a criação poética retraduzia-se em termos de combate: individual ou coletivamente os poetas e escritores signatários lutariam pela clarificação da linguagem, pela obtenção de meios de divulgação, pela reprodutibilidade artística de seus textos, esses três itens considerados encargos sociais definidos.

Mas o princípio dessa prática de combate, a responsabilidade do poeta para com a sua época, estendeu-se, numa formulação de acento heideggeriano para a qual contribuí, à sua responsabilidade ética e estética perante a linguagem: o poeta responsável joga com as palavras um "jogo extremamente sério" — como Heidegger diz em "Hölderlin e a essência da poesia" — mas para desencobrir e revelar a realidade (dois verbos contrabandeados do mesmo filósofo), no caso a realidade nacional em que se situa. Engajado na tarefa de sua superação, habilitar-se-ia, sempre depurando "as palavras da tribo" de disfarces e encobrimentos, e assim exercitando a poesia como ato criador, a, por meio dela, conduzir o leitor a tomar consciência de si mesmo e de sua existência social alienada. Os poemas-cartazes, exibidos no hall da Reitoria da Universidade de Minas Gerais por ocasião do encontro, eram como que o ato inicial desse programa de ação. Arranjo de frases feitas da "direita" e da "esquerda", um poema-cartaz da autoria de Affonso, que circulou fora dessa exposição, principiava com a conhecida conclamação reacionária de Antônio Carlos em 1830:

Façamos a revolução! antes que o povo a faça
antes que o povo à praça
antes que o povo a massa
antes que o povo na raça
antes que o povo A FARSA

Por uma ironia da história, sete meses depois da assinatura do documento que consubstanciava o pacto, a frase feita, e não a límpida palavra da tribo, produziria o seu efeito: o golpe militar de 1964, bloqueando o horizonte de expectativa de nossa geração. A farsa política que rima com faça no poema de Ávila antecipou-se à revolução possível. A primeira triturou-nos; mas se efetivada a segunda, creio que nos rejeitaria, antes de triturar-nos. À decepção, consequente ao trauma político do fechamento interno, seguiu-se a decepção ideológica, após a invasão da Tchecoslováquia em 1968, com a descoberta do poder esmagador das ditaduras ditas de "esquerda". Mal ingresso na idade madura, comecei a repensar — e acho que também outros o fizeram — o fundamento de nosso projeto de participação política: a ideia, posta em dúvida, da história como um processo de totalização, com um fim previsível, desvendado pela mesma dialética totalizadora consumada na ação revolucionária, base filosófica que foi da prática combatente estabelecida no manifesto.

Mas nosso projeto vanguardista só pudera alcançar a dimensão estético-política que a essa prática se atribuiu porque foi, na essência, um projeto da modernidade artística. A partir do romantismo, e particularmente do romantismo alemão, a modernidade gera a vanguarda, antecipadora de sua perpétua mudança. Contudo, pode-se dizer que nesses derradeiros trinta anos, a mudança, como no verso final do soneto de Camões em epígrafe, "não se muda já como soía". E se, no dizer de Habermas, a modernidade é um projeto inacabado, e assim, da mesma forma, inacabada é a vanguarda a ele inerente, o nosso projeto, que mudou — na medida em que, transformado o mundo em torno de nós pela *ratio* produtiva da civilização tecnológica, também se alterou o espaço de experiência da geração a que pertencemos —, não terá acabado de todo, como atesta o trabalho poético dos dois arquitetos do encontro aqui hoje comemorado, Affonso Ávila e Haroldo de Campos, que continuou sendo fecundado, depois de 1964, sem outro engajamento que não seja com a condição humana, e sem a urgência do missionarismo participante, pela consciência crítica e pela responsabilidade ética e estética perante a linguagem,

Não podemos avaliar os resultados da Semana tão só à vista de seus princípios e proposições ideológicas e teóricas, a maioria dos quais apoiada em crenças que pereceram. Findou a confiança na marcha progressiva da história; acabou a fé numa final resolução utópica das contradições, que conciliava o nacionalismo desenvolvimentista, moderno como modernização, com o internacionalismo da revolução proletária, e na mesma ordem de ideias, também acabou a premência unidirecional do futuro, pondo em recesso a vanguarda estética programática e grupal. E posto que ao mesmo tempo se extinguiu a crença na eficácia da palavra poética enquanto meio de mobilização política ou de prática social libertadora dos indivíduos, o que deixa em suspenso a vigência do programa de ação estabelecido pelo documento de 1963, revogado estaria agora, também, o pacto geracional se o fermento da nossa vocação vanguardista, a consciência crítica e a responsabilidade para com a linguagem, não mais agisse, embora numa escala de produção mais reflexiva, mais abrangente e menos preocupada com a comunicação imediata, sobre a massa do poema.

Tanto em Affonso quanto em Haroldo, que cortejando o futuro redescobriram suas afinidades com o passado barroco, a consciência crítica, ironizada em 1964 pela história em tempo de farsa, ironiza a história: ludíbrio e logro, jogo de cartas truncadas, exibindo, de *Código de Minas* a *Cantaria barroca* (1975), os resíduos-naipes da mineiridade; labirinto, teia e tear de múltiplos e pequenos efeitos nesse memorialístico *Galáxias* de 1976/1984 (suas primeiras matrizes datam de 1963), escrito, em luta contra o tempo, no e para o "eldorido feldorado latinoamargo". Pudor do óbvio, sentido das inversões e malversações das palavras, fragmentadas e truncadas de maneira lúdica, marcam a responsabilidade do primeiro, que "desestruturou o discurso e embaralhou as letras/ [...]", no uso da linguagem, que o segundo expande, jogo sério, no *continuum* verbal, versiprosa, daquela sua obra.

Em vão Affonso se aconselha, em "Morte da memória pessoal", a

não olhar para trás para o através
o atravessado o transitado o transc
orrido [...]

A homenagem a ele hoje prestada, a esse autodifamador "doutor em ciências ocultas e letras apagadas", herdeiro do sarcasmo de Drummond, convertido em riso zombeteiro, e da forma tensa, escorreita, cabralina, convertida, de *Cantaria barroca* a *O visto e o imaginado* (1990), em pedra de inscrições da história de Minas e de lacerações subjetivas, é uma homenagem à poesia brasileira moderna e à sua vanguarda, que nele persiste, inacabada e inacabável. Te alerta, poeta, o transcorrido não te engoliu!

O que está acontecendo com a literatura brasileira hoje

Entrevista concedida a Clarice Lispector

Clarice Lispector:

— Antes de mais nada devo esclarecer que não conhecia Benedito Nunes antes de ele ter escrito um livro sobre meus trabalhos. Só o tinha visto por dois minutos — o tempo de dizer "muito prazer" e "até logo" — no meio de muita gente por ocasião do casamento de Eliane Zaguri. Ele não me disse então que acabara de escrever o livro sobre mim. Tímido ele, tímida eu. Não houve portanto "influência", não houve nada que de mim o levasse a escrever sobre minha "literatura".

Mas recentemente estive em Belém do Pará e agora, sim, gostamos um do outro. Fiquei surpreendida quando ele me disse que sofreu muito ao escrever sobre mim. Minha opinião é que ele sofreu porque é mais artista que crítico: ele me viveu e se viveu nesse livro. O livro não me elogia, só interpreta profundamente.

Dito isso, passemos às perguntas e às respostas:

1. *O que está ocorrendo com a literatura brasileira, hoje?*
Benedito Nunes:

— À primeira vista, talvez se pudesse assinalar a existência de um contraste entre a plenitude da crítica, munida de métodos para a análise e a compreensão da literatura, e a escassez da criação literária. Dir-se-ia que ainda estamos vivendo à sombra das grandes obras — daquelas que surgiram ou se avolumaram na década de 1950, como as de Guimarães Rosa (*Grande sertão: veredas*, 1956), de João Cabral de Melo Neto (*Duas águas*, 1956) e de Clarice Lispector (em crescimento, com os contos precursores de *Laços de família*, 1960) — e que ainda dependemos do impacto então causado pelas proposições vanguardistas, num período durante o qual a renovação da crítica, que atingiu o campo da poesia, para onde toda uma perspectiva estética foi transportada, beneficiou-se do elevado nível de jornalismo literário, cuja decadência se precipitou na década seguinte, e que servia de veículo normal tanto à informação útil e sintética da *resenha* quanto à investigação laboriosa e analítica do *ensaio*. A consciência excessiva da literatura, de que o nosso atual vigor e rigor críticos são o termômetro, corresponderia a um sintoma de esfriamento, de recesso da criação literária...

Mas se o sintoma é verdadeiro, qual o diagnóstico? Pode-se falar de escassez da criação literária, quando bons escritores, entre romancistas, contistas e poetas entraram em cena depois daquele período, e continuam, contrariando a tendência predominante desfavorável aos autores novos, do mercado editorial, a surgir aqui e ali? Pouco importa que tenhamos hoje, ao contrário do que antes sucedia, mais contistas do que romancistas e mais romancistas do que poetas. A simples existência de alguns produtores qualificados, ainda que em reduzido número para um país tão grande, não autoriza ninguém a falar num estado de penúria das letras ou de misérias da literatura. E assim o contraste que assinalamos no início cai por terra. Estranhamente porém a ideia de escassez persiste de um ponto de vista mais amplo, como presunção razoável, se não como índice de negações conjugadas, que reduzem e reprimem, liminar e conjuntamente, por motivo de uma falta e por efeito de um bloqueio, as potencialidades da crítica e da criação. A falta ou a precariedade dos meios de difusão — o suplemento literário, a revista e o livro — limitam e obstruem o processo de circulação da mercadoria intelectual, prejudicando, de saída, qualquer tentativa de contabilidade dos valores artísticos e literários reais. Como efetuar um justo balanço desses valores, se os canais que deveriam veiculá-los funcionam muito mal quando por acaso existem? À falta e à precariedade desses canais, acrescente-se o efeito da censura, sistemática e onímoda, bem maior como força antecipada de bloqueio, agindo sobre os espíritos.

O que está ocorrendo hoje com a literatura brasileira é o risco, enorme, por que passa a cultura brasileira toda, de recessão do espírito crítico e de sacrifício da espontaneidade criadora.

2. Que tem a ver o Modernismo com a cultura brasileira?

— Mais do que um capítulo da história literária, o Modernismo, iniciado em 22, tornou-se uma dimensão da cultura brasileira, e ainda é uma de suas potencialidades. É claro que a Semana de Arte Moderna foi o nome de uma festa transformado no mito de uma rebeldia intelectual. Teve porém a força de um mito liberador, que levou a uma ação consequente, e que serviu para mantê-la. Se a festa ocorreu como réplica brasileira das *soirées* futuristas na Itália e das manifestações dadaístas em Paris, o mito proporcionou o antecedente histórico, o marco inicial com que a geração de 1922 expressou a consciência de uma ruptura e se autorizou a aprofundá-la.

Esse aprofundamento foi radical em muitos sentidos: radical porque traduziu uma nova atitude, quer em relação à literatura, quer em relação ao conjunto das artes e dos nossos valores culturais; e radical também porque procurou abranger as raízes históricas da cultura nacional, mas com um suficiente distanciamento crítico — e com uma certa acuidade sociológica — que o nosso romantismo não pudera ter. Junte-se a isso uma concepção amável, irônica, cordial, dos valores éticos e espirituais da nossa formação histórica; junte-se, mais ainda, o senso de humor, e teremos, sem esquecer o antiufanismo e o apreço à diversidade regional, bem como aos elementos primitivos ou etnográficos, rurais e populares do país, o vínculo maior entre o modernismo e a cultura brasileira.

3. Acha que o nosso modernismo deveu muito ao influxo de correntes estrangeiras, tais como o futurismo e o dadaísmo, para citarmos as duas que você já referiu?

— O nosso modernismo não foi apenas um receptor, um captador dessas correntes. Além disso será preciso pensar o que elas representaram. Futurismo, dadaísmo, expressionismo, cubismo e surrealismo não são mais puras correntes literárias ou artísticas, mansamente confluindo e aumentando, por acréscimo, os terrenos da literatura e da arte. Já são pontos de ruptura da tradição literária e artística. Nesses movimentos do primeiro quarto do século, a literatura e a arte alcançaram aquela consciência de sua condição problemática em nosso tempo, que o romantismo prenunciou, e que vai fixar-se, desde então, no espírito inquieto e anticonformista das vanguardas, que as acompanha e impulsiona. Espírito de vanguarda, sim, mas retirando-se da expressão "vanguarda" as conotações otimista (o inevitável progressismo nas artes e nas letras) e pessimista (o fracasso da incomunicabilidade decorrente do rompimento de sistemas tradicionais), que a interpretação dessa palavra comumente suscita. Fenômeno muito mais amplo, que engloba e ultrapassa as posições programáticas e as atitudes de experimentalismo de laboratório, a vanguarda é o estado irredento da literatura na sociedade tecnocrática e massificada dos nossos dias. O nosso modernismo introduziu-nos nesse estado, ao assimilar os movimentos do início do século, ao sintonizar-se com eles.

4. *Mas não foi o modernismo todo que marchou alentado por esse espírito vanguardista. Houve o Pau-brasil e houve a antropofagia... No entanto, sob a mesma rubrica do modernismo, encontramos o verde-amarelismo e até o espiritualismo de Festa. Terá havido, do ponto de vista da renovação ou da revolução literárias, uma estética modernista?*

— Na medida em que no modernismo, como processo histórico-cultural, realizou-se a assimilação das ideias, dos procedimentos e das técnicas veiculadas pelas correntes do começo do século antes apontadas, foi que se definiu uma *perspectiva estética central* de que se afastaram ou se aproximaram, durante o período crítico desse movimento — de 1922 a 1930 — as diversas tendências que o individualizaram. Para resumir: essa *perspectiva estética central* elaborou-se, fundamentalmente, entre 1922 e 1928 nas obras de Mário e de Oswald de Andrade, num trajeto que vai de *Pauliceia desvairada* e seu "Prefácio interessantíssimo" a *Macunaíma*, e do livro de poesia *Pau Brasil* e seu Manifesto precursor a *Serafim Ponte Grande*. Do mesmo modo que não vejo razão para separar Oswald de Mário, quanto ao papel que tiveram na elaboração dessa perspectiva estética central, em que se condensou, além do propriamente *moderno* do nosso modernismo, o ponto de ruptura por ele operado com o decoro, com o estoque de formas tradicionais e com a própria função da literatura, também não vejo por que ligar a semelhante perspectiva, que comportou um esquema interpretativo da cultura brasileira, o esteticisrno nacionalista de Graça Aranha, o verde--amarelismo e o espiritualismo da Festa.

5. *Você muito se ocupou da antropofagia de Oswald de Andrade, estudando a tese ("A crise da filosofia messiânica") e os escritos filosóficos do autor de* Serafim Ponte Grande. *Atribui valor a esse pensamento antropofágico?*

— Considero de suma importância o Manifesto Antropófago de 1928. No seu estilo "telegráfico", esse documento — no qual a antropofagia ritual comparece como metáfora da imolação dos entraves da autonomia intelectual, como diagnóstico dos mecanismos repressivos de uma sociedade de origem colonial, e ainda como terapêutica, pela catarse do imaginário desrecalcado (o humor de Serafim Ponte Grande e a saga de Macunaíma) — trouxe, para o âmbito do modernismo, ao mesmo tempo que a valorização do mito e da utopia, a crítica da cultura. Numa fase tardia, já fora do modernismo, Oswald de Andrade tentou primeiramente, de acordo com a posição política que assumira desde 1930, combinar antropofagia e marxismo. Mas Oswald nunca se desprendeu inteiramente de seu achado de 1928, e nunca foi um ortodoxo e um falangiário. Ao se opor criticamente ao marxismo, na década de 1950, ele quis então reelaborar, em escritos como "A crise da filosofia messiânica", "O homem cordial" e "A marcha das utopias", sob a forma de uma *visão do mundo,* a *antropofagia* que permanecera latente na sua maneira de ser e de pensar. Tais escritos exigem uma dupla leitura literária e filosófica. Não se procurem neles o encadeamento das ideias, o discurso corrente e o sistematismo. São páginas afeitas, páginas de devoração intelectual, que valem menos pelas generalizações a que chegam do que pelas intuições que encerram. Estou convencido de que muitas dessas intuições de Oswald de Andrade — a significação política da Utopia, o suporte ideológico do Messianismo, o novo "tribalismo" da sociedade de massas, a possível conciliação do princípio de prazer com o princípio de realidade (Marcuse *avant la lettre*), e a conquista social do ócio — anteciparam os principais tópicos da atual crítica da sociedade e da cultura, e prenunciaram a depuração antiestatista da filosofia política.

6. *Voltemos agora à plenitude da crítica que você admitiu hipoteticamente. Não considera que essa plenitude, se existe, é uma exacerbação ou uma hipertrofia da própria crítica?*

— A crítica se acha vinculada ao estado da literatura tanto quanto o estado da literatura se acha vinculado ao pensamento e a condições culturais e históricas determinadas. Uma literatura acentuadamente crítica e reflexiva como a do nosso tempo pede o refinamento e a agudeza do instrumental crítico. As mudanças dos padrões literários tanto quanto as mudanças dos padrões da crítica dependem, por sua vez, de uma série de mutações conceptuais no conjunto do pensamento teórico e da prática. É dentro de um mesmo contexto que se projeta o isolamento da linguagem literária (a *literaridade*), que surge o problema da *significação* através da fenomenologia, e que produz a ideia da língua como sistema de signos, trazendo a ascendência da Linguística. Concomitantemente, nos bastidores dessa cena histórico-cultural, a crise da metafísica se declara; a noção de estrutura entrará em jogo nas ciências humanas, e os movimentos literários e artísticos aparecem marcados pelo espírito de vanguarda.

Todos esses aspectos de um mesmo contexto cultural têm que ser levados em conta para situarmos quer a literatura, quer a crítica. Quanto mais a literatura, como objeto teórico, obriga-nos a pensar os domínios interligados da Linguística, da Antropologia e da Psicanálise, mais se acentua a preocupação metodológica da crítica. Mas não se trata só do trabalho de estabelecimento dos novos métodos. A crítica de hoje está empenhada em discutir o alcance epistemológico desses métodos, à medida que os vai elaborando. É uma crítica inquieta à procura de conceitos, e ainda mal instalada naqueles que já conquistou — uma *crítica infeliz*, em suma, que acompanha, com o novo modo de ser da literatura, a mudança conceptual de maior amplitude que se opera nas bases do regime do saber em nossa época.

Existe, sem dúvida, no meio de tudo isso, em casos individuais, a superfetação do instrumental crítico, contaminado pelo jargão e pela "avidez de novidades". Mas tais casos ficam à margem do sentido fundamental do fenômeno. A literatura pertence cada vez mais ao domínio do pensamento, e o problema da crítica literária leva-nos, afinal, ao encontro de toda uma cerrada problemática filosófica.

7. Assim, entende você que entre literatura e filosofia haverá um novo tipo de relacionamento que resta a definir...

— A literatura pertence cada vez mais ao domínio do pensamento. Há um *poiesis* comum, que se reparte entre ela e a filosofia. Do mesmo modo que a fotografia infletiu a direção das chamadas artes representativas, e que os meios de reprodução técnica das imagens permitiram multiplicar as técnicas de evasão e de fantasia sonhadora, a linguagem estereotipada, com a sua retórica de consumo, levou ao aprofundamento do *medium* linguístico, e provocou o revide do imaginário. A literatura tornou-se então um meio de contrastação dos nossos valores fáusticos, uma fortaleza reflexiva, uma dimensão da intersubjetividade, um ponto de refluxo do "pensamento selvagem". O "prazer do texto" tornou-se uma fruição de conhecimento. E para o verdadeiro escritor o ato de escrever vale por uma *maiêutica* e por uma ética do comportamento verbal, do uso que faz da língua, do destino que confere à linguagem. A justiça do mundo — o seu processo global — agora se constitui não perante a "história universal", como pensava Hegel, mas na literatura, que revela o homem a si mesmo, que o desnuda, e que se constitui nas suas mais altas instâncias, como afirmação do sentimento trágico, como descida dos abismos, como promessa de renovação da vida, como domínio utópico das possibilidades humanas. Quando não, uma "topologia do ser"...

Depois que Nietzsche vislumbrou a natureza artística dos sistemas filosóficos, e que Heidegger, depois de Nietzsche, mostrou a natureza formadora, interpretativa e já poética da linguagem, a filosofia revelou-nos a sua retórica, os seus apoios linguísticos e os traços que a distinguem como uma certa espécie de criação verbal.

8. *Mas qual nesse caso a situação da Filosofia? Uma sobrevivência? Um anacronismo?*

— A Filosofia é uma espécie de sobrevivente. Ela sobrevive ao desabamento dos "grandes sistemas" e subsiste como um discurso que se sabe precário e incompleto, na orla de outros discursos — o científico, o religioso, o literário e o ideológico —, com os quais entretanto não se confunde. O seu espaço, o espaço do híbrido e impuro discurso filosófico, que visa a uma contínua depuração crítica, é um espaço interdisciplinar e atópico, de onde se pode questionar o saber constituído; mas também porque esse questionamento se entende aos sistemas de valores e às ideologias, a filosofia se manifesta por uma propensão utópica, no melhor sentido dessa palavra, que abrange o político, ao mesmo tempo que rejeita os encargos missionários e messiânicos.

São poucas e essenciais as certezas que sustentam o trabalho filosófico: a historicidade do pensamento, o *a priori* da linguagem, que condiciona e delimita o alcance do conhecimento, e a posição situada de quem pensa e conhece, jamais a cavaleiro do seu tempo e da sua época. Atualmente, situa-se o filósofo no meio de categorias em crise, isto é, categorias cuja vigência efetiva se encontra em estado de suspensão histórica. São as categorias da metafísica, eixo do pensamento ocidental, e às quais não podemos aderir sem o prévio reconhecimento da função hermenêutica que desempenharam. Enfim, a atividade do filósofo é crônica e não anacrônica; crônica porque insistente, e crônica, ainda, porque assume a essencial temporalidade do pensamento, temporalidade que hoje se manifesta de maneira mais concreta, para aproveitarmos o famoso dito de Wittgenstein, na luta contra o enfeitiçamento e contra o fechamento das formas de discurso. Mas desse ponto de vista, que lhe impõe como primeira obrigação manter a reflexão crítica em aberto, a filosofia poderá parecer um anacronismo...

PARTE II

CRÍTICA DE AUTORES

4. Clarice Lispector

A paixão de Clarice Lispector

I

A espécie de reversão dialética do Tempo que ocorre em todas as formas de atividade humana, e pela qual o fim de um processo esclarece o seu princípio, suspendendo a dispersão dos momentos durante os quais se efetuou e revelando-lhe o curso imanente, opera-se, de maneira particular, nas obras artísticas e literárias. Embora já se pudessem perceber delineamentos comuns aos seis romances—*Perto do coração selvagem*, *O lustre*, *A cidade sitiada*, *A maçã no escuro*, *A paixão segundo G.H.* e *Uma aprendizagem ou o livro dos prazeres*—, bem como às dezenas de crônicas e contos de Clarice Lispector reunidos em *Laços de família*, *A legião estrangeira* e *Felicidade clandestina*, para citar só as mais importantes coletâneas de nossa autora, é *A hora da estrela*, o último livro que ela publicou dois meses antes de morrer, o arremate clarificador, a partir do qual podemos distinguir a linha direcional do processo de criação literária que estabelece a coesão de tantos escritos diferentes na unidade múltipla de uma só obra. Permiti-me, pois, que começando a falar-vos, um tanto abruptamente talvez, de *A hora da estrela*, principie esta exposição dedicada a Clarice Lispector por onde deveria concluí-la, isto é, no ponto em que cessou a vida da escritora e a sua obra se completou.

A hora da estrela é uma narrativa que comporta duas histórias diferentes, entrelaçadas, e dois narradores geminados, um postiço, Rodrigo S. M., que assim se apresenta como sendo o autor do livro, e outro, o autor declarado, cujo nome figura na capa e na folha de rosto, isto é, Clarice Lispector, a própria escritora, como daqui por diante passaremos a designá-la. A primeira história é a vida de uma moça nordestina, que Rodrigo S. M. se propõe a contar, levado por uma necessidade compulsiva, desde o momento em que a viu casualmente:

> É que numa rua do Rio de Janeiro peguei no ar de relance o sentimento de perdição no rosto de uma moça nordestina. Sem falar que eu em menino me criei no Nordeste. Também sei das coisas por estar vivendo. Quem vive sabe, mesmo sem saber que sabe. Assim é que os senhores sabem mais do que imaginam e estão fingindo de sonsos.

Esses senhores a quem se dirige estão fora do livro: somos nós, leitores, os sonsos da imaginação, epíteto equivalente ao "*hypocrite lecteur*" da conhecida invocação de Baudelaire no poema inicial de *As flores do mal*. Mas também está fora do livro, quando ele se inicia, a moça nordestina, personagem que deverá entrar em cena num determinado momento e configurar-se por inteiro, nascendo de uma história, da qual o autor não sabe o inteiro desenvolvimento antes de começar a contá-la, à medida que o texto se escreve:

> Como que estou escrevendo na hora mesma em que sou lido. Só não inicio pelo fim que justificaria o começo — como a morte parece dizer sobre a vida — porque preciso registrar os fatos antecedentes.
>
> A história — determino com falso livre-arbítrio — vai ter uns sete personagens e eu sou um dos mais importantes deles, é claro. Eu, Rodrigo S.M. Relato antigo, este, pois, não quero ser modernoso e inventar modismos à guisa de originalidade. Assim é que experimentei contra os meus hábitos uma história com começo, meio e "grand finale" seguido de silêncio e de chuva caindo.[1]

Inclui-se portanto entre os personagens o próprio narrador, que ora se referirá a Macabéa — assim se chama a moça nordestina —, ora a ele próprio, cuja vida se define em função dela, dos embaraços, cuidados e sentimentos que a per-

---

[1] *A hora da estrela*. Rio de Janeiro: José Olympio, 1977, p. 17.

sonagem lhe inspira, e com isso interrompendo-lhe a história, entrecortada de comentários e digressões, e que evolui, hesitante, em pequenos surtos episódicos. Já pelo nome, Macabéa, abreviado em tom familiar para Maca, nome inviável que "até parece doença, doença da pele", a moça inexpressiva, criatura sem graça nem encantos pessoais, desvalida, solteira e solitária, obtusa e enfermiça, comerciária de profissão, pertence à estirpe dos seres desamparados, frágeis e carentes, peculiar à obra da ficcionista.

> O que escrevo é mais do que invenção, é minha obrigação contar sobre essa moça entre milhares delas. É dever meu, nem que seja de pouca arte, o de revelar-lhe a vida.[2]

> Sei que há moças que vendem o corpo, única posse real, em troca de um bom jantar em vez de um sanduíche de mortadela. Mas a pessoa de quem falarei mal tem corpo para vender, ninguém a quer, ela é virgem e inócua, não faz falta a ninguém. Aliás — descubro eu agora — também eu não faço a menor falta, e até o que escrevo um outro escreveria. Um outro escritor, sim, mas teria que ser homem porque escritora mulher pode lacrimejar piegas.[3]

A segunda história, que aparece em função da primeira, mas que a esta origina e sustenta, é, já o sabemos, a do próprio narrador imaginário. Ao refletir porém a sua vida na da nordestina, acaba por tornar-se dela inseparável, embora ele e a personagem permaneçam distintos num confronto aflitivo, dentro da mesma situação que os une e separa. Essa situação é a narrativa que está sendo feita, e cuja penosa e conflitante elaboração Rodrigo S. M. nos conta.

> Há poucos fatos a narrar e eu mesmo não sei ainda o que estou denunciando. Agora (explosão) em rapidíssimos traços desenharei a vida pregressa da moça até o momento do espelho do banheiro.[4]
>
> Será que eu enriqueceria este relato se usasse alguns difíceis termos técnicos? Mas aí que está: esta história não tem nenhuma técnica, nem de estilo, ela é ao deus-

---

[2] Idem, pp. 17, 18.
[3] Idem, p. 18.
[4] Idem, p. 35.

-dará. Eu que também não mancharia por nada deste mundo com palavras brilhantes e falsas uma vida parca como a ela datilógrafa.[5]

Estou absolutamente cansado de literatura; só a mudez me faz companhia. Se ainda escrevo é porque nada mais tenho a fazer no mundo enquanto espero a morte. A procura da palavra no escuro.[6]

A rigor, temos uma terceira história — a da própria narrativa —, atribuível à competência dos dois narradores — o autor postiço e o autor declarado —, e, ainda, um personagem a mais no rol dos sete que são anunciados por seus nomes, porquanto a escritora igualmente assume a condição de personagem, como revela a capciosa dedicatória da obra — dedicatória do autor, isto é, de Rodrigo S. M. pelas razões expostas, porém "na verdade Clarice Lispector", segundo está escrito por baixo, entre parênteses — endereçada "ao antigo Schumann e sua doce Clara", "à tempestade de Beethoven", a Bach, a Chopin, a Stravinski, a Marlos Nobre, a Prokofiev etc.

Estranho livro, meândrico e tumultuoso, *A hora da estrela*, ao contrário dos textos anteriores de Clarice, intitulados romance, conto, novela ou simplesmente ficção, como *Água viva*, que o antecedeu imediatamente, não declara vincular-se a nenhum gênero literário, e, trocista, sugere ao *sonso* leitor treze outros títulos que lhe poderiam caber com igual validade: *A culpa é minha* ou *A hora da estrela* ou *Ela que se arranje* ou *O direito ao grito* ou *Quanto ao futuro* ou *Lamento de um blue* ou *Ela não sabe gritar* ou *Uma sensação de perda* ou *Assovio no vento escuro* ou *Eu não posso fazer nada* ou *Registro dos fatos antecedentes* ou *História lacrimogênica de cordel* ou *Saída discreta pela porta dos fundos*.

Ilustres *precedentes* em nossa história literária, de Machado de Assis a Oswald de Andrade, certamente não lhe faltam. Se nos limitamos ao primeiro, que não se poupou a brincar com seus personagens e com o leitor, interrompendo a ação de seus romances para comentá-la, os que bem lhe conhecem a obra poderão confirmar, caso se recordem do prólogo de *Memórias póstumas de Brás Cubas*, que Machado de Assis também praticou o artifício da tal autoria, tal qual o emprega Clarice Lispector. Trata-se de um recurso formal que visa ao mesmo efeito do velho estratagema, já usado no século XVIII por Daniel Defoe

[5] Idem, p. 45.
[6] Idem, p. 84.

em *Moll Flanders* e repetido por Max Frisch em *I am not Stiller*, no século xx, na nota introdutória com que o ficcionista, fazendo-se passar por editor, apresenta suposto manuscrito de outrem ou de autoria do personagem que criou.

Mas em *A hora da estrela* todos esses expedientes aparecem ostensivamente, ficando à mostra e como que em suspenso. Clarice Lispector foge às regras do jogo. Vemo-la arrancar o seu disfarce, a máscara de romancista e, feita personagem, declarar-se idêntica ao agente narrador e ao mesmo tempo que as dificuldades do ato de narrar tornam-se um dos temas expressos do livro, liquida-se nele o pudor da ficção, que obriga o escritor a tentar disfarçá-la e a disfarçar-se por trás do texto. É a literatura que se desnuda como literatura, primeiro indicando os artifícios de que se utiliza para captar o real, no que revela, com um gesto de quem se penitencia pelo que faz, os ingredientes capciosos de sua culinária, e logo em seguida, aceitando essa contingência, avalia-se a si mesma como mimese verbal, e sem mais esconder a fragilidade dos meios disponíveis, decide arrostar os percalços de sua condição lúdica. Em vez de apenas mostrar contrita os disfarces que a travestem, ostentará, audaciosamente, o fingimento de que retira a sua força, com isso desencobrindo a exigência veritativa que também move a criação literária. Ao buscar a sua própria verdade, recusando-se à ideia tradicional, que igualou a imaginação à fantasia irresponsável e inconsequente, a ficção se despe, em dissídio consigo mesma e em disputa com o real, no último livro de Clarice Lispector.

Esse extremo limite atingido em *A hora da estrela* é um estado da ficção contemporânea, como termo da revolução romanesca operada neste século, e que, iniciada por Marcel Proust, Virginia Woolf e James Joyce — passando por Thomas Mann e Faulkner até chegar a Jorge Luis Borges, Julio Cortázar e Guimarães Rosa —, Clarice Lispector acompanhou desde o seu primeiro livro, *Perto do coração selvagem*, publicado em 1944, quando ela era uma jovem de dezessete anos. A visão global que podemos ter em retrospecto da obra de nossa escritora, a partir de *A hora da estrela* que a completou, mostra-nos já em vigor nesse romance juvenil de estreia a tendência preponderante que orientou desde o início aquela revolução interna do gênero narrativo, ao cabo da qual a ficção questiona o real questionando-se a si mesma.

Embora semelhante transformação seja de todo um gênero, limitamo-nos aqui a resumir as mudanças ocorridas no romance, que possui um valor exemplar para toda a literatura de ficção. É preciso insistir num ponto: o que chamamos de romance, no sentido estrito do termo, é uma forma narrativa historicamente marcada, indissociável do modo de vida — do éthos individual e coletivo —, da separação política entre o domínio privado e o domínio público, da cisão da cultura secularizada, no contexto da sociedade moderna, industrial e capitalista. Ao estudar, por volta de 1829, na terceira parte de sua *Estética*, dedicada à evolução da poesia, as particularidades do gênero épico, Hegel constatou que a epopeia propriamente dita havia desaparecido para dar lugar a uma espécie prosaica, em que o ideal heroico determinativo da ação é substituído pelo embate das situações privadas no campo e na cidade. Busquemos, dizia ele, as representações épicas num outro ciclo que o da epopeia. O romance — e Hegel se referia especialmente à *novela idílica*, tomando como exemplo *Hermann e Doroteia* de Goethe — era a epopeia do mundo moderno, a representação épica possível numa sociedade que se tornara prosaica, organizando-se como um todo sob o império político da ordem civil e legal do Estado burguês, com o qual conflita a individualidade.

Por um lado forma prosaica e também mista, operando numa certa medida a mistura dos gêneros literários, e por outro sucedâneo dos grandes mitos em recesso, transportados para a expressão episódica de acontecimentos, constitutiva do novelesco, o romance, submetido ora ao mecanismo da evasão romântica, ora ao enquadramento objetivista do realismo, teve no conflito entre a individualidade e a sociedade a célula sociológica germinal de seu desenvolvimento no século XIX. Daí ser uma forma histórica complexa, não limitada à história da literatura, e que suscitou embaraços de conceituação estética.

Ortega y Gasset viu no romance uma expressão estética retardatária, de que Lukács foi o primeiro a estudar as estruturas gerais num ensaio de morfologia cultural — a justamente famosa "Teoria do romance" (1920). As vicissitudes da sociedade moderna espelham-se nas vicissitudes da própria forma romanesca em função do dissídio entre o subjetivo e o objetivo, entre a alma e o mundo, de que se alimenta, e que lhe impõe, como horizonte valorativo, a imagem de uma totalidade rompida a restaurar. Por mais que se desligue voluntariamente da história, o romance interioriza as carências, as projeções utópicas e os dilemas da sociedade moderna racionalizada. E quando, aumentando a carga conflitiva dos dilemas, o romance passa a exprimir a consciência dilacerada e a falta de integridade da existência humana, sua estrutura se dilacera e se transforma. Eis o fenômeno da revolução romanesca que se processou como uma ruptura da forma, atingindo, ao mesmo tempo, o seu conteúdo — o novelesco, a matéria da narrativa e os procedimentos comuns, estabilizados, da narração.

O dilaceramento, que levará o romance, depois do realismo naturalista, inclusive psicológico, a desdobrar-se internamente e a, voltando-se sobre si mesmo, questionar, num movimento autorreflexivo, a sua natureza enquanto gênero, *é precedido por uma concentração da mimese na experiência interior*, que começa com Marcel Proust (*Em busca do tempo perdido*) e James Joyce (*Ulysses*), *paralelamente à passagem da introspecção ao primeiro plano da narrativa*. A coerência episódica dos acontecimentos no tempo objetivo, que serviu de referencial ao realismo, é suplantada nesses dois autores pelo fluxo da consciência, envolvendo a retomada do passado no presente do *tempo subjetivo* ou *duração* (*la durée*). Em ambos deixa de existir o romancista onisciente que abrangia, numa perspectiva única, as intenções dos personagens, retratando-lhes o caráter através dos motivos determinantes da ação, repartida em peripécias ou incidentes, que correspondem aos momentos de uma vida em curso, num certo meio ou em determinada ambiência. Enquanto em Proust a narração se desdobra retrospectivamente de um relato pessoal, surgindo das lembranças do narrador, que se faz personagem, os momentos da vida em curso, correspondendo a momentos de recordação, de cujo encadeamento depende a progressão do romance, em Joyce o narrador desaparece por trás dos personagens, que monologam interiormente, de tal modo que a progressão do romance resulta da conexão de múltiplos relatos em primeira e em terceira pessoa, cada um dos quais compõe uma perspectiva distinta da narração. Tanto em *Em busca do tempo perdido* quanto em *Ulysses* configurou-se a tendência preponderante da revolução romanesca: *a passagem da consciência individual ao primeiro plano da narração, como centro mimético, isto é, como limiar da apreensão ou da transfusão artística da realidade*. Alcançado esse pórtico, primeira etapa de uma crise aguda, desencadeia-se o processo de desdobramento interno da própria forma narrativa. Depois de haver-se descartado da intriga em que se perdera, depois de haver começado a contar histórias que não terminam bem, o romance, diz-nos Lévi-Strauss, resumindo de maneira lapidar esse processo, estaria fadado a mal terminar como gênero.[7]

A hora da estrela carrega esse fado, na obra de uma escritora que encontrou na linha de análise introspectiva da consciência individual, adotada em *Perto do*

---

[7] Claude Lévi-Strauss. *L'origine des manières de table* (*Mythologiques, III*). Paris: Plon, 1968, p. 106.

coração selvagem, o seu caminho pessoal e singular de acesso à ficção. Clarice Lispector pessoalizou e singularizou a tendência da ficção moderna a partir da qual a revolução romanesca se produziu neste século.

De fato, o predomínio da consciência individual torna-se em Clarice Lispector não apenas o centro mimético, mas também o fulcro da narrativa que podemos chamar de *monocêntrica*, enquanto centralizada na introspecção de um personagem privilegiado, com que se confunde ou tende a confundir-se a posição do narrador. Assim nos romances de nossa escritora, a verdadeira ação é interna e nada ocorre independentemente da expressão subjetiva do protagonista, cujo aprofundamento introspectivo condiciona a estrutura da narração — o nexo entre personagens, a ordem temporal dos acontecimentos, e a perspectiva que ela encerra, ou seja, o modo como projeta o mundo e a realidade.

A ação interior dos protagonistas — seja Joana, de *Perto do coração selvagem*, seja Virgínia, de *O lustre*, seja ainda Martim, de *A maçã no escuro* — que ganha consistência em função dos sentimentos, dos desejos que exprimem e dos conflitos íntimos que os opõem aos outros, absorve a dos demais personagens, convertendo-se numa procura sem limites, numa busca ansiosa da existência verdadeira e inacessível, renovadas a cada passo pela introspecção em que se abismam, e que é a matéria ou a substância da narrativa. A projeção da realidade acompanha a introspecção, e ainda quando, como também sucede em *A cidade sitiada*, a narração se faz na terceira pessoa, a distância entre narrador e personagem é sempre mínima, assumindo o primeiro a perspectiva do segundo.

Já o quinto romance de Clarice Lispector, *A paixão segundo G.H.*, escrito em primeira pessoa (Eu), e que merece um registro à parte, pelo papel que desempenhou no desenvolvimento da obra de nossa romancista, é um relato confessional provocado por um simples incidente doméstico: a morte trivial de uma barata, que G.H., criatura identificada tão só por essas iniciais, esmaga na porta de um guarda-roupa do quarto de empregada do apartamento onde mora sozinha. Fascinada pelo cadáver do inseto, G.H. sofre uma espécie de "rapto da alma" — a perda ou o desapossamento do Eu — em tudo semelhante ao êxtase dos místicos, e que ela conta dificultosamente para um Tu imaginário, a quem o relato inacabado se dirige. Clarice Lispector chegava nesse livro, onde a identidade da narrativa quanto ao gênero se problematiza juntamente com a identidade individual da narradora, ao ponto crítico da literatura contemporânea, que põe em jogo a natureza, o alcance e os limites da ficção.

Como nos grandes ficcionistas de hoje, não há mais na autora de *A hora da estrela* um estado de boa consciência literária. Ao sentimento de adesão confiante ao ato de escrever, à entrega ao rito da criação, sucedeu uma atitude de suspeição, de reserva crítica, que obriga o escritor a indagar a cada passo sobre a razão de ser, sobre o objeto e o fim de sua arte. *Por que narrar? O que narrar? Como e para que narrar?* Essas indagações tornaram-se as perguntas fundamentais do narrador, que condicionam a ficção, integrando-se à sua matéria.

A obra de Clarice Lispector é de certo modo uma resposta a tais perguntas, que a seguir lhe dirigiremos.

II

Por que narrar? Antes de tudo por força de uma vocação, no sentido de *vocare*, de chamamento, que nasce de impulso irrefreável, objeto de desejo penetrando a linguagem e reproduzindo-se através do tempo. "Sinto a forma brilhante e úmida debatendo-se dentro de mim. Mas onde está o que quero dizer, onde está o que devo dizer?", diz Joana, de *Perto do coração selvagem*.

Colocando os personagens em particular relação com a linguagem, essa necessidade de dizer — querer e dever — começa a manifestar-se como um arrebatamento de liberdade. É a princípio objeto vago do desejo ou o impulso sem nome que aprisiona e liberta:

> Presa, presa. Onde está a imaginação? Ando sobre trilhos invisíveis. Prisão, liberdade, são essas as palavras que me ocorrem. No entanto não são as verdadeiras, únicas e insubstituíveis, sinto-o... Liberdade é pouco. O que desejo ainda não tem nome.[8]

Desejo sem nome ou o nome do desejo em sua indeterminação, impulso erótico que se objetiva, o Eu à busca do seu outro mais profundo, personificando-se e fazendo-se personagem, o porquê do narrar jamais é puro. Sempre inseparável de uma intenção expressiva, o que impulsiona o dizer em Clarice Lispector se desprende da necessidade de contar histórias, da disposição para construir um mundo de acontecimentos, inerentes aos mitos, às sagas e às epo-

---

[8] *Perto do coração selvagem*, 2ª ed. São Paulo: Francisco Alves, 1963, p. 61.

peias — do éthos propriamente dito, que continua no gênero narrativo gerando o novelesco, seja o simples desenrolar de eventos no espaço, seja a forma biográfica de um destino individual articulando-se como experiência temporal cumulativa em torno de um núcleo de fabulação, e de que saiu a novela psicológica. Para além da mimese dos acontecimentos, a intenção de exprimir-se, excedendo a fábula, recondiciona a atitude da escritora a uma preliminar exigência lírica no uso da linguagem.

Se os primeiros romances de Clarice Lispector, *Perto do coração selvagem*, *O lustre* e *A cidade sitiada*, já não são mais novelescos, e se os seus dois últimos textos — *Água viva* e *A hora da estrela* — já transgridem a forma tradicional do romance consolidada no século passado, os seus contos são na verdade de pouco ou nenhum enredo. Vale a pena relê-los, mas por ter se perdido neles a oralidade da fábula, dificilmente poderemos recontá-los a outrem. O contista tradicional como que passa adiante uma história contada, capaz de reproduzir-se de boca em boca, num processo indefinido de repetição oral. Mas os contos de Clarice Lispector não mais suportam a condição de oralidade. Seria quase impossível, para aproveitarmos uma expressão de Walter Benjamim, contá-las "ao pé do fogo". A história que encerram encena-se por sua vez numa experiência subjetiva. Sem condensar-se porém no recolhimento de um instante — o que faria da ficção um poema lírico —, essa experiência, composta dos "pequenos incidentes separados que alguém viveu um por um" (*little separate incidents which one lived one by one*), a que se referiu Virginia Woolf,[9] e que liga os acontecimentos uns aos outros — na compenetração mútua, na solidariedade de todos os instantes que constituem o *tempo vivido* da *duração*, passível de distender-se episodicamente —, contém uma célula novelesca em potencial.

Forma de unidade biográfica, conforme a lição permanente de Lukács,[10] o romance acompanha o processo temporal da existência e enfeixa uma imagem do mundo. Ávido de realidade se autêntico, ainda quando realista não seja, nele triunfa a necessidade de narrar trabalhada por uma vontade cognoscitiva onímoda, inclusiva, que abrange a multiplicidade dos aspectos da vida humana. Dir-se-ia que a célula do novelesco em potencial que os últimos livros de Clarice Lispector conservam, tornou-se proliferante, gerando uma espécie de nar-

[9] Virginia Woolf. *To the lighthouse*. Nova York: Harcourt Brace, p. 73.
[10] Georg Lukács. *La théorie du roman*. Paris: Gonthier, 1963, p. 72.

rativa proteiforme, considerada *improviso*, como *Água Viva*, que se autorreproduz e multiplica:

> Sei o que estou fazendo aqui: conto os instantes que pingam e são grossos de sangue. Sei o que estou fazendo aqui: estou improvisando. Mas que mal tem isto? Improviso como no jazz improvisam música, jazz em fúria, improviso diante da plateia.[11]

O romance torna-se um impromptu de temas, que se combinam ou se alteram em momentos distintos como na música. É somente considerando essa situação extrema que se pode tentar responder à segunda pergunta — *o que narrar?*

Não há matéria privilegiada para o narrador: galinha ou ovo, olhar de fera, moça nordestina ou raiz de árvore, tudo pode entrar na substância impura da ficção. Ela é história que se desdobra em histórias, comentário reflexivo, visão indagadora ou meditação visual detida nas coisas, tentando captar-lhes o modo de ser para inscrevê-las na matéria fugidia da palavra escrita, e tornando-se um jogo da linguagem praticado com a seriedade de uma especulação intelectual. Assim o conto intitulado "O ovo e a galinha", de *A legião estrangeira*, é uma especulação com palavras e em torno de palavras, que termina, à força de insistência, abrindo-nos passagem para a própria coisa que se verbalizou:

> De manhã na cozinha sobre a mesa vejo o ovo. Olho o ovo com um só olhar. Imediatamente percebo que não se pode estar vendo um ovo. Ver um ovo nunca se mantém no presente: mal vejo um ovo e já se torna ter visto um ovo há três milênios [...][12]

Da primeira frase, puramente descritiva, passa-se a um exercício intelectual, como jogo de linguagem, em torno da maneira de ver o objeto que se propõe à visão:

> No próprio instante de se ver o ovo ele é a lembrança de um ovo. — Só vê o ovo quem já o tiver visto. — Ao ver o ovo é tarde demais: ovo visto, ovo perdido. — Ver o ovo é a promessa de um dia chegar a ver o ovo. Olhar curto e indivisível; se é que

---

[11] *Água viva*. São Cristóvão: Artenova, 1973, p. 26.
[12] *A legião estrangeira: contos e crônicas*. Rio de Janeiro: Editora do Autor, 1964, p. 55.

há pensamento; não há; há o ovo. — Olhar é o necessário instrumento que, depois de usado, jogarei fora. Ficarei com o ovo. — O ovo não tem um si-mesmo. Individualmente ele não existe.[13]

Descendo à negação do objeto, o jogo da linguagem prossegue sob a aparência de uma fantasia onírica, que tira partido do repertório das frases feitas, dos lugares-comuns, dos disparates e do paradoxo:

O cão vê o ovo? Só as máquinas veem o ovo. O guindaste vê o ovo. [...] Ao ovo dedico a nação chinesa. O ovo é uma coisa suspensa. Nunca pousou. [...] Será que sei do ovo? É quase certo que sei. Assim: existo, logo sei. — O que eu não sei do ovo é o que realmente importa. O que eu não sei do ovo me dá o ovo propriamente dito.

As frases sucedem-se e misturam-se num ritmo, febril e alucinatório, retomado de parágrafo a parágrafo, ao longo de cadeias de significantes em que a palavra *ovo* é reiterada: "Olho o ovo com um só olhar [...]"/ "Ver o ovo é impossível [...]"/ "O ovo não existe mais [...]"/ "O ovo é uma coisa suspensa [...]"/ "O ovo é uma exteriorização [...]"/ "O ovo é a alma da galinha [...]"/ O ovo é coisa que precisa tomar cuidado [...]"/ "Com o tempo o ovo se tornou um ovo de galinha [...]" etc.[14]

Tomamos a palavra jogo, na expressão antes empregada, no sentido de uma prática poética de mobilização das palavras, sem visar ao seu uso comunicativo corrente. Jogar com as palavras nem sempre é uma atividade vã. Aqui como nos textos poéticos, o entrechoque entre os significantes — que seriam as imagens — e os significados — as representações ou os conceitos — abre um hiato de silêncio, espécie de momento contemplativo, indizível, conquistado à superfície resvalante das frases, e que, inenarrável, já não pode articular-se em palavras, convidando o leitor a uma atitude receptiva, de absorção no objeto sobre o qual se especula. Nos seus romances, Clarice Lispector procura alcançar esse intervalo de silêncio.

Em *A maçã no escuro*, por exemplo, são frequentes os momentos de descor-

[13] Idem, ibidem, p. 55.
[14] Idem, ibidem, pp. 55-7.

tínio silencioso, de paragem contemplativa, de fruição visual das coisas, que se tornam enigmáticas e indecifráveis, quanto mais no texto se confundem a simples descrição e a meditação. Nesse romance, que é um longo e tortuoso inquérito sobre a condição humana, não há distinção entre *descrever* e *meditar*. Seu personagem, Martim, vê aquilo que não pode entender e alcança, pela falta mesma de compreensão, uma evidência transtornante que não será capaz de traduzir em palavras:

> O que via apenas? que tudo era um prolongamento suave de tudo, o que existia unia-se ao que existia, as curvas se faziam repletas, harmoniosas, o vento comia as areias, batia inútil contra as pedras. É bem verdade que, de um modo estranho, quando não se entendia, tudo se tornava evidente e harmonioso, a coisa era bastante explícita. No entanto, olhando, ele tinha dificuldade de compreender aquela evidência de sentido, como se tivesse que divisar uma luz dentro de uma luz.[15]

Tudo então pode ser narrado, mas tendendo para o inenarrável em que tudo culmina. O que quer que se narre, é sempre uma figura do mundo, a parcela discernível de uma cadeia ilimitada de eventos que o ficcionista desenrola elo após elo, sobre um fundo vazio a preencher. As simples histórias não bastam; elas são sempre partes dependentes de outras histórias que as englobam numa sucessão infindável. Quem conta, mesmo perdendo os fios da oralidade, transforma o encanto ingênuo das noites de Sherazade na ciência do mecanismo noturno do contar. Narrar uma história é recomeçar *As mil e uma noites*.

Como pois narrar? Para responder a essa terceira pergunta, bastaria combinar as duas respostas anteriores. A necessidade expressiva levando ao *improviso* e a prática poética à proliferação ilimitada da substância narrada — a multiplicidade dos temas encadeados — impõem à forma algo de vital que se recusa aos florilégios da escrita, à dissipação literária, à preocupação de fazer estilo. O improviso verbal é, acima de tudo, um exercício existencial.

Em *Água viva*, o *improviso*, semelhante à técnica musical da variação, alcança os temas do tempo, da morte e de Deus, submetendo-os a uma linguagem ascética, despojada, que vem de *A paixão segundo G.H.*, cuja elaboração foi para a romancista a definitiva escola da simplicidade, verdadeira catarse purificadora das galas de

---

[15] *A maçã no escuro*, 3ª ed. Rio de Janeiro: J. Álvaro, 1970, p. 111.

estilo, que permitiu dar à sua escrita uma *ética*, subordinar o uso da palavra a um voto de perpétua pobreza, predispondo-a a realçar o cru, o seco, o árido, o inóspito e o inexpressivo. Quando a arte é boa, diz-nos G.H., "é porque tocou no inexpressivo, a pior arte é a expressiva, aquela que transgride o pedaço de ferro e o pedaço de vidro, e o sorriso e o grito".[16] Nesse plano ética e estética são indistinguíveis.

Já temos aí uma resposta à quarta pergunta — para que narrar?, que toca à finalidade, ao destino da ficção. Revelar o que existe, testemunhar a vida — para expor a "tessitura do viver", e depor em defesa da natureza humana usando até, se preciso for, como se diz em *A hora da estrela*, do direito ao grito — mas contando que o grito, expressão de revolta moral, denúncia de um estado de alienação e da sociedade que o provocou, ultrapasse o imediato e o singular, estendendo-se num clamor incontido ao cerne da existência — eis a ética do romance e do conto, ao mesmo tempo finalidade estética da ficção. A ficção só pode desempenhar o seu papel revelador quando ela se origina do exercício da escrita transformado num modo de relacionamento único e insubstituível com a realidade através da linguagem. Clarice Lispector escreve como um pescador que lança o anzol de suas frases entre as coisas fugidias:

> Então escrever é o modo de quem tem a palavra como isca: a palavra pescando o que não é palavra. Quando essa não palavra morde a isca, alguma coisa se escreveu. Uma vez que se pescou a entrelinha, podia-se com alívio jogar a palavra fora. Mas aí cessa a analogia: a não palavra, ao morder a isca, incorporou-a.[17]

Mas nessa pescaria agônica, luta da escritora consigo mesma e com a linguagem, não há propriamente vitória. Em sua ambiguidade, o triunfo da escrita, comportando derrotas, redundando em perdas, expõe-na a um permanente fracasso:

> Eu tenho à medida que designo — e este é o esplendor de se ter uma linguagem. Mas eu tenho muito mais à medida que não consigo designar. A realidade é a matéria-prima, a linguagem é o modo como vou buscá-la — e não como acho. Mas é do buscar e não do achar que nasce o que eu não conhecia, e que instantaneamente

---

[16] *A paixão segundo G.H.* Rio de Janeiro: Editora do Autor, 1964, p. 144.
[17] *A legião estrangeira*, ed. cit., p. 143.

reconheço. A linguagem é o meu esforço humano. Por destino tenho que ir buscar e por destino volto com as mãos vazias. Mas — volto com o indizível. O indizível só me poderá ser dado através do fracasso da minha linguagem. Só quando falha a construção, é que obtenho o que ela não conseguiu.[18]

Movimento incessante de vai e vem, da escritora à sua obra e de sua obra a si mesma, que tem a força de uma paixão, escrever é, para Clarice Lispector, submissão a um processo que ela não conduz e pelo qual é conduzida. Mas em consequência desse fato coercivo, que pesa como o fado trágico, qualquer finalidade intencional que se acrescente à narrativa tornar-se-á dependente da *finalidade sem fim*, da movência do desejo no tempo que obriga a narrar.

A pergunta *para que narrar?* recebendo muitas respostas e nenhuma definitiva, remete-nos, em última instância, ao império da paixão única da linguagem em que a vida de Clarice Lispector se consumiu: "Por que escrevo?", pergunta o fictício romancista de *A hora da estrela*. "Antes de tudo porque captei o espírito da língua e assim às vezes a forma é que faz conteúdo. Escrevo portanto não por causa da nordestina, mas por motivo grave de 'força maior', como se diz nos requerimentos oficiais, por 'força de lei'."

III

Retornemos ao fim, voltando ao último romance de Clarice Lispector, *A hora da estrela*, por onde começamos. Depois que a obra da qual faz parte autoidentificou-se, respondendo às perguntas que lhe dirigimos, cumpre considerar de outra maneira o expediente com que ali deparamos: o entrelaçamento das três histórias — a da moça nordestina, a do narrador interposto e a da própria narrativa — e o confronto do pseudoautor com a personalidade interposta da escritora, ele e ela transformados em personagens fictícios que se identificam com Macabéa, a verdadeira personagem. O jogo de linguagem de que falamos se apresenta agora como um jogo cruzado de identidades, de máscaras trocadas. O narrador se identifica com a moça nordestina, com quem por sua vez, sem pejo de retirar e de assinalar a sua máscara literária, Clarice Lispector termina por

---

[18] *A paixão segundo G.H.*, ed. cit., p. 178.

confundir-se, ao declarar-se autora da obra. Clarice Lispector é tão personagem quanto Macabéa.

A hora da estrela descerra-nos um processo de mútua conivência entre *personalidade* e *personagem*, como abismo da imaginação, mediante o qual a própria autora poderia dizer-nos glosando a frase de Flaubert a propósito de Madame Bovary: "Macabéa sou eu". A romancista é possuída pela criatura fictícia que se agarra às suas costas como planta parasita na árvore hospedeira: "Ela se me grudou na pele qual melado pegajoso ou lama". Macabéa sou eu.

Em texto famosíssimo aparecido no século XVII, um escritor solitário, René Descartes, que se dedicara numa vida de estudos à Física e à Filosofia, firmou, depois de pôr em dúvida a existência real das coisas, o princípio de que somente o pensamento constitui certeza inabalável. Penso, logo existo. Mas eu que penso, indagava Descartes, quem sou? Parodiando-se essa passagem do texto cartesiano, poderemos atribuir a Clarice Lispector, diante do jogo de linguagem transformado num jogo de identidade, a invenção de um cogito da narrativa — narro, logo sou — e perguntar por ela: *Mas eu que narro, quem sou?*

Essa nova pergunta, que conviria acrescentar às quatro anteriores — *por que, o que, como e para que narrar?* —, também atravessa a história da revolução romanesca a que me referi no início. É que o jogo de identidade entre o narrador e seus personagens resultou do domínio da experiência subjetiva, do excesso de introspecção na mimese. Depois de *A paixão segundo G.H.* esse jogo adquire na obra de Clarice Lispector as proporções de um drama existencial que elucida o sentido da paixão da linguagem que já mencionamos, e que exigiria, por sua vez, uma elucidação de caráter psicanalítico que apenas ousamos sugerir aqui. Para isso retornamos ao estranho incidente que serve de núcleo ao relato daquele romance.

Contando-nos a experiência de desapossamento que sofreu ao contemplar uma barata morta, êxtase e descida aos infernos em que se converteu a consciência de si, o sujeito narrador em *A paixão segundo G.H.* chegaria aos limites da introspecção, que marcam os limites de sua própria narrativa. Entretanto, não constatamos nesse romance a adesão da narradora à personagem exigente que criou. Ela, G.H., que narra a sua experiência, é criatura solitária em quarto vazio, sem a ninguém confrontar-se, tendo diante de si, unicamente, a massa branca do inseto esmagado a provocar-lhe um "rapto da alma". A massa branca é vista como matéria cósmica, substancial e neutra, que atrai G.H., e que ela tenta ingerir durante o êxtase, num ato de manducação:

Agora aquilo que me apela e me chama é o neutro. Não tenho palavras para exprimir e falo então em neutro. Tenho apenas êxtase, que também não é mais o que chamávamos de êxtase, pois não é culminância. Mas esse êxtase sem culminância exprime o neutro de que falo.[19]

Ao oferecer-se em comunhão essa massa branca e neutra que leva à boca, G.H. não se identifica com um sujeito pessoal, com um Tu que lhe fosse oposto. O seu êxtase é espelhamento no neutro, no desértico, no impessoal — a existência em terceira pessoa, nem ele nem ela, mas o que G.H. chama de *vida divina*, e que escapa à diferença entre o masculino e o feminino, expressando-se pelo neutro pronominal, o *it* do inglês, que corresponde ao *Es* germânico. Culminância de sua introspecção, G.H. não é mais ela mesma, transformando-se num outro indeterminado que o Eu já continha. Na reflexividade verbal anômala das frases do extraordinário relato revela-se essa estranha identificação:*

> O mundo *se* me olha. Tudo olha para tudo, tudo vive o outro; neste deserto as coisas sabem as coisas.[20] [...] Aquilo que eu chamava de "nada" era no entanto tão colado a mim *que me era...* eu? e portanto se tornava invisível como eu me *era invisível*, e tornava-se um nada.[21] [...] A vida *se me é* e eu não entendo o que digo.[22] [...] Eu não sou Tu mas mim *és Tu*. Só por isso jamais poderei Te sentir direto: *porque és mim.*[23] [...] O que fizeste sou eu? e não consigo dar o passo para mim, mim que és Coisa e Tu. [...] Dá-me o que és em mim. Dá-me o que és nos outros. Tu és o ele, eu sei, eu sei porque quando toco eu vejo o ele.[24]

Mais do que o relato de um caso singular de possessão, *A paixão segundo G.H.* oferece-nos o substrato inconsciente do ato de narrar, como desapossamento. Quem narra situa-se num outro lugar, *fora do centro* — um lugar descentrado em relação ao Eu. Psicanaliticamente, esse deslocamento, acom-

[19] Idem, ibidem, pp. 161-2.
* Os grifos na citação a seguir são do autor [N. E.]
[20] Idem, ibidem, p. 66.
[21] Idem, ibidem, p. 79.
[22] Idem, ibidem, p. 182.
[23] Idem, ibidem, p. 132.
[24] Idem, ibidem, p. 139.

panhando o desejo do Eu, dirige-se no inconsciente, ao Id ou It, que é neutro, e que detém o segredo de nossa identidade, da consciência de si. O Eu deseja chegar ao inconsciente, ao Outro que também somos. Foi o que Freud registrou na sentença sibilina: "*Wo Es war, soll Ich werden*" (O que era Id, deve tornar-se Eu). Como possibilidade da existência, esse poder-ser é o horizonte do jogo de identidade na linguagem entre autor e personagem, entre a escritora e a sua escrita, que se consumou em *A paixão segundo G.H.* e que prosseguiu, de outra maneira, até *A hora da estrela*.

Em tal possibilidade extrema da existência fundam-se a verdade da ficção de Clarice Lispector e a paixão da linguagem, matéria do drama existencial absorvido na obra. Nenhum dos nossos escritores levou a literatura, como o fez Clarice Lispector, tão perto desse limbo do inconsciente de que se aproximaram Antonin Arthaud e Georges Bataille, com os quais podemos compará-la do ponto de vista do fascínio da libido, do numinoso e da morte. A obra de nossa ficcionista tem um cunho sacrificial e se desenvolveu como uma *paixão* — já usando-se aqui a palavra *paixão* no sentido de padecimento infligido, que precede a morte e a prepara. Se Eros, o desejo, impulsiona a narração, é Tânatos, a morte, que a completa, revelando-se ao final.

Quando Macabéa morre atropelada, *grand finale* de uma vida inexpressiva, é a própria escritora, e não o autor fictício, que comenta, após ter arrancado o seu disfarce, a sua máscara literária:

> Macabéa me matou. Ela estava enfim livre de si e de nós. Não vos assusteis, morrer é um instante, passa logo, eu sei porque acabo de morrer com a moça. Desculpai-me esta morte. É que não pude evitá-la, a gente aceita tudo porque já beijou a parede. Mas eis que de repente sinto o meu último esgar de revolta e uivo: o morticínio dos pombos!!! Viver é luxo.

A escrita da paixão

O romance é a principal fonte para uma história das paixões no gênero dos microestudos da conduta humana que servem de contraponto existencial à ciência histórica. Mas pode haver também, como sugere Roland Barthes, uma história patética do próprio romance reunindo, de diferentes obras, por efeito de uma leitura viva, aquelas cristas emotivas que delas subsistem, independentemente do todo de que fazem parte, como "momentos de verdade" da literatura. Arrancados de um universo romanesco, esses "momentos de verdade", pontos "de *mais-valia*" da anedota ou fábula, implicam o reconhecimento da paixão como *força de leitura*.[1]

Ousaria acrescentar a essa provocante reflexão do grande crítico-escritor que a paixão pode ser igualmente *força da escrita*. E não há melhor exemplo disso do que *A paixão segundo G.H.*, de Clarice Lispector, texto singular e incomparável, que constitui um capítulo inédito da história patética do romance. Passional e apaixonante, esse texto de nossa autora mergulha em veios *arqueológicos*, em camadas afetivas culturalmente soterradas da sensibilidade humana. Antes de apreciá-lo desse ponto de vista, faremos duas digressões preliminares, a pri-

---

[1] Roland Barthes. "Longtemps ... je me suis couché de bonne heure". Em *Essais critiques IV: Le bruissement de la langue*. Paris: Seuil, 1984, p. 323.

meira acerca das vicissitudes históricas e culturais da paixão, a segunda acerca da obra de Clarice Lispector em geral.

I

O curso histórico da palavra "paixão" atesta a perda da riqueza cumulativa dos significados distintos e correlatos que se constelaram no termo grego *páthos*, do qual se originou. Filosoficamente, a avaliação do conceito respectivo — passividade do sujeito, experiência infligida, sofrida, dominadora, irracional — por oposição a *logos* ou a *phronesis*, que significam pensamento lúcido e conduta esclarecida; variou da posição problematizante dos filósofos gregos da época clássica — Sócrates, Platão e Aristóteles — à posição negativa dos filósofos estoicos e de seus descendentes no início da época moderna, Descartes e Espinosa.

"O grego sempre viu", afirma Dodds,

> na experiência de uma paixão, algo de misterioso e assustador, a experiência de uma força que está dentro dele, que o possui em lugar de ser por ele possuída. A própria palavra *páthos* o testemunha; do mesmo modo que seu equivalente latino *passio* significa aquilo que acontece a "um homem, aquilo de que ele é a vítima passiva".[2]

Entretanto, o entendimento desse estado se diversificou entre os gregos conforme a procedência da força experimentada, nem sempre completamente dominadora e nem sempre desfavorável ao indivíduo. A causa totalmente incontrolável, admitida ainda na fase da cultura grega arcaica, é a *loucura divina* (*até*), perturbadora da consciência normal e que se atribuiu "a um agente demoníaco exterior". *Ethos anthropoi daimon* (o demônio do homem é o seu caráter), registraria um fragmento de Heráclito, do século VI a.C., anunciando, como resposta da filosofia à religião primitiva, a interiorização do elemento passional.

Não obstante, um século depois, no período clássico, Sócrates e Platão conciliaram aquela tradição religiosa de uma época recuada com as exigências da

---

[2] E. R. Dodds. "Rationalisme et réaction à l'époque classique". Em *Les Grecs et l'irrationnel*. Paris: Flammarion, 1985, p. 185.

racionalidade. Um dos diálogos platônicos, o *Fedro*, exalta os efeitos benéficos de quatro espécies de loucura (mania) consideradas dons divinos: a dos profetas e adivinhos, o entusiasmo inspirado pelas musas aos poetas, a possessão ritual dionisíaca e o transporte amoroso, obra de Eros, do qual se ocupou especialmente *O banquete*.[3]

Eros trabalha em conjunto com Afrodite; impulsivo, é tanto a fecundidade do corpo quanto a fecundidade do espírito; atraído pela beleza, intensifica-se, expande-se para além do objeto amado, numa ascensão aos mais altos conhecimentos e assegurando a imortalidade. Não há filosofia sem Eros; sem Eros a razão permaneceria inerme. O amor erótico incorporou ao pensamento os aspectos irracionais da conduta humana, aliviando a carga passiva e perturbadora dos estados afetivos.

Muito depois dessa avaliação da filosofia clássica, o passional, no sentido amplo de afetividade, merecerá do estoicismo — forma de sabedoria ascética, esquiva ao mundo — a negação mais extremada, por ser permanente causa da heteronomia da vontade. A plena conduta racional, possibilitada pela prática da virtude (*areté*), incluindo a disciplina intelectual de controle das representações ilusórias, culminaria, depois de anulado o efeito prejudicial dos sentimentos fortes, na conquista do *apaté*, do ânimo imperturbável, apático.

Muito distante desse rigorismo ascético, Platão, mostram-no ainda passagens capitais de *A república* acerca dos papéis distintos e harmônicos das partes não racionais da alma, a *epitumia* (apetite, instinto) e o *tymos* (disposição afetiva), viu na força da paixão "uma fonte de energia que, como a libido freudiana, pode ser canalizada seja para uma atividade sensual seja para uma atividade intelectual".[4] Em sua própria origem o pensamento racional está comprometido com o patético. Os homens não começam a filosofar senão quando deles se apossa o *thaumazein*, incomum estranhamento admirativo do mundo e das coisas, reconhecido pela tradição platônico-aristotélica. Condicionada afetivamente, e por esse motivo paixão do pensamento, a filosofia será também, na medida em que tenta compreender o irracional, pensamento da paixão.

Em Aristóteles, tanto quanto em Platão, essa tentativa é inseparável de uma

---

[3] Platão. *Fedro*, 244a-245b; *O banquete*, 206a-212b. Em *Diálogos*, volumes v e iii-iv. Trad. Carlos Alberto Nunes. Belém: Universidade Federal do Pará, 1973-5.

[4] Dodds. "Platon et l'âme irrationnelle", op. cit., p. 211.

teoria da alma, que foi transmitida aos escolásticos medievais, e segundo a qual as tendências, apetites e desejos movem a inteligência e a vontade. Contrários entre si, os apetites "ora resistem à autoridade da parte racional, ora escutam docilmente as suas admoestações e conselhos como os filhos ao pai".[5]

Outrossim, Aristóteles destacou a função dinâmica das paixões específicas — "que introduzem mudanças em nossos juízos" —[6] não por acaso estudadas no *Segundo livro da retórica* — a arte de persuadir por meio do discurso —, com que o filósofo sublinhou o caráter situacional, prático, da afetividade, que depende do relacionamento mútuo dos indivíduos e do uso da palavra.

Não se pode esquecer o valor positivo que, divergindo de Platão, Aristóteles atribuiu à comoção trágica — a *catarsis*, purgação do ânimo do espectador por efeito do balanço entre os sentimentos opostos de comiseração (*eleos*) e terror (*phobus*), despertados pela representação das tragédias.[7]

Na Idade Média, Tomás de Aquino, intérprete de Aristóteles, contrariou o ponto de vista dos estoicos, afirmando na *Suma teológica* que nem todas as paixões são moralmente más.[8]

A disciplina salvacionista da Igreja, que polarizou a vida afetiva nesse período, discriminaria aquelas que favorecem o Bem, e abrem caminho para Deus, daquelas que incitam à transgressão das leis naturais e divinas, levando os iracundos, os indolentes, os invejosos, os soberbos, os luxuriosos, os cúpidos, os gulosos às penas e padecimentos do Inferno. A mesma exigência religiosa de salvação, indissociável da crença num Deus transcendente, pessoal e providencial, que ama os homens e se humaniza para resgatá-los do pecado, pela dor e pelo sofrimento da morte cruenta — a Paixão de Cristo —, legitimou o amor carnal dentro do matrimônio e ilegitimou o erótico. *Agapé* e *charitas*, amor a Deus e amor ao próximo, refratários ao espraiamento de Eros, à ilimitação do desejo impulsivo e à sua promessa de imortalidade para os pagãos, compatibiliza-

---

[5] Léon Robin. *La pensée grecque et les origines de la pensée scientifique*. Paris: La Renaissance du Livre, 1928, p. 314.

[6] Aristóteles. *Arte retórica e arte poética*, livro II, cap. I. Introdução e notas Jean Voilquin e Jean Capelle. Trad. Antônio Pinto de Carvalho. São Paulo: Difusão Europeia do Livro, 1964, p. 100.

[7] Aristóteles. *Obras completas de Aristóteles: poética*, cap. VI. Versão direta, introd. e notas dr. Juan David García Bacca. México: Universidad Nacional Autónoma de México, 1946, p. 9.

[8] Tomás de Aquino. *Somme théologique*, 1ª, 2ª, question XXIV, art. II. Paris: Louis Vives, 1854-9, vol. IV, p. 383.

vam-se apenas com o *amor de união* do êxtase místico. As espécies platônicas da *mania*, da loucura divina, tornavam-se efeitos de possessão diabólica, atos orgásticos, práticas de feitiçaria, condenáveis e reprimidos.

A posição estoica revigorada na Idade Moderna separou os instintos, os desejos e paixões sensíveis da natureza essencial da alma, "como fenômenos de inibição e de perturbação, como *perturbationes animi*".[9] Mais sutil do que *Les passions de l'âme* de Descartes, cujo dualismo substancialista impôs essa separação, a *Ética* de Espinosa, que integrou as paixões à ordem da natureza, nos diz da impossibilidade de reprimi-las diretamente e do proveito moral a extrair do conflito ou da guerra de umas contra as outras.

Mas somente o século XVIII reabilitou socialmente as paixões. Mesmo das moralmente más, como avareza e cobiça, poder-se-ia tirar proveito, desde que canalizadas para um fim de utilidade social. "A razão, fruto da experiência", escrevia então D'Holbach, "é a arte de escolher as paixões que devemos seguir em benefício de nossa própria felicidade."[10] O interesse, "como busca de vantagens materiais e econômicas", seria o critério decisivo de escolha para a burguesia em ascensão. Era o princípio, engrenado à ética permissiva da acumulação capitalista, de uma economia passional dentro do ciclo da Economia Política triunfante no século XIX.

Em oposição a essa manobra do pensamento utilitarista, o Romantismo liberaria o fundo noturno, instintivo, da subjetividade; liberaria o entusiasmo poético e o arrebatamento amoroso. Emergiu com ele o novo *páthos* de uma sensibilidade conflitiva; por trás das paixões da alma como que se desvendaria a alma das paixões: a *Sehnsucht* dos românticos alemães, a aspiração do infinito, sentimento do sentimento e desejo do desejo — tônica passional da inquietude romântica, sofrida e insaciável, que Kierkegaard qualificou de "perpétuo esforço para apreender aquilo que se desvanece".[11] Considerado sob esse ângulo, romântico é sinônimo de ilusão: a ilusão — apontada por René Girard — do desejo espontâneo e da subjetividade quase divina,[12] em sua autonomia, que a

[9] Ernst Cassirer. *La philosophie des Lumières*. Paris: Fayard, 1966, p. 159.

[10] Albert Hirschman. *Les passions et les intérêts: justifications politiques du capitalisme avant son apogée*. Paris: PUF, 1980, p. 29.

[11] Søren Kierkegaard. Cf. Jean Wahl. *Études kierkegaardiennes, annexes, extraits du journal*. Paris: Aubier, p. 581.

[12] René Girard. *Mensonge romantique et vérité romanesque*. Paris: Grasset, 1961, p. 43.

criação romanesca supera. Como forma de vida fictícia, possibilitando o confronto do Eu consigo mesmo e com os outros, o romance, além da dependência intersubjetiva e social do desejo, além da formação imaginativa das paixões, sobretudo da paixão amorosa, cristalizada pela imitação e pela vaidade, segundo Stendhal, e não imune à transferência dos interesses sociais, além da metamorfose das paixões, o romance exporia o jogo das forças afetivas contrárias, que vulneram a autonomia do sujeito centrada no Eu. A crítica da ilusão romântica — ilusão que não compromete a essência do romantismo — alerta-nos contra a postura ingênua que reclama da literatura o puro espelhamento das paixões. Qualquer que seja o grau de expressão literária por elas alcançado — o grito, o gesto arrebatado, o surto emocional —, a paixão expressa já é a paixão passada, arrefecida, recordada, medida, distanciada.

II

Da obra de ficção de Clarice Lispector pode ser dito, para fixarmos indispensável ponto de referência histórico-literário, que ela recai na órbita da narração moderna, concentrada na experiência interior, a que pertencem *Em busca do tempo perdido*, de Marcel Proust, *Ulysses,* de James Joyce, e *Mrs. Dalloway,* de Virginia Woolf. Assim, nos romances e contos de nossa escritora, a verdadeira ação é interna, e nada ocorre independentemente da expressão subjetiva dos personagens. Essa expressão, seguindo o fio de um enredo esgarçado, tênue, que chega a desaparecer nos últimos textos de Clarice, como *Água viva* e *Um sopro de vida*, é sempre também, conforme disse Antonio Candido a propósito de *Perto do coração selvagem*, romance de estreia da autora, um instrumento de penetração "nos labirintos mais retorcidos da mente".[13] Estamos diante de uma ficção que pensa, de uma ficção indagadora, reflexiva, a que não falta, como em toda grande literatura, um intuito de conhecimento. Precisamos não esquecê-lo quando consideramos o que essa obra tem de passional.

Nela, a primeira marca do *páthos* encontra-se na recorrência de certos sentimentos fortes — cólera, ira, raiva, ódio, nojo, náusea, alternando-se com o

---

[13] Antonio Candido. "No raiar de Clarice Lispector". Em *Vários escritos*. São Paulo: Duas Cidades, 1970, p. 126.

amor e a alegria —, verdadeiros núcleos afetivos que motivam a história narrada ou constituem momentos culminantes da narrativa. Basta lembrar a ira do personagem de "O jantar", despertada na narradora pelo espetáculo de um velho comendo à sua frente;[14] o ódio de Ana, do conto "Amor", diante de um cego que masca chicletes;[15] a atitude de Lucrécia Neves, de *A cidade sitiada*, excitando sua própria ira.[16] Esses sentimentos transformam-se nos seus contrários; o amor traz uma "vontade de ódio" e o ódio, vontade de amor. "A minha cólera — que é ela senão reivindicação? — [...] a minha cólera é o reverso de meu amor [...]", exclama a personagem de "Uma ira".[17]

Mutuamente conversíveis, tais sentimentos extremos denunciam ao mesmo tempo a fragilidade do caráter, a conduta moralmente ambígua e o relacionamento intersubjetivo antagonístico, ora agressivo, ora submisso, dos personagens de Clarice Lispector, influenciados pelos outros e pelas coisas, quase sempre mais pacientes do que agentes de uma experiência interior que não podem controlar.

A segunda marca do *páthos* é a sofreguidão do desejo, espécie de *hybris*, de insaciabilidade, que expõe ao risco do excesso e da desmesura, levando à transgressão da ordem estabelecida, seja do meio familiar, como em *Perto do coração selvagem* e *O lustre*, seja dos *mores* locais, como em *A cidade sitiada*, seja da lei ou do sistema social, como em *A maçã no escuro*. Mas esse desejo transgressor, que reflui interiormente como angústia da liberdade, mal se separa de uma inquietude espiritual, moral e intelectual, afã de expressão e realização individuais, e que arrebata principalmente as protagonistas dos romances anteriores a *A paixão segundo G.H.* Por outro lado, essa inquietude acompanha a introspecção em que vivem mergulhadas as personagens femininas, subjugando-as a uma constante acuidade reflexiva sobre os seus próprios desejos e intenções, o que as torna constantes espectadoras de si mesmas.

Estamos bem longe da ilusão romântica do desejo espontâneo, da aspiração imaculada e da autonomia do sujeito enquanto Eu. Essas personagens femininas são personalidades fraturadas, divididas — "um feixe de Eus disparatados"—,[18]

---

[14] Clarice Lispector. *Laços de família*. Rio de janeiro: Francisco Alves, 1960, p. 89.
[15] Idem, ibidem, p. 25.
[16] Clarice Lispector. *A cidade sitiada*, 2ª ed. Rio de Janeiro: José Álvaro, 1964, p. 81.
[17] Clarice Lispector. *A legião estrangeira*. Rio de Janeiro: Editora do Autor, 1964, p. 196.
[18] Hermann Hesse. *Le loup des steppes*, XII, XXII: "Traité du Loup des steppes".

que se surpreendem por estarem existindo e que não contam com o abrigo acolhedor da certeza de uma identidade. Buscam a si mesmas no que quer que busquem. Ou se desconhecem e se estranham, o Ego convertido em Alter, o circuito da consciência reflexiva interrompido por um momento de êxtase que lhes desorganiza a individualidade. Assim, em "Amor", esse conto exemplar, Ana, uma tranquila dona de casa, sentindo a vertigem do Outro ao olhar para o cego que masca chiclete, desliga-se da realidade cotidiana, e depois, sob o impacto da náusea, cai num estado de alheamento que a esvazia por instantes de sua vida pessoal, a contemplar os troncos das árvores no Jardim Botânico: "Os troncos eram percorridos por parasitas folhudos, o abraço era macio, colado. Como a repulsa que precedesse uma entrega — era fascinante, a mulher tinha nojo e era fascinante".[19]

Essa fascinação pelo envultamento da náusea sobre o corpo alienando a alma tem a sua contrapartida na contemplação extática — descortino emocional de um mundo cru, não humano e silencioso, ao mesmo tempo limite da narrativa à beira do inenarrável.

III

A paixão segundo G.H. é a história de uma fascinação desse tipo. Presumo que se conhece o incidente doméstico, trivial, motivador desse romance que tem estilo de um relato confessional. Nele, narradora e personagem se confundem, ligadas entre si pelas iniciais de indecifrado onomástico, G.H.: moradora de um apartamento de cobertura, e, como Ana do conto "Amor", com uma vida plácida, arrumada, ela é tomada por um sentimento de estranheza ao entrar no quarto desocupado de empregada, onde, num ímpeto de medo e ódio, esmaga de encontro à porta de um guarda-roupa uma barata que a olhava. E olhando a sua vítima inerme, sob o fascínio do inseto que a repugna e a atrai, sobrevém-lhe, com o espasmo de uma náusea seca, o transe de que o romance é a confissão tumultuosa dirigida a uma segunda pessoa, a um interlocutor "fingido" que lhe segura as mãos:

Toma o que eu vi: pois o que eu via com um constrangimento tão penoso e tão espantado e tão inocente, o que eu via era a vida me olhando. Como chamar de

---

[19] Clarice Lispector. *Laços de família*, ed. cit., pp. 28-9.

outro modo aquilo horrível e cru, matéria-prima e plasma seco, que ali estava, enquanto eu recuava para dentro de mim em náusea seca, eu caindo séculos e séculos dentro de uma lama — era lama, e nem sequer lama já seca, mas lama ainda úmida e ainda viva, era uma lama onde se remexiam com lentidão insuportável as raízes de minha identidade.[20]

Essa imagem de seu alheamento na contemplação extática da barata, como se possuída por um agente exterior, demoníaco, conduz ao desapossamento sacrifical da identidade da personagem narradora — à perda do Eu:

É uma metamorfose em que eu perco tudo o que eu tinha, e o que eu tinha era eu — só tenho o que eu sou. E agora o que sou? Sou: estar de pé diante de um susto. Sou: o que vi.[21]

Desmorona-se o sistema social, desorganiza-se a engrenagem psicológica, desfaz-se a inserção no cotidiano que lhe assegurava a estabilidade agregativa de um Eu como máscara postiça, reconhecida pelos Outros; a metamorfose equivale a uma volta às origens ancestrais, não humanas de sua identidade.

O relato desse transe, ao qual se entremeia a compreensão que G.H. vai tendo de si mesma, à medida que interpreta a sua experiência — uma experiência já passada e por isso narrável —, é como que uma transposição da *via mística* se não for a sua réplica parodística.

Refiro-me ao misticismo *stricto sensu*, diferente da piedade religiosa, que se desenvolveu em todas as culturas segundo padrões distintos e, às vezes, à margem da religião institucionalizada: o caminho individual de acesso, por meio de uma experiência prática de desprendimento da individualidade, ao todo, ao cerne do real ou à divindade. Acesso que é tanto conhecimento extraintelectual, contemplativo, quanto união e liberação. União amorosa para os cristãos, na base da crença de um deus pessoal, liberação bramânica da verdadeira natureza divina do homem e liberação budista da existência ilusória.

Em *A paixão segundo G.H.* a volta à origem concretiza-se como união com o Outro não humano, união ritualmente consumada: G.H. põe a barata na boca,

---

[20] Clarice Lispector. *A paixão segundo G.H.* Rio de Janeiro: Editora do Autor, 1964, p. 57.
[21] Idem, ibidem, p. 67.

comungando-a. A escala dos sentimentos contrários que acompanham o transe — amor e ódio, desespero e esperança, alegria e dor — nos é apresentada como uma trajetória espiritual através de figuras teológicas e religiosas: santidade e pecado, salvação e danação, pureza, inferno e paraíso. Repulsiva e atraente, ominosa e numinosa, a barata assume as proporções de uma teofania; é um *numem*, uma forma primitiva, interdita, do sagrado. "Eu fizera o ato proibido de tocar no que é imundo."[22]

A trajetória espiritual adere a esse fundo arcaico. O romance é uma descida ao subsolo ancestral dos sentimentos e paixões. Daí a singularidade de *A paixão segundo G.H.*, que imprime a essa ficção um cunho de experiência vivida. Como bem observou Luiz Costa Lima, a trajetória de G.H. recusa-se a ser encerrada no ficcional.[23] Nem podemos retirá-la da literatura sem integrá-la completamente nela. Mas também muito menos aceitável seria incluir esse romance no rol dos escritos propriamente místicos, isto é, entre as obras espirituais de finalidade edificante ou anagógica, com as quais, entretanto, apresenta estreito parentesco quanto a imagens, metáforas e figuras utilizadas para descrever e interpretar o transe.

De qualquer maneira, G.H. passa pelos estados contraditórios — o sofrimento gozoso, o "horrível mal-estar feliz", o abrasamento consolador, a repulsa e a atração da união mística. Mas a sua experiência, menos cristã e mais pagã, espelha o caráter orgiástico de um misticismo primitivo:

> Eu entrara na orgia do Sabah. Agora sei o que se faz no escuro das montanhas em noites de orgia. Eu sei com horror; gozam-se as coisas. Flui-se a coisa de que são feitas as coisas.[24]

Não é ao deus transcendente, cristão, a quem ela se une. Essa orgia como que recupera o substrato da *mania*, da loucura divina; no envolvimento do transe, reaparece, sob o aspecto de potência infernal, a ação expansiva, invasora, do *eros* reprimido:

---

[22] Idem, ibidem, p. 72.

[23] Luiz Costa Lima. "A mística ao revés de Clarice Lispector". Em *Por que literatura?* Petrópolis: Vozes, 1966, p. 123.

[24] Clarice Lispector. *A paixão segundo G.H*, ed. cit., p. 108.

O Inferno é o meu máximo. Eu estava em pleno seio de uma indiferença que é quieta e alerta. E no seio de um indiferente amor, de um indiferente sono acordado, de uma dor indiferente. De um Deus que, se eu amava, não compreendia o que ele queria de mim. Sei, Ele queria que eu fosse o seu igual, e que a Ele me igualasse por um amor de que eu não era capaz. [...] Ele queria que eu fosse com ele o mundo. Ele queria minha divindade humana, e isso tivera que começar por um despojamento inicial do humano construído [...]

O inferno pelo qual eu passara — como te dizer? — fora o inferno que vem do amor. Ah, as pessoas põem a ideia de pecado em sexo. Mas como é inocente e infantil esse pecado. O inferno mesmo é o do amor. Amor é experiência de um perigo de um pecado maior — é a experiência da lama e da degradação e da alegria pior. Sexo é o susto de uma criança.[25]

O amor erótico apaga as diferenças, ultrapassa as barreiras da individualidade:

Entendia eu que aquilo que eu experimentara, aquele núcleo de capacidade infernal, era o que se chama de amor? Mas — amor-neutro?

Amor neutro. O neutro soprava. Eu estava atingindo o que havia procurado a vida toda: aquilo que é a identidade mais última e que eu havia chamado de inexpressivo.[26]

Mas o sacrifício da individualidade, como no ritual pagão dionisíaco, é uma provação.

Provação: significa que a vida está me provando. Mas provação: significa também que eu estou provando. E provar pode se transformar numa sede cada vez mais insaciável.[27]

E a vida que ela prova e que a está provando é o que ela chama de o *Deus* — e não simplesmente Deus —, o Deus imanente à vida (em textos posteriores,

[25] Idem, ibidem, p. 127.
[26] Idem, ibidem, pp. 133-4.
[27] Idem, ibidem, p. 131.

Clarice Lispector mencionou-o como *it*, pronome neutro, tão impessoal quanto o *id* freudiano). Inverte-se o curso ascensional de *eros*, atraído pela beleza, tal como foi concebido por Platão; em vez de subir às esferas mais altas, o amor se dessublima para aquém da consciência.

> Ah, a violenta inconsciência amorosa do que existe ultrapassa a possibilidade de minha consciência. Tenho medo de tanta matéria — a matéria vibra de atenção, vibra de processo, vibra de atualidade inerente. O que existe bate em ondas fortes contra o grão inquebrantável que sou [...][28]

As paixões se desnudam numa só paixão: a *via crucis* do amor que leva ao sofrimento, o sofrimento que leva à alegria e de novo ao amor. Ao perder a sua identidade pessoal, ao ser despojada do Eu, G.H. descortina, por fim, o puro fato de existir como a fonte de todas as paixões:

> Só então minha natureza é aceita, aceita com o seu suplício espantado, onde a dor não é alguma coisa que nos acontece, mas o que somos. E é aceita a nossa condição como a única possível, já que ela é o que existe, e não outra. E já que vivê-la é a nossa paixão. A condição humana é a paixão de Cristo.[29]

A narrativa, que se efetua como uma desindividualização da própria narradora, chega ao limite da criação romanesca; a sua falta de identidade põe em suspenso a identidade mesma da narrativa. É que o *eros* dominador também mobiliza a escrita da paixão, escrita corporal para o corpo da segunda pessoa, do interlocutor em que a narradora se ampara. E aí encontramos uma outra espécie de paixão que se controverte na primeira — o *páthos* mesmo da escrita, surdindo, velado, do inconsciente, e que tende a exprimir o inexprimível. Pois que a trajetória mística de G.H. passa pela *via crucis* da linguagem, pelo gozoso padecimento de ter que buscar a forma para expressar o neutro, o cru, o não humano, a existência, o ser.

> A linguagem é o meu esforço humano. Por destino tenho que ir buscar e por destino volto com as mãos vazias. Mas — volto com o indizível. O indizível só me pode-

---

[28] Idem, ibidem, pp. 139-40.
[29] Idem, ibidem, p. 177.

rá ser dado através do fracasso de minha linguagem. Só quando falha a construção, é que obtenho o que ela não conseguiu.[30]

Eis o páthos da escrita como um padecimento de sujeição ao sagrado, ao inconsciente amor que atravessa a vida.

Do ponto de vista da paixão da escrita, pode ser esboçado um paralelo de *A paixão segundo G.H.* com uma obra que significa seu extremo oposto no universo literário: *Grande sertão: veredas*, de Guimarães Rosa. Os dois textos incidem no tema do erotismo; o de Guimarães Rosa combina-o porém com o amor no sentido do *Agapé* e da *Charitas* cristãos. A busca de Deus por Riobaldo realiza-se como aventura humana numa forma épica de narrativa; e o romanesco alimentado por um mito — o pacto com o Diabo — que se incorpora à ação, sobrepõe-se ao místico. Ali, em *A paixão segundo G.H.*, o romanesco alimentado pela introspecção vertiginosa, pelo embate dos sentimentos opostos, se alia ao místico. Em *Grande sertão: veredas*, o sagrado se desvenda por diferentes amores em conflito — o amor de Riobaldo a Diadorim e a Otacília. No romance de Clarice Lispector um só amor conflitivo desvenda o *sagrado*.

De resto, a paixão de Riobaldo não é a de Guimarães Rosa, mas, sob a paixão de G.H., estremece, transfundida, a paixão de Clarice Lispector.

Os dois livros poderão ingressar, por diferentes caminhos, na história patética do romance, porque ambos proporcionam ao leitor, comovendo-o, "momentos de verdade". Mas *A paixão segundo G.H.* nela entraria porque conseguiu revolver os mais remotos veios do páthos e uni-lo à sedução e ao fascínio da escrita, ao seu *pouvoir aimant du amoureux* — a expressão é de Roland Barthes —[31] poder amante, magnético, e amoroso, compassivo.

Pode-se acrescentar esse adjetivo — *compassivo* — porque *A paixão de G.H.* ultimar-se-á em *A hora da estrela* na identificação da narradora com Macabéa. *A hora da estrela* é o prolongamento daquele capítulo inédito da história do romance como retorno do místico a ético. Nesse novo "momento de verdade", a paixão de Clarice Lispector torna-se compaixão; o páthos solitário converte-se em *simpatia* como forma de padecimento comum, unindo até o extremo da morte, *in extremis*, a narradora com a moça nordestina anônima.

---

[30] Idem, ibidem, p. 178.
[31] Barthes. *Le bruissement de la langue*, ed. cit., pp. 323-4.

5. Carlos Drummond de Andrade

Drummond: poeta anglo-francês

Quando, no início da década de 1950, ainda frequentava a Faculdade de Direito, em Belém, o poeta Mário Faustino, que já se distinguia como tradutor de poesia, fez um curioso exercício de versão, passando para o inglês, língua que lhe era muito familiar, o poema "Estâncias", de Carlos Drummond de Andrade. Lido em voz alta pelo próprio Mário, naquele "puro sotaque oxfordiano" de que ele se gabava mais por pilhéria que por vaidade, o texto de Drummond colava tão perfeitamente à língua inglesa, em ritmo, significação e imagem, que parecia ter sido originariamente escrito nesse idioma. Interpretando a sua proeza de tradutor, o poeta de *O homem e sua hora* atribuía o êxito desse mimetismo linguístico à alta eficácia da linguagem de Drummond. Era, segundo dizia, uma prova experimental, prática, de laboratório, da universalidade dessa linguagem, cujos valores poderiam subsistir em qualquer outra língua. Se tal prova fosse necessária, o experimento de Mário Faustino seria confirmado pouco tempo depois, ao tomarmos conhecimento das traduções de Drummond para o inglês, devotamente elaboradas pelo poeta norte-americano Robert Stock, durante os cinco anos de sua permanência em Belém, na mesma década de 1950.

Robert Stock, Bob, o Homem da Matinha como nós também o chamávamos por alusão ao bairro do subúrbio onde ele vivia num barracão de chão batido entre malas e bancos de madeira, era, fato espantoso, um norte-americano que, além de pobre, parecia ter feito voto de pobreza. Foi dele que ouvimos, pela primeira vez, os nomes de Henry Miller, Pound e Cummings. E foi a primeira vez que vimos um missionário às avessas, discípulo espiritual de William Blake e de David Thoreau, hippie antes dos hippies, leitor atento da *Ética* de Nicolai Hartmann, egresso das comunidades inconformistas de Big Sur. Para ele, até hoje, o verdadeiro trabalho, o *real work* da espécie humana, é a criação poética. Exercia-a, no entanto, de forma incessante, como obrigação diária, a que livremente se entregava. Quase semanalmente distribuía aos amigos, em largas folhas de papel quadriculado, cobertas com letra miúda, aqui e ali carimbadas por manchas digitais e nódoas de café, poemas de sua própria autoria, bem mais raros porque muito elaborados, e amostras do melhor em poesia de língua inglesa, desde os sonetos de Shakespeare até os versos de Kenneth Patchen, Kenneth Rexroth, Amy Lowell, H. D., Herbert Lawrence, Yeats, Cummings, William Carlos Williams, Empson, Gerard Manley Hopkins. No meio disso tudo, coisa por ele muito estimada, havia uma série de poemas drummondianos traduzidos para o inglês. Datam dessa época — "Desdobramento de Adalgisa" (The unfolding Adalgisa), "Registro civil" (Civil registry), "Congresso internacional de poesia" (International congress of poetry), "Política literária" (Literary politics), "Canção da moça-fantasma de Belo Horizonte" (Song of the girl ghost of Belo Horizonte), "Lembrança do mundo antigo" (Memory of the old world), publicados, depois, em revistas literárias norte-americanas de reduzida circulação.

Com seu pequeno grupo — a mulher, três filhos e o macaco Parsifal — Bob retornou, nos meados de 1952, para os Estados Unidos, onde exerceria, entre San Francisco e Nova York, diversas "profissões noturnas". Em 1970 fui encontrá-lo em Staten Island, morando numa outra Matinha; três anos antes publicara *Covenants*,[1] seu primeiro livro de poesia. Dos trinta poemas que compõem esse volume, o último e o mais longo é uma homenagem ao amigo comum, Mário Faustino, falecido em 1962 ("The poet Mario Faustino descends into Hades and rises to the Empyrean"). E dois deles trazem, entre parênteses, abaixo do respectivo título, "The irritated office" (Oficina irritada) e "Confession" (Confissão): a advertência *"after Carlos Drummond de Andrade"*, pela qual o autor quis mostrar-nos que, ao traduzir esses poemas de *Claro enigma*, incorporou-os por um

---

[1] Robert Stock. *Covenants*. Nova York: Trident Press, 1967.

pacto — e tal é um dos significados de *Covenant* — decorrente de afinidade eletiva, à sua própria obra.[2]

Bob respeitou integralmente os textos de Drummond, mas traduziu-os espelhando-se neles. A tradução, impecável, é aqui expansão de uma obra que se prolongou e se encontrou na intimidade de outra. O poeta norte-americano concertou um pacto com o brasileiro, indo nele buscar algumas espécies de sua própria escrita, estadeadas em *Covenants* — palavra que igualmente significa sinal de testemunho e aliança.

Revelam-nos aspectos dessa tradução, em regime de transação apropriativa, certas soluções encontradas para as duas primeiras estrofes de "Oficina irritada":

> *Eu quero compor um soneto duro*
> *como poeta algum ousara escrever.*
> *Eu quero pintar um soneto escuro,*
> *seco, abafado, difícil de ler.*
>
> *Quero que meu soneto, no futuro,*
> *não desperte em ninguém nenhum prazer.*
> *E que, no seu maligno ar imaturo,*
> *ao mesmo tempo saiba ser, não ser.*

Na tradução de Bob, o soneto a compor não é simplesmente duro; tem a dureza da pedra:

> *I want to write a sonnet stonier*
> *than any poet ever dared to write.*

Carregando na dureza, na secura e na escuridão, o soneto, não apenas difícil, torna-se impossível de ler:

---

[2] Numa das notas finais apensas à coletânea, a propósito de Mário Faustino, há este registro: "The man and his hour (O homem e sua hora) *is the title of one of his books. Carlos Drummond de Andrade is, in my opinion, the greatest of living poets; but Mario Faustino digged in as deep a mine, and the ore he scattered over his shoulder blinded Apollo by day and a pilot by night*".

I want to paint a sonnet that is dark,
dry, strangled, impossible to read.

Se, na segunda estrofe, Bob conseguiu, para o terceiro verso, fazendo corresponder a "maligno ar imaturo", *malignant immaturity*, excelente transposição, já perdeu a sutileza que o verbo *saber* imprime ao quarto verso, ao traduzi-lo:

it will at the same time be and not be.

Robert Stock conheceu a poesia de Drummond na sua viagem ao Brasil e aproximou-se dela pela trilha subterrânea da linguagem da poética moderna, que liga, sincrônicos, Corbière e Laforgue, Apollinaire, Maiakóvski, Eliot, Pound, Jorge Guillén, Auden, W. Carlos Williams, W. Stevens, F. Pessoa. Nas traduções do poeta norte-americano, sob a perspectiva das matrizes de uma poesia que, como a de *Covenants*, aprofunda e renova a densa tradição da poesia de língua inglesa, assoma a universalidade de fato da poesia de Drummond, que também ressalta, em língua francesa, da recente coletânea de poemas drummondianos — *Réunion* — que Jean-Michel Massa organizou, traduziu e prefaciou para a conhecida coleção Bilingue des Classiques Etrangers da editora Aubier Montaigne.[3]

Dentre os 78 poemas desse volume, selecionados da obra de Carlos Drummond de Andrade, até 1969, destacamos "Poema de sete faces", "No meio do caminho", "Sentimento do mundo", "José", "Procura da poesia", "O medo", "Consolo na praia", "Desaparecimento de Luísa Porto", "Canto esponjoso", "Confissão" e "Oficina irritada", "Amar", "A um varão que acaba de nascer", "Evocação Mariana", "A máquina do mundo", "A distribuição do tempo", "Especulação em torno da palavra homem", "Amar-amaro" e "Palavra", de *Lição de coisas*, "Cantilena prévia", de *Boitempo* — para citarmos aqueles que melhor atestam a qualidade da antologia e o alto nível alcançado pelo trabalho do tradutor que soube dispor, na língua receptora, dos registros léxicos e sintáticos adequados às variações reflexivas do verso de Carlos Drummond de Andrade.

[3] Carlos Drummond de Andrade. *Reunião/Réunion*. Seleção, trad. e prefácio Jean-Michel Massa. Paris: Aubier Montaigne, 1973.

Recebemos das traduções de Jean-Michel Massa a impressão que nos dera o experimento de Mário Faustino para a língua inglesa, de uma escrita que flui nascente, do idioma francês, como se nele fosse originalmente elaborada. É o estabelecimento de um vínculo de congenialidade linguística, proeza a crédito do tradutor, o que se verifica em "Soneto da esperança perdida" (Sonnet de l'espérance perdue), em "José" (José) ou na "Procura da poesia" (Recherche de la poésie), onde entre as pautas linguísticas do original brasileiro e da versão francesa, parece haver um recíproco espelhamento. O poder filosófico do verso drummondiano renasce do balanço dubitativo das afirmações e interrogações, cruzadas de "A um varão que acaba de nascer" (A un homme qui vient de naître):

Todos vêm cedo, todos
chegam fora do tempo,
antes, depois. Durante,
quais os que aportam? Quem
respirou o momento,
vislumbrando a paisagem
de coração presente?
Quem amou e viveu?
Quem sofreu de verdade?

Tous viennent tôt, tous
arrivent hors du temps,
avant, après. Pendant,
quels sont ceux qui touchent le port? Qui
respira le moment,
apercevant le paysage
le cœur présent?
Qui aima et vécut?
Qui souffrit pour le bon?

Manteve-se impecável a gravidade dantiana dos tercetos de "A máquina do mundo" (La machine du monde):

E como eu palmilhasse vagamente
uma estrada de Minas, pedregosa,
e no fecho da tarde um sino rouco

se misturasse ao som de meus sapatos
que era pausado e seco; e aves pairassem
no céu de chumbo, e suas formas pretas [...]

Et alors que je parcourais lentement
une route de Minas, pierreuse,
et qu'à la fin de l'après-midi une cloche rauque

se mêlait au son de mes souliers
qui était lent et sec; et que des oiseaux planaient
dans le ciel de plomb, et que leurs formes noires [...]

A sina de traição que acompanha, de acordo com o famoso provérbio — *traduttore, traditore* —, a figura do tradutor não é mais do que a fatalidade das diferenças irredutíveis que separam dois universos linguísticos distintos, e que mesmo os mais hábeis expedientes, a exemplo do "*Cette vie stupide, mon Dieu*" — que sacrifica, por certo, o irrecuperável valor de irrisão, ética e religiosa do "Eta vida besta, meu Deus" —, serão incapazes de preencher. Como é possível conservar o resvalo da paranomásia no verso de "Amar-amaro" — "Porque amou por que amou" — verdadeiro estratagema da língua portuguesa, senão pelo ardil da repetição que o transforma em *Parce qu'il aima parce qu'il aima*"? Traído mais do que traidor, quem traduz arrisca-se a um jogo de perde-ganha.

Na tradução de Jean-Michel Massa os ganhos são, até nos dois sonetos, "Oficina irritada" e "Confissão", que Robert Stock traduziu para o inglês, muito superiores às perdas. Enquanto o poeta norte-americano se aproximou da poesia de Drummond pelo caminho da língua geral da poesia moderna, de certa maneira a ela chegando de fora para dentro, sem uma convivência prévia prolongada com a literatura brasileira, Jean-Michel Massa, a quem devemos o grande e indispensável painel biográfico interpretativo da juventude de Machado de

Assis,[4] fruto de longo período de trabalho e de convivência com a obra machadiana, aproximou-se da obra drummondiana, quando havia muito já morava nessa literatura. A introdução que ele escreveu, para apresentar Drummond ao público francês, revela-nos a parte que Machado de Assis desempenhou na afinidade eletiva que se estabeleceu entre o tradutor e o poeta.

Diz-nos Jean-Michel Massa, em resumo, que Drummond, homem sem biografia, que se engendrou no ato de nascimento que é "Poema de sete faces" — escolhendo-se anguloso e escolhendo *le saillant, le mordant, le piquant* —, é o homem do interior que se fechou para exteriorizar-se. E num misto de *douceur et dureté, verdure et rigueur*, ascendeu, dentro da dialética do desenraizamento, tão antiga, tão geral e tão constante na literatura brasileira, a uma outra distância: à distância entre si mesmo e o mundo. Em jogo com o tempo e com a linguagem, que se produz e reproduz, como intervalo, como diferença jamais preenchida, na escrita poética, que aproxima e afasta o interior do exterior, o presente do passado, o desejo da plenitude, a poesia de Drummond "*ne doit pas être lue comme la Bible, car elle ne suggère aucune vérité. Sa poésie est au contraire un antidote, un poison, un repoussoir aussi*". Antídoto, veneno e fonte de contrastes.

Mas toda grande poesia não destila um veneno, que é, ao mesmo tempo, antídoto e remédio? Não é o poeta, e sobretudo um poeta que conhece o poder de recusa e de desprezo da palavra escrita, aquele que assume a função do *pharmacon*, no sentido platônico — aquele que cura quando envenena e que envenena quando cura? Antídotos, venenos e contrastadores, elementos da poesia drummondiana, também se encontram entre os símplices da farmacopeia machadiana, e em ambas para compor a substância, ora tóxica ora curativa, do humor.

Foi por intermédio do *gauche* Machado de Assis que Jean-Michel Massa chegou ao *gauche* Drummond. O pacto do ensaísta com o primeiro selou a afinidade eletiva do tradutor com o segundo.

---

[4] Jean-Michel Massa. *A juventude de Machado de Assis, 1839-1870: ensaio de biografia intelectual.* Trad. Marco Aurelio de Moura Matos. Rio de Janeiro: Civilização Brasileira, 1971. Foi tese de Doctarat d'état apresentada à Faculté de Lettres et Sciences Humaines de Poitiers em 1969.

Carlos Drummond: a morte absoluta

I

No primeiro poema de *Brejo das almas*, a morte, que é uma constante temática da poesia de Carlos Drummond de Andrade, contrapõe-se ao vazio e à banalidade da vida cotidiana — dessa mesma vida que, em *Alguma poesia*, o poeta chamara de triste e besta:[1]

> *Entre o bonde e a árvore*
> *dançai, meus irmãos!*
> *Embora sem música*
> *dançai, meus irmãos!*
> [...]
> *Dançai, meus irmãos!*
> *A morte virá depois*
> *como um sacramento.*
> ("Aurora")

---

[1] "Cidadezinha qualquer".

Por esses versos finais de "Aurora", a morte é valorizada como um grande e sacramental gesto de fuga. Meio por excelência de evasão do real, expõe-se contudo à zombaria típica do humor drummondiano da fase inicial, que ridiculariza, diante da vida sem sentido, os atos patéticos, as poses graves e as atitudes extremadas. Muito embora o espírito trocista, que então prevalece nessa poesia, considere que as ações humanas se equivalem quanto aos seus resultados, dando no mesmo beco sem saída embriagar-se ou morrer, há, desde aí, e em outros poemas de *Brejo das almas,* uma recorrência da ideia de evasão *thanática.*[2]

Mas já nessa obra, o poeta estabeleceria com os mortos, sobretudo com os seus ancestrais falecidos, através de lembrança, uma forma de convívio, que se pode observar nos poemas "Voo sobre as igrejas" (*Brejo das almas*) e "Os mortos de sobrecasaca" (*Sentimento do mundo*). Ou "sós, em silêncio, nas catacumbas e sacristias" das igrejas de Minas, revisitadas pela memória no primeiro, ou desferindo "imortal soluço" das páginas de um álbum de família que os vermes já roeram, no segundo, os mortos ganham a sobrevida que a recordação lhes infunde.

Nesse retorno evocativo dos que já se foram, podemos divisar outra escala do mesmo tema que essas meditações focalizam. Em vez de aspiração e desejo de violar a banalidade comum à vida cotidiana, como em "Aurora", encontramos agora a morte como matéria de experiência. Sustentada pela duração real, a convivência com os mortos, na poesia de Carlos Drummond, excede o saudosismo da escavação do passado, à busca de lembranças consoladoras. É uma maneira oblíqua pela qual o poeta experimenta a possibilidade, intrínseca à existência de sua própria morte, e que, alheia ao sentimento de fuga da vida, depende do nexo intersubjetivo, da comunhão amorosa com os que se acham separados do tempo. Devolvendo aos mortos a humanidade que perderam, essa experiência transversa ameniza, para quem os evoca, o caráter inumano da morte, e ainda embota o seu gume de provocante mistério.

À medida que se aprofunda semelhante espécie de convivência intemporal, vai tomando alento na poesia de Carlos Drummond uma afirmação da vida a todo preço. E quando, já sem o contrapeso da zombaria que a disfarçara, a ideia de evasão *thanática* reaparece, encontrará da parte do poeta, em *Sentimento do mundo,* uma repulsa, irônica a princípio, obstinada em seguida, e que depois se

---

[2] Soneto de "Perdida esperança", "Poema patético". Em face dos últimos acontecimentos, "Convite", "Triste", "Não se mate".

transforma numa atitude de resistência ética. Não há dúvida de que são profundamente irônicos estes versos de "Os ombros suportam o mundo":

As guerras, as fomes, as discussões dentro dos edifícios
provam apenas que a vida prossegue
e nem todos se libertaram ainda.
Alguns, achando bárbaro o espetáculo,
prefeririam (os delicados) morrer.

Mais adiante, a obstinação substitui a ironia:

Chegou um tempo em que não adianta morrer.
Chegou um tempo em que a vida é uma ordem.
A vida apenas, sem mistificação.

Compreenderemos por que a teimosa repulsa se transforma numa atitude de resistência ética, se levarmos em conta que a vida que o poeta afirma, em "Mãos dadas", é o "tempo presente", a época sombria da Segunda Guerra Mundial, tragicamente dividida, como a de hoje, entre a esperança da renovação e o desespero da destruição. É a fase que marca o sentimento drummondiano do mundo com o espetáculo da morte coletiva tantas vezes descrito, especialmente em "Os rostos imóveis", de *José*:

Os mortos passam rápidos, já não há pegá-los.
Mal um se despede, outro te cutuca.
Acordei e vi a cidade:
eram mortos mecânicos,
eram casas de mortos,
ondas desfalecidas.

Será difícil manter a esperança de renovação social e política, a que Carlos Drummond então aderiu, diante dos "mortos mecânicos", tantos e tão numerosos, que se esquivam, massificados, à recordação que os humanizaria. E mais difícil ainda, a não ser por um redobrado esforço do senso ético, perplexo mas pertinaz, escapar, num mundo trágico e noturno, à tentação do niilismo:

A noite caiu. Tremenda,
sem esperança... Os suspiros
acusam a presença negra
que paralisa os guerreiros.
E o amor não abre caminho
na noite. A noite é mortal,
completa, sem reticências,
a noite dissolve os homens,
[...]
A noite anoiteceu tudo...
O mundo não tem remédio...
Os suicidas tinham razão.

A ideia da morte como fuga, repelida embora, permanecerá na poesia de Carlos Drummond, mesmo depois que se anuncia, em "A noite dissolve os homens", de onde são aqueles versos, o advento de uma nova aurora, que dissipará a noite letal. E voltará, insistente, em "Elegia 1938", com o ferrete do desejo de aniquilamento, que mais impulsivo se torna quanto mais intensamente o recalca a fidelidade consciente que se prestou à vida:

Amas a noite pelo poder de aniquilamento que encerra
e sabes que, dormindo, os problemas te dispensam de morrer.

Mediada pelo convívio com os mortos, e sempre contrabalançada pela atitude de resistência ética, que se fixa na vida e nada espera além dela, a experiência da morte, na poesia de Carlos Drummond, a partir de *A rosa do povo*, assimilará reflexivamente, através da experiência decepcionante do tempo e do amor, o próprio desejo de aniquilamento.

II

A ideia platônica do exílio terreno e do retorno da alma ao seu lugar originário foi pano de fundo místico em que se projetou a experiência da morte na poesia de Fernando Pessoa.

Presa ao corpo, a alma liga-se à
[...] maravilhosa
Verdade que a lança, ansiosa,
no chão do tempo e do espaço. [3]

E passado o seu tempo de exílio, tende, por um movimento liberatório, a reintegrar-se na sua essência eterna e absoluta:

A morte é a curva da estrada,
Morrer é só não ser visto. [4]

Porque tivesse sido, como a si próprio denominou, um niilista transcendental,[5] Fernando Pessoa deu à sua poesia, onde o tema da morte, quase sempre associado ao do conhecimento, é absorvido numa indagação patética do sentido do ser, a extensão e a profundidade de uma busca metafísica, paralela ao espírito de seriedade especulativa que marcou o rumo das preocupações intelectuais desse poeta.

Produto de suas paixões, a mística e a metafísica, esse niilismo transcendental, que visava enfeixar o absoluto numa ideia, só encontrou na sua trajetória intelectual o paradoxo do ser concebido sob a forma do não ser. Nesse paradoxo supremo, teve Fernando Pessoa o apoio supralógico que lhe permitiu infirmar as verdades humanas, todas relativas, em nome da verdade absoluta, cuja busca metafísica, poeticamente realizada, se fez através dos heterônimos, que exprimem, como personalidades factícias, máscaras do poeta e personagens dele, diferentes maneiras de sentir e de compreender o mundo.

Expondo-se à irrisão em tais personagens, que num "drama em gente"[6] viveram concepções do mundo aquém da verdade que se destinavam a preencher, Fernando Pessoa chegou ao desespero e foi tremendamente irônico. Mas

---

[3] Femando Pessoa. *Cancioneiro* (168), 9/5/1934. Em *Obra poética de Fernando Pessoa*. Org., introd. e notas Maria Aliete Dores Galhoz. Rio de Janeiro: José Aguilar, 1960.

[4] Femando Pessoa. *Cancioneiro* (124), 23/5/1932. Em *Obra poética de Fernando Pessoa*, ibidem.

[5] Fernando Pessoa. *Textos filosóficos*, v. 1. Org. e prefácio António de Pina Coelho. Lisboa: Ática, 1968, p. 45.

[6] "É um drama em gente, em vez de em atos". *Femando Pessoa*. Introd. e seleção João Alves das Neves. São Paulo: Íris, p. 146.

não chegou, em sua poesia, ao humor propriamente dito, que o levaria a usar o paradoxo como arma para neutralizar o absoluto pelo contrassenso.

O humor, suspendendo a busca de causas e fins últimos, presume a atitude de contenção intelectual que desabrocha do mais agudo ceticismo. Como os céticos, o humorista põe entre parênteses a procura do absoluto e a seriedade da especulação metafísica. Aceitando o contrassenso, que o místico e o metafísico rejeitam, o humorista apega-se à realidade como a um jogo de aparências, que sabe de antemão indecifrável, malgrado a posição de parte interessada que nele desempenha. Sente o ridículo a que se expõe como parceiro desse jogo, do qual só conhece as regras operatórias e os resultados de superfície. Daí o despojamento, talvez a humildade a que se atém o humorista, inclinado a ver a falha e a imperfeição das coisas e dos valores, que não disfarça nem sublima, e a expor, não sem sombra de melancolia, a verdade mesma das aparências, por mais negativas ou destrutivas que elas sejam.

Assim procederam, a exemplo de Tristan-Corbière e Jules Laforgue, alguns poetas, que inculcaram no tema da morte o ânimo sofrido que os predispôs a ver e aceitar a vida como um espetáculo inconsequente — *"la face à mener par tous"*[7] — de que se pode participar, com a atitude de indiferença ou de familiaridade diante do absurdo, que é próprio do humor de afetar. O poeta humorista é, como o Pierrot de Laforgue, um falso jogral das circunstâncias, que responde ao absurdo com o absurdo e lúdico, graceja com o que não pode compreender:

Jonglons avec les entités,
Pierrot s'agite et Tout le mène.[8]

Tristan-Corbière e Jules Laforgue consideraram o aspecto puramente humano da morte, a aparência negativa que ela comporta, quando esvaziada de seu fundo místico e escatológico. No paradoxo do último verso da estância que segue, que Tristan-Corbière, em gesto de caprichosa zombaria intelectual, formulou à maneira dos céticos gregos, está resumida a ideia dessa aparência negativa:

---

[7] Rimbaud. *Une saison en enfer.*
[8] "Complainte de Lord Pierrot".

La mort... ah oui, je sais, cette femme est bien froide.

Coquette dans la vie; aprés sans passion.

Pour coucher avec elle, il faut être trop roide...

Et puis la mort n'est pas, c'est la négation.[9]

A negação que o paradoxo de Corbière assinala é o ponto aonde chega o cético e de onde o humorista parte. Mas o que isso significa é a impossibilidade, para ambos, de conceber uma forma de existência, independentemente da corporal e pessoal, de que a morte vem desapossar-nos. Um e outro, o cético e o humorista, antevendo essa privação da presença humana, esse estranho desvinculamento da habitação terrestre a que Rilke se referiria,[10] podem padecer da nostalgia antecipada, com um cravo de protesto e de inconformismo, que emprestou ao humor de Jules Laforgue o tom acentuadamente melancólico destes versos:

Je puis mourir ce soir! Averses, vents, soleil

Distribueront partout mon cœur, mes nerfs, mes moelles.

Tout sera dit pour moi! Ni rêve, ni réveil.[11]

O ceticismo não é refratário a uma certa nostalgia de que nem mesmo um Montaigne esteve isento. Ao parafrasear no seu ensaio "Que philosopher c'est apprendre à mourir", o ensinamento de Platão — filosofar é aprender a morrer —, Montaigne esvaziou-se da crença na imortalidade da alma, rigorosa e firme para o autor dos *Diálogos*, convertendo-o num outro ensinamento, verdadeiro paradoxo afinal, de que tanto é melhor a morte quanto mais morrida for. Era uma maneira de dizer-nos que o único benefício real daquela aprendizagem está na experiência de aceitação, a que se pode chegar em vida, do completo aniquilamento na morte.[12]

Não é certamente por acaso que essa lição de ceticismo, que se recusa a

---

[9] "Sous un portrait de Corbière en couleurs fait par lui".

[10] "É por certo estranho não mais habitar a terra". "Primeira elegia de Duíno".

[11] "L'impossible".

[12] "*Jamais homme ne se prépara à quitter le monde plus purement et pleinement, et ne s'en déprit plus universellement que je m'attends de faire. Le plus mortes morts sont le plus saines*". Michel de Montaigne. *Essais*, livro I, cap. XX, v. 1. Paris: Le Livre de Poche, p. 120.

ultrapassar o aniquilamento como aparência negativa da morte, exige o mesmo despojamento emocional até a indiferença, e a mesma humildade intelectual até o contrassenso, que caracterizam o humorismo, enquanto atitude oposta ao pensamento especulativo, que é movido pela paixão séria de decifrar, segundo as palavras do próprio Fernando Pessoa, "o espetáculo triste e misterioso do mundo".[13]

Carlos Drummond, "poeta do finito e da matéria", que a esse respeito passou por uma aprendizagem que se poderia qualificar de montaigniana, dar-nos-á, como veremos a seguir, lição semelhante, que o distancia de Fernando Pessoa e o aproxima de Tristan Corbière e de Jules Laforgue.

III

Nem pessimista nem místico, Carlos Drummond não pertence à estirpe dos poetas que desprezam a vida e tampouco se enfileira na dos predicadores da morte.[14] Seu lirismo de penetração tende a depurar tanto a afirmação da vida quanto o impulso de evasão contra o qual se insurgiu num esforço de resistência ética.

Podemos acompanhar o balanço reflexivo entre esses sentimentos extremos em seis poemas de *A rosa do povo* ("Passagem do ano", "Passagem da noite", "Anoitecer", "Medo", "Nosso tempo", "Vida menor"), que formam um grupo característico. Seja qual for a perspectiva poética de cada qual — a brevidade da vida ou passagem do tempo, a vivência dramática do presente histórico ou o medo como sentimento social dominante —, há em todos um fundo de noturnidade, direta ou indiretamente relacionado com o tema da morte.

Noturna é a hora do medo em "Anoitecer" que "pede paz — morte — mergulho/ no poço mais ermo e quedo"; escuro é o nascimento que nos faz entrar no ciclo do medo ("Medo"); noturno ainda é o momento de "Passagem do ano". E é finalmente pelo desânimo, estendendo por sobre as coisas trevas mais densas e mais completas do que a sombra da noite cósmica, que o mundo se noturniza em "Passagem da noite":

[13] Fernando Pessoa. Carta a Cortes-Rodrigues. Em *Páginas de Doutrina Estética*. Seleção, prefácio e notas Jorge Sena. Lisboa: Inquérito, p. 26.
[14] "Von den Predigern des Todes". Em Nietzsche. *Also Sprach Zaratustra*. Berlim: Sieben Stäbe, [s.d.].

Sinto que nós somos noite,
que palpitamos no escuro
e em noite nos dissolvemos.

Poder-se-ia dizer que a noite se tornara um avatar da morte, não fosse a cauta advertência em contrário nos versos seguintes de "Passagem da noite", que dissociam as duas ideias, aceitando o parentesco da primeira somente com o sono, espécie de provisória fuga do real, que deixa a vida, por alguns instantes, suspensa a uma hibernação interior, que permite contornar o aniquilamento de que é o sucedâneo:

É noite, não é morte, é noite
de sono espesso e sem praia.

Mas o derivativo encontrado para a morte já é um expediente a serviço da afirmação da vida, iniciada em *Sentimento do mundo*, e confirmada pela atitude de esperança política em *A rosa do povo*. A esperança, que perdeu o substrato de virtude teologal, também constitui um expediente da afirmação da vida. É uma tática adotada pelo poeta de resistência ética à morte: "Clara manhã, obrigado/ o essencial é viver", exclama Drummond, depois de passada a noite geral e natural envolvente.

No poema "Vida menor", que completa esse primeiro grupo, culmina a estratégia da vontade de viver no ideal de uma fuga perfeita:

A fuga do real,
ainda mais longe a fuga do feérico,
mais longe de tudo, a fuga de si mesmo,
a fuga da fuga, o exílio [...]

Fugir-se-ia do próprio tempo, conservando-se aquém da morte, sob a forma mínima necessária de existência ascética, fincada em território humano, a realidade negada:

Não o morto nem o eterno ou o divino,
apenas o vivo, o pequenino, calado, indiferente

e solitário vivo.
Isso eu procuro.

O impulso de evasão *thanática* e a vontade de viver aparecem ali compensados e neutralizados, produzindo-se, então, à custa do balanço reflexivo desses sentimentos extremos, o início de uma atitude desprendida de captação e aceitação das aparências, que chegará, afinada pela receptividade ao tempo e ao amor, a estender-se à própria morte, como possibilidade temporal iniludível, com a qual, sem abdicar de sua resistência, ética, o poeta se defronta. Dessa vez porém a resistência, tomando um sentido diferente daquele que antes assinalamos, consiste na abstenção valorativa, que se esquiva a transferir para a morte, agora, encontrada à revelia, a esperança na vida com que se esconjurou o fantasma da morte desejada.

Assim, a reação que o confronto do poeta com a sua possibilidade extrema provoca, no curso de uma experiência cumulativa em torno do tempo e do amor, que se fará sentir noutro grupo de poemas, ainda de *A rosa do povo* ("Morte no avião", "Desfile", "Consolo na praia", "Retrato de família", "Versos à boca da noite", "Os últimos dias"), é uma reação ética, porque se recusa a qualquer perspectiva de ultrapassamento do mundo, mediada pela morte.

Nesse segundo grupo de poemas, várias linhas temáticas vão convergir numa motivação central, que é o tempo irreversível e ambíguo, única medida absoluta para o mundo puramente humano de Drummond. Destruindo e conservando, doando e subtraindo, o tempo nos concede no presente, como ganho de memória, aquilo que retirou e exauriu da vida no passado. E se apenas doa com o que subtrai de nós, o fluxo da duração interior, garantia de nossa continuidade, desgasta-nos ao conservar-nos:

Tudo foi prêmio do tempo
e no tempo se converte.

Prêmio do tempo é o amor, que se perde ao nascer e se reconquista ao perder-se ("Desfile"): prêmio do tempo é igualmente "essa estranha ideia de família", incorporada à carne ou ao espírito, e que nos associa aos mortos ("Retrato de família"). E vem do mesmo senhor temporal de "mão pesada", a sabedoria da maturidade, "comprada em sal, em rugas e em cabelo" de "Versos à boca da noite", que talvez apenas consista em nos deixarmos medir pelo tempo, aceitando o que nos dá e o que nos tira, até sermos, em definitivo, excluídos por um lance inesperado, cuja tática é o ludíbrio de seu jogo heraclitiano:

> [...] *a morte engana,*
> *como um jogador de futebol a morte engana,*
> *como os caixeiros escolhe*
> *meticulosa, entre doenças e desastres.*
> ("Morte no avião")

Contra a morte que engana, dissimulando "o seu bafo e sua tática", de nada valem os expedientes da vontade de viver. Ou melhor, como nos revela "Os últimos dias", que coroa a experiência cumulativa do tempo e do amor nesse segundo grupo de poemas, *A rosa do povo*, a única estratégia eficaz contra a morte é a estratégia do humor.

Depurando, no tom melancólico laforguiano, a zombaria de *Alguma poesia* e de *Brejo das almas*, Drummond, em "Os últimos dias", propõe ao próprio tempo, para ganhá-lo, um pacto dilatório:

> *Que a terra há de comer.*
> *Mas não coma já.*

Ora, essa proposta, que se traduz num voto, é humorística até mesmo porque se destina a obter do tempo a dilação indefinida, em regime de *sursis*, que é a prenda que ele nos concede, e graças à qual vivemos. O contrassenso de semelhante pacto, denunciando o humorismo de Drummond, mostra também que o confronto com a morte, em "Os últimos dias", está condicionado por uma atitude ética. Por um lado, quer o sujeito prorrogar, *in extremis*, a fruição de pequenos mas consistentes prazeres, exercitar suas parcas regalias humanas:

> *O prazer de estender-se; o de*
> *enrolar-se, ficar inerte.*
>
> *Prazer de balanço, prazer de voo.*

Prazer de ouvir música;
sobre papel deixar que a mão deslize.
[...]
Que ainda sinta cheiro de fruta,
de terra na chuva, que pegue,
que imagine e grave, que lembre.

Mas, por outro lado, ainda motivado pela esperança de renovação política, quer o poeta que lhe deem a oportunidade de testemunhar a melhoria do mundo:

O tempo de saber que alguns erros caíram, e a raiz
da vida ficou mais forte, e os naufrágios
não cortaram essa ligação subterrânea entre homens e coisas:
que os objetos continuam, e a trepidação incessante
não desfigurou o rosto dos homens;
que somos todos irmãos, insisto.

A despeito disso, a intenção primordial do pacto proposto é assegurar o prazo necessário para que se complete a aprendizagem do morrer:

E que a hora esperada não seja vil, manchada de medo,
submissão ou cálculo. Bem sei, um elemento de dor
rói sua base [...]

Pretende-se obter muito mais do que o acesso a um estado de passiva habituação ao inevitável traspasse. O essencial da aprendizagem que começa é pôr entre parênteses a função mediadora, escatológica, da morte sobre a vida. Aproveitando-se desta para esvaziar aquela, adquirirá o poeta a capacidade de Brás Cubas, certamente humorística, para antecipar o seu próprio fim pessoal e fazer-se póstumo:

E a matéria se veja acabar: adeus, composição
que um dia se chamou Carlos Drummond de Andrade.
Adeus, minha presença, meu olhar, e minhas veias grossas,

meus sulcos no travesseiro, minha sombra no muro,
sinal meu no rosto, olhos míopes, objetos de uso pessoal, ideia de justiça, revolta e sono,
[adeus,
vida aos outros legada.

Como Laforgue e Corbière, Carlos Drummond de Andrade não se permitirá julgar a morte para além de sua manifesta aparência negativa, inseparável do tempo e por este gerada. A condição de ser mortal, no plano da temporalidade, é o moto da experiência da morte, cuja trajetória, de *Claro enigma* a *Boitempo*, passa por níveis sucessivos de aprofundamento, e configura poeticamente um tipo de sabedoria filosófica, próximo da *saggezza* humanística.

Essa causa motivadora que implica o reconhecimento da finitude humana é oposta à possibilidade de um destino infinito, supratemporal da alma, que alentou a paixão mística de Fernando Pessoa. Sob o foco desta, a aparência negativa caberia à vista e não à morte. A primeira seria uma situação correspondendo a um estado; a segunda, uma condição correspondendo ao ser. Entre as duas, há diferenças hierárquicas que as separam em dois planos de realidade, do menos para o mais verdadeiro, do temporal para o eterno. Estamos ainda sob a vigência do dualismo platônico, afirmativo da superioridade da alma sobre o corpo e da eternidade sobre o tempo.

Em *Claro enigma*, a experiência essencialmente negativa da morte subverte esse dualismo, seja porque Drummond nos mostre, em "Dissolução", que não é a alma que se libertará do cárcere do corpo e sim o corpo que se aliviará dela, seja porque, noutro poema, "Perguntas em forma de cavalo-marinho", a imagem da eternidade se anula na do tempo, que o poeta chama de mistério inigualável.

A conexão entre o noturno e o letal, antes mantida sob reserva, torna-se agora uma constante efetiva a que se ajustam os valores de palavras como *sombra, manhã* e *luz,* fundamentais em "Passagem da noite", de *A rosa do povo*. "Dissolução", de *Claro enigma*, vai utilizar essas palavras-chave, conformando-as porém à distinta visão do mundo, com o seu modo característico de articulação sintática. Assim é que no poema de *A rosa do povo* interroga-se o poeta, diante da noite densa, que a manhã virá dissipar:

E que adianta uma lâmpada?
E que adianta uma voz?

A valência *thanática* de *noite*, que domina sem reservas no segundo, "Dissolução", de *Claro enigma*, onde toda interrogação dubitativa cessa, dispensa a luz frouxa das lâmpadas ou o agressivo jorro do dia.

> *Escurece, e não me seduz*
> *tatear sequer uma lâmpada.*
> *Pois que aprouve ao dia findar,*
> *aceito a noite.*
> [...]
> *E aquele agressivo espírito*
> *que o dia carreia consigo,*
> *já não oprime* [...]

Nesse mesmo sentido labora o poema inicial de *Fazendeiro do ar*, "Habilitação para a noite", em que se espera, sem nenhum alvoroço, séria e serenamente a aproximação da noite "Com o seu bico de rapina". É uma expectativa desarmada do pacto humorístico, de "Os últimos dias", e que, passando ao largo da zombaria, interioriza a inapelável sentença que virá do tempo:

> *Quero de mim a sentença*
> *como, até o fim, o desgaste*
> *de suportar o meu rosto.*

Mas a sentença, que será abaixada à nossa revelia, nem está distante de nós como alvo em direção ao qual caminhamos nem avança ao nosso encontro para abater-nos. É um fim sempre presente ao fim do dia, que a noite destitui. Mostra-o o poema recapitulativo "Elegia", um dos marcos da experiência drummondiana da morte em via de aprofundamento:

> *Ganhei (perdi) meu dia.*
> *E baixa a coisa fria*
> *também chamada noite, e o frio ao frio*
> *em bruma se entrelaça, num suspiro.*

A situação de "A noite dissolve os homens", de *Sentimento do mundo*, se repete, com a diferença porém de que, ao baixar, conciliando o frio e a bruma, a noite é a consciência do tempo como desgaste do amor como perda, da existência como exaustão:

> *E me pergunto e me respiro*
> *na fuga deste dia que era mil*
> *para mim que esperava*
> *os grandes sóis violentos, me sentia*
> *tão rico deste dia*
> *e lá se foi secreto, ao serro frio*
> *[...]*
> *Gastei meu dia. Nele me perdi.*
> *[...]*
> *Dia,*
> *espelho de projeto não vivido,*
> *e contudo viver era tão flamas*
> *na promessa dos deuses [...]*

A despeito da afirmação da vida que se lhe opôs, o antigo desejo de fuga ressurge em "Elegia", de *Fazendeiro do ar*, invertido ou travestido na fuga geral das coisas, no ritmo dissolvente da existência que se evade. Já não há necessidade de buscar-se o aniquilamento, tática secreta do amor, que é de "natureza corrosiva",[15] e do instinto de viver, que recalca "outra mais pura vontade de anular a criatura".[16] Tampouco haverá necessidade, tão penetrada de aniquilamento se acha a vida, de nomear a morte, ou de tentar aplacar-lhe a investida desagregadora, que vem do tempo. Por isso, diz o poeta com a penetrante serenidade de "Elegia":

> *[...] eis que assisto*
> *a meu desmonte palmo a palmo e não me aflijo*
> *de me tornar planície em que já pisam*

---

[15] "Entre o ser e as coisas". *Claro enigma*.
[16] "Fraga e sombra". *Claro enigma*.

servos e bois e militares em serviço
da sombra, e uma criança
que o tempo novo me anuncia e nega.

Ao retornar sublimado, como vontade de anular a criatura, o desejo de aniquilamento, que apontamos em "Elegia 1938", de *Sentimento do mundo*, e que a natureza corrosiva do amor complementa, traz agora uma conotação schopenhaueriana inequívoca: por mais doridos que sejam, os versos de "Elegia", de *Fazendeiro do ar*, e de outros poemas dessa fase exprimem um sentimento diferente da adesão pessimista à morte, que se compraz na renúncia nirvânica da vida. Nada tem do apreço à Leopardi pela *"gentilezza del morir"*. Está fora de causa a *Bella morte, pietosa*, irmã e amante, a quem se dirige o anelo romântico da alma desiludida.[17]

Se a morte comparte a vida, penetrando-a, essa simbiose é mais um conluio inexplicável e absurdo do que uma aliança ontológica entre forças opostas. Na poesia de Rilke, dominada por essa ideia de aliança ontológica, a morte germina da vida, como um fruto que nela amadurece. Na poesia de Drummond, a morte é o germe que faz apodrecer o fruto da vida madura.

Nessas condições, a idade de madureza do indivíduo, com a sabedoria que lhe corresponde, e a que nos referimos, desautoriza a simples tática de viver, e transforma-se na *ingaia ciência* da aceitação e do despojamento, a que se chegara em *Claro enigma*:

A madureza sabe o preço exato
dos amores, dos ócios, dos quebrantos,
e nada pode contra sua ciência

e nem contra si mesma. O agudo olfato,
o agudo olhar, a mão, livre de encantos,
se destroem no sonho da existência.

---

[17] Giacomo Leopardi. "Amore e morte".

É a aprendizagem do morrer servindo de propedêutica *à morte mais morrida*, de que trata Montaigne no capítulo xx dos *Essais*.

"Nudez", de *A vida passada* a *limpo*, transmite-nos, claramente, os resultados de tal ciência ou arte, que podem ser contrastadas com os anteriores ensinamentos da tática de viver em *Sentimento do mundo* e *A rosa do povo*. Acautelemo-nos porém sobre o valor, que é poético e não dialético, de semelhantes contrastações. As posições discordantes de um poeta, em torno de um mesmo assunto, conciliam-se entre si. Mantendo a concordância na discordância, uma não nega a outra, como uma tese que invalidasse a sua contrária. No domínio da poesia, o princípio de contradição vale como regra de contraponto. Assim, em Drummond, as contradições, que adiante assinalaremos, são o canto e o contracanto da experiência reflexiva, em oposição polifônica.

"O tempo é a minha matéria, o tempo presente, os homens presentes,/ a vida presente", dizia-se em "Mãos dadas", de *Sentimento do mundo*. "Minha matéria é o nada/ Jamais ousei cantar algo de vida" responde "Nudez", em contraponto.

Vemos a poesia em "Consideração do poema", de *A rosa do povo*, resistir e crescer "como casa,/ como orvalho entre dedos,/ na grama, que repousam"; tal uma força irruptiva, atravessa o tempo pobre furando: "o asfalto, o tédio, o nojo, o ódio" ("A flor e náusea"). "Nudez" aparteia de novo, duvidando dessa força, e sentindo a presa do desgaste que atinge a existência.

> [...] *Algo de nós acaso se transmite,*
> *mas tão disperso, e vago, tão estranho,*
> *que, se regressa a mim que o apascentava,*
> *o ouro suposto é nele cobre e estanho,*
> *estanho e cobre,*
> *e o que não é maleável deixa de ser nobre,*
> *nem era amor aquilo que se amava.*

Passa-se na alma uma operação alquímica invertida, que reconverte o ouro em cobre e estanho, e prepara-nos para

> *a morte sem os mortos; a perfeita*
> *anulação do tempo em tempos vários,*
> *essa nudez, enfim, além dos corpos,*

a modelar campinas no vazio
da alma, que é apenas alma, e se dissolve.

A experiência antecipatória de anulação, da morte sem os mortos, que esses versos revelam parece solapar o convívio com os antepassados, de que "Os mortos de sobrecasaca" oferecia um exemplo claro, e que o dinamismo das lembranças, recuperando o passado no presente, funde a duração real.

Refletindo, ainda em *Claro enigma*, sobre o significado dessa união extratemporal com os antepassados, Carlos Drummond chegara a uma dupla verdade. Primeiramente, posto que são as lembranças que lhes garantem a sobrevida, durarão eles enquanto nós durarmos:

Cada dia que passa incorporo mais esta verdade, de que eles não vivem senão em nós
e por isso vivem tão pouco; tão intervalado; tão débil.
("Convívio")

Garantimos assim aos mortos a eternidade que o poeta chama de *negativa*, e garantem-nos eles, vivendo conosco, a morte antecipada, a que esse convívio nos habitua. Mas a uma outra luz, à luz da estreita comunhão amorosa que nos consubstancializa a eles, e que dá sentido ao curso da duração real, é também verdade que a nossa vida depende daqueles que já morreram:

Ou talvez existamos somente neles, que são omissos, e nossa existência,
apenas uma forma impura de silêncio, que preferiram.
("Convívio")

A morte absoluta, que é, logicamente, recusa do absoluto na morte, viria romper essa forma de interdependência: "Agora me lembra um, antes me lembrava outro./ Dia virá em que nenhum será lembrado" ("Permanência"). Mas como é no tempo, e através dele, que a corrente entre os mortos e os vivos solda seus elos, talvez nasça, de cada ruptura do próprio tempo, o ponto de origem da *eternidade negativa*. Seria a eternidade a repetição de unidades temporais entrelaçadas, gerando, como sugerem os versos de Eliot, que podem servir de paráfrase ao pensamento de Drummond, o eterno ciclo de nascimento e morte:

We die with the dying:
See, they depart, and we go with them.
We are born with the dead:
See, they return, and bring us with them.[18]

Voltemos aos versos finais de "Nudez", que transcreveremos uma vez mais:

a morte sem os mortos; a perfeita
anulação do tempo em tempos vários,
essa nudez, enfim, além dos corpos,
a modelar campinas no vazio
da alma, que é apenas alma, e se dissolve.

É a ideia de despojamento, de *nudez*, iniciada com "a morte sem os mortos", que se completa, primeiramente, "pela anulação do tempo em tempos vários" e, depois, pela da alma, "que é apenas alma e se dissolve". Ali, a continuidade da duração perde-se num fluxo dispersivo, pois que os tempos vários são residuais; aqui, a alma se dessubstancializa e se dissolve. Temos nesse poema duas figurações conjugadas: uma, da vida, através do tempo difratado; outra, da morte, através da dissolução da alma como princípio anímico. Ambas formam um só par de negações simétricas. À vida como *dispersão* corresponde a morte como *dissolução*. Passa entre as duas a *eternidade negativa* — vazia e silenciosa — para a qual não encontramos outra palavra senão uma que Jules Laforgue imaginou: *eternullité, eternulidade.*

Não é surpreendente constatar-se que, após o desnudamento das ilusões, a experiência drummondiana recupere, ao chegar à aceitação da aparência negativa da morte, a sua disposição humorística. Como que estimulado pela negação, o humor, em *Fazendeiro do ar*, já rebatera, ludicamente, a eternidade, reduzindo-a a um fantasma sonoro, a uma palavra espectral e obsessiva, capaz de indefinidamente reproduzir-se e multiplicar, em outras análogas, o aparente vazio de seu significado:

---

[18] T. S. Eliot. "Little gidding". Em *Four quartets*. Londres: Faber and Faber, [s.d.].

Eternalidade eternite eternaltivamente
eternuávamos
eternissíssimo
A cada instante se criam novas categorias do eterno.
("Eterno")

O tipo de sabedoria filosófica, resultante da combinação de ceticismo com a resistência ética de fundo humanista, que alimenta a disposição para o humor, é confirmado por três poemas de *Boitempo*, "Falta pouco", "Cantilena prévia" e "Eu? Tu?", verdadeiro tríptico que ilustra o paradoxo de Corbière, da morte absoluta como negação. Sem recurso ao transcendente, pois que a perspectiva de ultrapassamento da existência, enquanto presença humana em locação espaço-temporal, foi neutralizada, o poeta, em confronto com o seu fim pessoal, deixa estampado, em cada um dos poemas componentes do tríptico, um modo de sentir esse fim, que vai da serena aceitação, quase ataráxica, no primeiro ("Falta pouco"), ao gesto de inconformismo intelectual e moral da consciência no terceiro ("Eu? Tu?"), passando pelo elogio humorístico, em tom de mofa, do paradoxo da morte absoluta no segundo ("Cantilena prévia").

A atitude que predomina em "Falta pouco" é o distanciamento do sujeito em relação ao espetáculo de que ele toma parte, e que está chegando ao fim. A presença humana se desagregará; usos, costumes e obrigações, gestos e atos rotineiros, que nos habituam à existência, tornando-a familiar, serão interrompidos:

Falta pouco para acabar
o uso desta mesa pela manhã
o hábito de chegar à janela da esquerda
aberta sobre enxugadores de roupa.
Falta pouco para acabar
a própria obrigação de roupa
a obrigação de fazer barba
[...]
Falta pouco para o mundo acabar
sem explosão
sem outro ruído
além do que escapa da garganta com falta de ar.

O próprio mundo, como locação espaço-temporal, no sentido de habitação humana, o mundo que não é exterioridade, mas uma forma de sentir, de pensar, de agir, de conviver com as coisas e com os outros, pelo uso do corpo — desse "confortável corpo" —,[19] é o que então desaparecerá.

Em vista disso, de novo encordoando sua viola de bolso, o poeta dedilhará a cantiguinha enternecida dos tercetos de "Cantilena prévia", com que prepara sua despedida do costumeiro estado humano, que não é bem de raiz, e tem prazo marcado para findar:

Don don dorondondon
É o Castelo de Drummond
que vai à penhora.

Don don dorondondon
É a soberba de Drummond
que vai-se embora.

Don don dorondondon
É o prazo de Drummond
que termina agora.

É o prazo de Drummond
que ainda não termina.
Din din Resta uma resina.

Din din Resta uma farinha
de substantivo, infrassom
de voz, na voz de Drummond?

Modinha simples, "Cantilena prévia" vibra da maliciosa alegria do cantador, velho proprietário que deixará, mais dia menos dia, a troco de posse absoluta e sem gravame, o estado relativo de seu castelo em penhora:

---

[19] "esse excelente, completo e confortável corpo [...]". "Procura da poesia". Em *A rosa do povo*.

Don don don
O morto Drummond
Sorri à lembrança

de estar morto (don)
alva não consciência
(din) de maior ciência.

À nova condição, de posse absoluta, que se vislumbra, não faltará a plenitude da ciência. E assim há razão para que se festeje, no ponteado da viola, sob color de cantiga, a gostosura do pleno conhecimento, finalmente alcançável, e que se confunde com a total inconsciência:

Dindon drondin din
O que sabe agora
Não o diz Drummond.

Sabe para si
Sabe por si só
Sabe só, sem som.

É de rinfonfon.
É sem cor nem tom
É completo. É bom.

Nunca talvez o sarcasmo drummondiano tenha sido tão alto e tão pungente como nos versos de "Cantilena prévia", onde o humor se manifesta desde o contraste do estilo, que é um trovar aberto sobre situação fechada à sensibilidade e ao conhecimento, até o louvor do paradoxo, que normaliza o contrassenso, e faz do absurdo coisa humana, disponível, íntima, secreta e reconfortante.

Na terceira seção do tríptico, "Tu? Eu?", assistimos a um desdobramento do Eu poético. São dois sujeitos dialogantes: um espectador, que já completou a aprendizagem do perfeito morrer, e outro, agente e paciente, ainda inconformado com a "alva não consciência" a que opõe, moral e intelectualmente, última e silenciosa resistência. Só o primeiro fala, observando e justificando a humana perplexidade do segundo, que é seu ouvinte:

Não morres satisfeito.
A vida te viveu
sem que vivesses nela.
E não te convenceu
nem deu qualquer motivo
para haver o ser vivo.
[...]
Se morres derrotado,
não morres conformado.
Nem morres informado
dos termos da sentença
de tua morte, lida
antes de redigida.

Ao agente-paciente, o Eu espectador transmite o conhecimento final da "Ingaia ciência" de que ambos partilham: Não morres satisfeito, morres *desinformado*.

De extraordinária riqueza semântica, o segundo desses dois versos concentra, no seu termo final — *desinformado* —, as várias camadas significativas, latentes à ideia de *desinformação*, tais como desagregação do organismo, perda da forma substancial, desanimação do corpo, desorganização da matéria, passagem para o informe, indeterminação, falta ou supressão do conhecimento, e ainda o inconsciente.

Esses significados filosóficos, como que dados num corte histórico do pensamento, através da palavra *desinformado*, afluem todos graças à mobilidade do significante que os suporta, para imagem de aniquilamento, de anulação, de não ser, da morte absoluta. É o conteúdo de um saber, que a aceitação cética da aparência negativa não preservou da nota de melancolia nostálgica, conservada no primeiro dos dois últimos versos de "Eu? Tu?", em que se exprime o sentimento do Eu poético ouvinte:

Não morres satisfeito,
morres desinformado.

Sinal de inconformismo e de resistência ética, de justificado apego ao que é humano, a insatisfação vem de que somos *morituros*, além de mortais. Por causa do ciclo eterno que gira ligando os vivos e os mortos, vivemos como morituros: antecipadamente *derrotados*, porém humanamente *inconformados* à sentença que de nada *informa* ao ser executada.

Será preciso então apor, como legenda, ao tríptico de que "Eu? Tu?" forma o terceiro painel, os versos de "Discurso", também de *Boitempo*, que o precedem e que sintetizam o sentido da experiência negativa da morte na poesia de Carlos Drummond de Andrade:

> *Eternidade: os morituros te saúdam,*
> [...]
> *Não és responsável pelo que bordam em tua corola*
> *Os passageiros da presiganga.*

6. Clássicos brasileiros

Os tristes, brutos índios de Vieira, ou um missionário aturdido

> *Não há maior comédia que a minha vida; e quando quero vou chorar*
> *ou rir, admirar-me ou dar graças a Deus ou zombar do mundo, não*
> *tenho mais que olhar para mim.*
>
> Padre Antônio Vieira, "A um Padre", 1658

No "Sermão da epifania", pregado a 6 de janeiro de 1662, em Lisboa, depois de ter sido expulso do Pará, o padre Antônio Vieira expôs a distinta sorte das duas grandes levas de missionários — a que se dirigiu do Oriente para o Ocidente, como a seguir a mesma ofuscante estrela dos Magos, e a dos jesuítas, sob o fulgor da imperial estrela das conquistas portuguesas, no encalço, Brasil adentro, das gentes desconhecidas do Novo Mundo para evangelizá-las:

Aqui está a diferença daquela estrela às nossas. A estrela dos Magos acomodava-se aos gentios que guiava; mas esses gentios eram os Magos do Oriente, os homens mais sábios da Caldeia e os mais doutos do mundo; porém as nossas estrelas, depois de deixarem as cadeiras das mais ilustres Universidades da Europa [...], acomodam-se à gente mais sem entendimento e sem recurso de quantos criou ou abortou a natureza, de homens que se duvidou se eram homens, e foi necessário que os Pontífices definissem que eram racionais e não brutos. A estrela dos Magos parava, sim, mas nunca tornou atrás; as nossas estrelas tornam uma e mil vezes a desandar o já andado e a ensinar o já ensinado e a repetir o já aprendido, por que o bárbaro, *boçal* e *rude*, o tapuia *cerrado* e *bruto*, como não faz entendimento, não imprime nem retém na memória [...]. A estrela dos Magos fez a sua missão entre púrpuras e brocados, entre pérolas e diamantes, entre âmbares e calambucos, enfim, entre os tesouros e delícias do Oriente; as nossas estrelas fazem as suas missões entre as pobrezas e desamparos, entre os ascos e as misérias da *gente mais inculta*, da *gente mais pobre*, da *gente mais vil*, da *gente menos gente* de quantas nascerem no mundo.

Vê-se que é de maneira pouco cristã, conforme lhe censurou João Francisco Lisboa, que o padre Vieira se refere aí às suas ovelhas prediletas, talvez num momento de irritação diante das dificuldades que se opunham ao seu apostolado — mormente as que decorriam do forçoso aprendizado, sem livros, de tantas línguas, sem cujo conhecimento estar-lhe-ia vedado o acesso à alma indígena. Por maiores que fossem o aborrecimento e a fadiga do missionário, bem poderia ter ele poupado "aos seus amados índios a qualificação de *brutos e vis* tão contrária aos preceitos da caridade evangélica em geral [...]" (*Vida do padre Antônio Vieira*, p. 338).

Mas nem sempre bruto e vil são termos repulsivos, anticristãos. Bruto significaria tosco, rude, antes de brutal e violento; vil significaria reles e insignificante, antes de infame. A bruteza do índio remeteria à matéria natural, não trabalhada, desde a sociedade até à língua. Entre os gentios "nunca se viu cetro nem coroa nem se ouviu o nome de rei". Não tendo rei, não têm lei e ainda lhes falta a fé. Vieira resume essas deficiências num artifício de retórica: "A língua geral de toda aquela gente carece de três letras, F, L, R; de F porque não têm Fé, de L porque não têm Lei, de R porque não têm Rei, e esta é a polícia da gente com que tratamos". Jamais Vieira poderia qualificar de natural uma sociedade desse tipo, a menos que se antecipasse de um século aos iluministas do Setecentos. Bruta é a polícia de tal gente, como bruto é o cabedal que a natureza lhe proporcionou, com tão pouco de arte, "que uma árvore lhe dá o vestido e o sustento e as armas e a casa e a embarcação [...]. Com as folhas se cobrem, com o fruto se sustentam, com os ramos se armam, com o tronco se abrigam e sobre a casca navegam. Essas são todas as alfaias dessa pobríssima gente; e quem busca as almas destes corpos, busca só almas", continuava dizendo no mesmo "Sermão da epifania".

A bruteza dos meios corresponderia ao entendimento boçal e à rudeza decorrente da falta de discurso. Não é por acaso que o padre Antônio Vieira tenha ligado as duas coisas: o entendimento falho e a carência de discurso. Entender é compreender segundo a ordem de razões, e o discurso é a exposição racional ordenada das ideias. Estamos em meados do século XVII, quando já aparecera o *Discurso do método*, de Descartes, que os jesuítas souberam apreciar. Por certo, não se pode subtrair a razão aos silvícolas, depois que os pontífices os reconheceram como racionais; mas a razão neles está embotada, adormecida; daí o entendimento funcionar mal, como funciona mal a memória, que nada imprime ou retém em gente tão inculta. Tivessem discurso e teriam entendimento. E se de ambos compartilhassem, se elevariam ao estado de cultura, identificado por Antônio Vieira, de cujos juízos não podemos cobrar o atual senso antropológico e social, com o usufruto da racionalidade europeia triunfante.

Pela qualidade das gentes — "a mais bruta, a mais ingrata e a mais inconstante" — e pela dificuldade das línguas, é muito difícil ensinar nestas terras, já dissera o missionário no "Primeiro sermão do Espírito Santo", em São Luís do Maranhão. Mas apesar da bruteza, a que agora se somam a ingratidão e a inconstância dos catecúmenos, como óbices à evangelização, a catequese alcançaria os seus fins ali onde pudesse chegar e desenvolver-se sem estorvos.

Na última aldeia, que estava na boca do Tocantins, até onde fora Vieira numa de suas mais arriscadas expedições na Amazônia, bastou a ação doutrinal dos irmãos para que os índios aprendessem os princípios da verdadeira Fé. Já os silvícolas dali "sabem todas as orações do catecismo e respondem a todas as perguntas dele, e com todas as aldeias ficam mestres, que em ausência dos padres ensinam aos demais todos os dias, com grande pontualidade e perfeição" ("Carta ao padre provincial do Brasil", 1654, p. 354). Para supri-los de recursos espirituais, elaboraram os padres catecismos, uns breves, outros brevíssimos, distribuídos entre os moradores, a fim de que pudessem dar assistência religiosa aos seus índios, em casos de extrema urgência, como a administração do batismo *in articulo mortis*, e ainda outros mais especiais, visando a uma instrução doutrinária mais particular e vagarosa. Essas e outras passagens atestariam o incessante progresso das missões, caminhando de triunfo em triunfo, na conversão das almas, à conta da docilidade, da fácil aceitação, por parte do gentio, das verdades cristãs que lhes inculcavam, e isso de tal modo que os missionários passaram a considerar-se bafejados pela

Providência divina. No Itaqui, os guajajaras buscam o padre Francisco Veloso, gastando todo o dia no catecismo,

> o qual tomavam com tanto gosto, que nunca foi necessário que o padre os chamasse, antes eles chamavam e buscavam os padres muitas vezes, ainda dentro das horas que estavam reservadas para descansar do trabalho. Coisas contam os padres nesse gênero que não há senão admirar os poderes da graça divina, e dar-lhes infinitas por nos ter escolhido e trazido a ser instrumento dela. ("Carta ao padre provincial do Brasil", 1654, p. 381).

Em outro local do Maranhão, os três ou quatro dias que os padres ali se detiveram, "quase todos se gastavam em ouvir confissões [...]" ("Carta ao padre provincial do Brasil", 1654, p. 375). Se estão sozinhos, como só por efeito da nova doutrina aprendida, os "catecúmenos rezam em comunidade, à noite", e demonstram prazer em fazê-lo, em vez de se entregarem aos prazeres do vinho e a seus habituais folguedos. Deu-se o memorável caso de toda uma aldeia que, contrariando o habitual silêncio noturno, assinalou-se, a léguas de distância, quando os missionários dela se aproximavam, por um vozerio vindo de todas as malocas. Suspeitaram os bons pastores fosse isso produto do espírito do vinho em ação; mas ao ingressarem nas casas, viram, edificados, "que o que se dizia em todas eram as orações e declarações do catecismo, as quais uns rezavam, outros ensinavam, outros aprendiam, todos deitados em suas redes". Enfim, conclui Vieira, "a aldeia estava feito uma escola ou universidade da doutrina cristã, em que se ensinava às escuras a luz da fé" ("Carta ao padre provincial do Brasil", 1654, p. 377).

De vitória em vitória, o esforço catequético atingiria momentos de consagração coletiva, à maneira de uma apoteose de congraçamento, que juntasse o gentio e seus providenciais salvadores, como no episódio da aproximação pacífica promovida por iniciativa e risco do próprio Vieira, aos arredios e aguerridos nhengaibas, da ilha na "grande boca do rio Amazonas", "de maior comprimento e largueza que todo o reino de Portugal" ("Carta ao rei d. Afonso VI", 1659, p. 534). Bastou que o Paiassu, o Grande Pai, enviasse a esses nativos do Marajó uma carta patente por mãos de uma embaixada indígena, a pedir-lhes que viessem ao seu encontro ou que consentissem fosse às terras deles. Logo lhe respondem com a presença de sete principais, que manifestaram as intenções pacíficas das nações a que se filiavam, admitindo os visitasse o padre Vieira, mas só depois de terem nas suas terras edificado casa e capela. No tempo aprazado, convergiram para o local dezenas de canoas da gentilidade. Logo lhe prestaram juramento de obediência e fidelidade num cerimonial solene, os portugueses de um lado, os selvagens de outro da igreja — aqueles em suas melhores roupas, estes com todos os seus enfeites —, onde o Grande Pai rezou missa

> num altar ricamente ornado, depois do que os gentios receberam a fé do verdadeiro Deus e declaram-se vassalos, dali por diante, do rei de Portugal. Mas não pararam aí as solenidades. Armou-se no mesmo lugar o estandarte da fé, arvorada uma formosíssima cruz, na qual não quiseram os padres que tocasse índio de menor qualidade; e assim foram cinquenta e três principais os que a tomaram aos ombros e a levantaram, com grande festa e alegria assim dos cristãos como dos gentios, e de todas foi adorada. ("Carta ao rei d. Afonso VI", 1659, p. 545).

Como não ver nisso um *triunfo barroco*, montado pelo poeta dos *Sermões*, em plena selva amazônica? Duplo triunfo da fé e do rei; ganhava aquela 40 mil, talvez 100 mil almas; ganhava este último um rol de nações de diferentes línguas, entre maimanás, aruãs, anajás, mapuás, paicacás, guajarás e pixispixis. A todo momento Vieira exercitava-se na contabilidade das almas. Das nações com que topou no Tocantins, esperava "trazer em muito pouco tempo, à fé de Cristo mais de cinco ou seis mil almas, e com elas muitas outras no mesmo rio" ("Carta ao rei d. João IV", 1654, p. 412). Os tupinambás desceram em sessenta canoas "carregadas dessa gente, em que vinham mais de mil almas, nas quais no caminho foram algumas para o céu; dos demais estão já batizados os inocentes e os adultos se vão catequizando" ("Carta ao rei d. João IV", 1655, p. 432). Essa alta conta de almas era compensada pela eficácia da administração dos sacramentos. De imediato efeito salvacionista, confissão e comunhão fechavam as portas do inferno, liberando, nos mesmos sujeitos, almas para o céu e súditos para o reino.

Nenhuma dissociação se fazia entre os benefícios da salvação e a vassalagem ao rei de Portugal. Evangelizar era civilizar e civilizar era a via de ingresso à cultura, à racionalidade e ao serviço do Estado português. Portugal, que se estatuiu para a conquista espiritual, um advento ao mesmo tempo religioso e político, cumpriria uma função providencial se secundasse a ação dos evangelizadores, corrigindo, pela força de leis protetoras, os abusos dos colonos contra os gentios, que justificavam, numa inversão do anterior triunfalismo da catequese, revelando-lhe o fundo antagonístico, aleatório, indecidido, incerto, imprevisível, outro dos epítetos que a estes últimos Vieira outorgou: *os tristes índios*.

A riqueza dos capitães-mores e governadores — de suas lavouras e plantações de tabaco — "sai do sangue e do suor dos *tristes índios*" ("Carta ao rei d. João IV", 1654, p. 401); tratados como escravos, "os tristes índios estão hoje acabados e consumidos" ("Carta ao rei d. João IV", 1653, p. 304). O fabrico das canoas, a sua calafetagem, a sua condução, o soerguimento das casas dos portugueses, o transporte às costas de bagagens e armas — tudo isso "fazem os *tristes índios*, sem paga alguma mais que chamarem-lhes cães e outros nomes mais afrontosos [...]" ("Carta ao padre provincial do Brasil", p. 361). Mais de 2 milhões deles "se mataram e se destruíram por esta costa e sertões", no espaço de quarenta anos ("Carta ao rei d. Afonso VI", p. 449).

A gente mais rude, mais bruta, mais inculta é também a gente mais pobre, mais despreparada, exposta à sorte dos resgates, um outro nome para a *encomienda* dos espanhóis. Sua vileza, que a torna reles, insignificante, vai no sentido da extrema penúria de que padecem os prisioneiros de guerra de outros índios, resgatados, pelo colono português, das cordas de seus inimigos para a brutal vileza do trabalho cativo sem remuneração. Os *vis e brutos* — brutalizados e vilipendiados — também são os *tristes* sujeitos de injusto cativeiro, de que o colono alega não poder prescindir e contra o qual Vieira se insurge, como o grande obstáculo à conquista espiritual das almas, impedindo a aproximação pacífica com as tribos e o ajuntamento delas, retiradas dos ínvios caminhos da mata, em lugares acessíveis onde pudessem ser catequizadas.

Dir-se-ia que os jesuítas, à época da Contrarreforma, não tivessem tomado conhecimento do trabalho intelectual dos humanistas da Espanha, logo após a descoberta da América, quando se duvidou se os nativos do Novo Continente eram verdadeiramente humanos: de um Las Casas, principalmente, em sua apologia da ínsita liberdade dos índios e de seus direitos naturais.

Nem Anchieta nem Vieira perfilharam essa apologia. É verdade, porém, que o primeiro acusou a tirania dos portugueses, que obrigavam os nativos "a servir toda a sua vida como escravos, apartando maridos e mulheres, pais e filhos, ferrando-os, vendendo-os [...]" (*Informação do Brasil e de suas capitanias*, p. 52), e o segundo advogou o exame dos cativeiros, a fim de que, em definitivo, se distinguissem os justos dos injustos, e assim uns se tivessem por homens livres e outros por escravos. Mas nas condições em que se efetuavam os exames, por uma mesa de consciência composta de notáveis, as evidências de uma inicial liberdade ou de um estado de servidão no próprio meio de que procediam os prisioneiros eram truncadas na origem, posto que dependiam das *entradas*, das expedições ao interior da floresta — de onde, ou simples arcabuzeiros sem jesuítas, ou jesuítas acompanhados de arcabuzeiros, uns e outros ganhando igual remuneração, compeliam os índios a descer para as vilas ou cidades. De qualquer forma, mesmo que ambos, um no século XVI e outro no século XVII, interligados fossem por uma mesma corrente de indignação contra as tiranias dos poderes locais, nem Anchieta nem Vieira reconheceriam os nossos selvagens como membros de uma sociedade outra, diferente, com os seus princípios e valores próprios. E faltando esse reconhecimento, a despeito da cristã dedicação que votavam às suas ovelhas, há de parecer que os dois, no fundo, adotavam o tácito pressuposto de que a liberdade a eles alheia, extrínseca, era algo que lhes pudesse ser atribuído ou negado. Se assim não fosse, como poderia Vieira distinguir entre cativeiros justos e injustos? Essa distinção implicava antepor o cativeiro à liberdade, o cativeiro não sendo uma perda da liberdade, e esta conquistada a partir daquele. Mas eis aí quando o atribulado Vieira se torna verdadeiramente aturdido, como se os mestres jesuítas da têmpera de um Molina e um Suarez falassem inadvertidamente pelas suas palavras.

Reivindicada a servidão justa, a consequência, se não moral, mas lógica, pela mesma ordem dos conceitos, era elevar o índio, ainda que por absurdo não se tivesse a intenção de fazê-la, ao posto de *sujeito de direitos*, que pode ser intrinsecamente livre ou capaz de libertar-se da opressão, assim convertido em *gente mais gente*. Ao mesmo tempo, ainda no campo das implicações daquela reivindicação, colocava-se o nativo desamparado, pobre, bruto, vil e triste, sob a tutela de uma lei natural, precedendo as leis do direito positivo, indicativa de uma sociedade e de uma religião naturais. A alma não seria *naturaliter (naturalmente) cristã*. Este o Rubicão que Vieira jamais cruzaria.

Se o cruzasse, teria de aceitar o para ele inaceitável, como, por exemplo, que a evangelização poderia ter sido o exercício de uma mais sutil tirania, pondo à prova o entendimento e a memória dos índios. Entendimento e memória que não eram deficientes, como pensava Vieira: "[...] as nossas estrelas tornam uma e mil vezes a desandar o já andado e a ensinar o já ensinado e a repetir o já aprendido". Mas pelas suas línguas rudes se defendiam os *tristes, brutos índios*, esquecendo nelas o que não queriam lembrar, e retendo e imprimindo na memória o sigilo de seus antigos e expulsos deuses, tão imateriais que nem ídolos tinham.

REFERÊNCIAS BIBLIOGRÁFICAS

Antônio Vieira. *Sermões*, 15 vols. Porto: Lello, 1907.

Antônio Vieira. *Cartas*, 3 vols. Lisboa: Imprensa Nacional, 1970 (as cartas citadas são todas do primeiro volume).

José de Anchieta. *Informação do Brasil e de suas capitanias*. São Paulo: Obelisco, 1964.

João Lúcio de Azevedo. *Os jesuítas no Grão-Pará: suas missões e a colonização*. Coimbra: Imprensa da Universidade, 1930.

Carmen Bernand; Serge Gruzinski. *De l'idolâtrie: une archéologie des sciences réligieuses*. Paris: Seuil, 1988.

Héctor Hernan Bruit, *Bartolomé de Las Casas e a simulação dos vencidos*. São Paulo: Iluminuras, 1995.

Cartas do Brasil do padre Manuel da Nóbrega. Rio de Janeiro: Imprensa Nacional, 1886.

Bartolomé de Las Casas. *Apologética historia sumaria, Historia de las Indias*, t. i. Madri: Serrano y Sanz.

Mário Domingues. *O drama e a glória do padre Antônio Vieira*. Lisboa: Romano Torres, 1961.

René Füllöp Miller. *Os jesuítas: seus segredos e seu poder*. Rio de Janeiro: Livraria do Globo, 1946.

História da Igreja na Amazônia. Eduardo Hoornaert (coord.). Petrópolis: Vozes, 1992.

Serafim Leite. *Novas páginas de história do Brasil*. São Paulo: Companhia Editora Nacional, 1965.

João Francisco Lisboa. *Vida do padre Antônio Vieira*. Rio de Janeiro: Jackson, 1964.

Alcir Pécora. *Teatro do sacramento*. São Paulo: Edusp, 1994.

Eduardo Viveiros de Castro. "O mármore e a murta: sobre a inconstância da alma selvagem". *Revista de Antropologia*. São Paulo, USP, 1992, v. 35, pp. 21-74.

A invenção machadiana

O olhar do ficcionista sente pensando e pensa sentindo. Nesses sentir e pensar, mutuamente entrelaçados, ele se distancia dos objetos de que a visão o aproxima. A proximidade do olhar garante o conhecimento de um dado contorno humano: a sociedade, as ações individuais e os motivos a que obedecem. Mas só recolhido no âmbito da imaginação, que o distancia desse contorno em que se acha incluído, ganha o olhar do ficcionista a percuciente lucidez de um foco reflexivo aceso sobre uma "persona" — a pessoa feita personagem ou a personagem tradutível em pessoa.

Essa dupla transposição é o que conseguem os autênticos ficcionistas, como Balzac, Stendhal, Dostoiévski, Tolstói, Proust, Kafka, Thomas Mann e Machado de Assis, porém segundo um jogo próprio entre sentir pensando e pensar sentindo, e portanto de acordo com uma especificidade do olhar a ser interrogada em cada qual, e em cada qual a ser decifrada como o enigma da criação literária. A obra toda de Machado de Assis nos propõe esse enigma em que agora Alfredo Bosi se debruça. Insatisfeito com o considerável estoque das interpretações correntes dessa obra, é a ela mesma, e só a ela, que recorre para poder resolvê-lo.

O RAIO VISUAL

Está claro que, como todo olhar, o de Machado de Assis não excede o âmbito traçado pelo seu raio visual: a sociedade do Rio de Janeiro à época imperial e nos primórdios da República, de que o mesmo escritor participou. Mas o que o olhar machadiano dela apreendeu e compreendeu ultrapassa os limites da matéria social que lhe foi disponível, como documento humano a observar e registrar.

Seja marxista, seja weberiana, a abordagem sociológica exigir-lhe-ia, no mínimo, a confecção de tipos, enquanto individualidades representativas da sociedade neles projetada de maneira exemplar. "A ficção passa a ser um inventário de situações típicas, personagens típicas e ideias típicas de personagens em situação."[1] Machado de Assis deu-nos muito mais; por trás do tipo, iluminou a individualidade desamparada, ora inconsequente, ora consequente, agindo quase sempre para compensar o déficit de sua situação desajustada numa sociedade desigual, e raramente de maneira nobre e desprendida.

Jacobina, do conto "O espelho", identifica-se com a farda de alferes que está vestindo; incorporando a tipicidade social que reflete, ele é, portanto, aquilo que socialmente representa. Mas, como observa Alfredo Bosi, Jacobina sabe com o que se identifica: exerce um papel sob medida e tem consciência disso. É, por isso, tipo e pessoa ao mesmo tempo. Como também é tipo e pessoa aquele personagem do conto "Só", que se esvazia de si mesmo ao isolar-se do gregarismo social.

De qualquer forma, atravessando do típico para o individual, o olhar retira do indivíduo a "persona", a máscara; desnuda-o como ser enganado e enganoso, que o interesse e o sentido das conveniências norteiam. Portanto, "há em Machado mais do que simples inventário: há invenção".[2] E, conto ou romance, essa invenção se faz numa prosa ficcional equívoca, dubitativa, cética, que não cessa de assinalar a sua paradoxal capacidade de encobrir o real ao desencobri-lo. A veracidade absoluta, proclamaria o narrador de *Dom Casmurro*, "é incompatível com o estado social". E Brás Cubas ressaltou que a natureza é tão caprichosa quanto é volúvel a história, mestra da vida e "uma eterna loureira", tão volúvel quanto a narrativa de um contador de histórias.

[1] Alfredo Bosi. *O enigma do olhar*. São Paulo: Ática, 1999, p. 160.
[2] Idem, ibidem, p. 160.

SUSPENSÃO DO JUÍZO

A volubilidade da narrativa ficcional do autor de "Pai contra mãe" — aquele conto do empobrecido caçador de escravos, que entregaria o filho à roda se atendesse à súplica de misericórdia de uma preta escrava, deixando de entregá-la, sob remuneração, ao seu senhor legal — rejeita o "sim" da aprovação e o "não" da reprovação porque passou pela escola do ceticismo, por intermédio da sátira menipeia, engendrada no aguerrido grupo dos cínicos, esses socráticos menores que desafiaram, por meio do escárnio e da detração irônica, as convenções sociais em nome da virtude.

O ceticismo tem como ato principal a suspensão do juízo, a *epoché*, diante da impossibilidade de afirmar uma verdade e o seu oposto. No citado conto, a *epoché* deixa ver na prosa do mesmo escritor o embate da ideologia da época, a qual parece justificar-se diante da aparente aprovação do ofício de caça aos escravos — "Pegar escravos fugidos trouxe-lhe um encanto novo" — e da contraideologia, que ressalta a ignomínia de uma conduta, na qual o mesmo mecanismo do poder público se apura na força sobre o não livre que concedia ao indivíduo livre: "Ora, pegar escravos fugidos era um ofício do tempo. Não seria nobre, mas por ser instrumento da força com que se mantém a lei e a propriedade, trazia esta outra nobreza explícita das ações reivindicadoras".[3] Em vez de se unirem ou se desunirem, o "sim" num caso e o "não" no outro se entrechocam e geram a chispa do sarcasmo, que escarnece do personagem.

ERRATA PENSANTE

O olhar do narrador está aqui no resvalo, no contraste brusco, no choque dos contrários agredindo o senso comum e as verdades sociais e morais correntes. Isso pode conduzir à caricatura e à galhofa pela vivissecção das atitudes, mostrando-nos que o ficcionista, nem conformista nem utópico, dirige o seu olhar segundo o jogo de contrastes que o constitui. "Esse jogo tem um nome bem conhecido: chama-se humor."[4]

[3] Idem, ibidem, pp. 122-4.
[4] Idem, ibidem, p. 126.

* * *

Ora, nessa anatomia das atitudes — que foi como Northrop Frye denominou o humor, quando expandido numa prosa híbrida, tal a de Machado, meio romance, meio discussão de ideias, cheia de reflexões e de achegas eruditas, muitas vezes parodísticas (tal a "errata pensante" replicando ao *roseau pensant* de Pascal) —, não haverá lugar para o otimismo e muito menos para o radical pessimismo, lastreado pelo sentimento de "ódio à vida", que muitos imputaram ao nosso desconfortável escritor. "Rabugens de pessimismo", sim, disseminou ele em contos e romances, enquanto quota de desconfiança à regência ostensiva ou subterrânea dos interesses e do instinto de domínio que, enganadores, regem os atos humanos e autorizam-nos a defender-nos do logro. O narrador cético, enganando-nos para não ser enganado, praticou, no dizer de John Gledson, um realismo deceptivo, que o distingue do realismo burguês, triunfalista, praticado à época, em abono da dominante crença no progresso da humanidade, como evolução gradual e contínua da espécie, esposada pelo positivismo e pelo evolucionismo da geração de 1970.

Já o "humanitismo" de Quincas Borba é uma paródia, que as satiriza, essas filosofias adotadas pela nossa intelectualidade de então, paródia que, humoristicamente, identificou o pessimismo de Schopenhauer com o otimismo panglossiano. Tudo é *humanitas*, um só princípio imortal, explica Quincas Borba a Rubião. Se nada morre, tudo é bom, mesmo se há vencidos e vencedores, os que perdem as batatas e os que as ganham. Os indivíduos são como as bolhas transitórias da água que ferve, permanecendo sempre a mesma. As bolhas-indivíduos não contam para *humanitas*, porque bolhas não têm opinião. Vivemos no melhor dos mundos possível. Confirmam-no o positivismo e o evolucionismo, aquele por meio da ação redentora da ciência, a verdadeira religião da humanidade, e o último pelo infalível benefício da evolução, a largo prazo igualizadora.

> Em última instância os mais fortes e os mais aptos já tinham vencido e continuariam a vencer, merecendo o prêmio final da própria sobrevivência: batatas, pelo menos de modo similar, mas apelando antes para a solidariedade do que para a competição darwiniana entre indivíduos e raças, o positivismo previa o melhoramento coletivo, que o estágio científico da humanidade teria inaugurado depois de

superadas as fases teológica e metafísica da história: bem o sabia Quincas Borba, o pensador machadiano do humanitismo.[5]

Assim, a natureza mesma era depositária de um sentido que continuaria na história. Mas a natureza é um ogre devorador, como nos mostra a cena de "O delírio" em *Memórias póstumas de Brás Cubas*, que nos adverte ser a história "eterna loureira".

Não concede a ficção do nosso autor privilégio terapêutico ao tempo. O tempo não cura; em vez de libertar os homens da opressão e da mentira, ele é "cúmplice de atentados"; fazendo "esquecer os bons propósitos", destrói as promessas, o altruísmo e consagra os vencedores.

O olhar machadiano enfrenta o tempo; neutralizando-lhe a ação recuperadora, parece pairar acima dele, com a sobriedade calculada de seu estilo, em oposição ao sobressalto dramático, que sacode "a expressão torturada dos melhores escritores brasileiros seus contemporâneos" —[6] um Raul Pompeia, um Euclides da Cunha, um Cruz e Souza e, depois, um Augusto dos Anjos e um Lima Barreto, confiantes no poder de tiro crítico das "ideias novas" contra a injusta "assimetria" da sociedade brasileira. Desse modo, a pugna das "ideias novas", que foi "a batalha ideológica dos anos 1970, não passa pelo centro vivo da ficção machadiana, não é o seu espaço de significações nem a sua referência polêmica. Outra é a direção de seu olhar".[7]

REALISMO DECEPTIVO

Diante das filosofias triunfalistas da época, o realismo de Machado seria também deceptivo, no sentido de que se colocou do lado de fora dos padrões de pensamento vigentes naquele momento. Se, pois, de sua época diverge, se rebate criticamente esses padrões, expondo-os à galhofa, seu olhar realista, que pensa sentindo e sente pensando, tanto mais acurada e penetrantemente devassa o contorno humano de que se aproxima quanto mais pela imaginação dele se afas-

---

[5] Idem, ibidem, pp. 155-6.
[6] Idem, ibidem, p. 157.
[7] Idem, ibidem, p. 154.

ta, já intelectualmente distanciado das concepções coletâneas, ilusórias como abstrações filosóficas e deformantes da realidade como ideologias. Assim, na dissidência com o pensamento de seu meio e de sua época, o olhar machadiano é um olhar extemporâneo, que se forja uma reflexividade anacrônica, aderindo a matrizes inatuais de sensibilidade e de pensamento, revivificadas numa criação ficcional de "horizonte ao mesmo tempo individual e universal". Que matrizes são essas?

A resposta de Bosi, como hipótese plausível, para entender o enigma do olhar machadiano, é que tais matrizes derivariam "das análises psicológicas desenganadas do moralismo seis-setecentista",[8] incorporado pela vertente cética do Iluminismo, e que pensadores do Oitocentos, como Leopardi, Stendhal e Schopenhauer, assimilaram, mas circundadas ainda de mais antigas fontes a que as primeiras remetem, como o "Eclesiastes" e o "Livro de Jó".

Certamente, Pascal como Leopardi, Schopenhauer como Stendhal contribuem para a gênese desse olhar, mas aliados a La Rochefoucauld, La Bruyère, Manuel Bernardes, Matias Aires, Vauvenargues, Helvetius e Adam Smith. O exemplário desses modos de pensamento, em apêndice no final do livro, nos oferece, numa escala nuançada, os tons, entretons e timbres de um pensamento cético ajustado às artimanhas do humor, que teriam convergido no foco do olhar machadiano — não espelho de luz difusa, mas lente analítica do real.

---

[8] Idem, ibidem, p. 155.

A cidade sagrada

Não era a primeira vez que poder e religião se associavam na fundação de Belo Monte, em Canudos, sob a chefia do Conselheiro, Antonio Vicente Mendes Maciel, na mesma região baiana onde o comando político, no fim do Império e ao começar a República, pertencia, sob a tutela da Igreja, ao barão de Jeremoabo, proprietário de mais de sessenta fazendas. Outros Conselheiros, indivíduos empenhados na conversão de pecadores para reconduzi-los a Deus e na execução de obras pias, percorriam, agrupando gente, vilas e pequenas cidades, ao lado de beatos, nome que davam aos homens devotos, puxadores de terços e de ladainhas, dedicados à Igreja. É difícil precisar como Antonio Conselheiro passou do exercício da piedade ao mando político, ao governo de Canudos, um burgo podre, arraial em fazenda abandonada, que depois de 1893, com a população flutuante nele concentrada, em casario compacto de pau a pique, como ponto de fuga e abrigo para os desvalidos que por muitas fazendas se disseminavam, cresceu até cerca de 25 mil pessoas.

Essa população flutuante, cujo crescimento, ao aproximar-se a chegada da 4ª Expedição contra Canudos, fez-se de maneira galopante, assustando os coronéis, os grandes proprietários da região, apaniguados ou amigos do barão de Jeremoabo, e a alta hierarquia eclesiástica, era formada de roceiros, pequenos agricultores e suas famílias. Vinham da estirpe dos posseiros, que não usufruíam

281

de terra própria. Pouco gado vacum criavam; sem pastagens, só cabras e bodes prosperavam na região adusta da catinga, a parte mais braba, mais madrasta do sertão, onde se localizava Canudos. As peles desses animais eram armazenadas e vendidas. Em segundo lugar, figuravam comerciantes, pequenos ou médios, entre os habitantes de Canudos, que tinha escola e professora primária. O próprio Conselheiro estava longe de ser analfabeto. Frequentara as primeiras letras completas, àquela época, segundo tradição que perdurava nos seminários católicos, incluindo o ensino do latim.

Mas também havia, nesse meio sertanejo heterogêneo, como lembra Walnice Galvão, em O *Império do Belo Monte: vida e morte de Canudos*,[1] principal motivação deste nosso trabalho, ex-escravos (a Abolição se fizera um pouco antes da proclamação da República, em 1888) e índios.

Antes de abandonar a vida errante que o levara a ocupar-se, por onde passava, com a construção ou a preservação de igrejas e cemitérios, antes pois que o Conselheiro se encerrasse em Canudos, transformando o burgo em cidadela, e a cidadela na santa cidade de Belo Monte, até as famílias dos potentados locais, principalmente as mulheres, por ele inferiorizadas, acorriam às praças e latadas onde o santo homem pregava. Depois sobreveio a ação aguerrida do santo, seus fiéis armados, embora fossem improvisados seus apetrechos bélicos, enfrentando sucessivas forças governamentais que tentaram desbaratá-los, ao longo de quatro expedições militares — com tropas regulares, munidas de modernos fuzis, metralhadoras e canhões, a última comandada por generais. O ímpeto agressivo, a ameaça aos grandes proprietários e à Igreja — uma pacificadora comissão de franciscanos chegou a adentrar Canudos — que o Conselheiro encarnava, bem assim como a marcha da campanha militar contra ele intentada, principalmente a partir da atuação do coronel Moreira César, derrotado dentro da fortaleza onde chegou a penetrar, tudo isso pode ser acompanhado pela expressão dos sobressaltos, iras e preocupações dos potentados locais nas cartas por eles escritas ao seu reconhecido líder, o barão de Jeremoabo.

Um dos missivistas confidencia ao barão o desastroso que achava o haver-se nomeado para o comando da tropa contra os insurgentes o "cruel Moreira César", que "vai fazer uma carnificina medonha nos maltrapilhos e quase iner-

---

[1] São Paulo: Fundação Perseu Abramo, 2001.

mes fanáticos de Canudos".[2] Não tão inermes assim, pois que, segundo outro correspondente, eles derrotam as tropas legais, matando quase todos os oficiais e apreendendo-lhes "apetrechos bélicos e víveres".[3] Há porém os que chamam Moreira César de "heroico"; outros lamentam-lhe a temeridade ao querer "entrar em Canudos sem descanso da força.[4] Mas no momento agudo do conflito — a 4ª Expedição, do general Arthur Oscar — ninguém mais pode viajar. Muitos proprietários abandonam as fazendas. No entanto, os bombardeios das tropas se tornam incessantes. "De vários pontos tem-se ouvido continuamente o ribombar do canhão."[5] Os jagunços porém passaram a fazer guerra de emboscada. "Já se vê que o negócio complica-se e não será fácil levar a cabo a empresa."Muita gente do Conselheiro — escreve outro — está fugindo. Diz-se que "a catinga dos mortos" em Canudos já sufoca. O santo homem morreria em breve. Submetida a cidadela, as tropas legais degolaram prisioneiros e se apropriaram de crianças abandonadas.

O que afinal pregava o Conselheiro, e quais seus atos de governo?

O Conselheiro falava como um padre, sem nunca porém ministrar os sacramentos, privilégio do sacerdócio que não tinha. Sua visão de mundo, mais do que teocêntrica, estava centrada em Cristo e na Virgem Maria. Mostra-o o livro de sermões por ele deixado, com o título de *Tempestades que se levantam no Coração de Maria por ocasião do Mistério da Anunciação*. Nada aí excede a ortodoxia da Igreja. Embora arredio ao alto clero (teve seguros aliados no baixo), era o nosso pregador católico, apostólico romano, mas antes da reforma de Trento e, portanto, fiel ao direito divino dos Reis, repudiando o Estado leigo, não religioso, tal como formalmente instalado com a proclamação da República. O Conselheiro antagonizou a República não porque fosse de um então propalado partido monárquico — como o próprio Euclides da Cunha pensara ao escrever sobre Canudos como a nossa Vendeia, antes de acompanhar parte da luta em sua última fase — mas porque adotava a teocracia. O poder, que só pertencia aos príncipes, vinha de Deus. Política e religião nele se uniam indissoluvelmente. O que o Conselheiro pregava se antepunha à sociedade civil; o Estado leigo, não religio-

[2] Cf. *Canudos: cartas para o barão*. Org. Consuelo Novais Sampaio. São Paulo: Edusp, 1999, p.138.
[3] Idem, ibidem, p. 150.
[4] Idem, ibidem, p. 162.
[5] Idem, ibidem, p. 185.

so, é que constituía, para ele, a verdadeira heresia. Respeito à propriedade, defesa da família e luta contra os inimigos da Igreja, judeus, protestantes, maçons e republicanos, tais os pontos quentes do ultraconservadorismo do Conselheiro, apenas abalado na condenação frontal que fez da escravidão. O seu enfrentamento com o governo começa quando a mesma religiosidade, equivalente já a uma posição política, inspira-os, a ele e a seu grupo, a reagirem violentamente contra medidas governamentais, como a cobrança de impostos, e contra aspectos constitucionais do Estado, como o casamento civil. Ele patrocinaria em 1893, em várias cidades, uma queima das tábuas com os editais para a cobrança dos impostos republicanos.

Acho que o principal ato de governo de Antonio Conselheiro, que atraiu gente para Canudos, esvaziando as fazendas circunvizinhas, conforme queixa dos potentados, foi a instalação gratuita dos habitantes: a terra se tornou propriedade comum dentro da cidadela. Os outros atos de governo eram defensivos (organização das guardas) ou devocionais, além dos proibitivos, como o impedimento do consumo de bebidas alcoólicas.

Mas, concluindo, de que remotas e profundas causas proveio a autoridade do santo homem?

Para podermos responder a essa pergunta, teremos de referir a discussão que se trava já no final do livro citado de Walnice, sobre qual dos três focos de expectativa político-religiosa — sebastianismo, milenarismo e messianismo — incidiria sobre a atuação de Antonio Maciel.

Dom Sebastião, o monarca português morto em Alcácer-Quibir, que deveria voltar algum dia, só aparece, como a ideia milenarista do "fim dos tempos" — no entanto adotada por Robert M. Levine em O *sertão prometido: o massacre de Canudos* —,[6] em folhetos proféticos encontrados no reduto e versos de poesia popular da época. Não há dúvida de que a atuação de Antonio Maciel, como líder religioso, teve coloração messiânica. Mas nenhuma dessas tendências explica a junção do poder político e da religião, que o meio sertanejo tem frequentemente combinado. "O senhor sabe: sertão é onde manda quem é forte, com as astúcias", lê-se em *Grande sertão: veredas*. Por isso, no sertão, o poder é anômico, difuso e também religioso. Dessa forma, numa visão retrospectiva que incorporou o Belo Monte, a cidade sagrada do Conselheiro e de Euclides da Cunha, o Riobal-

---

[6] São Paulo: Edusp, 1995.

do de Guimarães Rosa poderia imaginar a hipótese de "pessoas de fé e posição se reunirem, em algum apropriado lugar, no meio dos gerais, para se viver só em altas rezas, fortíssimas, louvando a Deus e pedindo glória do perdão do mundo. Todos vinham comparecendo, lá se levantava enorme igreja, não havia mais crimes nem ambição, e todo sofrimento se espraiava em Deus, dado logo, até à hora de cada uma morte cantar".

7. Brasileiros contemporâneos

Volta ao mito na ficção brasileira

A *Pedra do reino* (1971),[1] de Ariano Suassuna, transporta-nos ao reino do mesmo nome, a Pedra Bonita, lugar mítico do sertão do Pajeu, pela pena de um seu descendente e cronista, Pedro Diniz Quaderna. *Lavoura arcaica* (1975),[2] de Raduan Nassar, tem como ponto de partida, segundo o próprio autor, em nota esclarecedora no final do livro, a inversão da parábola do filho pródigo. Sai em 2000, com rico travejamento mítico, *Dois irmãos*,[3] de Milton Hatoum.

Dado o comum estofo narrativo dos três citados romances — as popularescas histórias de cordel nordestinas do primeiro, a parábola bíblica do segundo e a tríplice linhagem, etnográfica, religiosa e literária do terceiro —, poder-se-ia pensar, na ocorrência, por meio deles, de uma volta ao mito na ficção brasileira atual. Na verdade, porém, esse fenômeno não constitui episódio único e isolado em nossas letras. É o terceiro surto do mito no romance brasileiro.

Deu-se o primeiro na época do romantismo, com José de Alencar, sobretudo, e depois, de maneira singular, com Machado de Assis. O segundo surto ocor-

---

[1] Ariano Suassuna. *Romance d'a pedra do reino e o príncipe do sangue do vai e volta*, 4ª ed. Rio de Janeiro: José Olympio, 1976.
[2] Raduan Nassar. *Lavoura arcaica*, 3ª ed. São Paulo: Companhia das Letras, 1989.
[3] Milton Hatoum. *Dois irmãos*, 1ª ed. São Paulo: Companhia das Letras, 2000.

reu na fase pós-modernista: em 1956, com *Grande sertão: veredas*,[4] de Guimarães Rosa, e em 1964 com *A paixão segundo G.H.*[5] e contos de *A legião estrangeira*,[6] de Clarice Lispector, como "Os desastres de Sofia". Entre os dois surtos, o movimento modernista se aproximara da diversificada, porosa e transmigrante matéria dos mitos indígenas. Foi quando, ainda nos anos de agitação cultural desse movimento, Mário de Andrade, pondo a mão na massa de relatos etnográficos colhidos por Koch Grünberg, escreveu a suíte ou rapsódia mítica denominada *Macunaíma*.[7] Era o "passo para trás" na direção do primitivo, completado pelo antropófago do outro Andrade, Oswald, como parte da busca, empreendida em 1922, da identidade do povo brasileiro.

Essa preocupação de identidade nacional já tinha, porém, despontado no romântico anseio de descoberta do homem, de seu passado histórico e de seu meio regional, que ativou a imaginação do nosso romancista José de Alencar, nordestino do Ceará, senador à época do Segundo Império, de dom Pedro II (da família dos Bragança, neto de dom João VI), ao mesmo tempo indianista e regionalista. Entre nós, ele confirma a tese de Joseph Campbell, segundo a qual "a ficção do século XIX já se transformara no romance mitológico".[8] José de Alencar recriaria no índio de *O guarani*[9] o mito rousseauista do bom selvagem, convertido, em matéria de sentimento e fidelidade, conforme atinou Cavalcanti Proença, num nobre português de boa cepa, capaz de amar sua loura Ceci na copa de uma palmeira em movimento na correnteza do Paraíba do Sul e de salvá-la dos perigos da cheia desse rio. Mas o nosso romancista ainda mitificou o homem regional: antes de Euclides da Cunha conferiu existência romanesca ao sertanejo e antes de José Simões Lopes Neto ao gaúcho, em dois livros de títulos homônimos da década de 1870, *O sertanejo*[10] e *O gaúcho*.[11]

---

[4] João Guimarães Rosa. *Grande sertão: veredas*, 20ª ed. Rio de Janeiro: Nova Fronteira, 1986.

[5] Clarice Lispector. *A paixão segundo G.H.* Rio de Janeiro: Rocco, 1998.

[6] Idem. *A legião estrangeira*. Rio de Janeiro: Rocco, 1998.

[7] Mário de Andrade. *Macunaíma: o herói sem nenhum caráter*. Rio de Janeiro: Livros Técnicos e Científicos/São Paulo: Secretaria de Cultura e Tecnologia, 1978.

[8] Joseph Campbell. "O oculto no mito e na literatura". Em _____. *Mitologia na vida moderna*. Antony Van Covering (org.). Tradução Luiz Paulo Guanabara. Rio de Janeiro: Rosa dos Tempos, 2002, p. 283.

[9] José de Alencar. *O guarani*. Em idem. *Obra completa*. Rio de Janeiro: J. Aguilar, 1958, v. 2.

[10] Idem. *O sertanejo*. Em idem, ibidem, v. 3.

[11] Idem. *O gaúcho*. Em idem, ibidem, v. 3.

O gaúcho descreve, sob esse nome, aquele cavaleiro ou peão que vive no pampa, imensa planície das margens do Uruguai, focalizado como meio natural, região única, onde impera o tufão, rei dos ventos, sopro de sua alma e do homem que aí habita e lhe dá expressão. "Cada região da terra tem uma alma sua, raio criador que lhe imprime cunho de originalidade." Essa alma está na árvore, na ema, no touro e no corcel, mas reside, sobretudo, no gaúcho, que tem a velocidade da primeira e a veemência do segundo. No índio guarani, Alencar fizera a tipificação étnica do brasileiro; no gaúcho, o escritor procede a uma tipificação regional da nação. Ambas moldam as duas faces de um mesmo mito do homem de natureza franca e apaixonada, que se agita impetuoso. "A esse turbilhão de sentimento era indispensável uma amplitude de coração, imensa como a savana"; o mesmo se passa com o sertanejo, "destemido vaqueiro", identificado ao seu meio. O personagem do romance respectivo é, como típico, tão mítico quanto o gaúcho. Tem, no entanto, a obstinação da terra castigada pela seca. O sertanejo Arnaldo é ágil e delgado em seu talhe; os olhos, "rasgados e vívidos", externam um coração indomável. Antes de Euclides da Cunha, em *Os sertões*,[12] Alencar proclamava, com outras palavras, que o sertanejo era um forte. E essa mítica fortaleza se denunciava no plano físico e no plano moral. Estamos, pois, diante de um acontecimento de duplo sentido. Se a literatura e a poesia em particular nasceram do mito, o mito também pode nascer da literatura. E é o que vemos ocorrer agora, na estreita dimensão de uma troca incorporadora entre homem e meio, no romantismo de José de Alencar.

A singular contribuição de Machado de Assis a essa relação tensa, fora do indianismo e do regionalismo, foi manter a oposição dos contrários em *Esaú e Jacó*,[13] destacando, com esse romance, para a literatura brasileira, a força poética de um mito bíblico. Nesse de *Esaú e Jacó*, a história dos irmãos gêmeos, filhos de Isaac, que se anunciaram à mãe, Rebeca, porque lutavam dentro de seu ventre, Jacó segurando o calcanhar de Esaú, o primogênito, no momento do parto, renasce, dentro da situação literária que provoca, com a veemência de uma parábola do destino humano. O destino humano é luta contra o tempo, por sua vez já mitificado desde o Renascimento como um velho de longas barbas. Mas esse segundo nascimento literário daquele mito bíblico lhe dá nova relevância

---

[12] Euclides da Cunha. *Os sertões: campanha de Canudos*, 27ª ed. Brasília: EDUNB, 1963.
[13] Machado de Assis. *Esaú e Jacó*. Em *Obra completa*. Rio de Janeiro: Nova Aguilar, 1992, v. 1.

— social, moral e política — a partir de sua aliança com a predição da sorte dos gêmeos de Machado de Assis, Pedro e Paulo, remoldados nas figuras de Esaú e Jacó, por um oráculo local, a pitonisa cabocla do morro do Castelo, que antevê, a despeito da luta pré-natal entre eles, a grandiosa vida de ambos. "Todos os oráculos têm o falar dobrado, mas entendem-se." A briga com o tempo, nesse romance também mitificado, sempre tem um desfecho trágico, mas a de nossos Pedro e Paulo é infletida pela ironia machadiana para o ritmo de comédia: a luta entre eles é ideológica, política e amorosa. Um é liberal, outro, monarquista, um opta pelo Império, outro pela República; mas ambos amam a mesma mulher, Flora, que a prática do virtuosismo musical, como pianista, colocava acima de tais conflitos nessa história rememorativa contada pelo Conselheiro Aires, futuro autor do Memorial machadiano.

Mas, afinal, que é o mito senão uma história contada ou um conto narrado? E o que é esse conto independentemente da literatura? Não se tem como óbvia ou fácil a definição de conto em literatura. Daí dizerem muitos que conto é o que seu autor diz que é conto. O mito seria um conto ao qual não se pode atribuir um autor determinado ou que teria inúmeros autores sem identidade pessoal; mesmo quando registrado num determinado momento, ele vem de muito longe, não procede de alguém e parece provir, conforme já se admitiu, de um difuso colegiado ou da própria coletividade. Quando Homero, em seus dois poemas, *Ilíada*[14] e *Odisseia*,[15] se refere aos deuses helênicos, que chamamos de mitológicos, ele estaria sendo porta-voz dessa comunidade. Contava umas tantas histórias que lhe tinham sido oralmente transmitidas — em geral sobre as origens, fosse a dos deuses, a do mundo e a do homem. Daí ser o mito considerado ao mesmo tempo a história das origens e a história original ou a mãe dos contos, situada extraliterariamente e de maneira tardia como texto escrito numa tradição religiosa determinada (Bíblia, Corão, Veda); houve as tradições grega, latina, germânica e também medieval e moderna.

Modernamente, a literatura também descobriu-se mitogênica: formou personagens — Hamlet, rei Lear e Macbeth, de Shakespeare, don Juan, de Zorrilla, Fausto, de Goethe, para citarmos alguns, que alcançam altitudes míticas. E com isso descobriu as suas próprias raízes no mito, tratado com muita libe-

---

[14] Homero. *Ilíada*. Trad. em versos de Carlos Alberto Nunes. Rio de Janeiro: Ediouro, 1995.
[15] Idem. *Odisseia*. Trad. Manoel Odorico Mendes, 3ª ed. São Paulo: Edusp, 2000.

ralidade, como fez Goethe, misturando, no primeiro e sobretudo no segundo Fausto, entidades pagãs e cristãs. Essa mistura já se nota no segundo prólogo — o prólogo no Céu — do primeiro Fausto, no qual o Diabo (Mefistófeles) recebe de Deus, depois de provocá-lo, a incumbência de tentar o personagem, que está debaixo da proteção divina. Ora, essa cena tem um precedente bíblico inequívoco: a história sapiencial de Jó.

> Iahveh então perguntou a Satanás:
> — Donde vens?
> — Venho de dar uma volta pela terra, andando a esmo — respondeu Satanás.
> Iahveh disse a Satanás:
> — Reparaste no meu servo Jó? Na terra não há outro igual: é um homem íntegro e reto, que teme a Deus e se afasta do mal. [...] Pois bem, tudo o que ele possui está em teu poder, mas não estendas a mão contra ele.[16]

Lê-se em Goethe no local referido: "O Senhor: Tu conheces Fausto? Mefistófeles: Doutor? O Senhor: Meu servidor [...] Mefistófeles: Vós o perdereis — o que apostais? Se me derdes a permissão de conduzi-lo mansamente ao meu caminho".[17]

Entre nós, a descoberta das raízes míticas da literatura operou-se mais adiante do romantismo, no momento modernista já referido, sobretudo depois da primeira grande recolha de mitos etnográficos de que resultou, conforme anteriormente ressaltamos, a elaboração de *Macunaíma* por Mário de Andrade, um livro inclassificável como suíte mítica no rastro desse "herói sem nenhum caráter" — paradoxalmente representativo do caráter brasileiro, e que se tornou, como nos informa Câmara Cascudo, "um misto de astúcia, maldade instintiva e natural, de alegria zombeteira e feliz".[18] Mas em *Macunaíma*, tantos são os mitos como os falares; trata-se também de uma rapsódia linguística.

Macunaíma se aproxima, mediante contraste, de *Grande sertão: veredas*. Esse romance tem a aparência de uma rapsódia linguística, mas é na verdade

---

[16] Johann Wolfgang Goethe. *Fausto*. Belo Horizonte: Itatiaia/São Paulo: Edusp, 1981, p. 457.

[17] Idem, ibidem.

[18] Luís da Câmara Cascudo. *Dicionário do folclore brasileiro*, 5ª ed. Belo Horizonte: Itatiaia, 1984, p. 812.

uma só linguagem, a de Riobaldo, personagem narrador, que redimensiona o Sertão; e o personagem não é um sertanejo misturando falares nordestinos ou falares da região dos Gerais. É o "homem humano", com uma fala sua, poética, em luta com o mundo e seus poderes a que vai dando existência, pois que o Sertão é antes uma súmula do mundo e não uma circunscrição regional. Os poderes contra os quais luta o homem, que se debate entre Deus e o Diabo, querendo atender ao primeiro e desconfiando que pactuou com o segundo (já se comparou Riobaldo com o Fausto), são os poderes do mito.

Vários autores, e entre eles Consuelo Albergaria e Francis Utéza, já os descreveram recorrendo aos diversos e homólogos flancos do ocultismo, da alquimia à maçonaria, as situações romanescas enquadradas em figuras simbólicas de uma sabedoria secreta, esotérica: reencarnações, ciclos cármicos, repetição da Antiga Aliança bíblica, advento do Grande Tempo, hirogamias do Céu e da Terra. Embora o mundo de *Grande sertão: veredas*, onde transitam jagunços, tropeiros, boiadeiros, andarilhos, animais de toda sorte, pássaros, bois e cavalos, seja o mundo pleno das coisas, da Natureza, é verdade que ele não está num espaço cartesiano nem acontece num tempo estipulado como medida do movimento físico. Seria mais bem descrito se o entrevíssemos como uma conjunção simultânea do Céu e da Terra, dos Mortais e dos Imortais, por efeito da palavra poética reveladora — o Quadripartite ou a Quadrindade de Heidegger, associando mito e poesia.

Tudo se passa a céu aberto em *Grande sertão: veredas* para personagens andejos, sempre em viagem, galgando escalas do Sertão, que está em toda parte. Também em *Corpo de baile*, grupo de seis novelas saído no mesmo ano de *Grande sertão*, e ainda no precursor *Sagarana*, editado na década de 1940, todos viajam e tudo é viagem. "Viver é viajável" e, por isso, viver é perigoso. *Grande sertão* é relação de viagem como travessia do Sertão. Só que a travessia é uma *peregrinatio* da alma no claro-escuro das veredas. "Viver — não é — é muito perigoso. Porque ainda não se sabe. Porque aprender a viver é que é viver mesmo."

Outra *peregrinatio* da alma é o que vamos encontrar no fascinante romance de Clarice Lispector *A paixão segundo G.H.*, como uma via mística que se estende de coisa a coisa, dos objetos com seus nomes ao ser inominado, Deus, por vezes chamado de forma neutra — o it — e que portanto vai da alma com suas paixões ao nada afetivo que a dissolve. Aqui a narradora absorve a personagem impulsionada pelo desejo de narrar o inenarrável, de dizer o indizível.

A linguagem é o meu esforço humano. Por destino tenho que ir buscar e por destino volto de mãos vazias. Mas — volto com o indizível. O indizível só me poderá ser dado através do fracasso de minha linguagem. Só quando falha a construção, é que obtenho o que ela não conseguiu.

Nesse transbordante relato de *A paixão segundo G.H.*, o ser é a coisa sem nome; em "Os desastres de Sofia", de *A legião estrangeira*, o inominado é a morte sob a imagem do lobo do homem.

Nesse conto, Clarice Lispector faz uma estupenda sobreposição do disfarce do lobo em vovó na história do *Chapeuzinho Vermelho* com a experiência infantil da menina descobrindo-se escritora:

De chofre explicava-se porque eu nascera com mão dura, e para que eu nascera sem nojo da dor. Para que te servem essas unhas longas? Para te arranhar de morte e para arrancar os teus espinhos mortais, responde o lobo do homem. Para que te serve essa cruel boca de fome? Para te morder e para soprar a fim de que eu não te doa demais, meu amor, já que tenho que te doer, eu sou o lobo inevitável pois a vida me foi dada.

O terceiro surto do mito, que exemplificamos com os romances de Ariano Suassuna (*A pedra do reino*), de Raduan Nassar (*Lavoura arcaica*) e de Milton Hatoum (*Dois irmãos*), é deveras singular. Nenhum deles gera mitos novos como os anteriores; todos vão buscar no repertório bíblico e popular figuras míticas já existentes, por eles reformuladas e postas a funcionar como modelos arquetípicos das histórias contadas. Esses romances não são, por isso, mitogênicos, mas pela função modelar, ordenadora, que emprestam a tais figuras na condução da história e na expectativa do leitor, são mitomórficos.

A pedra do reino retira do populário das narrativas de cordel do Nordeste a sua matéria mítica. Raduan Nassar recorre à parábola evangélica do filho pródigo em *Lavoura arcaica*. A saga veterotestamentária dos filhos de Isaac, Esaú e Jacó, fornece a Milton Hatoum a linha principal de sua narrativa, *Dois irmãos*, sem prejuízo de outros precedentes literários e etnográficos na mesma linha conflitiva característica de sua história, conforme depois veremos. Estamos diante, não hesito em dizê-lo, de três obras-primas, que são, as três, narrações em primeira pessoa.

Narra a ação do romance de Ariano o seu protagonista, Pedro Diniz Quaderna, um charadista e glosador de histórias de cordel, cordelista também ele, e ávido leitor de outros romances, como os de José de Alencar, exaltado pelo personagem, que traz no nome o índice dessa sua atividade de cordelista, o fazer versos em quadra, pois que Quaderna se chama, apelativo esse, é bom lembrar, pelo qual o pemambucano João Cabral de Melo Neto, companheiro de geração do romancista, designa um de seus livros de verso (1956-9). Situa-se a ação numa diferente paragem do sertão rosiano, só que agora o mundo é um livro, cujos capítulos são folhetos; as histórias, assombrosas umas, enigmáticas outras, são ao mesmo tempo narradas e cantadas, pois que o seu autor tanto escreve quanto recita, em voz bastante alta de modo a ser ouvido nas feiras, os versos com que entremeia a sua prosa narrativa. A narração traz a entonação de oralidade. Mas o que ela conta é uma feira livre de contos, história puxando história, como em uma *Mil e uma noites* sertaneja, tornando-se o romance um paraíso de mutações míticas, como se teatro barroco em cena lúdica fosse, o sertão convertido numa sucessão de imagens, semelhantes às xilogravuras impressas nas capas dos folhetos de cordel, representando cavalhadas ou exemplares de uma zoologia fantástica, muitas das quais ornam o romance de Ariano, como brasões representativos de uma arte por ele qualificada de armorial. "Caçadas e expedições heroicas nas serras do Sertão! Aparições assombratícias e proféticas! Intrigas, presepadas, combates e aventuras nas Catingas! Enigma, ódio, calúnia, amor, batalhas, sensualidade e morte", lê-se no enunciado, que já é uma legítima peça parodística, desse romance jocoso, trágico-satírico, ora em linguagem elevada, ora usando expressões chulas, monologal por um lado e dialogal por outro, quando Quaderna, como réu, já preso, envolvido no mistério do desaparecimento do rapaz do Cavalo Branco e da morte do latifundiário seu padrinho, fala diante do procurador que o interroga.

O Sertão é trágico. De sua janela gradeada da cadeia, o narrador vê "a terra agreste, espinhenta e pedregosa, batida pelo Sol esbraseado", de que

> parece desprender-se um sopro ardente, que tanto pode ser o arquejo de gerações e gerações de Cangaceiros, de rudes Beatos e Profetas, assassinados durante anos e anos entre essas pedras selvagens, como pode ser a respiração dessa fera estranha, a Terra — esta Onça-Parda em cujo dorso habita a raça piolhosa dos homens. Pode ser também a respiração fogosa dessa outra fera, a Divindade, Onça-Malhada que é

dona da Parda, e que há milênios acicata a nossa Raça, puxando-a para o alto, para o Reino e para o Sol.

Esse Reino a que se refere o narrador é certamente o da Pedra ou das Pedras, que teve o seu monarca, de que Quaderna descende, e onde mulheres, crianças e velhos foram assassinados, para que do sangue das vítimas o já mítico dom Sebastião de Portugal renascesse trazendo uma mina de ouro para salvar os pobres do Nordeste.

Mas o relato do inquirido é também satírico sob o foco de seu horizonte histórico propositadamente datado, que recua a 1935, quando se deu o levante comunista, e a 1937, quando se deu o levante integralista e Getulio Vargas instaurou o Estado Novo. Os dois amigos mais próximos do narrador, que o instruem no conhecimento social e político, são o comunista Clemente e o integralista Samuel Wandernes, que, afinal, em decorrência de mútuas ofensas trocadas, resolvem recorrer, em prol da defesa da honra, a um duelo ou ordálio, como chamam, para o qual, então, o suposto ofendido, Clemente, escolhe as armas vindicativas. E batem a cavalo, penicos nas mãos, gritando o comunista "pelo Brasil negro-tapuia e socialista" (Clemente era preto e seu opositor, descendente de holandeses) e o integralista berrando "pelo Brasil fidalgo, católico, Cruzado e por Nossa senhora da Conceição".

Pedro Diniz, como cordelista e cantador, já escolheu o partido da Poesia. "Era me tornando Cantador, que eu poderia reerguer, na pedra do verso, o Castelo do meu Reino, reinstalando os Quadernas no trono do Brasil, sem arriscar a garganta e me meter em cavalarias, para as quais não tinha nem tempo nem disposição [...]." E nesse romance de Ariano, onde os Doze pares da França transitam no sertão dos folhetos de feira, tanto o mito gera a poesia quanto a poesia gera o mito.

É uma tal interdependência da poesia e do mito que vamos encontrar, por intermédio da parábola invertida do Filho Pródigo, no romance do escritor paulista de ascendência árabe Raduan Nassar *Lavoura arcaica*, sob a forma do ritmo lírico de sua linguagem, cadenciada por repetições, pausas exclamativas, no ângulo da introspecção do personagem, em conflito com a autoridade paterna posta em causa, e consequentemente com a supremacia da família por essa mesma autoridade exaltada.

Um homem tinha dois filhos. O mais jovem disse ao pai: Pai, dá-me a parte da herança que me cabe. O pai dividiu a herança entre eles. Poucos dias depois, ajuntando todos os seus haveres, o filho mais jovem partiu para uma região longínqua e ali dissipou sua herança numa vida devassa.

No fundo, a parábola que se tomou por base, pressupondo no começo a rebelião do jovem e no final a subordinação à autoridade paterna como fracasso dessa rebelião, está bordejada pelo mito ancestral, freudiano, do assassinato do pai, secundada, no desenrolar do romance, pela invocação da potência mítica do tempo. "O tempo, o tempo é versátil, o tempo faz diabruras, o tempo brincava comigo, o tempo se espreguiçava provocadoramente, era um tempo só de esperas [...]."

Primeira inversão efetuada pelo romancista na parábola evangélica: o caráter patrimonial desta (dilapidar os bens, o tesouro acumulado da família) é trocado pelo mito moderno, romântico, da livre individualidade contra a sacralidade da vida familiar defendida pelo pai, e admitida pelo irmão mais velho, Pedro, ao encontrar-se com André, o caçula fugitivo, a quem foi buscar instado pela mãe:

> ela não contou para ninguém de tua partida; naquele dia, na hora do almoço, cada um de nós sentiu mais que o outro, na mesa, o peso de tua cadeira vazia; mas ficamos quietos e de olhos baixos, a mãe fazendo os nossos pratos, nenhum de nós ousando perguntar pelo teu paradeiro; e foi uma tarde arrastada a nossa tarde de trabalho com o pai, nossos pensamentos ocupados com a figura de nossas irmãs em casa, perdidas entre os afazeres na cozinha e os bordados na varanda, na máquina de costura ou pondo ordem na despensa [...]

Segunda inversão: a prodigalidade do rapaz em fuga do lar, numa confirmação sarcástica do discurso do pai sobre a dominância da família, é amar apaixonadamente uma de suas irmãs, Ana, a quem se une carnalmente. "'Era Ana, era Ana, Pedro, era Ana a minha fome explodi de repente num momento alto, expelindo num só jato violento meu carnegão maduro e pestilento, era Ana a minha enfermidade, ela a minha loucura, ela o meu respiro, a minha lâmina, meu arrepio, meu sopro, o assédio impertinente dos meus testículos', eu gritei de boca escancarada, expondo a textura de minha língua exuberante, indiferente ao guardião escondido entre meus dentes [...]." Ele fugira da casa quando por ela repudiado num gesto de arrependimento.

Na parábola evangélica, a discussão do pai, quando o filho retorna, é com aquele que permaneceu em casa, no seio da família, e que reclama com muita raiva que dele nunca recebera um cabrito para festejar com os amigos. Então o pai lhe responde: "Filho, tu estás sempre comigo, e o que é meu é teu. Mas era preciso que festejássemos e nos alegrássemos, pois esse teu irmão estava morto e tornou a viver; ele estava perdido e foi reencontrado". No romance de Raduan, a discussão do pai, já na segunda parte da obra, intitulada "Retorno", é com o filho que volta, e que é pródigo só na expressão de sentimentos que seu interlocutor não entende. Há, nas considerações de André sobre o amor e a família, subentendidos trazendo o magma de sua paixão incestuosa pela irmã, Ana, confessada a Pedro na primeira parte, a mais longa, e que a autoridade paterna não alcança. Finalmente pai e filho se reconciliam. "Vamos festejar amanhã aquele que estava cego e recupera a vista."

Terceira inversão da parábola: a festa de alegre recepção é a morte do amor familiar quando, quebrando o seu religioso afastamento do amante-irmão, Ana, que reaparece no círculo de dança improvisada, em atitude de provocadora sensualidade, recebe letal estocada de alfanje vibrado pelo pai possesso de indignação. Era a mão da família que punia, por intermédio da autoridade paterna, a infringência do incesto, interdição fundamental, a partir da qual se organizam, juntamente com a cultura, os próprios mitos, e que o Corão expressamente proíbe na Surata IV, 23, transcrita como epígrafe da segunda parte: "Vos são interditadas: vossas mães, vossas filhas, vossas irmãs".

O único precedente ficcional moderno do romance de Raduan é o *récit* de André Gide, *Le fils prodigue*. Trata-se de uma contraparábola ou de uma versão crítica da vida familiar: o filho pródigo volta à casa paterna para perverter o irmão mais novo, para fazer com que deixe a família, saindo de seu âmbito a fim de descobrir o mundo. Em *Lavoura arcaica*, o filho pródigo já encontra o caçula rebelado contra a prisão e decidido a abandoná-la.

Dois irmãos nos vem de outro escritor brasileiro de ascendência árabe-libanesa, natural do Estado do Amazonas, Milton Hatoum, a quem devemos, em 1989, *Relato de um certo Oriente*. O que há de comum entre esses dois romances é a forte clave rememorativa da linguagem, que também não deixa de marcar o de Raduan Nassar anteriormente comentado, mas com uma notável diferença relativamente ao passado, que assinalaremos no final deste último tópico do presente ensaio.

O caráter rememorativo da experiência nos romances de Hatoum ressalta do próprio vínculo pessoal da narração: no primeiro, *Relato de um certo Oriente*, com a palavra de distintos e sucessivos narradores, que também são personagens; no segundo, *Dois irmãos*, com a palavra de um único narrador, testemunha e partícipe da história contada. Mas o que particularmente distingue este último, *Dois irmãos*, é a tríplice progênie, etnográfica, bíblica e literária, de sua moldagem mítica, remontando, por um lado, a uma das mais primitivas representações grupais, por outro, à história veterotestamentária de Esaú e Jacó, e finalmente, ao romance machadiano de título homônimo.

Uma das constantes da mentalidade primitiva (*mentalité primitive*), na terminologia positivista de Lévy-Bruhl ou do pensamento selvagem (*la pensée sauvage*), na terminologia estruturalista de Claude Lévi-Strauss, é, por certo, a representação grupal dos "gêmeos míticos", os duplos sempre dotados de mágicas qualidades ou de poderes extraordinários pela sua própria natureza geminada, como dissipar a neblina ou não morrer afogado. Presentes na hagiologia católica, Cosme e Damião, Crispim e Crispiniano, Gervásio e Protásio, protegem os partos difíceis e a obtenção de comida. São entidades dadivosas, benéficas. Mas o filão que abastece o já citado romance de Milton Hatoum é o dos gêmeos inimigos, separados por um violento antagonismo. Vamos encontrá-los entre os tupinambás, conforme num estudo já clássico (*A religião dos tupinambás*) noticia Alfred Métraux, em Tamendonare e Aricoute, rivais de temperamentos diferentes, este intrépido e belicoso, aquele esperto e dado a pajelanças, ambos antropófagos, com descendentes diversos, que repovoam a terra depois de uma inundação ou dilúvio. O modelo desse antagonismo veio contudo da história bíblica e do espelho machadiano dessa história, o romance *Esaú e Jacó*, escrito pelo Conselheiro Aires, conhecido pelo Memorial a que deu nome.

Sabe-se que Jacó, o mais novo dos dois irmãos, de pele lisa, obtém, por um logro engendrado por Rebeca, o pelame que recobria Esaú, e assim enganando Isaac já cego, dele obtém a bênção que ao outro caberia como filho mais velho. "Esaú passou a odiar a Jacó por causa da bênção que seu pai lhe dera, e disse consigo mesmo: 'Estão próximos os dias de luto de meu pai. Então matarei meu irmão Jacó'" (Gênesis 27:41). Então manda Jacó para a casa de Labão com a esperança de que a cólera do mais velho se dissipasse. Jacó parte, sonha com a escada que sobe até o Céu, encontra a pastora Raquel, filha de Labão, a quem ama, mas do sogro recebe a camuflada Lia, e filhos tiveram uma e outra como também por intermédio de suas servas até Iahveh de novo tornar fecunda Raquel, a qual lhe deu José, isso antes do estratagema do dito Jacó nos rebanhos do pai das duas esposas, graças ao qual enriqueceu e pôde voltar, já aconselhado por Deus, à sua terra. Depois de seu gado separa numerosas espécies e manda-as de presente a Esaú, antes de com ele encontrar-se na companhia de suas mulheres e filhas. "Esaú perguntou: 'Que queres fazer de todo esse grupo que encontrei?'; 'É para encontrar graça aos olhos de meu senhor', respondeu ele. Esaú retomou: 'Eu tenho o suficiente, meu irmão, guarda o que é teu'." Não transcrevo o resto da história, que é muito conhecida. Mas como se vê no texto bíblico a legenda dos irmãos adversos é um mito de conciliação. Não assim, porém, no enredo machadiano dos irmãos inimigos, Pedro e Paulo, cujo antagonismo, cessado por mútua promessa diante do túmulo da mãe, se reacende nas lutas políticas do novo regime republicano. Entre os irmãos de Milton Hatoum, Yaqub, o mais velho, e Omar, o mais novo, a linha é a do antagonismo irredutível, mortal.

Como Esaú, Yaqub prospera, e Omar, como Jacó, vive sob a proteção da nova Rebeca, Zana. Mas no aproveitamento da história bíblica, o romancista inverte e modifica o papel dos antagonistas. É Omar (Jacó) que agride Yaqub (Esaú); e este, que jovem ainda, é mandado para fora, para o Líbano, como o outro, Jacó, o mais novo, na lenda bíblica, é forçado a seguir para as terras de Labão; e é ainda Yaqub-Esaú que afinal, deixando Manaus e tornando-se engenheiro de renome e grande empresário em São Paulo, sorrateiramente manobra, depois da morte da mãe, que em vão tentara unir os gêmeos, para destruir a casa da família e liquidar com Omar-Jacó sempre sob a dependência da matriarca, por ela mimado, e levando uma dupla vida, de esbórnia, por um lado e de rebelião política por outro, autor de um Manifesto contra os golpistas de 1964 que nunca chegou ao público.

A linguagem rememorativa do narrador, filho da empregada Domingas com um dos gêmeos, mantém com o passado uma relação diferente, que não é a de Esaú e Jacó, em Machado, em cujo romance o tempo tem o mítico papel de velho destruidor, e que também não é a de *Lavoura arcaica*, de Raduan Nassar, na qual é uma potência astuta e voraz, ardilosa e enganadora. Tanto em *Relato de um certo Oriente* como em *Dois irmãos*, estamos numa vertente rememorativa, proustiana, em que o tempo redescobre o real, redime e purifica a experiência humana. Por isso, o filho de Domingas com o narrador pode escrever:

> Naquela época — refere-se à morte da mãe — tentei em vão escrever outras linhas. Mas as palavras parecem esperar a morte e o esquecimento; permanecem soterradas, petrificadas, em estado latente, para depois, em lenta combustão, acenderem em nós o desejo de contar passagens que o tempo dissipou. E o tempo que nos faz esquecer é também cúmplice delas. Só o tempo transforma nossos sentimentos em palavras mais verdadeiras [...]

Em *Dois irmãos*, o tempo retrospectivo também descobre a realidade sensorial da cidade de Manaus — suas cores, seus cheiros — e o passado político do mesmo ambiente urbano no pós-1964, logo no dia seguinte ao golpe militar, com tropas armadas enchendo as ruas, que prendem e sacrificam estudantes, professores, jornalistas, líderes sindicais, grevistas e civis em geral. Nessa função proustiana, descobridora do real, o tempo descobre-se a si mesmo, descobrindo o homem que nele se reencontra.

Encontro em Austin

No começo de 1981, professores visitantes num mesmo programa de literatura brasileira, na Universidade do Texas, em Austin, encontramo-nos, eu e Haroldo de Campos, sob o céu friorento de um indeciso inverno texano. Visitei-o num fim de tarde; primeiro locatário do apartamento, já familiarizado com as suas *water bugs*, foi indiferente a essas "baratas legionárias", "minúsculos abantesmas" a povoar o cotidiano de *Austineia desvairada*, que li para o poeta, de um livro então em andamento, *Passagem para o poético* (Filosofia e poesia em Heidegger), um ou talvez dois capítulos referentes à concepção heideggeriana da linguagem e da poesia, em uma de cujas fontes principais, *Aus einem Gesprach von der Sprache* (de uma conversação da linguagem), já tinha ele se adentrado. Da nossa estirada conversa, por entre pausas da leitura, ficou-me na lembrança, por todos esses anos, a proposta de Haroldo para que travássemos os dois, algum dia, uma conversação intercorrente àquela, diálogo dentro de tal diálogo, concêntrico ou excêntrico à sua matéria.

Se o projeto não se realizou, a culpa foi toda de uma falsa expectativa minha. Aguardei que algo em prosa, no gênero ensaístico, viesse da parte do meu interlocutor. Hoje percebo que ele encetou a discussão sem demora, ali mesmo em Austin; mas o fez tomando a palavra em "Aisthesis, Kharis: Iki" — *Koan* — (glosa heideggeriana para Benedito Nunes), poema de *Austineia desvairada*, inserto em *A educação dos cinco sentidos* (1985).

A reflexão a desenrolar-se nesta minha achega à obra de Haroldo de Campos — um escólio talvez impertinente, com a canhestra generalidade que soem ter as glosas filosóficas a textos poéticos — é uma tardia resposta do pretexto ao diálogo que motivou o citado poema-comentário:

> se Heidegger tivesse olhado
> para o ideograma
> enquanto escutava o discípulo
> japonês
> (como Pound olhou para *ming* 明 sollua
> com o olho cubista de gaudier-brzeska
> depois de dar ouvido a fenollosa)
> teria visto que a cerejeira cereja *koto ba* 言葉
> *das ding dingt*
> florchameja
> no espaço indecidível
> da palavra
> *i k i*

Nesse poema, exemplar em mais de um sentido, na obra de Haroldo de Campos, segundo mais adiante se verá, e que delineando a situação interlocutória do escrito heideggeriano também sintetiza a complexa problemática da linguagem aí retraçada, o pretexto a que me refiro, dentro da enunciação hipotética articulada dos seus treze versos, é a consequente falência do filósofo no entendimento de *iki*, do significado dessa palavra que lhe escapou, por não ter olhado para o ideograma respectivo, enquanto escutava o discípulo discorrer acerca do significado dessa palavra. Se olhasse, teria visto que a cerejeira cereja — *koto ba*. E não olhou, porque o ouvir, o escutar, prevaleceu sobre o ver como atitude tomada relativamente ao dizer da linguagem. Toda a filosofia de Heidegger, na sua etapa final uma recusa à filosofia em nome de uma hermenêutica da linguagem, enquanto interpretação do ser como único objeto do pensamento, baseou-se efetivamente num escutar, numa ausculcação da palavra escrita, dos textos fundamentais de poetas e filósofos.

A situação interlocutória de *Aus einem Gespräch von der Sprach — Zwischen einem Japaner und einem Fragenden* (De uma conversação da linguagem — entre um japonês e um inquiridor), recolhida em *Unterwegs zur Sprache*, remonta ao diálogo que Heidegger entreteve com o professor Tezuka, da Universidade Imperial de Tóquio, quando este o visitou na década de 1950; era um dos últimos discípulos do filósofo alemão, o conde Shuzo Kuki, já então falecido, entre outros que o haviam frequentado muito antes da publicação de *Ser e tempo* (1927), quando ele ainda colaborava nos Seminários de Edmund Husserl. Essa linhagem de alunos da terra do Sol Nascente justificava a visita; lembrada por Heidegger, a controvérsia amigável que outrora mantivera com o conde Kuki sobre a aplicabilidade da estética europeia à arte japonesa que este último postulava, motivou a conversação com Tezuka. Semelhante tentativa, na época de planetarização da técnica, exportando o modo de vida da sociedade industrial para todos os recantos do mundo, punha em risco, segundo o inquiridor, a identidade da maneira japonesa de ser, por efeito do mesmo espírito das línguas europeias que impedira Heidegger de compreender, no momento daquela já remota controvérsia da década de 1920, o sentido de *iki*, familiar ao velho mestre nipônico, que procurara aplicar à estética, depois de repensá-la fenomenologicamente, ao estudo da arte de seu país. Tal advertência orientará o confronto dos dois professores.

Toda a complexa, ambígua, e também tantas vezes equívoca, problemática do filósofo de Freiburg, posterior à analítica do *Dasein*, comprime-se nesse diálogo que, em ambos os interlocutores conduzido pelo empenho de contornarem, tão só através do pensamento arrimado à linguagem, as estruturas conceptuais que os confinaram em mundos culturalmente estanques, repete, sob o resguardo das "destruições" encadeadas da metafísica e da estética, o passo para trás na direção do ser, origem esquecida e também princípio do novo começo do pensar — de um pensar essencialmente poético, tanto não representacional, como não proposicional, liberto da hegemônica dominância das categorias lógico-gramaticais. Já prenunciável em sua força remanente, mas inefetivo, e desse modo ainda por vir, esse pensar poético, *dichtend Denken*, difuso porém profuso, enraizado ora na *poiesis* das línguas, ora no surto da palavra que nomeando funda o ser, possibilitaria, seja que o interpretemos no sentido de pensamento poético, ou no sentido de poesia do pensamento, ambos compatíveis com as oscilantes formulações do filósofo, o dizer essencial da linguagem, longe da expressão das vivências, a falar-nos sempre, principalmente nos textos dos pensadores poetas e naqueles dos poetas da poesia, de uma mesma correspondência entre o homem e o ser.

Na trilha dessa correspondência, poderiam os interlocutores compreender que o significado de *iki*, algo assim como Graça, a *Kharis* grega, para o japonês a verdade da arte, é independente da estética, e que a palavra com que na língua de Tezuka se nomeia a linguagem, *koto ba* — pétalas de flores surgidas do exultante esplendor da graça —, é, para o mestre alemão, a verdade da mesma linguagem, independentemente da linguística, e incompatível com o idioma da metafísica que nos deu "*Sprache, glosa*, língua e linguagem".

Anterior ao apofântico, na sugestão de Marc Richir, essa verdade, raiz do poético, é o que a linguagem diz mostrando ou o que ela mostra dizendo. Estaria aí, em última análise, a poesia do pensamento pela hermenêutica buscada, e que só se mostra no dizer essencial a quem sabe ouvi-lo quando ausculta a palavra.

A primeira notação exemplar do poema de Haroldo de Campos é a reserva crítica à poesia do pensamento assim formulada, em que implica a hipótese da falência do filósofo no entendimento da palavra *iki*. Ora, também o nosso interlocutor tem incessantemente visado, quer na sua criação própria por meio do "verso solto, fecundante" ou do versiprosa galático, quer no transplante da criação em língua estrangeira por meio da tradução, o que também pode chamar-se de poesia do pensamento. Por que então a crítica? Uma breve recapitulação dos dois caminhos da prática meditante, exercida por Heidegger como hermeneuta da linguagem, poderá esclarecê-lo.

O primeiro caminho é a "escuta renovada" da palavra grega nos pré-socráticos para sondar-lhes o pensamento inaugural, ainda vizinho da origem que a filosofia como metafísica sufocou. O segundo, dirigido à interpretação de poetas preferenciais — de Hölderlin a Rilke, de Stefan George a Trakl —, é também uma escuta de seus textos, como meio de deixar falar a linguagem. Um e outro, que pressupõem a instauração do ser pela linguagem, pressupõem igualmente, segundo a linha de pensamento desenvolvida sobretudo nos ensaios de *Unterwegs zur Sprache*, que acompanham o *Aus einem Gespräch von der Sprache*, uma fundamentação em círculo: a linguagem instaura o ser, mas é o apelo desse mesmo ser que a funda e que nos põe a dialogar com ela. Por outro lado, não exclusivamente inter-humano, esse diálogo está na dependência do mesmo apelo, do qual o poeta é o Mensageiro. Destarte, o acesso dialogal que tem o filósofo à essência da linguagem, assim realizado como um falar escutado, sem outra mediação além da escuta ao ser que provoca o esforço mesmo de auscultação dos textos, dispensaria o caráter de signo da palavra.

Eis onde bate a restrição do autor de *Signantia quase coelum*, que tem realçado, como poeta e como ensaísta, a visibilidade, a corporeidade e a espacialidade da palavra poética enquanto signo. Heidegger não olhou para o ideograma, termo apenas mencionado, de raspão, na conversa dos dois professores. Se pudesse ter olhado com o olho de quem conhece — nesse caso, o de Tezuka, que só se limitou aos vocábulos pronunciados, sem ao menos informar o seu colega acerca da insuficiência disso —, teria captado a epifania na carnadura dos signos pictográficos, isto é, que a cerejeira cereja, coisa que não se pode discernir auscultando apenas o dizer da palavra. E teria percebido mais, posto que metafórico é o funcionamento do ideograma, a metáfora *flor chameja*, verdadeiro solo do pensamento feito poesia ou da poesia do pensamento.

Em consonância com essa sua notação, o poema de que tratamos indica-nos a carga sensível, sígnica, de onde floresce, na obra de Haroldo de Campos, a poesia do pensamento que tem o seu contraforte na metáfora: do chão verbal dos significados ao subsolo dos componentes rítmico-semânticos, dos acordes de som e de sentido ao relevo gráfico da palavra escrita.

> *Meisterludi ensinou-lhe o peso das vogais*
> *Pluvia e dilúvio*
> *sombra e umbra*
> *penumbra*
> ("Ciropédia ou a educação do príncipe")

Ensinou o poeta a descer ao pré-categorial e ao pré-reflexivo, a esse ínfero, a esse limbo do pensamento, oscilante entre a língua e a palavra, entre o semiótico e o semântico, que um Giorgio Agamben chama de infância da linguagem.

Tendo rejeitado a dualidade do significado e do significante, com sombra metafísica do ente, Heidegger colocou sob suspeita, pela mesma razão, a metáfora. Segundo ele, uma réplica da "separação do sensível e do não sensível como dois domínios autossubsistentes".[1] Quando ele diz que "o metafórico só existe

---

[1] Martin Heidegger. *Der Satz von Grund*. Tübingen: Günther Neske in Pfullingen, 1958, pp. 88-9.

no interior da metafísica", está concedendo demais à metafísica — esquecido de tudo o que o pensamento dos pré-socráticos deve à metáfora — e concedendo pouco à metáfora, como se esquecesse que ela é o ato próprio da linguagem, a sua *energeia*, para dizê-lo com Humboldt, ou o princípio do seu jogo, para dizê--lo com Wittgenstein. Dá-se porém que essa mesma palavra, jogo, uma das mais eminentes do pensamento heideggeriano da última fase, que lhe permitiu juntar semelhanças numa só expressão, *Zeit-Speil-Raum* (espaço de jogo do tempo), da essencialização do ser, é, como grande metáfora, palavra de poeta, da mesma família de outras tantas figuras constelares — clareira, velamento, iluminador, quadripartite — que são, ao mesmo tempo, conceitos-limite da meditação do pensador, e tropos do seu personalíssimo estilo filosófico, a cuja órbita de confluência poética pertencem as verbalizações de substantivos, a exemplo de *Die Welt weltet* (o mundo mundeia), *Die Zeit zeitigt* (o tempo tempora), *Das Ding dingt* (a coisa coiseia). "*Heidegger*", observa com justeza Henri Meschonnic, "*est une aventure poétique arrivée à la langue allemande. Ses commentaires de poèmes font des parapoèmes* [...]."[2] E parapoéticos são os comentários do filósofo à poesia, glosando o poema com o poema, porque ao excluir a constituição simbólica da linguagem, ele excluiu, *ipso facto*, a metalinguagem. Daí a aporia da prática meditante do filósofo, empenhado em fazer falar a linguagem (*zum wort kommt*). Nesse limite hermenêutico ou se retorna ao conceito, e assim ao elemento reflexivo, o que Heidegger quer evitar juntamente com a metalinguagem, ou se concede iniciativa às palavras, numa passagem à Mallarmé da filosofia à poesia.

Agora podemos perceber que o nono verso de "Aisthesis, Kharis: Iki" é uma citação irônica da tautologia poética *Das Ding dingt*, tentativa de topologia do ser. A coisa coiseia como a cerejeira cereja e a flor chameja. A ironia da citação nessa glosa heideggeriana, que como *koan* se apresenta, faz ver que o pensador de *Ser e tempo* chegou pelo estilo auricular de sua última filosofia — mais hebraico que grego, segundo observa Marlène Zarader —,[3] ao escrever *Das Ding dingt*, a um resultado análogo àquele a que já chegara um estilo de poesia medido pela visualidade cubista e pela inteligência chinesa:

---

[2] Henri Meschonnic. "Chemins perdus chez Heidegger". Em *Le signe et le poème*. Paris: Gallimard, 1975, p. 379.

[3] Marlène Zarader. *La dette impensée: Heidegger et l'héritage hébraïque*. Paris: Seuil, 1990.

(como Pound olhou para *ming* 明 sollua
com olho cubista de gaudier-brzeska
depois de dar ouvido a fenollosa)

Nesse passo, a glosa de Haroldo de Campos amplia-se sutilmente a um dos principais temas de *De uma conversação da linguagem*: o perigo de descaracterização da cultura do Extremo Oriente, causado pela expansão planetária da técnica, e que, segundo o professor Tezuka, atingiu *Rashomon*, o filme de Kurosawa, mais ocidental que oriental. Os dois professores esqueceram de considerar a contraparte desse processo iniciada no século XIX pela retrojeção da cultura intelectual e espiritual do Extremo Oriente na europeia, canalizada por Pound e Fenollosa para a poesia no tempo de sua modernidade.

Isso tudo levado em conta, se agora meditarmos no título do poema de Haroldo ele Campos, "Aisthesis, Kharis: Iki", veremos que a ironia do comentário se prolonga na ironia da história: as duas matrizes gregas, a profana *aisthesis* e a *Kharis* sacral, são postas em correspondência com *iki* que as sintetiza. Levando-nos para fora do âmbito do poema, essa correspondência assinala o alcance histórico dessas matrizes. Última notação do exemplarismo que examinamos, o seu título é um emblema da proximidade entre poesia e pensamento, ou, se quisermos, entre poesia e filosofia. "Poetar e pensar necessitam-se mutuamente" (*Dichten und denken brauchen einander*). Podemos acrescentar que se necessitam mutuamente ainda mais depois que a filosofia chegou ao seu acabamento, ao auge de suas possibilidades enquanto metafísica, e que a poesia universal, no sentido da mistura de gêneros e formas de expressão, do prosaico e do poético, a que se referiu o romântico Friedrich Schlegel, passou a conjugar estilos e heranças poéticas do passado.

Mas em Haroldo de Campos a proximidade entre poesia e pensamento, conforme atesta a sua glosa heideggeriana, faz-se à custa da reflexão introduzida no jogo da linguagem, o que Heidegger não admitiria. De onde se conclui que na obra de meu interlocutor, em constante dialogação com pensadores-poetas como Heráclito e Alghazali, e com poetas-pensadores como Dante, Goethe e Leopardi, a poesia do pensamento, tanto na criação quanto na tradução recriadora, complementa-se pelo pensamento da poesia, histórica e criticamente considerada.

O jogo da poesia

Deus não joga dados, dizia Einstein. O poeta, sim, ele os joga; mas os seus dados são a matéria e a forma de linguagem. Ambas lhe abrem o caminho a uma preliminar experiência das coisas. Pela matéria sonora e gráfica, pela forma enunciativa ou expressional, antes de tudo pelo ritmo da frase — pausas, acentos, colisões, elisões —, a poesia lhe dá acesso ao mundo, porque torna manifesto, podemos dizê-lo numa paródia a Heidegger, o que há e o que pode haver, o possível no real e o real no possível. O poeta pode fazê-la seguindo os modos e modas do momento presente e do passado ou se opondo à dominância de um estilo, à inércia histórica da tradição. Quando antitradicionalista, ele é um desviante; beneficia-o a rebelde vontade de negar o aceito, o consagrado, o dito e o redito, o por demais expressado. E negando-os, principia a mudar-se e a mudar a poesia. Mudando a poesia, critica-a e, por sua vez, entra em crise. É a crise o comum estado de consciência do poeta em nosso tempo. Em crise, o poeta de hoje, temendo a insídia da linguagem, para melhor poder estadear, na palavra, o que em torno de si se dá — procura mostrar, enfim, o que ela enuncia. E que outro melhor meio de mostrar do que fazer ver, colocar o que se mostra verbalmente, como uma coisa no espaço à frente de quem lê — intuída pelo poeta e perceptível para o leitor?

Parece-me ser essa maneira de fazer da leitura uma maneira textual de ver

— ou de ler como se víssemos o que as palavras significam — a propensão maior, também marca de sua originalidade, da poesia de Affonso Ávila, no que tem de inimitável e sem parecença com qualquer outra. Mas essa propensão, a ela tornada imanente ao longo de um processo de mudança, é paradoxal, porquanto exige de quem a exerce o máximo afastamento possível de si mesmo, convertendo a vontade de negar o mais comum e o mais convencional da linguagem, que antes mencionamos, num ato de permanente renúncia ao expressivismo, às galas retóricas e metafóricas da escrita, cuja final consecução, sem nunca ultrapassar as fronteiras do dizível, resultaria numa poética do despojamento. Cada poema escrito nesse espírito renova o voto de franciscana pobreza que o sujeita, e os versos de Affonso Ávila, assim elaborados, põem em prática toda uma ascese mediante a qual foi possível escrevê-los.

O que quer que sob tal ascese ele diga, é quase sempre um dizer de menos — o termo de um retraimento, de uma subtração sintática, como se verá a seguir. No entanto, mineiro de poucas palavras no verso e na vida, nascido em Belo Horizonte, e como eu, em torno do final da década de 1920, sempre voltado para as suas ancestrais raízes em Itaverava, nunca desatento à trama iluminista dos Inconfidentes de Vila Rica com o barroco das igrejas e cidades setecentistas do Ciclo do Ouro, Affonso Ávila começou a poetar, como a grande maioria dos seus companheiros de idade geracional — os da geração de 1945 —, no berço esplêndido de um estilo rico e até rebuscado em mergulhos introspectivos, às vezes, segundo demonstram os sonetos de "O açude" e os "Sonetos da descoberta" (1949-53), de porte hermético.

"O açude" marca uma espécie de retorno mítico de antigos deuses pagãos num universo remansoso, intimista, atmosférico, de imagens vagas, esse poema, como muitos sonetos desta e da coletânea seguinte, deslocando suas sugestões do sensível para o transcendente, é mais um remanescente do veio simbolista, cedo estancado entre nós, do que um tardio herdeiro do nosso tão próspero Parnaso:

O açude é um muro longo, erguido em gelo,
que por castigo os deuses sem destino
tornaram mausoléu, doando ao limo
o segredo final para rompê-lo.

Situado por uma realidade ambígua, entre as duas postulações baudelairianas contrárias do Bem e do Mal, quem escreve, ecoando o insinuante coleio da "Ébauche d'un serpent", de Valéry, vê,

> *Anjo de duas faces,*
> *o sol e as trevas, eis.*
> *E vós, Indecisão,*
> *serpente me venceis*
> *[...] Bigênito demônio*
> *solevando punhal,*
> *deuses escarnecendo,*
> *sois o Bem? Sois o Mal?*

Figura híbrida de nossa história literária, ao mesmo tempo mito de sobrevivência dos novos na eterna polêmica com os seus antecessores, e conceituação estética discutível de apuramento da forma e de decoro temático contra o arguido relaxamento prosaico do verso livre modernista, a denominada "geração de 45", politicamente sensibilizada às questões candentes da sociedade brasileira (ela era, julgava Tristão de Athayde, reacionária em arte e revolucionária em política), exaltou o valor das formas tradicionais, principalmente o soneto, que Affonso Ávila largamente utilizaria em toda a sua carreira.

Mas a depuração ascética na arte de escrever só veio a delinear-se em sua obra, no período histórico "quente", entre 1954 e 1967, ou seja, o período entre os poemas anteriores a *Carta do solo* (1957-60), complementados pelos de *Carta sobre a usura* (1961-2), e os coligidos a partir do *Código de Minas* (1963-7), ao cabo de uma busca teórica, em torno do nexo da palavra poética com a ação política, então demandada pela alta pressão ideológica da realidade circundante, e que empreendida foi grupalmente, nas páginas da revista *Tendência*, codirigida por Affonso Ávila — ao lado de Fábio Lucas e Rui Mourão, em duas décadas, de 1950 e de 1960.

O retraimento à expressão lírica em proveito da narrativa, de acordo com o epos tradicional populoresco, efetua-se, ainda na primeira década, em estrofes de verso menor, acompanhadas por estribilhos ao desenrolar discursivo de uma historieta exemplar, à maneira de "O boi e o presidente", subintitulado "Fábula":

> *A um boi supôs campear*
> *com sua fala eloquente!*
> *— aboio de beiramar —*
> *o preclaro presidente* [...]

A mordente ironia de "As viúvas de Caragoatá", já descritivo em seus refrãos,

> *Desesperam-se as viúvas*
> *tristes, de Caragoatá* [...]
> *E casaram-se as viúvas*
> *tristes de Caragoatá*

combina com o "Concílio dos plantadores de café", composto, em forma de auto, para uma larga difusão massiva, conforme dá a entender a denominação que o requalifica como Panfleto, e que, dando um tiro crítico-satírico na grande propriedade rural, põe em cena um presidente, oradores, e termina por um aceno de justo e utópico domínio da terra em sua Carta de Princípios:

> *Concluímos por lavoura*
> *tudo aquilo que se cria*
> *contra as astúcias do logro* [...]

A terceira composição dessa série de quatro, "Os negros de Itaverava", sem estribilhos, mas rimada, em redondilhas, aproxima-se do estro popular dos narradores de cordel.

Mesmo considerando-se as diferenças de linguagem que os separam, os quatro reúnem componentes do mundo circundante — pastos e boiadas, trabalho servil, reprojeção da escravatura, fastígio do latifúndio e horizonte promissor de mudança — continuado e aumentado nas duas *Cartas*, a do *solo* e *sobre a usura*. A teoria defendida pela revista *Tendência* permite ver nesses componentes, à luz da consciência crítica, oposta hegelianamente à consciência ingênua, por Álvaro Vieira Pinto, professor do então existente ISEB [Instituto Superior de Estudos Brasileiros], em conhecido tratado histórico-filosófico de sua autoria, em voga na época (*Consciência e realidade nacional*), "referenciais" sociológicos, acrescidos de outros muitos extraídos da realidade próxima, vizinha, mineira, em estado de alienação econômico-política, mas feita modelo ou miniatura da realidade brasileira maior, a ser reconhecida, assimilada, recriada e também transformada pela palavra poética.

Mas a palavra poética não está subordinada, na condição de meio, de veículo secundário, a um projeto de ação política, que se destinaria a mobilizar, ela é uma "pane do processo de descoberta, de reformulação da realidade", como diria, mais tarde, em agosto de 1963, o Manifesto da Semana Nacional da Poesia de Vanguarda, subscrito por Affonso Ávila, que concebeu e organizou a Semana, com exposição de poemas-cartazes e conferências na Reitoria da Universidade Federal de Minas Gerais. Também assinavam o Manifesto os poetas concretistas de São Paulo, convictos, como os mineiros e jovens críticos de outros estados, signatários do mesmo documento, da eficácia individual e coletiva da poesia na obra comum, então assumida enquanto tarefa de todos, mesmo dos não marxistas, de transformação radical da sociedade brasileira. Estavam todos, dizia-se, engajados — todos e tudo, inclusive a poesia, que deveria ser participante na transformação por ela ativada. Dessa forma, respondia-se a Sartre: a poesia engajada era possível, desde que se respeitasse o livre jogo dos dados da linguagem graças ao qual se produz.

Influiu no aguçamento satírico da poesia de Affonso Ávila, paralelamente ao progressivo avanço de sua característica ascese, aquela mobilização grupal, que a todos os subscritores do Manifesto comprometia como membros de uma dupla vanguarda, estética pela forma, nova, revolucionária (repetia-se Maiakóvski) e política pela ação na defesa de mudanças encadeadas, quais aquelas — reforma agrária, reforma urbana etc. —, em ascensão na Cuba de Fidel Castro. Além disso, o movimento de choque derivado do golpe militar de abril de 1964 e a organizada violência consequente, como sustentação de um regime político ditatorial de longa duração, com revezamento de generais à testa do Estado, traumático para nossa geração, precipitaram a ascese na obra em avanço do nosso poeta — encetada sob o influxo do desencobrimento teórico da tão falada "realidade brasileira" — e levada a níveis de imensa depuração subjetivo-pessoal, até a uma quase abdicação do poeta à voz de seu próprio Eu, em proveito da impessoal objetividade da linguagem. Mas foi no início dessa mesma fase cruenta, de impávidos doutores torsionários e de secretos informantes por toda parte, que Ávila se apropriou do grande referencial de seu mundo circundante, mineiro, o barroco, não apenas redescoberto como estilo artístico, mas expandido no que teve de estilo de vida, insinuante desde o século xvii, de concepção do mundo e de norteamento poético, precipuamente por intermédio do livre uso do jogo verbal.

De *Código de Minas* a *Cantaria barroca* (1975), passando por *Código Nacional de Trânsito* (1972), *Discurso de difamação do poeta* (1978) e *O visto e o imaginado* (1990), o sentido lúdico da poesia junta-se à propensão da visualidade gráfica da leitura; por essa maneira dificultada e desacelerada, o texto, em muitos casos, é redesenhado como documento-monumento, como se não fosse escrito no papel, mas inscrito na pedra de cantaria (ver *Cantaria barroca*), ou absorvendo textos outros recortados ou montados (ver *Barrocolagens*). A esses traços principais, que firmaram em definitivo o Caminho Real do poeta, agreguem-se ainda mais o humor, de procedência modernista, naquele tom de zombaria focalizado por Propp, enquadrado porém, muitas vezes, em outras espécies de riso, como o *"comique des mots"*, de tão largo uso, a exemplo dos mais patentes em Frases feitas e Por que me ufano de meus pais, nos quais o efeito hilariante, buscado na alteração material da palavra, também resultaria da modulação parodística. Raramente o humor se dissocia da sátira, para a qual sempre tende. Outrossim, a forma do poema é, agora, apainelado, à semelhança de um cartaz, de um aviso, de uma advertência que fossem pregados num muro ou colados num painel. Daí o teor substantivo das enunciações, na maioria indicativas, se não concentradas numa palavra única reiterada, com leves alterações, que lhe modificam o espectro semântico. A repetição encadeada é o mais frequente, se não o principal recurso da poética de que estamos tratando.

Outro aspecto configurativo integrante dessa mesma poética é a armação do poema, inclusive de seu título, como um primeiro verso, prolongado, mediante contraste de sentido, nas citações em prosa que o epigrafam, e que extraídas são de crônicas históricas ou da coreografia da região. Mais do que pano de fundo, Minas é, ao mesmo tempo, pedra de amolar a poesia, pedra de tropeço da palavra, de que o poeta desconfia (ela, palavra, é o "sinete de insídia", assinalado em Carta do solo) e, igualmente, pedra interiorizada, pessoal, anímica, em sua glosa à mineiridade de Guimarães Rosa:

eu em mim! eu em minas
eu em minas de mim
eu em outros

eu em óxido
eu em óxido de outros
eu em texto de minas
eu em templo de minas
eu em tempo de minas
("Trilemas da mineiridade")

Pelas fontes documentais de que se alimenta, pela insistente ideia de uma legalidade invasora da vida, refletida em Cartas e códigos (incluindo em *Código Nacional de Trânsito* [1972]), pelos magistrais estudos barroquistas formando um conjunto ensaístico imponente (O lúdico e as projeções do mundo barroco I e II), pela direção, anos a fio, da revista *Barroco*, Affonso Ávila pertence ao gênero de poeta crítico, ao lado de Carlos Drummond de Andrade, João Cabral de Melo Neto e Mário Faustino. Em crise, o poeta barroquista, em seu livre jogo com as palavras, ora autoirrisão (ver Discurso da difamação do poeta), ora festa delirante (ver Delírio dos cinquenta e Masturbações), passa de uma a outra forma. As formas poéticas são voláteis, mesmo a narrativa, a qual o poeta retoma em suas Décadas (1998-2000), e o resistente soneto, rearrumado, desarticulado e redesenhado, por onde ele começara, e que reaparece, ao final, em Lógica do erro (1987-91), numa outra modalidade mais visual, cinemática, se não cinematográfica, do humor com as palavras, definindo o poeta e sua escrita:

viajante só em vez da viagem
o passo só em vez da passagem [...]
("Trucagem");

ora orar claro
ora orar escuro
escrever mole
escrever duro [...]
("Heurística").

8. Conterrâneos

Dalcídio Jurandir: as oscilações de um ciclo romanesco

O romance de Dalcídio Jurandir (Ramos Pereira), nascido na vila de Ponta de Pedras, no Marajó (Pará), em 1909, é uma formação plural. Cresceu por acréscimo, obra após obra. *Chove nos campos de Cachoeira, Marajó, Três casas e um rio, Belém do Grão-Pará, Passagem dos Inocentes, Primeira manhã, Ponte do Galo, Os habitantes, Chão de lobos* e *Ribanceira*. Dez romances ao todo, publicados de 1941 a 1978, e que, excluindo-se *Linha do parque*, de temática proletária, posta em ação no Extremo Sul, integram um único ciclo romanesco, quer pelos personagens, quer pelas situações que os entrelaçam e pela linguagem que os constitui, num percurso de Cachoeira na mesma ilha — cidade de sua infância e de sua juventude — a Belém, onde o autor viveu antes de transferir-se para o Rio de Janeiro. "Desde os vinte anos eu sonhava em fazer uma obra que fosse o pensamento da juventude", declarou Dalcídio Jurandir, referindo-se a esse ciclo romanesco iniciado em *Chove nos campos de Cachoeira* e pela doença interrompido no décimo volume, *Ribanceira* (1978), mal o romancista chegara à velhice. Pode-se dizer que o escritor maduro, falecido em 1979, conseguiu concretizar nessa obra extensa o pensamento de juventude, o seu sonho juvenil.

A primeira oscilação do ciclo é a que vai, acompanhando o seu percurso, do rural ao urbano, de Cachoeira, focalizada em *Chove nos campos de Cachoeira* e *Três casas e um rio,* à metrópole paraense, *Belém do Grão-Pará,* que dá título ao quarto livro da série, e que será ainda em *Passagem dos Inocentes*, *Primeira manhã*, *Ponte do Galo*, *Os habitantes* e *Chão de lobos*, horizonte da ficção do nosso autor, antes de retornar, em *Ribanceira,* a uma urbe rural da Amazônia. Cachoeira, como descrita em *Três casas e um rio*, "vivia de primitiva criação de gado e da pesca, alguma caça, roçadinhos aqui e ali, porcos magros no manival miúdo e cobras no oco dos paus sabrecados". Salvo as notabilidades locais, a cujo número pertence o major Alberto, pai do menino Alfredo, que o tivera da preta retinta dona Amélia, sua empregada e ama solícita, salvo as grandes famílias, proprietárias de latifúndios, onde um gado ainda selvagem dispunha de imensas pastagens, os personagens, nascidos nas páginas do primeiro livro, *Chove nos campos de Cachoeira*, pertencem à arraia-miúda: são vaqueiros, empregados das fazendas, domésticas, pequenos criadores, vendedores ambulantes na métrópole. Personagem central do ciclo, alter ego do narrador, Alfredo só não está presente em *Marajó*. É ele, ainda criança, transferido para Belém, a fim de prosseguir nos estudos, que faz do conjunto um ciclo biográfico e geográfico, da ilha do Marajó à capital do estado do Pará. Porém, esse percurso vai estender-se indefinidamente dentro do romance, graças ao mínimo e miraculoso objeto, um caroço de tucumã, fruto comestível de uma palmeira espinhenta, manejado como veículo de imaginação pelo menino, e que dele, de suas mãos, salta logo em *Chove*. "Era então necessário aquele carocinho na palma da mão", escreve-se em *Três casas e um rio*, "subindo e descendo, de onde magicamente desenrolava a vida que queria [...] Com efeito, o carocinho de tucumã na palma da mão e no ar era movido por um mecanismo imaginário, por um pajezinho fazendo artes dentro do coco."

Mas por que se pode aplicar a essa obra a expressão "ciclo romanesco"?

Muito embora, pelos seus antecedentes folhetinescos, a escrita do romance em geral tenda ao episódico, à recorrente multiplicação de ações, situações e personagens em períodos de duração determinada, não são tão numerosos, como se poderia crer, os romances de caráter cíclico, nos dois sentidos que é lícito dar a essa expressão. O primeiro sentido corresponde à execução de amplo e continuado projeto, seja o conhecimento do indivíduo em meios e ambientes sociais diversos, como o que Balzac perseguiu em seus vários romances, sob o título geral de *Comédia humana*, seja a comprovação de uma ideia ou tese, como a da hereditariedade fatal das taras em famílias debilitadas pela pobreza e pelo álcool, ordenadora do grande painel naturalista de Émile Zola, os *Rougon-*

-Macquart. Entre nós, Octávio de Faria escreveria uma *Tragédia burguesa* em mais de dez volumes para focalizar a decadência moral e espiritual ou religiosa da sociedade brasileira moderna.

Mas o ciclo de Dalcídio Jurandir não tem projeto cognoscitivo antecipado nem obedece ao intuito científico de comprovar conceitos abstratos. O que não está ausente em qualquer das obras que o compõem é, porém — e teremos o segundo sentido da expressão, com a denominação de *roman fleuve* —, a interligação de cada uma delas com as demais. Tal como acontece em *O tempo e o vento*, de Erico Verissimo, *Os Buddenbrooks*, ou *José e seus irmãos*, de Thomas Mann, ou, ainda, em *Os sonâmbulos*, de Hermann Broch, o romance de Dalcídio, com paisagens, personagens e situações comuns, desdobra-se em romances. Em todos eles encontramos uma história dividida em histórias de diversificada narrativa, mas de forma circular, porque sempre voltando aos mesmos pontos, em longo percurso temporal, que pode depender da memória de quem narra, lembrança após lembrança, parte após parte, tomo após tomo, como em *Em busca do tempo perdido*, de Marcel Proust. Tal como nesta, a memória do narrador, remergulhando na sua infância e na sua juventude, abastece o ciclo do nosso romancista.

Se não posso deixar de relacionar o *roman fleuve* de Dalcídio com os de Balzac e com os escritos ficcionais do Nordeste nos anos 1930 — os quais, por sua vez, descenderiam da narrativa "naturalista" do paraense nascido em Óbidos, Inglês de Sousa (*O missionário* e *O coronel sangrado*) —, também não me é possível esquecer, por esse lado da introspecção, de que depende o mergulho na infância e na juventude, o seu parentesco espiritual com Marcel Proust.

As paisagens urbanas e rurais recorrentes — Cachoeira do Arari e Belém, o vilarejo na ilha do Marajó e a metrópole, além de Santarém, no Baixo Amazonas — se personificam na memória de Alfredo, um dos principais personagens, se não for a sua figura central como ligação entre os romances componentes, e que mais visceralmente próximo está do narrador, com um estilo indireto livre tendendo ao monólogo. O Ciclo do Extremo Norte, o ciclo de Dalcídio, enxerto da introspecção proustiana na árvore frondosa do realismo, afasta-se, graças à força de autoanálise do personagem e à poetização da paisagem, das práticas narrativas do romance dos anos 1930, como uma certa constrição do meio ambiente e da tendência objetivista documental, afinadas com a herança naturalista. De maneira precisa, esse afastamento, já marcante em *Belém do Grão-Pará*, se tornará definitivo em *Passagem dos Inocentes*. Esse romance se volta, de novo, para Belém, onde Alfredo já estivera e que aquele primeiro abrira num largo panorama urbano.

Cumpre-nos abrir um parêntese sobre esse panorama. Quem lê *Belém do Grão-Pará*, como o romance dos Alcântara (o casal seu Virgílio/dona Inácia e a filha Emilinha), lê a inteira cidade dos anos 1920, tal como a tinham deixado, após o início da decadência econômica, consequente à crise da borracha, que culminara em 1912, as reformas do intendente (prefeito) Antônio Lemos. O drama daquela família, com a qual Alfredo vai viver, drama todo exterior, de perda de status, levando-a, após o lemismo, a uma mudança de casa e de rua, está relacionado com aquela decadência. Sob a inspiração da gorda filha do casal, os Alcântara, para tentar recuperar o status perdido, transferem-se para a rua dos ricaços, dos fazendeiros, a avenida Nazaré, mas vão habitar uma casa arruinada pelo abandono e pelos cupins, enquanto seu Virgílio se deixa subornar pelos contrabandistas, perdendo o emprego público. É o momento em que a casa, que cheirava a cupim e a mofo, ameaça desabar. A família, com a participação dos empregados e de Alfredo, carrega, de madrugada, os poucos móveis que lhe restam, incluindo um piano, símbolo da perdida distinção social, que a adiposa Emilinha mal podia dedilhar, para a acolhedora sombra das mangueiras à beira da calçada. Só o curioso Alfredo, dono de mágico carocinho, vê a cidade com olhos preparados para descobri-la.

A segunda oscilação do ciclo é a que vai da descrição da realidade rural ou urbana à sua recriação poética, São os olhos do menino do sítio, matuto e bicho do mato, que inventam os recantos e encantos da grande cidade: as ruas sombreadas de mangueiras, o largo da Pólvora sonolento, com o Theatro da Paz, neoclássico, no meio da verdura, as casas baixas ajaneladas, de corredor ou puxadinha, os sobrados revestidos de azulejos que brilham ao sol.

> E que silêncio naqueles azulejos, que viver lá dentro muito do bem macio, sossego de se respirar o cheiro. Não sabia se por causa das mangueiras ou por ficar embevecido nos azulejos de baixo, lhe parecia que as arroxeadas casas subiam céus adentro com aquele azul de cima e as nuvens por telhado.[1]

---

[1] Dalcídio Jurandir. *Belém do Grão-Pará*. São Paulo: Martins, 1960, p.148.

Alfredo surpreende a riqueza pictórica do Ver-o-Peso, inseparável de sua densidade humana. E na fase das águas grandes, das enchentes,

> Viva maré de março visitando o Mercado de Ferro, lojas e botequins, refletindo junto ao balcão os violões desencordoados nas prateleiras. Os bondes, ao fazer a curva no trecho inundado, navegavam. As canoas, no porto veleiro, em cima da enchente, ao nível da rua, de velas içadas, pareciam prontas a velejar cidade adentro, amarrando os seus cabos nas torres do Carmo, da Sé, de Santo Alexandre e nas sumaumeiras do arraial de Nazaré.[2]

Ora, nessa recriação poética da paisagem urbana, alternam-se, como antes na poetização do interior ou dos campos do Marajó, a fabulação e a rememoração, polos da terceira notável oscilação desse ciclo, cunhando o seu porte altamente memorialístico, de que provêm, por vezes, as passagens mais patéticas e pungentes dos romances já mencionados, Assim, a autoanálise prima no episódio da morte da irmãzinha de Alfredo em *Três casas e um rio*:

> Alfredo não quis ver a irmã no caixão [...] Os passarinhos revoando, chocavam-se na parede de madeira do chalé. Teriam compreendido também?
> Dirigiu-se à sala e olhou novamente o relógio. Gostaria que o relógio se dispusesse a trabalhar andando para trás até a primeira hora em que nasceu Mariinha.[3]

Esse traço proustiano se adensa com um toque forte, à maneira de Dostoiévski, da mimese de rebaixamento, de que fala Northrop Frye, quando esse personagem central descobre que a mãe, d. Amélia, para desgosto e indignação de major Alberto, se embriagava:

> Abandonando a mão de pilão, d. Amélia veio em busca dele e Alfredo sentiu-lhe o hálito tão forte, como o hálito dos bêbados que se habituara a observar na taberna de Salu ou no mercado. [...] De repente, despregou os cabelos, abandonou o pilão, passou a mão cheia de alho nas fontes, dirigiu-se para o fogão num andar vacilante, Soprou as brasas, uma onda de cinza cobriu-lhe o rosto e espalhou-se pela cozinha.

---

[2] Idem, ibidem, p.133.
[3] Idem. *Três casas e um rio*. São Paulo: Martins, 1958, p. 211.

Alfredo naquele instante não sentia nenhuma piedade por ela e sim um ácido ressentimento quase próximo do ódio, do horror e da repulsa. Quis gritar qualquer coisa quando ela se voltou para ele, puxando-o para o seu colo e o acariciou com aquele ardor de bêbada e de louca, com aquele fedor de álcool e de alho.[4]

Em 1963, momento da publicação da *Passagem dos Inocentes*, encontrei-me, no Rio, com Dalcídio, então emocionalmente abalado, se não traumatizado, pela leitura de *Grande sertão: veredas*, de Guimarães Rosa. Escritor nato, ele jamais tentaria imitar Rosa; mas esse impacto estético serviu para despertar nele as mais recônditas potencialidades de sua linguagem, um tanto recalcadas pela vigilância realística, se não política, que exercera sobre o seu estilo, sem que jamais tivesse podido afiná-lo ou desafiná-lo pelo metrônomo do realismo socialista, então fórmula adotada pelo Partido Comunista Brasileiro, a que desde a juventude pertencera.

Essa vigilância podia exercer-se como censura interna ou externa, o que de qualquer forma gerava uma situação dramática para o escritor, pondo em causa o ciclo, seu sonho de juventude, mas não a causa política, que, de certa maneira, foi outro sonho. A solução do autor, para esse conflito, foi, a meu ver, sacrificial. *Linha do parque*, que está fora do ciclo, é uma outra escrita. Dalcídio não podia afinar com o realismo socialista, prescrito pelo Partido, sem trair o seu sonho de juventude. E para não traí-lo ou trair-se fez-se outro autor escrevendo *Linha do parque*. Sem pseudônimo. Outrou-se, como diria Fernando Pessoa, na criação de uma escrita romanesca diferente: escreveu um livro de aventuras, com personagens heroificados lutando em prol da causa do Partido. O autor é aí uma outra personalidade literária, diferente. Um heterônimo.

Passagem dos Inocentes, quinto volume do ciclo, não foge ao realismo, mas requalifica, linguisticamente, o permanente vínculo com a sociedade e com o mundo que essa tendência respeita.

É preciso dizer desde logo, para evitar todo e qualquer equívoco, que pelo uso não só de termos locais ou regionais, tanto substantivos, adjetivos e verbos quanto expressões coloquiais, a narrativa do nosso autor sempre primou, desde *Chove nos campos de Cachoeira* (1941), pelo relevo dado à fala dos personagens, como um dos principais dados da atestação documental da realidade, também

---

[4] Idem, ibidem, pp. 221-2.

proeminente em *Marajó* (1947), *Três casas e um rio* (1958) e *Belém do Grão-Pará* (1960). Lá estão, como amostras desses dados, em *Passagem dos Inocentes*, "assado" (aborrecido), "panema" (azarado), "sereno" (os que assistem à festa do lado de fora), "mundiar" (atrair a caça), "pitiar" (cheirar a peixe) e seu derivado "pitiosa" (como "pitiú", cheiro de peixe), "ariar" (limpar com areia), "zinideira" (zunido de pernilongo), "variar" (ter alucinações), que não será preciso reforçar com os nomes regionais peculiares de árvores, ervas, velas, mastros, cordames de barco, quando não fosse com as diversificadas expressões: vocativa ("mea filha"), exclamativa, de repulsa ou asco ("axi!"), diminutivas ("iazinho", "descerzinho") ou com as várias palavras que o romancista pode ter inventado, apoiando-se no imaginário linguístico da região, como, entre outras, nessa rápida coleta, "empanemar" (de "panema"), "tristição", "ralhenta", "despaciente", "trovoadal", "navegagens", "esposarana" etc. etc. Assim, as metamorfoses da língua, já trabalho do imaginário linguístico, que sempre responde a uma realidade humana, social e politicamente dimensionada à qual se ata, ingressam largamente, mas principalmente através da fala dos personagens, na fabulação da narrativa e no seu desenvolvimento romanesco.

Chamamos de fabulação da narrativa a resultante da elaboração de uma história pelo discurso que a exprime mediante o ato de narrar, a narração propriamente dita, como voz de quem conta, encadeando os fatos numa sequência de ordem temporal. Em geral, a voz do narrador é neutralizada pela dos personagens a que dá iniciativa, seja quando monologam, seja quando dialogam.

Em *Passagem dos Inocentes*, como nos anteriores romances, se a dominância do estilo indireto livre evita o completo monólogo, não tolhe porém a introspecção, a conversa do personagem consigo mesmo, sua reflexiva reação aos acontecimentos e aos outros ou a sua visão do mundo manifesta, verbalizada:

> Por certo a professora nunca viu um laranjal e dele falava na forma de números, riscos, fração... [...] Faltava a laranja na aula. Uma boa aula de maracujá faltava. Em vez da laranja ou do maracujá, era: Quem em mil quinhentos e quarenta e nove chegou na Bahia? [...] Ensinar era palavrear? Aprender engolir palavra? Alfredo não via os objetos de que falavam as lições [...] Aquela figuração da Terra num globinho paradinho em cima da mesa, de redondez de não se acreditar, em cores, seus continentes e mares de papelão? Mais planeta Terra era o seu carocinho sobe e desce na palma

da mão, no mesmo segundo à roda do sol, colégio, chalé, rio, Andreza e borboleta, e ele, Alfredo, trapezista, no arame do equador.[5]

Mas o que sucede nesse texto, *Passagem dos Inocentes*, é, precisamente, como requalificação da narrativa pela linguagem, a adesão da voz de quem narra à fala dos personagens, o que leva a um grau de máxima aproximação o ato de narrar e a maneira de ver e sentir o mundo de cada um deles, de dona Cecé, do filho dela, Belerofonte, do marido, seu Antônio, de Leônidas, do bêbado falastrão, o Cara-Longa, postado na taberna da esquina, em concorrência com o ponto de vista onipresente de Alfredo. A partir daqui, a partir desse *Passagem dos Inocentes*, a voz do narrador tende a ser neutralizada pela dos personagens, a que dá plena iniciativa nos diálogos que entretêm. É como se em *Primeira manhã*, *Ponte do Galo*, *Os habitantes*, *Chão de lobos* a dialogação conduzisse a narração e com a narração se confundisse como maneira de ver e de sentir o mundo dos personagens em afluência. Os personagens afluem e confluem seus falares, suas dicções. É nesse nível, também, que a história se desdobra em histórias, o que é um procedimento clássico, usado desde Boccaccio e Cervantes. Que melhor exemplo do que o caso contado por dona Abigail em *Primeira manhã*?

> — Isso de *seculo seculorum* me faz lembrar a vez que fui me confessar no padre, eu menina, me assanhando de moça, mas ninguém me achando senão moleca. Pois o padre, foi abrir a janelinha do confessionário, me viu, me cochichou: entreaberto botão, entrefechada rosa [...] Mas nunca, olhe que nunca mais me esqueci dessas palavras, não, nunca, então eu já não era menina, não? Eu podia me confessar? O padre me fazia moça. Menina não é mais, seu olhar dizia. Eu escutei duas vezes, fiz que estava rezando, um medo me deu, mas contente, depois do espanto, de descobrir que eu chegava a moça. Assim ajoelhada. Num repente me botei de pé, enfiei a cabeça pela janelita, fiz uma língua deste tamanho pro padre: entreaberto é a mãe, reverendo, cuche! E olhe! Não sei como me vi no meio da rua, foi num relâmpago.[6]

Mas por esse mesmo lado, que acentua o caráter memorialista da obra (ve-

---

[5] Idem. *Passagem dos Inocentes*. São Paulo: Martins, 1963, pp. 115-6.
[6] Idem. *Primeira manhã*. São Paulo: Martins, 1967, p. 142.

jam-se os trechos de frequentação do Ginásio Paes de Carvalho em *Ponte do Galo* e *Os habitantes*, a descrição dos meninos capinadores de rua, a morte de um carrossel do interior em *Chão de lobos*), destaca-se a oscilação do ciclo entre o individual e o coletivo. É como se o romancista fizesse a crônica da década de 1920 a 1930 (*Chão de lobos*, pp. 26-8) — visando mais à ação de grupos ou à atividade coletiva.

Dona Cecó da *Passagem dos Inocentes*, no Umarizal, perto da Santa Casa, que desejava fosse a mais nobre Passagem MacDowel, a mesma dona Celeste do sobrado de Muaná, fala, queixosa e maternal, com a menina cabocla Arlinda, vinda do interior para trabalhar nos serviços caseiros:

— [...] tu não vieste para um castigo, isto aqui não é um degredo, Arlinda, aqui podes encorpar ou não cresces, és baé? Pior era se teu tio — Deus te livre — te metesse no orfanato. Amanhã, possível, estás aí emplumada, saindo daqui pela mão dum rapaz trabalhador. Doutro modo não. Te assoa neste pano, toma. Prum castigo tu vieste? Te disseram isto? Vai, aquela-menina, puxa um balde d'água, te asseia, te passa sabão, te esfrega com sabugo de milho, passa folha de vindicá no braço e peito, tu precisa é duma lixa, te desencardir, minha encardida! Ariar bem teu corpo, sua pitiosa, mea papasiri, mea papa-gurijuba [...][7]

Cara-Longa fala mal de todos, vizinhos e autoridades, apostrofando, criticando, condenando:

[...] Que vai que amanhã é quarta-feira. Feriado na Inocentes. Vou contratar banda dos bombeiros [...] Vai sair numa carruagem invisível, de pluma e sombrinha, a rainha das nossas palhas. Vai passar a cidade em revista. Vai dar o seu bordo, sim, o seu giro pelo Centro. É a sua via amorosa? Cala-te, Sardanapalo [...]

Gente, soa por aí que o forno da Cremação, adeus, se apagou, quebrou, parou de vez reduzido a ferrugem. Não se tem mais onde incinerar o lixo e os cachorros hidrófobos. Não ouviram que principiou a dar uma moléstia nas crianças que os médicos não sabem? As repartições de Saúde estão reunindo, conferências e mais conferências.[8]

---

[7] Idem. *Passagem dos Inocentes*, ed. cit., p. 125.
[8] Idem, ibidem, pp. 175-6.

Talvez seja essa adesão do narrador ao personagem — maior no caso de Cara-Longa, quase uma invasão ao ponto de vista — que também possibilita pluralizar a narrativa. Essa pluralização se torna patente com a entrada, na estrutura do romance, das múltiplas vozes em tumulto de uma multidão rebelada, protestando contra o descaso das autoridades responsabilizadas pela morte de numerosas crianças, vítimas de um surto epidêmico, batizado popularmente de "tiaguite" (do nome do prefeito, Tiago), que grassava na cidade.

> Alfredo correu-que-correu para o Largo da Pólvora, deslizou pela macia calçada do Rotisserie, cego para os cartazes do Olímpia, rodeia o chafariz sem água, avistou: lá se vai, lá se vai, na sina do caminhar, já noutro lado, meio desfeita na sombra bem fechada das mangueiras [...] Em tão tamanha acumulação de pessoas que é que acontecia? Alfredo atrapalhou-se, engolido pela enchente, não sabia romper as malhas, cai num rebojo fundo, que tantas criaturas, procissão de santo não era, então que era, que era?[9]

Inicia-se, então, longa e diversificada passagem dramática, onde interferem, ao lado de incidentais discursos autônomos, faixas, cartazes de protesto e diálogos cruzados de anônimas figuras do povo.

É uma cena aberta na praça da República. Ao pé da estátua alegórica republicana, aglomeram-se diferentes grupos de trabalhadores, homens e mulheres, que envolvem Alfredo, ali chegado depois de haver seguido, por muito tempo e de longe, dona Cecé, num de seus misteriosos passeios das quartas-feiras. A narrativa continua em distintiva forma dialogada, em que se alternam Uma voz, A mulher grávida, A primeira voz, A voz de outra mulher, o tamanco na mão. Faixas se sucedem: Sociedade Beneficente dos Funileiros, Federação das Classes em Construção Civil, União dos Caldeireiros de Ferro. Depois, A voz do cabeludo empunhando a bandeira. Dos protestos contra a tiaguite, passa-se ao protesto político e à reivindicação social: "— Segundo o *Eclesiastes*, o proveito da terra é para todos [...]".[10]

Esse transbordamento dramático, a rigor, cênico, da ação, é uma polifonia de vozes, decorrente do entrechoque dos diversos falares em tumulto, em cor-

[9] Idem, ibidem, p. 201.
[10] Idem, ibidem, p. 210.

respondência com a dilatada envergadura linguística, grupal e coletiva da narrativa. Creio que, a partir de *Passagem dos Inocentes*, o Ciclo do Extremo Norte cresceria na proporção dessa envergadura, que adquire, em *Ribanceira*, um porte de sátira social. Novamente a ligação biográfica: Alfredo, secretário da Intendência (Prefeitura) de uma cidadezinha das ilhas, a caminho do baixo Amazonas. A geografia é bem outra: a sede do Município é uma ruína, parada no tempo. Mas a sátira não é arrogante ou perversa; o estilo adquire a leveza do transbordamento cômico, os personagens tornam-se caricaturas, a reflexão salto de clown de um Alfredo melancólico a ouvir do Chefe Prefeito:

> — Fino, ouviu? Fino. Neutro diante das altercações e boatos [...] Também vim para as próximas eleições. Não estamos tratando de capinar os cemitérios? Desde já agradando, com prioridade, aqueles nossos fiéis correligionários defuntos [...]
> — Esta? Esta cidade é toda-toda cemitério [...]
> Toma um fôlego o Intendente, se encolhe, piscando muito. Salta a toiça de capim, cai-lhe um botão do dólmã.
> — Nomearam-me Intendente Municipal dos Escombros.[11]

Nesse interior do Pará, onde vai viver o Secretário, a História, jamais trágica, vira farsa.

O memorialismo do romance de Dalcídio entra numa galeria de espelhos, com múltiplos reflexos internos, em que o ciclo se converte. Cada romance traz a memória dos que o antecederam. No município pobre, "Alfredo vê os Alcântara fugindo da casa, em Nazaré, que desabava. Apanha um caco de azulejo, se lembra de dona Celeste e seu sobrado demolido". Em concorrência com o realismo do painel sócio-satírico, sem proselitismo político, dá-se, no Ciclo do Extremo Norte de Dalcídio Jurandir, a interna harmonia da vívida ou vivida lembrança proustiana, que é sempre recordação da infância, se não for sonho de juventude.

[11] Idem. *Ribanceira*. Rio de Janeiro: Record, pp. 40-2.

Max Martins, mestre-aprendiz

Se a Academia se desvia desse movimento regenerador, se a Academia não se renova, morra a Academia.

Graça Aranha, *O espírito moderno*

I

Quarenta anos de lida com a poesia separam o primeiro livro de Max Martins, *O estranho* (1952), desta edição, em 1992, de seus poemas reunidos. Porém a contagem da idade do autor como poeta pode, a rigor, ser recuada por mais oito anos, até por volta de 1942, quando o conheci. Era ele então um modesto e generoso editor adolescente: incumbia-se de fabricar os nossos primeiros livros, datilografando os seus e os meus poemas, em fita vermelha, na máquina do Banco do Pará, onde trabalhava. Essas tiragens caseiras de um só exemplar corriam de mão em mão, dentro de nosso pequeno grupo. Familiarizados com o *Tratado de versificação* de Guimarães Passos, aprendêramos todos a metrificar e a rimar. Jurandir Bezerra e Alonso Rocha, que dispensavam os serviços editoriais de Max, porque preferiam versões manuscritas de seus próprios poemas, coletados em cadernos escolares "Avante", ensinaram-me a contar sílabas pelos dedos da mão direita. Naquele tempo, honrávamos o parnasianismo.

Nada sabíamos da passagem de Mário de Andrade por Belém em 1927 e muito menos da existência de seus correspondentes paraenses, mais interessados nos estudos de folclore do viajante paulista do que na poesia "futurista" de *Pauliceia desvairada*. Embora já tivesse dezoito anos de idade, o modernismo ainda não ingressara em nossas antologias escolares. Vivíamos, durante a Segunda Guerra Mundial, uma época de isolamento provinciano; sendo o transporte aéreo precário e raro, Belém ligava-se às metrópoles do Sul quase que só pela navegação costeira dos Ita. Isso tudo justifica mas não explica nosso retardamento literário de jovens versejadores acadêmicos. Pois que fundamos nossa própria Academia com poltronas austríacas, lustres, patronos ilustres, posse solene e discurso de recepção. Só começaríamos a modernizar-nos depois da morte de Mário de Andrade, em 1945. Max Martins, honra lhe seja feita, antecipou-se a esse processo de geral conversão estética. Bancando o Graça Aranha, gritou: — morra a Academia! numa sessão solene. E saindo espaventosamente da sala, ou do recinto, conforme dizíamos, foi sentar-se no banco público fronteiro à minha casa, sede do silogeu, onde esperou a saída dos confrades para a costumeira badalação em bando pelas ruas da cidade.

Alguns anos depois desse grito libertário, um dos nossos ilustres confrades, Haroldo Maranhão, fundou e dirigiu o Suplemento Literário de *A Folha do Norte*. Mais moderno do que modernista, esse antiprovinciano tabloide dominical instrumentou, difundindo tudo o que de melhor e mais novo se fazia na literatura e na arte do país e do estrangeiro, o esforço de atualização que cada qual começara a empreender por conta própria. E golpeou o isolamento que ilhava a produção local. Os primeiros poemas de *O estranho* foram surgindo nas páginas do Suplemento, onde líamos as últimas poesias de Carlos Drummond de Andrade, Manuel Bandeira, Cecília Meireles, alternando-se com os versos de Ruy Barata e Paulo Plínio Abreu, que nós, os então chamados "novos", somados a um Cauby Cruz e a um Mário Faustino, que não haviam pertencido à nossa Academia, tínhamos aprendido a admirar. O encarte dominical de *A Folha do Norte*, que durou de 1946 a 1951, também direcionou a convivência intelectual que nos ligava, por meio de nosso atualizadíssimo mestre, Francisco Paulo Mendes, a pessoas mais velhas ou apenas menos jovens do que nós. Por fim, criou-se o espírito comum na maneira de sentir e de pensar o mundo real e a literatura.

De nosso antigo isolamento, restaria a vantagem da distância geográfica, convertida num senso de cauteloso distanciamento aos modismos metropolitanos na década de 1940, quando, vinte anos após a revolução estética iniciada com a Semana de Arte Moderna, a poética modernista, já uma herança jacente dos poetas revolucionários de 1922, começou a ser aberta pela geração ascendente à qual nos vinculávamos.

Não vamos recapitular os percalços da abertura dessa herança, que se fez, sob as condições particulares do período, segundo o recorrente processo de retomada interpretativa dos legados culturais, a cargo da nova geração em confronto com a de seus antecessores. O estrépito do confronto nas duas metrópoles, Rio e São Paulo, foi muito além do *neomodernismo* prognosticado por Tristão de Athayde — a volta ao verso medido, às formas regulares, aos temas universais substituindo os nacionalistas, a tudo isso que, afinal, na mesma década, se incorporava ao modernismo amplificado de Carlos Drummond de Andrade, Murilo Mendes, Jorge de Lima, Manuel Bandeira e Cassiano Ricardo. Numa profissão de fé antimodernista, em nome da linguagem poética essencial, pura — que redundava, como bem percebeu o clarividente Sérgio Buarque de Holanda, numa exclusiva adoção do *sermo sublimis* em detrimento do *sermo vulgaris* —, o confronto chegava a rejeitar o coloquial, o prosaico e o popular, considerados desvios e distorções da poesia de 1922. Essa juvenil turbulência dos grupos de maior prestígio, que se rotularam de "geração de 45", usando o termo como bandeira de uma poética autônoma e definitiva, não nos atingiu.

Entretanto, participávamos, embora num ritmo mais largo e menos exclusivista, em razão de nosso distanciamento e das circunstâncias de nossa formação intelectual, do mesmo quadro geracional. Mas entre nós, a vivência de geração, ainda que comportando o arrebatado empenho da juventude, absorvida em sua momentânea verdade, não se transformou num mito de identidade histórica, acima das contingências de uma estação de idade, dentro do movimento giratório do tempo, que amanhã põe os jovens de hoje na posição de seus maduros (ou velhos) antecessores de ontem. Tivemos por vivência um sentimento compartido de convivência. Uma geração implica mais do que ela mesma. Implica, pelo menos, a geração de seus antecessores imediatos — no caso, a segunda leva dos poetas modernistas. Para eles estávamos voltados, como voltados estávamos para os coevos, nossos vizinhos de idade, nascidos nas imediações dos anos

1920 e ingressos na vida literária entre os vinte e trinta anos. A exceção era Mário Faustino: aos dezenove publicou os primeiros poemas, interrompendo desenvolta carreira de cronista iniciada aos dezesseis anos.

O já citado Suplemento Literário dirigido por Haroldo Maranhão documenta esse cruzamento de interesses. Recapitulo, além dos já citados, alguns nomes dos seus colaboradores do Rio, de São Paulo e Minas, reunindo as duas gerações: Augusto Frederico Schmidt, Cassiano Ricardo, Jorge de Lima e Sérgio Milliet, mas também Fernando Ferreira de Loanda, Ledo Ivo, Domingos Carvalho da Silva, Bueno de Rivera e Alphonsus de Guimarães Filho. Queimadas pelo tempo, uma grande mancha marrom no centro, as páginas de minha desfalcada coleção do Suplemento ainda espelham as coisas novas, formas de sensibilidade poética e padrões de pensamento filosófico que emergiam no fim da Segunda Guerra Mundial — o início da "idade política do homem", a época da intimativa literatura engajada chegando até nós na esteira do existencialismo, do sobressalto das novelas de Kafka, do acesso a Valéry e Rilke, a Fernando Pessoa e a García Lorca. Foi quando também se anunciou para nós o manancial ainda desconhecido da moderna poesia em língua inglesa, com T. S. Eliot à frente. Revalorizado o simbolismo, leríamos Baudelaire, Rimbaud e Mallarmé como fontes primárias da modernidade.

Começou então a predominar — o que talvez seja o contributo dessa geração de 1940 ou de 1945 — a atitude racional do poeta como artista da palavra, ciente da forma de elaboração de seu poema sob o controle da inteligência, um pouco mais tarde singularizada na poética de João Cabral de Melo Neto. Desconfiando da espontaneidade dos sentimentos, os novos poetas paraenses também não cairiam no pecado do formalismo; combinaram o "trabalho de arte" com o embalo da inspiração.

A musicalidade de Cecília Meireles e o toque rilkiano dos temas impregnaram os primeiros versos de Mário Faustino ("Poemas da rosa" e "Poemas do anjo"), composições breves e cantantes, que dão forma precisa ao vago e ao imponderável. Rui Guilherme Barata, um descendente de Augusto Frederico Schmidt e de Vinicius de Moraes, usaria em seu primeiro livro, *Anjo dos abismos* (1943), um tom grandiloquente unido a metáforas visionárias. Já em seu segundo livro, *A linha imaginária* (1951), adotaria um certo tom prosaico, às vezes humorístico, dramatizando o conflito do temporal com o eterno na vida cotidiana. Tradutor das *Elegias de Duíno*, de Rilke, Paulo Plínio Abreu, cujos poe-

333

mas foram reunidos em livro postumamente,[1] afinou com a linha espiritualista do modernismo; suas metáforas são símbolos do invisível, da transcendência e da morte.

Saltando do parnasianismo-simbolismo ao modernismo, a poesia de Max Martins ingressou nessa orquestração de contrastes com a publicação de *O estranho* um ano depois da saída de *Claro enigma*, de Carlos Drummond de Andrade, para todos nós um marco decisivo, que superava as tentativas dos próceres da "geração de 45" na direção de uma poesia universal ligando a experiência do cotidiano aos temas permanentes da condição humana.

Mas o parentesco da poesia de *O estranho* — precária edição que o autor pagou, a duras penas, em módicas e espaçadas prestações — era com um Drummond muito anterior, o de *Alguma poesia*, *Brejo das almas* e *José*, conforme ousei afirmar em "A estreia de um poeta", artigo publicado em 1952 no jornal *A Folha do Norte*, e com o qual me iniciei na crítica literária, depois de haver abandonado, por lúcida e acertada decisão, a arte poética. A procedência desse juízo, que até hoje mantenho, contrasta com o desacerto de outros que recheiam essa crítica sentenciosa e disfarçadamente normativa. Condenava como defeitos, à custa de uma compreensão preconceituosa da linguagem modernista, virtualidades da poesia de Max, para a qual imaginava um tipo de desenvolvimento que jamais teria:

> O sr. Max Martins apresenta-nos em *O estranho* muitos poemas fragmentários que poderiam sofrer um mais apurado trabalho de depuração *à espera de amadurecimento*.

Jargão muito ao gosto da época: o crítico, granjeiro-horticultor, apalparia os frutos poéticos para avaliar se ainda estavam verdes ou já maduros. O amadurecimento representava um certo padrão de linguagem, mais puro quanto às imagens, mais sério nos motivos líricos, mais essencial na expressão sublimada dos sentimentos, para o qual deveria encaminhar-se o poeta como termo ideal de sua evolução. E escrevia ainda com empáfia professoral:

---

[1] *Poesia*. Pref. Francisco Paulo Mendes. Belém: Universidade Federal do Pará, 1978.

A primeira impressão que desperta a leitura desse livro de estreia é a ligação constante de seus versos com o que o movimento modernista teve de superável: o anedótico, a facilidade das soluções poéticas e o desprezo formal pelo verso como unidade rítmica. Aqui e ali, lendo esses 23 poemas, percebemos que o poeta, talvez insensivelmente, adota aquela verve superficial que, estampada nos primeiros poemas de Carlos Drummond de Andrade — e apenas em alguns deles —, foi um mero acidente, sem relação com o humorismo doloroso e irônico de *A rosa do povo*.

A tacada em Max atingia Drummond por tabela. Criticava os dois, fazendo, até na condenação ao fragmentarismo, o jogo dos antimodernistas da "geração de 45". Mas nem a poesia do primeiro se moveria na direção daquele amadurecimento que lhe prescrevia como um término saudável após a cura por depuração, nem foi superficial ou acidental a verve dos primeiros poemas do segundo. A leitura do conjunto da obra de Max revela um outro curso temporal e força-me a criticar a minha crítica.

II

In my craft of sullen art
Exercised in the still night
When only moon rages
[...]
I labor by singing light
Not for ambition or bred
Dylan Thomas, "In my craft or sullen art"

Dois fatos relevantes em nossa vivência geracional contribuíram para o desenvolvimento da poesia de Max, ulteriormente à publicação de *O estranho*: a convivência intelectual com Robert Stock e o impacto do livro de Mário Faustino *O homem e sua hora*.

Robert Stock apareceu em Belém na época em que publicávamos a revista *Norte* (três números, de 1951 a 1952), com uma rosa dos ventos na capa desenhada por Peter Paul Hilbert, antropólogo do Museu Goeldi, escritor e desenhista. Surgiu ou surdiu como pode surgir repentina aparição, motivo de surpresa e espanto a princípio, e depois, durante os três anos que permaneceu entre nós, objeto de respeitosa admiração. Magro, alto, de óculos, surpreendeu-nos porque, contrariando a impressão dos norte-americanos, deixada nos anos de Guerra pelos bem-postos soldados e oficiais dos Estados Unidos que em trânsito para a África e sul da Itália perambulavam nas ruas da cidade, não tinha a cuidada aparência dos prósperos cidadãos de uma nação rica. O regime de dedicação exclusiva à poesia a que se entregava, sem ser bolsista de qualquer das Universidades de seu país (subsistia com o dinheirinho de aulas particulares de inglês), impusera a esse poeta, um hippie *avant la lettre*, anarquista sem ser materialista, misto de asceta e de esteta santificando a ética, egresso da mesma comunidade de Big Sur, na Califórnia, a que pertencera Henry Miller, um voto de franciscana pobreza.

Morava na Matinha em barraco de chão batido, coberto de palha, na companhia da mulher, Henriette, uma ex-atriz, da filha Sharon, do macaco Parsifal, de um *trumpet* preso à parede da pequena sala de entrada, de um Webster gigante, guardado na mala que lhe servia de mesa, e onde acumulava os manuscritos de sua poesia, incessantemente trabalhados, alguns dos quais, traduzidos por Mário Faustino, foram estampados no número 3 de *Norte*.

Mário Faustino voltara dos Estados Unidos familiarizado com os poetas modernos de língua inglesa, sobre os quais se entretinha com Robert Stock, o Bob — ou *O homem da Matinha*, como alguns dentre nós o chamávamos — e que este nos dera a conhecer em traduções livres, elaboradas num intuito didático. Líamos, semanalmente, em sua letra miúda sobre papel quadriculado, versos de Hopkins, Eliot, Pound, Richard Eberhardt, Robinson Jeffers, H. D., Marianne Moore, Hart Crane, Auden, Dylan Thomas, Elisabeth Bishop, William Carlos Williams, Cummings, Wallace Stevens, Kenneth Patchen, Kenneth Rexroth e tantos outros, mesmo dentre os clássicos, como Shakespeare — sobre cujos sonetos fez numerosas anotações —, e entre os românticos, Coleridge e Keats, além dos inclassificáveis Blake e Emily Dickinson. Até então leitor de Poe e Whitman, Max Martins, um dos destinatários das traduções de Bob, retemperou, nessa experiência com a poesia inglesa e norte-americana que nosso comum amigo lhe proporcionava, o seu entendimento da linguagem poética — lição de sobriedade, de comedimento verbal, e também, pelo ângulo dos *imagists*, de uso econômico da imagem.

Mas da parte de Bob a lição de poética sempre trazia uma contraparte ética: a moral empenhada à poesia, como valor principal norteando o exercício da arte feito prática de vida, solitária e ascética, acima do ideal burguês de vitória sobre o mundo, o poeta como o oposto do *self-made-man*, autossuficiente e dominador; ao contrário daquele que "vence na vida", está inteiramente entregue ao "*craft or sullen art*" (ofício ou arte severa) do verso de Dylan Thomas. A vitória do poeta seria fracasso aos olhos do mundo para o romântico *Homem ou santo homem da Matinha*, que eu voltaria a encontrar em 1970, já em Nova York, freelancer em publicidade e ainda pobre, depois de haver publicado seu primeiro livro (*Covenants*),[2] com poemas dedicados a Ruy Barata, a outros amigos de Belém e à memória de Mário Faustino, morto em 1962.

A descoberta do modernismo levara Max a uma primeira crise, que ele resolveu, em *O estranho*, recorrendo ao verso livre. A segunda crise, iniciada sob o amigável convívio de Bob, e que o conduziria a *Antirretrato* (1960), intensificou-se sob o efeito da leitura de *O homem e sua hora* (1955). Ao impacto desse livro de Mário Faustino, que liga a mais refinada tradição do verso à metáfora moderna, juntou-se a ação jornalística do autor como poeta-crítico na página "Poesia-Experiência" (1956-9), que fundou e dirigiu no Suplemento Literário do *Jornal do Brasil*. Defendendo a condição da poesia como ofício intelectual sério, social e historicamente responsável pelo desenvolvimento da língua, a plataforma doutrinária dessa ação, apoiada na poética pragmatista de Pound e exposta por Mário Faustino em seus "Diálogos de oficina", que postulavam a diferença e o entrosamento entre *linguagem prosaica* e *linguagem poética*, esta considerada autêntica quando eficaz, e assim criadora de objetualidades novas, contribuiu, tanto quanto mais tarde contribuíram os últimos poemas do jovem crítico, de publicação póstuma — poemas de substantivação dominante e de temas recorrentes, expressamente compostos como "fragmentos" —, para o segundo salto poético de Max Martins. Também foi Mário Faustino que assimilou, quer na teoria, quer na prática de sua própria arte, procedimentos da poesia espacial dos *concretistas*, o mediador, naquele momento, do vanguardismo da década de 1950 no Pará.

Antirretrato avançaria timidamente nesse domínio. Mas foi nesse livro que a temática do amor carnal começou a tornar-se o centro da obra de Max, desde então ligada à ideia de poesia enquanto arte exigente e ao mesmo tempo exercício de vida. A incorporação do espaço como distribuidor de ritmo e

---

[2] Nova York: Trident Press, 1967.

revelador visual do significado, o poema passando à categoria de composição *topográfica* inclusiva de um desenho letrista, icônico, adviria na terceira crise, encetada em *H'era* (1971) e resolvida em *O ovo filosófico* (1975), que precedeu *O risco subscrito* (1976), culminância desse período.

Os dez anos entre *Antirretrato* e *H'era* marcam o estabelecimento de duradouras "afinidades eletivas" de Max com poetas e romancistas nacionais e estrangeiros: com o Carlos Drummond de Andrade de *Claro enigma* e também com o Jorge de Lima de *Invenção de Orfeu*; com os simbolistas franceses no original, aos quais lentamente acedeu por essa paciência da descoberta, que é a volúpia do autodidata consequente; com Gerard Manley Hopkins e Dylan Thomas. Afeiçoou-se a certos prosadores, principalmente ficcionistas, que afeiçoaram o seu rumo de vida e a sua visão de mundo: um Thoreau, a ele revelado por Bob, e cujo *Walden* lhe reforçou o ideal sempre cobiçado, origem da cabana de Marahu na década de 1980 como lugar de refúgio, de uma existência individual solitária e autônoma, longe e perto da cidade; um David Herbert Lawrence — o das Cartas, principalmente — que ratificou, em definitivo, a escolha da *via erótica*, um Henry Miller, que o encaminhou, antes dos pensadores orientais, a uma interpretação mística da sexualidade.

Paralelamente, as sucessivas leituras de *Grande sertão: veredas*, de Guimarães Rosa, lhe propuseram o tema da viagem que aparece em *H'era* associado à aventura de travessia da página, lugar de decisão arriscada geradora do poema, como forma indecisa do Destino nas figuras variáveis do jogo aleatório, do "*coup de dés*" (lance de dados) das palavras.

Em cada crise, interroga-se o poeta sobre si mesmo e sobre sua poesia à busca de novas e provisórias certezas que o ajudem a caminhar. Para o lance de *O ovo filosófico* apoiou-se num certo orientalismo — a sabedoria contemplativa zen e a erótica hindu, hauridas no *Bhagavad gita*, no *Tao te ching* e nos textos de Suzuki. Nesse momento, quando também entra em contato com a poética de Octavio Paz — os versos de *Salamandra* e a reflexão teórica de *Correntes alternas* — e com a obra de Edmond Jabès, o trabalho artístico de Max, já estabilizado quanto à sua conformação espacial em *Risco subscrito*, de novo se retempera na relação de convivência com o jovem poeta Age de Carvalho.

Max teve em Bob Stock o seu mestre de poesia. No presente caso, entretanto, não se dá simplesmente uma troca de papéis, o discípulo passando à posição de mestre do mais jovem. Max entra em sintonia com Age de Carvalho, empreendendo ambos, sob a forma da *renga* japonesa, o poema dialogal *A fala entre parênteses* (1982). Nele, os versos de um e de outro, mantendo o modo de expressão que lhes é peculiar, confluem, distinguidos tão só pela caligrafia de cada qual, nos moldes rítmicos e nos temas previamente adotados. Provocada pela leitura da *renga* elaborada pelo trabalho em comum de quatro poetas de diferentes nacionalidades — o mexicano Octavio Paz, o francês Jacques Roubaud, o italiano Eduardo Sanguinetti e o inglês Charles Tomlinson[3] —, cada qual escrevendo em sua própria língua, a dos nossos dois poetas é, como ensina Shinki, teórico desse estilo no século XVII, "um exercício espiritual para penetrar o talento e a visão do outro". O confronto entre visões díspares que esse exercício reclama exige um alto grau de consonância afetiva e intelectual, permitindo a cada parceiro retomar, no seu modo próprio de expressão, a experiência diferente do outro. Sem a "afinidade eletiva" que une, acima da diferença de geração, o poeta mais velho, Max Martins, ao mais novo, Age de Carvalho, não teria sido possível esse fazer poético associativo, em companhia.

Max recebia, no final da década de 1940, como pós-modernista, a herança de seus antecessores; agora, na de 1980, faz de seu natural sucessor na ordem da idade, a quem já transmitiu o legado de sua obra, um colaborador eventual e um companheiro de trabalho com quem compartilha as mesmas descobertas poéticas e escolhas intelectuais: Bashô ao lado de George Trakl, Octavio Paz ao lado de Paul Celan — os quatro homenageados de *A fala entre parêntesis*, que ainda mais lhe enriquecem a individualidade poética no momento em que, já firmando em *Caminho de Marahu* (1983) a fisionomia espacial característica de sua obra, também adota, sob a sugestão do *hai-kai*, a forma epigramática, em alternância com a forma distensa do poema moderno tradicional. Marcada por essa alternância, a escrita de Max se estabiliza como estilo no livro-pochete *60/35* (1986) — sessenta anos de idade e 35 de poesia — e de novo tende a desestabilizar-se nos *Marahu poemas* — os últimos na ordem cronológica e os primeiros de *Não para consolar* — que assinalavam, talvez, o sobressalto de uma outra crise.

Da crise que antecedeu a *O estranho* a esta de agora, a poesia de Max, longe de ter tido um curso evolutivo tranquilo, desenvolveu-se aos sobressaltos, descontinuamente, em surtos de criação que formam sucessivos ciclos entre o

---

[3] *Renga: a chain of poems.* Nova York: George Braziller, 1971.

livro de 1952 e o atual. Não obstante as transformações por que tem passado, um fundo de originalidade distintiva interliga as diferentes fases dessa poesia, atravessando suas crises. A descontinuidade da evolução acoberta a continuidade de certas matrizes ou constantes, perduráveis, com modificações, em seus diversos ciclos, e que caracterizam a poética de *Não para consolar* tomada no sentido do conjunto da obra do poeta — desde os versos livres de *O estranho*. Para identificar tais matrizes, em que assenta aquele fundo de originalidade, precisamos retornar a esse primeiro livro, executando, conforme anunciei, a crítica da crítica que dele fiz logo que surgiu. Como a minha remota apreciação pôs em causa o humor do primeiro Drummond ao qual vinculei a tônica de *O estranho*, é por ele, pelo poeta mineiro, que devemos iniciar nosso ato de contrição.

III

Eta vida besta, meu Deus
　　　　　　Carlos Drummond de Andrade, "Cidadezinha qualquer"

Censurando o "humor superficial" de Drummond, era a piada modernista o que eu, de fato, rejeitava. Deveria ter perguntado como Manuel Bandeira em seu *Itinerário de Pasárgada*: "E por que essa condenação da piada, como se a vida só fosse feita de momentos graves?". Queria uma poesia séria, grave, esquecendo a permeabilidade da literatura moderna ao cômico, ao burlesco, ao bufo, ao "drolático" (o vocábulo é de Guimarães Rosa). Tanto a piada quanto o humor doloroso e irônico, que transferi ao período de *A rosa do povo*, já se encontravam no primeiro Drummond.

A diferença, por exemplo, entre "Toada de amor" ("E o amor sempre nessa toada:/ briga perdoa perdoa briga"), de *Alguma poesia*, e "Cantiga de enganar" ("O mundo não vale o mundo, meu bem"), de *Claro enigma*, é apenas uma diferença de gradação. Se neste último prevalece, sob traço jocoso, a tonalidade trágica dos graves contrastes existenciais, no primeiro, o talhe piadístico, tal como o de "Quadrilha" e "Cota zero", também de *Alguma poesia*, tem por medida o cômico do cotidiano naquela tonalidade morna e tediosa do verso final de "Cidadezinha qualquer" ("Eta vida besta, meu Deus"), que marca a lírica do prosaico, do vulgar, difusa em *Brejo das almas*, *José*, *Sentimento do mundo*, e que *O estranho* tão bem absorveu.

Ora, pela expressão sintética, marcadamente elíptica, essa lírica breve, de interrompido surto, aparentando incompletude na composição, às vezes de um único verso, como "Nova Friburgo", de Drummond ("Esqueci um ramo de flores no sobretudo"), quase sempre visando a um rápido registro, à maneira de tomada fotográfica, é, comparada ao encadeamento lógico do estilo poético tradicional, uma lírica fragmentária. Fragmento pitoresco da modorra interiorana, "Muaná da beira do rio", de *O estranho*, estampa única de uma "Lanterna mágica do Norte", que não teve continuação, apresenta-nos esse tipo de flash:

> *A velha matriz branca*
> *De portas largas*
> *Sozinha na praça*
> *Olhando o rio sujo*
> [...]
> *Na janela do posto do Correio*
> *um cacho de bananas balançando*

A lírica do vulgar, enquadrada numa citação parodística à "vida besta", está toda em "Poema", que sela a umbilical ligação do nascente verso moderno de Max com o humor drummondiano:

> *Ocorre-me o poema*
> *Contudo há a religião*
> *A Pátria, o calor*
>
> *Procuro ver na noite profunda*
> *Quero esquecer no momento*
> *Que sou o homem de vários documentos.*
> *Forço.*
> *Dói-me o calo desta vida "meu Deus!"*

Sob a adversativa do segundo verso ("Contudo há a religião"), Max engen-

drava uma das constantes ou matrizes de sua expressividade lírica própria —
parte do fundo de originalidade arraigado à sua obra: a autoirrisão, como mecanismo humorístico de encenação autobiográfica, que aparece até mesmo nas
suas Elegias, lamento pela morte do pai, em uníssono com a tonalidade de "Confidência do itabirano", de *Sentimento do mundo*, de Drummond, homenageado
no verso: "Calço os teus sapatos (mas o teu silêncio como dói)".

No entanto, Max jamais seria um "diluidor" de Drummond. Mas foi
Drummond que partejou o nascimento do autor de *O estranho*. Ninguém
se faz poeta — e nenhum poeta já feito é capaz de mudar — sem a mediação
de um outro seu *maieuta*, que o leva a descobrir-se naquilo que tem de original. A relação entre discípulo e mestre, fecunda na atividade do pensamento quando gera o polêmico movimento de identidade e diferenciação de um
com o outro, também prevalece em poesia. Na escola do itabirano, o discípulo paraense sai da casca parnasiano-simbolista de sua adolescência. E tudo o
que esse mestre lhe ensina, e que a ele o identifica — da síntese ao humor, da
paródia à soltura da prosa no verso, absorvidos na forma e na matéria do livro
de 1952 —, argamassa as qualidades que diferenciam o discípulo, e nas quais
ele descobre não só o tom, a medida, o modo da escrita de *O estranho*, mas também três outras constantes de sua obra: o senso parodístico, dominante em
"Menina triste" — uma réplica ao sentimentalismo romântico; a rememoração descritiva, de maneira particular na "Elegia dos que ficaram"; a visualidade abstrata das "metáforas lancinantes", como a do verso de "Elegia em junho"
— "A faca corta o pão separando o tempo em nós" que emigrará para um poema tardio. Em *O estranho* despontará, por fim, graças ao mesmo processo de
diferenciação na identidade, o contrastante regime de imagens que polariza
a criação poética de Max entre um espaço interior — em geral, a casa e seus
compartimentos — e um espaço exterior — com o predomínio da Natureza,
ora noturna, ora solar.

Nesse particular, são exemplares as Elegias: um espaço interior fechado
(casa enlutada, mesa na varanda, sala vazia) separa-se do exterior aberto (quin-
talejo, vale). Em "Porto", onde não há lugar para o primeiro, alonga-se o último
num contorno marinho (mar, praia), esboço das posteriores imagens preferenciais da Natureza. Os dois espaços se interpenetram em "Varanda", interior aberto, em que o solar e o noturno se misturam:

O café que tinge a xícara
O leite que derramas na xícara
O riso que tens de cabelos molhados

A água fria que espanta a noite
E a angústia das noites
O sol que bate na verde janela
E o vento que sacode a cortina bordada

Dentro do padrão modernista adotado, não se poderia exigir amadurecimento maior. O desenvolvimento uniforme, linear, que eu cobrara do poeta, seria desmentido pela evolução polimórfica e ramificada de sua obra, sob o impulsionamento descontínuo das crises que a têm movido, conforme pudemos adiantar. Se considerarmos a descontinuidade, cabe dizer que essa poesia terá nascido mais de uma vez e que mais de uma vez amadureceu. Porém, aceitando-se para ela a imagem orgânica de amadurecimento, convirá completá-la com a de transformação interna. À semelhança do fruto que se transforma ao morrer, ela tem renascido de cada morte aparente, Fênix rediviva das cinzas de suas crises. Pois aqui morte é sinônimo de paragem no conflito, de um recuo que antecede o avanço — o ponto crítico onde uma nova aprendizagem se inicia: uma "aprendizagem de desaprender", tenacidade de quem tenta se desapegar dos hábitos já estabelecidos de sua própria escrita. Esse o método do autodidata honesto, jamais habilitado a conferir-se um diploma de fim de estudos.

Para ele, cultivar a poesia significa estudá-la, e estudá-la, cultivar o conhecimento do mundo através dela. Esse cultivo estudioso tornou-se, menos como erudição livresca do que como um ato de atenção à vida, o capítulo quase único da biografia do poeta, na qual as relações de convivência e amizade têm catalisado momentos de criação. Nessa criação descontinuísta, os ciclos se entrosam, cada qual conservando algo daquele que o antecede e esboçando o seguinte.

A linha parnasiano-simbolista, recuperada pela "geração de 45", prolonga-se no soneto de *O estranho*, onde se condensa a linha autobiográfica, que *Antirretrato* — aparentemente um *antiestranho* — retoma já na perspectiva da poesia como "trabalho de arte", o que significará a composição intelectualmente controlada do poema, enquanto objeto estético autônomo. No início daquele livro, esse trabalho é figurado metaforicamente enquanto transação com as coisas ou com suas imagens: uma arte mágica ou uma difícil artesania praticada por um equilibrista aprendiz que tenta caminhar sobre o arame tenso da palavra: "Da ponta do arame/ a frase/ sem(o)equilíbrio/ escapa" ("O aprendiz"). Embora a reflexão sobre a palavra já estivesse implícita nessa figuração, somente em *H'era*, do mesmo ciclo, poder-se-á encontrar a tematização da poesia ou do ato poético, destinada a ser, de maneira explícita, o acompanhamento de todos os outros temas.

Dado que a passagem de um a outro ciclo importa numa mudança de registro ou de clave dos anteriores temas, a encenação autobiográfica não mais se limitará à lírica do vulgar. "Max, magro poeta", de *Antirretrato*, uma réplica à "vida besta", embarca num *Bateau ivre* de ocasião, vogando sobre um mar de mar, metáfora da poesia fervilhante que em todas as coisas comemora sua amorosa epifania:

> *Magro poeta, o sol dos muros*
> *ainda anotas*
> *mas, e o sal que escorre*
> *dentro das pedras?*
>
> *Ao pouso inesperado duma asa,*
> *contempla a mosca:*
> *no seu ventre ferve-lhe o poema*

O amor, grande tema que centralizará a obra de Max, anuncia-se em *Antirretrato* na surdina da metonímia do corpo feminino sobre o friso histórico da velha Belém, hoje sepultada, em "Cidade outrora" ("Os seios de Angelita: eis a cidade/ outrora curva sem princípio e bruma/ onde a aurora nascia dos parapeitos lusos/ [...]"), ou no mar noturno de "Amargo", onde boia o "mênstruo da madrugada". Mas é só com o pleno advento da carnalidade em poemas como "Copacabana" ("Preamar de coxas/ sugestão de pelos/ úmidos/ no verde mar azul/ [...]"), "Tema a" ("Ocaso duro coito/ dos cáctus/ nuvens menstruadas/ testículos/ entre espinhos/ [...]) ou "Variação do tema a" ("Meiodia entre o macho/ a pino/ e a fêmea tensa/ ao meio/ [...]), que as imagens da Natureza alcançam porte cósmico. Em grande número, essas metáforas cumulativas, incisivas (ou "lancinantes", na terminologia de Oswald de Andrade), em enunciações que descrevem ou rememoram, sexualizam a Natureza e naturalizam o sexo. Dir-se-ia que tais versos logram, por um efeito hiperbólico das metáforas, apresentar, no aumentativo, o entrançamento congênito de linguagem e sexo que um George Steiner aponta.[4] Essa "estreita relação", favorecida em *Antirretrato* e *H'era* por vocábulos marinhos e/ou fluviais (mar, preamar, maré, praia, ilha, rio) e por termos orgânicos, vivos e residuais (tendão, fibra, sangue, raiz, pelo etc.), é o permanente lastro de uma interdependência cada vez maior, a partir dessa fase, entre a tematização da poesia e a tematização do amor. *Eros* e *Poiesis* serão a cara e a coroa do mesmo trabalho de linguagem. A Poética equivalerá a uma arte erótica que veicula, sob o tropismo fálico do corpo feminino, o labor reflexivo do poeta com a matéria das palavras.

IV

> *A Palavra é o falus do espírito*
> *enraizado no centro*
>
> Gottfried Benn, "Problemas da lírica"

A carnalidade do mundo — o mundo feito carne como Verbo — eis a forma singular que toma, desde os mais ousados poemas de *H'era*, a estreita relação entre sexualidade e linguagem. A mesma relação que Steiner estabelece conceptualmente, numa afirmação geral e abstrata, é trazida aqui, independentemente do conhecimento que o poeta possa ter do pensador, ao plano analógico da concreção verbal. A equivalência entre Arte Erótica e Poética pressupõe a dominância de uma universal analogia — metáfora das metáforas, inclusive a da atração fálica do corpo feminino, mediadora do tratamento reflexivo da linguagem.

Daí também deriva, com o substrato orgânico das imagens prediletas do nosso autor, a carnalidade do mundo — corpo único, feminilizado, de que as coisas são as zonas erógenas, e que tende a fundir num só espaço a diferença entre o interior e o exterior anteriormente referida.

---

[4] "Les fibres de la sexualité et celles du langage sont en étroite relation". Em George Steiner. *Réelles présences*. Paris: Gallimard, 1990.

"No princípio era o verbo", intitula-se um dos poemas de *O risco subscrito*. À semelhança de outras réplicas a textos sacros do cristianismo, como o *Tantum ergo* em "X" de *H'era*, na qual se reinveste a matriz do senso parodístico, essa glosa do Evangelho de São João atesta a amplitude religiosa da Arte Erótica, que possui o ser amado no corpo do mundo, fruindo-o e recuperando-o no gozo da escrita.

Assim, Koan, emblema místico da correspondência entre *Eros* e *Poiesis*, evocando um aforismo Zen ("A pá nas minhas mãos vazias"), pode celebrar, exultante, a união de dois numa só carne com a penetrante escavação semântico-etimológica de venérea e venerável palavra castiçamente latina (*fodere* = cavar), que lhe serve de eixo:

> *Cavo esta terra - busco num fosso*
> *FODO-A!*
> *agudo osso*
> *oco*
> *flauta de barro*
> *soo?*

Situado no círculo metafórico onde agora entra o leitor, o poeta pratica sobre a linguagem um tipo de reflexão que seria, em grande parte, o cumprimento da grande metáfora desse poema: uma escavação de palavras, desarticuladas, decompostas, desventradas. Atente-se, porém, para a ocorrência de significações negativas — *fenecimento, desgaste, corrosão* — obsessivamente disseminadas, de *H'era* a *Caminho de Marahu*, em contraposição à posse amorosa, nos mesmos poemas que a celebram. Assim, por exemplo, no poema-título "H'era", o verde solar, elemento afirmativo (sim), equivalente a *sêmen*, a *relva*, a *rio*, fenece na recordação que o preserva — "amor tecido contra um muro". A morte, antecipada nas significações negativas, associa-se à fruição erótica. Mas, por outro lado, nessa alegoria do poder destruidor e transformador do tempo, suplente da morte, agindo por intermédio de antagonismos indecidíveis, amor e desamor, sim e não, presente e passado — o rebate trocadilhista entre expressões ("Em verdes eras — fomos/ hera num muro/ [...]") fixa-se no "desenho" da palavra central, *hera*, interrogada, semanticamente desmembrada, escavada (hera, era, eras). Escavação semelhante reduz o verso a um esqueleto gráfico, como no início de "X":

A tarde era um problema
(emblema)
a
re
(sol)
VER

Dessa forma, nos dois poemas, há como que uma violentação da linguagem, corroída por efeito de sua própria concreção. Uma vez que são equivalentes a Arte Erótica e a Poética, a poesia e o amor seguem, conjuntamente, uma mesma curva de declínio, de turvação, de esvaziamento.

A condição desfalcada do amor, tanto quanto a da poesia — saqueados pelo "temporal ladrão" — respondem pela tônica de pessimismo trágico, dominante de *H'era a Marahu poemas*, e toda concentrada em "Madrugada: as cinzas", de *Caminho de Marahu*:

Madrugada, as cinzas te saúdam

De novo moldas contra a penumbra, maldas
o galo do poema, a tua armadilha, o fogo
ardendo cego nos desvãos do sangue
[...]
Riscos se entrelaçam, fisgam a mosca do deleite
e já a ruína
tenaz, fibrosa, agônica sob a folhagem, mostra
o olho menstrual e sádico do destino
[...]
De tudo, madrugada, a dúvida traça um rosto
Exposto neste espelho contra o sol: O soletrado
calcinado

Acrescenta-se a *calcinação* à mesma cadeia negativa a que pertencem o fenecimento e a corrosão. Mais ainda: essa cadeia toma o vulto impessoal de implacável Destino. É o aspecto que não deve omitir quem se disponha a compreender o erotismo em Max.

347

Se é verdade, como diz Unamuno, em seu *El sentimiento trágico de la vida*, que o amor sexual é o tipo gerador de todo outro amor, não é menos certo que uma genuína poesia erótica é, antes de tudo, como a de Max, uma poesia carnal — do corpo todo, em sua potência expressiva, tanto anímica quanto erógena, não apenas genital. Anteriormente destacado, o tropismo fálico, movimento atrativo, é, como reserva da imaginação, o regulador, nessa poesia, da analogia entre a ação da palavra e a fruição, real ou irreal, do corpo feminino. Nas celebrações amorosas de nosso poeta, o falus não é triunfal: rei sem coroa, destrona-o manual artesania. Outra figura obsessiva, "a mão impura", "a mão solitária", "sinistra", ou "monossilábica", visita, espectral, as celebrações de Eros, agravando, com uma nota de culpa, de mergulho escatológico na impureza, o pessimismo trágico antes mencionado.

O espaço do mundo carnalizado — espaço do desejo — une o interior e o exterior num só recinto fechado: "[...] a noite me escrevendo:/ — jaula do silêncio" (*Caminho de Marahu*). Segundo outros versos, o desejo, fera enjaulada — o "Amargo Id/ e ígneo tigre" de "Ideograma para Blake", também de *Caminho de Marahu* — ronda impacientemente entre grades. Mas o desejo é sofrimento, segundo o budismo, que ensina a libertação pelo nirvana — anulação, esvaziamento, tal como em "Mútuo contínuo", de *Caminho de Marahu* ("Samsara é nirvana, nirvana é Samsara"). Passando além do objeto desejado, o erotismo, seja o Ocidental, em Platão, seja o Oriental, da Ioga, é trânsito, passagem, tentativa de domação do tempo, eternização do instante, como sugere a imaginação do êxtase na obra de Max mormente em "Maithuna", de *O risco subscrito*. Há porém, nessa obra, uma resposta compensatória à contraparte negativa da carnalidade do mundo: as metamorfoses do Eu. Concomitantemente ao ensaio de espacialismo, verifica-se em "X", juntamente com a velada paródia do *Tantum ergo*, que sacraliza a sexualidade, expandida numa simbologia escatológica, uma tentativa de impessoalização. Um Eu distanciado reaparece no verso final, em terceira pessoa, como espectador ("Estendido sobre a grama nu o poeta ruminava [...]").

No poema-título, "H'era", já referido, eleva-se um associativo "nós", que fala por muitas vozes. Frequentes serão daí por diante as variações ou metamorfoses do Eu. É um Eu viajante, narrativo, o sujeito de "Travessia" — série de quatro poemas do terceiro livro do autor, que fundem a itinerância sertaneja do Riobaldo, de *Grande sertão: veredas*, à viagem do *Bateau îvre* iniciada em *Antirretrato*. Primaveril, oceânica, humorística, a viagem, que parte do "amor mais que perfeito para o

Equador", e onde reaparece, forte, o espírito de autoirrisão já assinalado, termina no limo-limbo amazônico:

> *E veio Amor, este amazonas*
> *fibras   febres*
> *e mênstruo verde*
> *este rio enorme, paul de cobras*
> *onde afinal boiei e enverdeci*
> *amei   e apodreci.*

O artifício de encenação autobiográfica tem agora por palco a ambiência regional, que requalificará de *apodrecimento*, como um fado telúrico, a anterior corrosão do amor e da poesia. Cada um dos versos de "Travessia IV" é um fragmento de "ideia" sobreposto a outros fragmentos; o espaçamento, que aproxima e distingue os semelhantes (fibras/febres) e os opostos (enverdeci/ apodreci), prenuncia a visualidade, que é também uma tentativa de dicção impessoal, não rememorativa, de *O ovo filosófico*.

V

> *Todavia*
> *(toda via é verso inacabado?)*
> *lançam-se os dados*
>
> Max Martins, "Travessia 2"

Os antecedentes mais próximos dos dois poemas geminados pelo tema mítico-poético do *ovo*, que remonta à vetusta tradição órfica, segundo a qual a Noite engendrou o ovo de asas negras do qual nasce Eros, dando princípio ao Cosmos, são os "Poemas do ovo", de João Cabral de Melo Neto e o conto "O ovo e a galinha", de Clarice Lispector.

No conto-enigma da romancista de *A paixão segundo G.H.*, o *ovo*, ao mesmo tempo um objeto concreto e abstração de todos os objetos, é a palavra "ovo" desencadeando a fantasmagoria verbal de associações proliferantes que terminam por turvar os significados comuns do vocábulo na linguagem corrente. "E eis que não entendo o ovo", escreve Clarice Lispector. "Só entendo o ovo quebrado". Se queremos entender o objeto fora da palavra, captamos uma abstração. Dizer "ovo" antecipa o uso da mão que o quebrará para prepará-lo. "Ver o ovo é impossível?" Nossa visão pura do objeto já está desviada pelo significado verbal. Assim o conto de Clarice é uma experiência do ofuscamento que a linguagem exerce sobre quem escreve ou lê.

A série de quatro poemas de João Cabral sob título comum intenta, ao contrário, descrever o ovo como se captado por uma visão e por um tato sem subjetividade, o poeta operando através de enunciados hipotéticos compatíveis entre si: o mesmo objeto, para só falarmos do primeiro poema, deixa-se ver como *coisa branca* comparável às pedras; mas apalpado, a mão descobre

> *que nele há algo suspeitoso:*
> *que seu peso não é o das pedras,*
> *inanimado, frio, goro;*
> *que o seu é um peso morno, túmido,*
> *um peso que é vivo e não morto.*

Por mais que tenha sido motivado por esses dois tipos de escrita poética ovípara, *O ovo filosófico* é uma versão ímpar do descritivo-hipotético cabralino e da aturdida visualidade do conto de Clarice. O mais notável dos dois poemas de Max consiste na troca de posição do olhar, na permuta entre *ovo* e *olho*, um sendo o outro ou produzindo o outro. Estratagema da poesia: a troca de posição dos dois objetos resume-se num intercâmbio de palavras com morfologia semelhante, ambas de duas sílabas, ambas emparelhadas na página:

> *o olho*
> *do ovo*
> [...]
> *o ovo*
> *do olho*

Essa troca favorece uma simulação: o fingimento do condicional (Se/ fora do foco/ do ovo [...]), pois que o hipotético entra aqui transportando e disfarçando a subjetividade reflexiva do sujeito que o poema de Cabral aparenta dispensar. Além disso, tanto o *ovo* quanto o *olho*, em vez de vistos ou apalpados, são objetos descritíveis, oferecidos à vista quando lidos, e por ela "apalpados" em suas letras componentes entrelaçadas no caligrama e no signo gráfico finais. Clarice busca salvar o objeto da capa simbólica da linguagem. Para isso multiplica as palavras, tentativa de desencantá-lo, aturdindo o leitor. Tomado por ilusão contemplativa semelhante, Max convida à leitura como um ato de ascese dos sentidos; em vez de multiplicar as palavras, reduz o texto à convergência gráfica das duas que lhe servem de tema. Porém é preciso grafar a forma do que se contempla; e ainda dizer o que significam os dois V entrelaçados ("Um olho novo vê do ovo"). O poeta pode sair de si na palavra identificadora, mas não sai da palavra; ao contrário do místico que só entra na linguagem para contar-nos sua já decorrida experiência inverbalizável. Contempla quem lê. O simulador ou fingidor que escreve está envolvido no livre jogo poético de que *ovo* e *olho* são peças permutáveis numa partida em que se arrisca o êxito ou o fracasso do poema em via de realização. O lance de "Um olho novo vê do ovo" bem como de seu homólogo "Poemovo" é a pergunta que guia a demão do jogador: Como pode ser gerado na página um objeto verbal novo, ao mesmo tempo legível e visualizável?

Poderá ter sido essa, parece-me, a indagação correspondente à terceira crise, surgida entre *H'era* e *O ovo filosófico* e de que os poemas desse livro trazem a resposta problemática. O pensamento Oriental com que o autor se familiariza nessa fase, e que reforçaria a sua interpretação mística da sexualidade, também favoreceu, pelo ideal da contemplatividade, uma atitude atenta à fisionomia das palavras, ao "desenho" dos significantes.

No entanto, a relação de um poeta com as palavras é tão contemplativa quanto ativa. As enunciações são atos de linguagem. Em poesia, esses atos traduzem um conflito de atitudes. Um poema, esclarece Kenneth Burker, em sua *Philosophy of literary form*, "*do something*" (faz alguma coisa) para o poeta e seu leitor, porque é modo de ação verbal. Além da fisionomia e do "desenho" dos significantes, importa o que as palavras fazem imaginativamente. Reforçado na produção de Max nas três últimas décadas, esse aspecto "cabalístico" das palavras, em correlação com o efeito criador do Verbo, da palavra escrita, no pensamento hebraico, que lhe foi transmitida por Edmond Jabès, opõe-se ao anterior ideal de contemplação extática.

O antagonismo entre os dois ideais foi benéfico a Max. O artista-aprendiz conseguiu equilibrar-se entre grafia e entonação verbal, entre verso e contraverso, entre canto e contracanto. No trajeto de *O ovo filosófico* a *O risco subscrito*, alternam-se e misturam-se o visual e o discursivo, o estilo de concentração estimulado pela poesia espacial e o modo lírico reflexivo. A disponibilidade do espaço praticada naquele livro consolida-se no último. Em ambos, porém, os versos fragmentados, recortados em unidades mínimas de ritmo e significação, refazem uma discursividade mais tensa, espasmódica, de súbitas estridências e silêncios interruptivos, de subentendidos e *riscos subscritos*, como traço do decalque de uma palavra represada ou reprimida noutra. A logofonia concorre com a logografia dentro da desenvoltura lúdica atingida pela poesia de Max.

O primeiro sinal dessa desenvoltura lúdica é o espacejamento rítmico, ou seja, a distribuição espacial das palavras segundo um ritmo semântico, a pausa realçando a significação. Não abolido, o verso permanece, conservando sua força enunciativa, com a ressonância de rimas ocasionais, como em "No princípio era o Verbo" ("frui/ rui... verso perverso") e "Para sempre a Terra" ("do segredo/ Do degredo... Que ele lambia.../ Que ele escrevia.../ Que ele cobria").

O segundo sinal da mesma desenvoltura é a pletora de recursos formais: ressonâncias, correspondências paronomásicas (por exemplo, vaso, vasa; afaga, afoga; barro, Barroco), trocadilhos (como "ver (dor)" em "Travessia e residência", "sub/ ju(l)ga-me" em "Um campo de ser", "alpha de alar/ phalar" em "Enterro de ossos"), pares de oposições (falar/calar; praia, deserto; ver/ouvir etc. etc.), glosas, paródias, entrechos, acentuações dramáticas. São lances de um grande jogo de linguagem; o artista-aprendiz torna-se Magister Ludi.

Outrossim, não se pode omitir que a tais recursos se conjuga uma disponibilidade propriamente lúdica, manifesta na recorrência de temas — como o da Viagem — e de motivos — como o da Casa — passando de livro a livro, nas versões diferentes de um mesmo poema ("Túmulo de Carmencita", 1960, reescrito em 1976 e 1986) e no aproveitamento reiterativo de imagens disseminadas em composições de períodos distintos, a exemplo da "metáfora lancinante" de "Elegia em junho", a que já nos referimos, refundida na estrutura reiterativa de "Tempo":

o tempo

em nós
separando o tempo
em nós
o pão separando o tempo
em nós
corta o pão separando o tempo
em nós
a faca

A par das matrizes, essa ordem de variações do jogo de linguagem, equivalente ao processo de tema e variações na música, possibilita o entrosamento material e formal dos vários ciclos de criação coligidos em *Não para consolar*. Embora ciclo signifique círculo, e círculo seja uma curva fechada, a criação poética ora estudada nem se retraiu ao apelo da ambiência regional invasora, absorvida no traço telúrico de suas imagens da Natureza, nem permaneceu insensível às intimações políticas da experiência histórica.

Ultrapassando a época da geração de 45, durante a qual começou a projetar-se, a poesia de Max — no melhor sentido *poesia de circunstância*, aquela de que "a realidade fornece a ocasião e a matéria" (Goethe, *Poesia e verdade*) — sintonizou, nos anos 1950, não apenas com a vanguarda estética, mas também com a política, dando-nos então um dos mais genuínos produtos do engajamento da palavra poética: "Ver-o-Peso", largamente difundido e imitado. Atraído pelo novo sem ser novidadeiro, o Magister Ludi, hoje mestre de outros poetas, discípulos seus, confessos ou disfarçados, ainda não parou de aprender.

Verifica-se, por certo, em *Marahu poemas*, para retomarmos a observação anterior, uma desestabilização do estilo firmado em *60/35*. Em conjunto, essa primeira seção da presente coletânea é uma espécie de recapitulação das diversas dicções, incluindo a forma epigramática, que o autor tem para ela — para a terra maleável e amante. Dela de novo te aproximas e de novo a enlaças firme sobre o lago do diálogo, moldas novo destino praticado. Todavia, vislumbra-se uma indecisão no regime das imagens e uma oscilação na consolidada conivência de *Eros* e *Poiesis*, que denunciam uma crise do pessimismo trágico.

Na verdade, todas as vias percorridas por esse *"camaleon poet"* (Keats) são inacabadas e recomeçadas. Talvez um novo começo já se tenha produzido em *Para ter onde ir*, livro ainda inédito, série de vinte poemas escritos segundo as regras do jogo da sorte prescrita pelo *I Ching*, e nos quais paira a serenidade da aceitação do Destino. Lançando esses dados, o Magister Ludi parece afirmar o trágico da vida e do amor sem a resignação e os artifícios de evasão do pessimismo. O *amor fati* nietzschiano ressoa em "A fera":

> *Das cavernas do sono das palavras, dentre*
> *os lábios confortáveis de um poema lido*
> *e já sabido*
> *voltas*
>
> *para ela — para a terra*
> *maleável e amante. Dela*
> *de novo te aproximas*
>
> *e de novo a enlaças firme sobre o lago*
> *do diálogo, moldas*
>   *novo destino*
>
> *Firme penetra e cresce a aproximação conjunta*
> *E ocupa um centro: A morte, a fera*
> *da vida*
> *te lambendo*

Para o Eu que desponta nesses versos, em nova metamorfose, caem as "grades" do mundo. A "fera" do desejo não o atormenta e a Arte Erótica abre-lhe o caminho da sabedoria.

A poesia de meu amigo Mário

Quando o conheci, em 1947, Mário Faustino, um ano mais novo do que eu, estava com dezesseis anos, ainda não tinha escrito nenhum verso e publicava, no jornal *A Província do Pará*, crônicas quase diárias. Não sei se foi o professor de literatura Francisco Paulo Mendes que o levou para a poesia; posso afirmar, contudo, que deveu a esse amigo comum, autor da primeira crítica impressa em jornal sobre o surto dessa poesia, o início do reconhecimento público de sua carreira como poeta.

Na Belém de 300 mil habitantes, pós-Segunda Guerra Mundial, havia, apesar do calor, clima para longas caminhadas a pé, para passeios nos velhos bondes, que seriam os últimos, ou nos novos ônibus, que então começaram a circular, e para demoradas conversas na casa de um e de outro, as quais se prolongavam nos cafés, sobre os livros que líamos. De caminhada a caminhada, de conversa a conversa, tornamo-nos íntimos, fraternais amigos: visitávamo-nos mutuamente sem hora marcada. Num certo período, ia à casa de Mário para dele receber aulas de inglês, tomando por base, como livro de leitura, o *Sparkenbroke*, de Charles Morgan, um dos prediletos de meu professor, e que há pouco tempo não consegui reler.

Entretanto, nossos poetas da temporada, Rimbaud, Baudelaire e Rilke, continuam até hoje resistindo, tanto quanto o *Hamlet* de Laurence Olivier, e *Rasho-*

mon, de Kurosawa, filmes por nós apaixonadamente aplaudidos e sobre os quais Mário escreveria séries de artigos nos jornais de Belém. Comprovando a celeridade como lei da vida a que obedeceu sem querer, seria muito rápida a passagem, quase um salto, depois do empurrão recebido do professor Francisco Paulo Mendes, que o levou de seu primeiro poema, escrito em 21 de fevereiro de 1948, ao livro publicado em 1955, *O homem e sua hora*, e cujo aparecimento, de certa maneira, contribuí para facilitar.

Deu-se que nós dois éramos, ao iniciar-se a década de 1950, funcionários de diferente escalão, eu chefe de setor e ele redator, hierarquicamente a mim subordinado, na então Superintendência do Plano de Valorização Econômica da Amazônia (spvea), hoje Superintendência de Desenvolvimento da Amazônia (Sudam), instalada e dirigida pelo historiador Artur César Ferreira Reis, meu ex-professor de história, que nos falava de astecas, aimarás e chibchas, no curso secundário do Colégio Moderno. Pressionado pela lei capital de sua vida, Mário redigia celeremente o material noticioso do dia, que lhe passava no começo do expediente matinal. "Tudo pronto, não me chateies mais", dizia ele, entregando-me umas tantas laudas naquele tão gostoso papel poroso — chamavam-no de chupão? — usado na redação dos jornais. "Agora tenho que acabar um poema. Já vou indo pra casa."

Não lhe era difícil cumprir esse desejo. Por acaso, a casa dele dele ficava defronte da sede do setor, no final da Vila Bolonha. De minha janela podia vê-lo na de seu quarto, onde se postava para um adeusinho de mofa. Às vezes voltava, ainda não terminado o expediente, mas raramente com o poema pronto. Se era rápido na execução, jamais se contentava com o produto do primeiro jato; a arte era longa e as correções mais longas ainda. Talvez não as fizesse tantas e tão demoradas naquele mencionado "Primeiro poema", egocêntrico — pois que talvez sejam egolátricas as nascentes da lírica — onde, depois de andar sobre as ondas, presidindo a tudo quanto existe, modestamente declarava:

> *Mas eu não sou o Senhor*
> *embora venham comigo a Música e o Poema.*
> *Por que vos ajoelhais se eu vim por sobre as ondas e só tenho palavras?*
> *Ouvi a minha voz de anjo que acordou;*
>
> *Sou Poeta.*

O salto a que nos referíamos antes foi produto de um severo adestramento na ascese, na depuração de sentimentos e palavras, a egolatria cedendo passo a uma admirativa contemplação do mundo, como em seu poema americano "No trem, pelo deserto", escrito em sua permanência na Califórnia, já em 1952, com uma textura que antecipa a argamassa rítmico-metafórica de *O homem e sua hora* e a soltura prosaica dos poemas experimentais, publicados no Suplemento Dominical do *Jornal do Brasil*:

> *Alguém pergunta: "Estamos perto?". E estamos longe*
> *E nem rastro de chuva. E nada pode*
> *Salvar a tarde.*
> *(Só se um milagre, um touro*
> *Surgisse dentre os trilhos para enfrentar a fera*
> *Se algo fértil e enorme aqui brotasse*
> *Se liberto quem dorme se acordasse)*

Para libertá-lo do torpor de seus primeiros êxitos — o "1º motivo da rosa", o "2º motivo da rosa" e os "Poemas do anjo" (1948) —, sobretudo certamente contribuiria, depois da leitura de Baudelaire, Rimbaud, Mallarmé, Valéry e Rilke, bem como de Fernando Pessoa, Cecília Meireles, Carlos Drummond de Andrade e Jorge de Lima, a contínua frequentação de Saint-John Perse e, na língua inglesa, de Dylan Thomas, Ezra Pound, Cummings e Hart Crane, iniciada durante a permanência de Mário nos Estados Unidos em 1952 e depois estreitada, em Belém, na convivência com o poeta norte-americano Robert Stock.

Mal começada a década de 1950, houvera uma revoada, talvez a última que se tenha visto até hoje, de nossas estrelas poéticas: *Claro enigma*, de Carlos Drummond de Andrade, sai em 1951, *Invenção de Orfeu*, de Jorge de Lima, em 1952, *Romanceiro da Inconfidência*, de Cecília Meireles, em 1953. *Claro enigma* terá significado para Mário o breviário de um novo aprendizado, confirmando a lição de ritmo que já aprendera com a Cecília Meireles de *Mar absoluto*, agora reiterada na musicalidade do *Romanceiro*.

Jorge de Lima, com a sua *Invenção de Orfeu*, levou-o a fazer a aprendizagem da "metáfora viva", projetada num plano cosmogônico, e a pensar numa aliança do lírico com o épico como dimensão de sua própria poesia. A imagística de *O homem e sua hora*, em particular a dos sonetos, deve muito ao "Canto IV (Aparições)" da *Invenção*. Mário sabia disso na sua dupla condição de poeta-crítico e de crítico-poeta. Sua atividade de crítico de poesia, exercida com a publicação de "Poesia-Experiência", teria refluído sobre o seu trabalho poético, assim como este, à medida que ia se fazendo, interferiu naquela enquanto exercício de um saber fazer, de uma técnica ou prática do poema.

Segundo a tradição literária ocidental, a expressão "poeta-crítico", inversa e complementar à de "crítico-poeta", aponta para três estilos de prática do poema: a de arte poética, a de fabricação da poesia, no sentido de criação verbal, trabalhosa, agônica, e a de renovação ou criação de novas formas poemáticas. Mário Faustino adotou-os nas três fases — e tão curtas foram que mais apropriado seria chamá-las de momentos — em que podemos dividir o desenvolvimento de sua poesia: o momento de *O homem e sua hora*, o intermediário, dos poemas ditos "experimentais", e o final, dos "fragmentos".

Já uma arte poética, inerente a *O homem e sua hora*, marca a primeira fase e se prolonga nas duas seguintes, sem ter sido revogada na vigência de sua experiência vanguardista: manteve-a do princípio ao fim de uma carreira meteórica — apenas nove anos entre o seu único livro, para ele um "relatório" de cinco anos de aprendizagem, e os últimos poemas, que inéditos permaneceriam até 1966.

Entretanto, a melhor compreensão de sua obra, principalmente da direção que ela tomou de 1956 a 1962, exige que consideremos o outro lado, inverso e complementar ao do poeta-crítico: o crítico-poeta que se tornou ao iniciar desde a primeira data a publicação da página "Poesia-Experiência" com a finalidade de, sob o escopo didático do preceito que lhe serviu de lema — "Repetir para aprender, criar para renovar" —, julgar a validade da produção poética à luz da boa poesia de todos os tempos.

Legitimada tão só pela autoridade do saber fazer do poeta-crítico, esse campo de atuação externa do crítico-poeta, repetindo equivalência estabelecida pelos românticos alemães, refluiu sobre a criação e foi também por ela condicionada. A mútua intercorrência de uma com a outra deve-se aos princípios comuns que ligaram o crítico-poeta ao poeta-crítico, muitos dos quais podemos encontrar nos "Diálogos de oficina", indagação inaugural de "Poesia-Experiência" sobre a natureza da poesia e a função do poeta, e, segundo creio eu, uma síntese ensaística, original pela forma dialogada, das tendências da poesia nacional e estrangeira na década de 1950 com os resultados práticos da aprendizagem poética efetuada em *O homem e sua hora*.

A poesia como linguagem o menos discursiva possível, que apresenta em vez de representar o objeto, e a esse título constituísse uma forma da experiência e do conhecimento da realidade, com a dignidade de uma arte em confronto com o saber científico, mas também satisfazendo a necessidades ancestrais, de ordem metafísico-religiosa, do ser humano, e o poeta como intérprete de sua época e de seu povo, capaz de ter "uma visão de conjunto das coisas e das situações" no presente e de projetar-se no futuro por meio do "raciocínio utópico", eis os dois grandes marcos assentados na serena conversa dos "Diálogos". Da combinação de ambos resulta para a poesia sua relevância histórica, na medida em que, conforme pensava Ezra Pound, ela age sobre a língua quanto maior for a eficácia de sua linguagem, e, assim agindo sobre a língua, contribui para transformar o pensamento e o mundo; e resulta para o poeta, quer se engaje com o futuro, artística ou politicamente, quer se comprometa com o que de vivo ainda se encontra do passado para reutilizá-lo em função das exigências do presente, uma completa responsabilidade, estética e ética, perante a linguagem. Daí a primeira obrigação profissional que lhe cabe: ser, no mínimo, um competente artesão, dignificando a língua que usa; sem isso, periga a continuidade da linguagem poética, graças à qual Homero prossegue em Pound, e Dante em Baudelaire, sempre os mesmos e sempre renovados.

A exortação de Pound — *Make it new* — guiou o crítico-poeta no seu dominical empreendimento de "Poesia-Experiência". Separadamente ou em conjunto, padrões de musicalidade, de compreensão visual ou auditiva (imagens), de conexão discursiva do verso (logopeia) serviriam de critérios para o reconhecimento da boa poesia de todos os tempos, e assim também para fundamento do juízo crítico na prática de avaliação da poesia de hoje. Tal como a poesia, a crítica de Mário Faustino teve mão dupla: tradicionalista e antitradicionalista ao mesmo tempo, derivou dos ensinamentos de Pound, adotando os métodos — como a discussão mediante exemplos e por via de tradução (*critic by translation*) — que o poeta norte-americano adotou. Mas, por outro lado, esse didatismo se coadunava com a arte poética inerente aos pressupostos de *O homem e sua hora*, de que adiante trataremos.

O poema-título desse livro, com o qual termina, aponta para a conciliação entre o velho e o novo, entre o clássico e o moderno, pondo em cena, dentro da oposição do paganismo com o cristianismo nele aberta, o conflito entre vida (esta como amor, sexo e conhecimento) e linguagem, apaziguado e conciliado na e pela própria poesia, aí figurada na mítica estátua de Galateia. A irrupção desse conflito e seu cessamento, um dos pressupostos intuitivos da criação verbal de Mário Faustino, o norte ou a apologia, em sua arte poética, do papel ético e estético da poesia na regeneração e aperfeiçoamento do ser humano:

> *Vai, estátua, levar ao dicionário*
> *A paz entre palavras conflagradas.*
> *Ensina cada infante a discursar*
> *Exata, ardente, claramente: nomes*
> *Em paz com suas coisas, verbos em*
> *Paz com o baile das coisas, oradores*
> *Em paz com os seus ouvintes, alvas páginas*
> *Em paz com os planos astros do universo —*

A agonia, a luta impulsiva na criação poética que a mesma arte da palavra resolveria, culmina numa transfusão de opostos: a linguagem se organifica, a vida se verbaliza. De acordo com a segunda intuição criativa de Mário Faustino, o poema é um todo vivo, orgânico, de que nada pode ser retirado e ao qual nada pode ser acrescentado, repousando sobre elos analógicos que garantem — e eis a terceira intuição — o mútuo envolvimento de palavra e coisa. Realizada como arte, a poesia concretiza uma experiência, que é aprendizagem da vida e da poesia: quarto pressuposto intuitivo da poética de *O homem e sua hora*. Essas quatro intuições perduraram quer no momento "experimental" quer no momento final.

Salvo as correções do próprio punho do poeta no original datiloscrito de "A reconstrução", composição inacabada a que ele acrescentou versos escritos a tinta, salvo o esboço a lápis de dois longos poemas sem título e, salvo ainda, os registros, com variantes, que serviriam de matéria aos "fragmentos" da última fase, o espólio literário de Mário Faustino, abrangendo — em contraste com os raros manuscritos — considerável número de cópias esparsas, à máquina, e exemplares impressos de quase todas as peças poéticas publicadas, não guarda senão poucos traços materiais do agônico trabalho de criação verbal. Esses vestígios do labor criativo seriam de todo inexistentes nos 22 poemas de *O homem e sua hora*, não fossem os datiloscritos, sem data, que consignam os antecedentes de "Romance" e "Vida toda linguagem".

O precursor de "Romance", que hesita entre esse título e "Quase balada", apresenta um "Envoi", após os 26 versos em redondilha maior da canção:

"Quase balada" (Romance)
(Do morto que amou a morte)

Para as Festas da Agonia

Vi-te chegar, como havia
Sonhado já que chegasses:
Vinha teu vulto tão belo
Em teu cavalo amarelo,
Anjo meu, que, se me amasses,
Em teu cavalo eu partira
sem saudade, pena, ou ira;
teu cavalo, que amarraras
Ao tronco de minha glória
E pastava-me a memória.
Feno de ouro, gramas raras.
Era tão cálido o peito
Angélico, onde meu leito
Me deixaste então fazer,
Que pude esquecer a cor
Dos olhos da Vida e a dor
Que o Sono vinha trazer.
Tão celeste foi a Festa,
Tão fino o Anjo, e a Besta
Onde montei tão serena,
Que posso, Damas, dizer-vos
E a vós, Senhores, tão servos
De outra Festa mais terrena —
Não morri de mala sorte,
Morri de amor pela Morte.

ENVOI
Ide, Palavras, cantar,
No mar, nas praias, no porto,
O amor da Morte e do Morto
Que a Vida não quis amar.

Pela sua conformação narrativa, celebrando a cavalgada do acolhedor Anjo da Morte, em seu ginete amarelo, a canção, inalterada de uma para outra versão, expulsaria o óbvio Envoi, uma reiteração do segundo título explicativo, entre parênteses, da composição. Mais espaçada, a mensagem aos Senhores do Mundo tomar-lhe-á o lugar na definitiva forma, denominada "Romance":

Não morri de mala sorte,
Morri de amor pela Morte.

A identidade do poema firma-se depois desse simples expurgo, que se estende à queda dos hesitantes títulos, o romântico "Quase balada" e o popularesco, a modo de uma história de cordel, "Do morto que amou a morte".

É, porém, no segundo poema, "Vida toda linguagem", que a versão definitiva, com esse título (B), nos remete à fábrica do poema, à série de manobras, de golpes de mão alterando, modificando aqui e ali — feitas sobre uma primeira versão, denominada "A vida é toda linguagem" (A). Pomos as duas lado a lado (ver próximas páginas), assinalando essas alterações: da simples supressão (assinaladas com colchetes) aos acréscimos e substituições (sublinhados).

As duas versões têm 34 versos, com a particularidade de que 21 de A se alteram em B, para a qual, no entanto, se transferem, sem alterações, treze versos de A. Mas pode-se dizer, de modo geral, que o perfil rítmico, estrófico e imagético se altera minimamente de um a outro esquema compositivo. Há quase um paralelismo métrico que podemos seguir de verso a verso entre a versão preliminar e a definitiva.[1] Os hexassílabos e decassílabos primam sobre os demais metros em ambas. E em ambas se conserva o mesmo desenho

---

[1] Ver, nas versões A e B, respectivamente os versos: 6/6, 10/10, 11/11, 14/14, 6/6, 12/12, 12/12, 10/10, 10/10, 6/6, 12/10, 10/10, 10/10, 10/10, 6/6, 10/10, 13/10, 10/10, 6/6, 6/6, 10/10, 3/3, 6/6, 10/10, 6/6, 6/6, 6/6, 12/12, 14/14, 6/6, 6/6, 2/1, 3/2.

estrófico: as seis estâncias de A e B se iniciam de forma análoga, naquele por "A vida é toda linguagem", que se repete no primeiro e no 15º verso, mudando para "Vida toda linguagem" no 19º e no 25º, enquanto B repete, desde o começo, nos versos correspondentes, esta última expressão abreviada. No entanto, embora com o mesmo metro, entre a frase predicativa e a enunciação sintética que a sucede, vai a pequena mas importante diferença que identifica a versão definitiva.

No processo de reelaboração de A, constata-se que raramente ocorrem substituições de um verso por outro. Todas as mudanças efetuadas são tópicas: fazem-se na unidade já constituída dos versos, pela troca de palavras, seja por um ajustamento eufônico, como no segundo ("frase perfeita sempre, talvez verso", em vez de "frase sempre perfeita, verso às vezes"), no oitavo e no nono ("talvez verso,/ talvez interjetivo, verso, verso" em vez de "— às vezes verso,/ interjetivo, às vezes, verso, verso"), bem como no 16º ("bem o conhecem velhos que repetem", em vez de "e bem o sabe o velho que repete"), e no 29º ("nos terraços do inverno" em vez de "à janela do inverno"), seja por uma correção adjetiva da *imagem* ("turvas trajetórias" por "vazias trajetórias") ou por uma apuração da *ideia* ("amar, fazer, destruir" em lugar de "amar, perder, partir", deus em lugar de Deus).

A

[A] vida [é] toda linguagem
frase sempre perfeita, verso <u>às vezes</u>,
geralmente sem qualquer adjetivo,
coluna sem ornamento, geralmente partida
[A] vida [é] toda linguagem
há entretanto um verbo, um verbo sempre,
aqui, ali, assegurando a perfeição
eterna do período — <u>às vezes</u> verso,
interjetivo, <u>às vezes</u>, verso, verso.
[A] vida [é] toda linguagem
<u>vai sugando a criança em linguagem passiva</u>.
o <u>leite que o menino espalhará</u> — oh metáfora ativa!
<u>néctar jorrado em fonte adolescente</u>
sêmen de homens maduros, verbo, verbo.
[A] vida [é] toda linguagem,
e bem o <u>sabe o velho</u> que repete
contra negras janelas cintilantes imagens
que lhe estrelam <u>vazias</u> trajetórias.
Vida toda linguagem,
    como todos sabemos
conjugar esses verbos, nomear
esses nomes:
    amar, <u>perder, partir</u>
homem, mulher e besta, diabo e anjo
e talvez, e nada.
Vida toda linguagem,
vida sempre perfeita
<u>Imperfeitas</u> somente <u>as palavras de morte</u>
com que um homem jovem, <u>à janela</u> do inverno, contra a chuva,
tenta fazê-la eterna — como se lhe faltasse
<u>à vida o que é eterno</u>
<u>a ela</u> que é perfeita
    <u>vida</u>
     eterna.

B

Vida toda linguagem,
frase perfeita sempre, talvez verso,
geralmente sem qualquer adjetivo,
coluna sem ornamento, geralmente partida.
Vida toda linguagem
há entretanto um verbo, um verbo sempre, e um nome
aqui, ali, assegurando a perfeição
eterna do período, _talvez verso_,
talvez interjetivo, verso, verso.
Vida toda linguagem,
feto sugando em língua compassiva
o sangue que criança espalhará — oh metáfora ativa!
leite jorrado em fonte adolescente,
sêmen de homens maduros, verbo, verbo.
Vida toda linguagem,
bem o _conhecem velhos_ que repetem,
contra negras janelas cintilantes imagens
que lhes estrelam _turvas_ trajetórias.
Vida toda linguagem —

             como todos sabemos
conjugar esses verbos, nomear
esses nomes:

        amar, _fazer, destruir_.
homem, mulher e besta, diabo e anjo
e deus talvez, e nada.
Vida toda linguagem,
vida sempre perfeita,
imperfeitos somente _os vocábulos mortos_
com que um homem jovem, _nos terraços do_ inverno, contra a chuva,
tenta fazê-la eterna — como se lhe faltasse
outra, imortal sintaxe
à vida que é perfeita

        língua

           eterna.

A apuração da ideia ligando os verbos "amar" a "fazer" e ambos a "destruir" acrescenta ao conjunto uma tonalidade trágica, reforçada pela troca de Deus em maiúscula por deus em minúscula — o substantivo comum do divino depois da enumeração das entidades opostas (homem, mulher e besta, diabo e anjo) — sob o dubitativo "talvez", antes do "nada". Entretanto, a correção da imagem, sobre a qual reverte a apuração da ideia, se justifica porque reforça a oposição entre juventude e velhice, ou a outra equivalente entre vida e morte, que repassam as estâncias 4 e 6:

A	B
A vida é toda linguagem	*Vida toda linguagem,*
e bem o sabe <u>o velho que repete</u>	*bem o conhecem <u>velhos que repetem</u>,*
contra negras janelas cintilantes imagens	*contra negras janelas, cintilantes imagens*
que lhes estrelam vazias trajetórias.	*que lhes estrelam turvas trajetórias.*
vida sempre perfeita,	*vida sempre perfeita,*
imperfeitas somente as palavras de morte	*imperfeitos somente os vocábulos mortos,*
com que <u>um homem jovem</u> à janela	*com que um <u>homem jovem</u>, nos terraços do*
[do inverno, contra a chuva,	*[inverno, contra a chuva,*
tenta fazê-la eterna [...]	*tenta fazê-la eterna [...]*

O adjetivo "turvo" terá sido preferido a "vazio" para criar mais forte contraste com "cintilantes imagens". Já a vida, sempre associada à perfeição e ao eterno (a primeira palavra é repetida nove vezes, o adjetivo "perfeito" cinco vezes e "eterno" quatro nas duas versões), é contrastada, não como na primeira versão, a palavras de morte — que podem ser termos fúnebres, preconizando a morte ou a ela incitando —, e sim a vocábulos mortos — sem ação, inativos ou faltos de força imagética, sinônimos de imperfeição.

Mas a alteração de maior espectro do perfil imagético de A se concentra nos versos 11, 12, 13, 14, onde reside a metáfora central de ambas as versões, confirmando essa mesma perfeição da palavra. Trata-se de uma metáfora expansiva tanto do poema como do poeta: aquele é um todo vivo, orgânico, produzindo-se por transfusão da vida em linguagem. Em A, o poeta é a criança que suga o leite, em B, o feto que suga o sangue — um numa linguagem passiva, outro numa língua compassiva absorvem a mesma fonte orgânico-verbal, em seguida espalhada, do menino ou da criança para o adolescente, como néctar, segundo a primeira versão, e como leite, segundo a versão definitiva. Néctar ou leite, tanto A como B identificam-no ao sêmen. E ambos identificam o sêmen ao verbo, à palavra. Sugar é metaforizar: "[...] Oh metáfora ativa!", repetem as duas versões, autorreferenciando o grande e desdobrável tropo comum.

"Metáfora ativa" quer dizer o princípio que atua no poema, o sêmen, passado do verso à vida, e vice-versa — leite jorrado em fonte adolescente —, do qual depende a inteireza sexual de uma e a organicidade verbal do outro, desdobrado em conexões analógicas. Primeira conexão analógica: a transfusão da vida no feto, da língua no sangue. Será necessário, então, substituir "linguagem passiva" por "língua compassiva" — língua que adere à coisa ou se solidariza àquilo de que fala. Segunda conexão analógica: leite e sêmen, sêmen e verbo. Mas esses dois feixes de semelhantes já se encontraram compreendidos dentro de uma primeira generalidade metafórica: a identidade entre vida e linguagem ou entre vida e palavra (verbo), enfraquecida pela enunciação predicativa "A vida é toda linguagem" de A, e desatada, desde o título, na palavra-frase "Vida toda linguagem" de B que a substitui. A queda, a supressão do "é", da terceira pessoa do verbo ser, como natural liame da proposição — suscetível de verdade ou falsidade —, foi a bela manobra de fabrico, que deu ao poema a sua perspectiva de canto, de exaltado louvor à palavra.

Desse ponto de vista, "Vida toda linguagem" realiza uma metaforização em cadeia: desde o começo, o poema fala do mundo como de si mesmo — de um mundo de versos, de verbos e de nomes. Dessas metáforas de uma só metáfora deriva a conclusão, que também é um prolongamento do último dos dois símiles apontados:

> *imperfeitos somente os vocábulos mortos*
> *com que um homem jovem, nos terraços do inverno, contra a chuva,*
> *tenta fazê-la eterna — como se lhe faltasse*
> *outra, imortal sintaxe*
> *à vida que é perfeita*
> > *língua*
> > > *eterna*

evitando a redundância ("como se lhe faltasse/ à vida o que é eterno,/ a ela que é perfeita/ vida/ eterna/") na talvez única operação substitutiva de um verso por outro verso, na passagem da versão A à versão B, Mário Faustino fechava, com a perfeição da língua eterna do poeta, o ciclo da mesma metáfora da recíproca identidade entre vida e linguagem, que individualiza a forma definitiva desse elogio à vital potência do Verbo seminal, poético.

Tal ciclo metafórico prolongar-se-ia nos poemas experimentais, como "Cavossonante escudo nosso", "Marginal poema 15", "Moriturus salutat", "22-10-1956", "Ariazul", escritos e publicados entre 1956 e 1958 — período de vigência do folhetim de crítica "Poesia-Experiência" — e que visavam à renovação ou inovação poéticas, adotando processos compositivos sintéticos ou de apelo visual, então adotados e postos em prática pelo concretismo em ascensão. No entanto, tais poemas não descendiam da poesia concreta. Nem irmãos nem filhos, são primos dela, dizia-me Mário em carta de 1957.

> Minha experiência tende agora no sentido de "coisificar" o mais possível as palavras, reificá-las usando todos os instrumentos para fazer do poema uma *natura naturans*, como tu dirias. Mas não sinto necessidade de abolir inteiramente aquilo que os concretos chamam de sintaxe linear. Acho que a simultaneidade perceptiva deles é apenas utópica, valendo como tal: as utopias são indispensáveis ao desenvolvimento seja lá do que for, inclusive da poesia. O motivo principal que me separa da poesia concreta é que o que mais me interessa é o poema longo: o que menos interessa a eles. A poesia concreta, no seu melhor, e se tudo der certo, criará novos gêneros de poesia, e de poesia menor: qualquer coisa para substituir o epigrama, o soneto etc. Ora, interessa-me criar uma linguagem nova, mais eficaz que a atualmente em uso (com raras exceções), para usá-la no dramático, no épico e no lírico maior [...] Encaro a poesia concreta da seguinte maneira: como ideologia, que deve ser julgada como tal; o mais que se pode fazer é apontar-lhe as incoerências interiores; de uma ideologia não se pode dizer que está certa ou errada; pode-se dizer que é fértil ou estéril; é o que interessa aos que dela não participam. Os que dela participam têm que ser ortodoxos, exclusivistas, carismáticos etc. etc... Nós esperamos que ela nos ajude a resolver os problemas comuns, nossos e dela [...] A poesia concreta, extremista e radicalíssima como é, tem o benefício de agir sobre o extremo oposto. Compreendes? No meu caso, por exemplo, ela serviu para ressaltar certas direções minhas em prejuízo de outras, e creio que foi bom. Como verás, se leres este meu último poema...

Tratava-se de "Cavossonante escudo nosso", assim comentado pelo próprio poeta (carta de abril de 1957):

1. o tema é minha preocupação dominante no momento: a necessidade de livrar o pensamento e o sentimento do homem das camadas e camadas de abstrações (mecanismo de defesa psicológica) vocabulares (escudo, panaceia verbais), que se interpõem entre o sujeito e o objeto do conhecimento. Creio que a principal obrigação da poesia, em nossa época, é renovar, nesse sentido, a linguagem, de modo a permitir, semanticamente, uma revisão do pensamento ocidental.

Por isso, "Cavossonante escudo nosso" é, como "Vida toda linguagem", uma extensão da arte poética já estudada, muito embora a organicidade do poema fosse posta em discussão no terceiro e último momento, quando, uma vez mais pressionado pela necessidade de escrever um poema longo, Mário Faustino pensou em adotar uma sintaxe próxima à montagem cinematográfica à Eisenstein — uma sintaxe ideogramática, diria. "Importante para a compreensão de meus atuais rumos poéticos, observava o poeta: compreender, a um tempo, o complexo cultural Pound-Apollinaire-Mallarmé-Eisenstein." Queria ele construir, como cineasta montando a sequência de seu filme, o poema longo. E o resultado a que chegou foi paradoxal: a sonhada composição de fôlego seria escrita aos pedaços, partes vivas de um todo em crescimento, feito de instantâneos verbais montáveis ou montados a posteriori e que Mário chamou expressamente de "fragmentos". "Se posso, se estou sozinho", comentava em carta de setembro de 1960, "se tenho papel e lápis à mão, vou escrevendo em bruto da maneira que em cinema se tomam *takes* que mais tarde serão montados." Um dos mais notáveis "fragmentos", composto entre 1959 e 1962, como "pequeno poema lírico", com a autonomia das composições tradicionais, é o que começa pelas palavras

Juventude —
a jusante a maré entrega tudo —

Identificados pelos pontos de suspensão (...), antes do início e depois do final, os "fragmentos" constituíam; ao mesmo tempo, momentos de paradoxal "obra em progresso", sempre mais incompleta quanto mais avançassem da experiência do poeta que intermediavam. A função deles seria unir o existencial ao poético, a vida à poesia. Assim reconstruídos, entrosados em grande montagem também reordenariam a existência do autor. Mas qual o sentido daquele de avassaladora sonoridade, em que, num ritmo *cantabile*, ondulatório, excedendo o compasso métrico pelo andamento, se repete o bordão de duas insistentes palavras, "maravilha" e "vento", e que podemos denominar de Juventude?

Seu traço ostensivo mais formal é o uso dos travessões — doze ao todo — como pontuação quase exclusiva, interrompendo a sintaxe discursiva pela sintaxe rítmica. A iteração já assinalada das duas palavras empresta ao movimento ondulatório do ritmo uma altura enfática, altissonante, de recitativo oral ou para leitura em voz alta. E é no ritmo assim configurado que, como passaremos a ver, perpassa o tom ou a tonalidade lírica do poema, responsável pelo seu sentido. Tenha-se em vista que essa composição tematiza a juventude, de que faz a elogio ou o louvor, em confronto com o amor e a morte, o tempo e a eternidade, a partir da segunda estrofe:

> *Juventude —*
> *a jusante a maré entrega tudo —*
>
> *maravilha do vento soprando sobre a maravilha*
> *de estar vivo e capaz de sentir*
> *maravilhas no vento —*
> *amar a ilha, amar o vento, amar o sopro, o rasto —*
> *maravilha de estar ensimesmado*
> *(a maravilha: vivo!)*

Externa-se no verso parentético, num registro exclamativo, o motivo da admiração pelo qual o sujeito louva a juventude: o sentimento de viver. O "poema lírico" de Mário Faustino ora examinado é como o desenvolvimento daquela exclamação (*Le lyrisme*). Eis a tônica dos versos de louvor exaltando a vida como juventude e a juventude como vida dentro do dístico inicial da cena marinha, que vai do dístico inicial ao verso componente da última estrofe, em correspondência simétrica como imagens opostas do fluxo e do refluxo da maré:

Juventude
a jusante a maré entrega tudo —
a montante a maré apaga tudo —

Ingressará depois a imagem do tempo, associada à de "vento", a qual receberá um registro de amplidão espacial, tornando-se dominante:

o tempo: sempre o sopro
etéreo sobre os pagos, sobre as régias do vento,
do montuoso vento —

Aqui termina o primeiro momento da ação celebratória e começará, então, a segunda metade do "fragmento", continuação do louvor ao sentimento de viver, à sua expansão erótica, de novo metamorfoseada, mas sob diferente inflexão do mesmo ritmo, que declina para o andamento vagaroso do adágio, encenando o luto da juventude:

e a terna idade amarga — juventude —
êxtase ao vivo, ergue-se o vento lívido,
vento salgado, paz de sentinela
maravilhada à vista
de si mesma nas algas
do tumultuoso vento,
de seus restos na mágoa
do tumulário tempo,
de seu pranto nas águas do mar justo —
maravilha de estar assimilado
pelo vento repleto
e pelo mar completo — juventude —

As duas anteriores imagens, do fluxo e do refluxo, anteciparam como *concordia discor*, a concordância entre o arrebatamento dionisíaco, amoroso, e a morte, na mesma tônica de louvor à juventude e ao sentimento de viver. Nenhum outro poema resume melhor nessa harmonia dos contrastes a afinação trágica da vida contraditória e efêmera, o *amor fati*, que marcou a poesia de meu amigo Mário.

9. Estrangeiros

A poesia confluente

À memória de Angelita Silva, tradutora dos *Four quartets*

THE WASTE LAND

APRIL is the cruellest month, breeding
Lilacs out of the dead land, mixing
Memory and desire, stirring
Dull roots with spring rain.
Winter kept us warm, covering
Earth in forgetful snow, feeding
A little life with dried tubers.
Summer surprised us, coming over the Starnbergersee
With a shower of rain; we stopped in the colonnade,
And went on in sunlight, into the Hofgarten,
And drank coffee, and talked for an hour.
Bin gar keine Russin, stamm' aus Litauen, echt deutsch.
[...]
Unreal City,

Under the brown fog of a winter dawn,
A crowd flowed over London Bridge, so many,
I had not thought death had undone so many.
Sighs, short and infrequent, were exhaled,
And each man fixed his eyes before his feet.
Flowed up the hill and down King William Street,
To where Saint Mary Woolnoth kept the hours
With a dead sound on the final stroke of nine.
There I saw one I knew, and stopped him, crying 'Stetson!
'You who were with me in the ships at Mylae!
'That corpse you planted last year in your garden,
'Has it begun to sprout? Will it bloom this year?
'Or has the sudden frost disturbed its bed?
'Oh keep the Dog far hence, that's friend to men,
'Or with his nails he'll dig it up again!
'You! hypocrite lecteur! — mon semblable, — mon frère!'
T. S. Eliot

A TERRA DESOLADA

Abril é o mais cruel dos meses, germina
Lilases da terra morta, mistura
Memória e desejo, aviva
Agônicas raízes com a chuva da primavera.
O inverno nos agasalhava, envolvendo
A terra em neve deslembrada, nutrindo
Com secos tubérculos o que ainda restava de vida.
O verão nos surpreendeu, caindo do Starnbergersee
Com um aguaceiro. Paramos junto aos pórticos
E ao sol caminhamos pelas aleias do Hofgarten,
Tomamos café, e por uma hora conversamos,
Big gar keine Russin, stamm' aus Litauen, echt deutsch.
[...]
Cidade irreal,
Sob a fulva neblina de uma aurora de inverno,

Fluía a multidão pela Ponte de Londres, eram tantos,
Jamais pensei que a morte a tantos destruíra.
Breves e entrecortados, os suspiros exalavam,
E cada homem fincava o olhar adiante de seus pés.
Galgava a colina e percorria a King William Street,
Até onde Saint Mary Woolnoth marcava as horas
Com um dobre surdo ao fim da nona badalada.
Vi alguém que conhecia, e o fiz parar, aos gritos: "Stetson,
Tu que estiveste comigo nas galeras de Mylae!
O cadáver que plantaste ano passado em teu jardim
Já começou a brotar? Dará flores este ano?
Ou foi a imprevista geada que o perturbou em seu leito?
Conserva o Cão à distância, esse amigo do homem,
Ou ele virá com suas unhas outra vez desenterrá-lo!
Tu! Hypocrite lecteur! — mon semblable —, mon frère!"
Tradução de Ivan Junqueira

I

Eliot pensou a respeito da poesia: sobre sua natureza, suas funções, seu nexo com a sociedade e a história. Pensou sobre a crítica, como poeta crítico e crítico poeta que foi, atento à feitura e à difusão da experiência humana verbalizada. Pensou que na poesia a emoção se cristaliza na palavra e que na palavra se cristalizam os sentimentos. Válvula de escape da emoção, é também a poesia um desvio da personalidade, em vez de ser a expressão dela. Os poetas estão à busca de outra linguagem. E nessa busca, segundo Eliot nos diz expressamente, formam uma comunidade inconsciente. A tarefa direta que lhes incumbe é com a sua língua; contribuem para preservá-la, distendê-la e aperfeiçoá-la. Mas Eliot também pensa na e com a poesia, ou seja, é poeta que mobiliza o pensamento na direção do mito, da religião e da filosofia, fazendo-os confrontar-se. A linguagem poética torna-se, então, uma força de convergência.

É singular que essa força de convergência atue ao encontro do que há de heterogêneo e dividido na matéria e na forma poética eliotianas — a sua dispersividade — impondo, afinal, à composição toda, uma unidade múltipla, a dos fragmentos, feita de contrastes, à semelhança da bela harmonia oculta, visada por Heráclito de Éfeso.

A dispersividade e o fragmentarismo — dois traços exemplares que igualmente distinguem a fisionomia da poesia moderna — marcam de diferentes maneiras *A terra desolada*[1] e *Quatro quartetos,*[2] as duas mais conhecidas obras poéticas de T. S. Eliot.

"A terra desolada" compõe-se de cinco partes, cada qual com um título — "O enterro dos mortos", "Um jogo de xadrez", "O sermão do fogo", "Morte pela água", "O que o trovão disse" — e um determinado número de estrofes. "O enterro dos mortos" compõe-se de cinco estrofes, poeticamente autônomas, embora formem um só conjunto. A dispersão da matéria nessa poesia — abastecida por um considerável corpo de notas, de referências, esclarecedoras, eruditas — corresponde ao fragmentarismo de sua forma.

Fragmento é pedaço ou parte de um todo. Noção preponderantemente espacial, valorizado com Schlegel na estética do Romantismo alemão, fragmento também significa o instantâneo de algo complexo a desenrolar-se temporalmente e, como tal, equivalente ao secionamento da linguagem comum na qual se investem as múltiplas experiências da poesia eliotiana.

Nessa poesia a sempre crueza do real está encimada por arcadas alegóricas. Quem são os mortos a serem enterrados na primeira parte de "A terra desolada"? A multidão que transita pela Ponte de Londres, mas sob a arcada de uma cidade irreal, *unreal city*:

> *Sob a fulva neblina de uma aurora de inverno*
> *Fluía a multidão pela Ponte de Londres, eram tantos,*
> *Jamais pensei que a morte a tantos destruíra.*

Mortas são as flores, os lilases, morta a terra, embora raízes grimpem por toda parte. Morrem os jacintos e já em outra estrofe a célebre vidente, Madame Sosostris, põe cartas. Experiência, pois, sucede a experiência. Mas, opostas ao polo da vida, essas experiências são fundamentalmente literárias. "Como

---

[1] Seguimos a tradução de Ivan Junqueira em T. S. Eliot. *Poesia*. Rio de Janeiro: Nova Fronteira, 1981.
[2] Para esta obra, seguimos a tradução de Angelita Silva publicada no jornal *A Província do Pará*, suplemento Letras e Artes, Belém, 2 de dezembro de 1956.

nos heróis de Flaubert, a fonte de saber do poeta (e do homem Eliot) não é a vida imediata", observa Kathrin Rosenfield.[3] Tudo o que ele sabe desta vida, mas também dos ciclos vitais e dos mistérios fertilizantes e regeneradores, absorve, truncada e indiretamente, de livros de antropologia (Eliot cita Frazer e Miss Weston como fontes principais). Ora, as notas de Eliot nunca remetem a uma experiência vivida, apenas recuperam possíveis experiências por meio de textos e de representações artísticas... A própria vida é vista por um olhar alheio: o do personagem Tirésias, espécie de "encruzilhada" onde inúmeros personagens — externos e internos — do poema encontram-se e confundem-se, conforme Eliot esclarece em "A terra desolada".[4] É o olhar de Tirésias, o vidente homérico, que acompanha o enterro dos mortos; ele assiste à partida de xadrez e conclui:

Penso estarmos na alameda dos ratos
Onde os homens mortos perderam seus ossos.

Segundo o próprio Eliot, o Tirésias do poema é aquele que vê a poesia se fazendo. Mas não apenas isso: esse sujeito ostensivo também vê o exterior, sobretudo os elementos marinhos e vegetais da natureza, e ao ver a poesia se fazendo torna-a uma força de convergência dramática, associando-a ao mito, à religião e a outros universos poéticos. No entanto, é um sujeito quase silente, tantas são as vozes que falam ou que têm a palavra nesse poema, como as duas que se sucedem na primeira estrofe de "O enterro dos mortos": uma, um eu singular; outra, a plural de um nós:

Abril é o mais cruel dos meses, germina
Lilases da terra morta, mistura
Memória e desejo, aviva
Agônicas raízes com a chuva da primavera.
O inverno nos agasalhava, envolvendo

[3] Kathrin Rosenfield. "*Waste Land* ou Babel: gramática do caos". Em *T. S. Eliot & Charles Baudelaire: poesia em tempo de prosa*. Trad. Lawrence Flores Pereira. Org. Kathrin H. Rosenfield. São Paulo: Iluminuras, 1996.

[4] "Notes on the Waste Land". Em *Collected poems*. Nova York: Harcourt, Brace and Company, 1934.

A terra em neve deslembrada nutrindo
Com secos tubérculos o que ainda restava de vida.
O verão nos surpreendeu, caindo no Sternbergersee
Com um aguaceiro. Paramos junto aos pórticos
E ao sol caminhamos pelas aleias do Hofgarten,
Tomamos café, e por uma hora conversamos.

"A terra desolada", ao mesmo tempo sátira, balada metafísica e Apocalipse, é, para Otto Maria Carpeaux, "o poema mais assombroso da literatura moderna".[5] Por que assombroso? Não só por essa mistura de gêneros, que confirma a sua dispersividade temática, mas também pela lancinante visão da Sibila de Cumes nele evocada e por ele transportada — à custa de seu próprio fragmentarismo — do mundo antigo, onde está morrendo,[6] ao nosso mundo, lacerado, dividido por múltiplos conflitos e mortes.

No meio desse mundo ressoa um mítico trovão entre sagradas palavras do hinduísmo — *datta, sayadhvam, damyata* (dar, compreender, controlar) — constantes de um dos Upanishads. Sob tal aspecto, os versos eliotianos parecem concentrar uma longa sessão purgatorial, se não uma *saison en enfer.*

Eu, Tirésias, embora cego, palpitando entre duas vidas,
Um velho com as tetas engelhadas, posso ver,
Nessa hora violácea, o momento crepuscular que luta
Rumo ao lar [...]

Já os *Quatro quartetos* — cada qual levando o nome de um lugar visitado, "Burnt Norton", "East Coker", "Little Gidding", "The Dry Salvages" — "são quatro grandes poemas filosófico-religiosos [...]".[7] Mas quem nesses versos olha, fala, reflete? Quem é o personagem fabular dos *Quatro quartetos,* cada qual com

---

[5] Otto Maria Carpeaux. *História da literatura universal.* Rio de Janeiro: O *Cruzeiro,* 1966, v. VIII, p. 3222.

[6] Consta da epígrafe: "*Nam Sibyllam quidem Cumis ego ipse oculis meis vidi in ampulla pendere, et cum illi pueri dicerent: Sibulla ti telleis; respondebat illa: apothanein tello*" [Pois com os meus próprios olhos vi em Cuma a Sibila, suspensa dentro de uma ampola e quando as crianças lhe diziam: Sibila, o que queres?; ela respondia: Quero morrer] (Petrônio, *Satiricon*).

[7] Otto Maria Carpeaux, op. cit., v. VIII, p. 3224.

o aspecto externo inteiriço dos poemas tradicionais longos, com mais de 180 e menos de 270 versos, compostos de cinco estrofes, mas internamente dispersivos quanto à matéria e fragmentários na forma?

Sabemos que esse personagem está perto; mas também sabemos que ele, um tanto vidente e um tanto filósofo, um tanto adivinho e um tanto reflexivo, vem de longe, trazido da Grécia pré-clássica, citando Heráclito no começo, em dois fragmentos, ou vem da Índia vedântica, como leitor dos Upanishads. Os *Quartetos* assombram pela sua envolvência intelectual e mítica — *mítica* e *mística*, acentuamos —, mas como meditação das ideias e visão das coisas, que atestam a sua presença sensível, mormente vegetal: "Alho e safiras na lama.../ o girassol.../ a clematite... o rio... o mar... a rosa... a pomba... o fogo... a incandescência". A sua envolvência é proporcional à complexidade dos componentes. Nele, há os mais díspares: biográfico, cósmico, poético, metalinguístico, histórico e metafísico.

O biográfico, que assoma em "East Coker", não tem a ver com o indivíduo, mas com uma geração de poetas que tenta compreender o mundo e aprofundar seu significado:

> *Assim, eis-me aqui na metade do caminho e vinte anos se passaram*
> *— Vinte anos a rigor desperdiçados, os anos de l'entre deux*
> *guerres — tentando aprender como empregar as palavras* [...]

O componente cósmico acompanha o tempo, mas também o precede, quer seja o rio ou o mar, quer seja a água ou o fogo: "A água e o fogo escarvarão/ Os poderes fundamentais que olvidamos".

Em várias passagens, os *Quartetos* nos falam do cósmico entrelaçado ao poético, sendo o poético identificado ao movimento da linguagem. Quando há poesia, são as palavras que se movem; e o fazem na direção do silêncio em que recaem. Mas aí o movimento é um detalhe da forma de que necessitam para alcançar esse fim:

> *As palavras se movem, a música se move*
> *Apenas no tempo; mas o que apenas vive*
> *Pode apenas morrer. As palavras após a fala alcançam*
> *O silêncio. Apenas pelo modelo, pela forma.*
> *Podem as palavras ou a música alcançar*

O repouso, como um vaso chinês que ainda se move
Perpetuamente em seu repouso.

Quem as provoca ao movimento é o poeta, tentando sempre aprender a empregá-las, e de novo começando a fazê-lo em cada tentativa. E tudo o que aprende é escolher a melhor das palavras, que deve ser sem pompa ou tímida. Eliot nos dá assim o delineamento de sua própria poética: é essa palavra, correntia, correta e digna, essencial, que veicula o "natural intercâmbio do antigo com o novo".

Assim como não é o indivíduo que está em jogo nesses versos, assim não é a pequena mas a grande História o que pulsa no movimento da humanidade, acima do qual se projeta o plano religioso da Redenção (sabe-se que Eliot converteu-se ao catolicismo anglicano): o ponto crítico porém metafísico dessa história se dá quando a não História a move.

A mais apropriada descrição dos *Quatro quartetos*, feita por Helen Garden, diz-nos que esses poemas apresentam

> uma série de meditações sobre a existência do tempo, a qual, começando de um lugar e de um ponto no tempo e voltando para outro lugar e outro ponto, tenta descobrir nesses pontos e lugares qual é o significado e o conteúdo de uma experiência, o que a ela nos leva e o que dela deriva, o que nós lhe trazemos e o que ela traz para nós, mas qualquer dessas descrições terá de ser breve e abstrata [...].[8]

A matéria temática do poema não é uma ideia ou um mito, mas em parte certos símbolos comuns, como aqueles quatro elementos que os pensadores gregos antigos nomearam: a água, o ar, a terra, o fogo.

Mas com isso ainda não se esgotou a fecundidade material e formal do poema eliotiano. Acompanhando o dispersivo da matéria, a forma, anteriormente descrita como inteiriça, fragmenta-se em estrofes intermediárias, às vezes pequenas e em cantábile:

O tempo e o sino sepultaram o dia
Nuvens negras arrebatam o sol [...]

---

[8] Helen Garden. "The music of Four quartets (1949)". Em Bernard Bergonzi (org.). *T. S. Eliot: Four quartets*. Londres: Macmillan, 1969, pp. 125-6.

O mundo inteiro só nos vale de hospital [...]

Senhora, cujo santuário se alteia sobre o promontório
Ora por aqueles que se fazem ao mar.

A pomba mergulhando rasga o espaço
Com flama de terror incandescente. [...]

O poema é rico em imagens como símbolos dispersos e recônditos, mas eminentes, como o fogo, o teixo e a rosa, mar e pedra, a memória e a morte, e outros menos eminentes, como a urtiga e as crianças na macieira. A memória, que está para além do desejo, liberta-nos do passado e do futuro. Esse nascimento é thanático, pois que "morremos com os agonizantes" e "nascemos com os mortos". Pela poesia efetiva-se, em parte, esse morrer. Não é cada poema um epitáfio? O passo decisivo, sempre mortal, é o nascimento: "É um passo rumo ao todo, ao fogo, uma descida à garganta do mar/ Ou à pedra indecifrável e — daí é que partimos".

Esse limite mítico do poema, falando-nos do nosso princípio e do nosso fim, mostra-nos a sua força de convergência, que mobiliza o pensamento. Quer isso dizer que *Quatro quartetos* convoca poetas e filósofos; alia-os à linguagem, citando-os, do mesmo modo que cola textos religiosos e filosóficos à sua própria escrita.

II

É como se a experiência humana do Ocidente, culturalmente situada, se filtrasse nos relevos que constituem a orografia doutrinária do grande poema; as fontes em que o poeta bebeu, as concepções de que se apropriou podem ser recolhidas no fluxo geral das imagens e ideias, como se nascessem da própria experiência do poema. Do ponto de vista crítico e mesmo para uma leitura mais acurada, impõe-se destacar os espécimes filosóficos e religiosos que ingressaram no ciclo poético dos *Quartetos*, seja os greco-latinos e cristãos, seja os orientais, chinês e hindu.

Já havia Eliot adotado em *A terra desolada* processo semelhante, recorrendo, por exemplo, aos Upanishads. Revivendo filosofias, religiões e mitos essenciais, a poesia dos *Quartetos* representa para a nossa época o que a *Divina comédia* foi para o medievo. Dante ergueu o seu poema na base da crença dominante — a teologia cristã, em que o homem encontrava a satisfação espiritual desejada. A poesia de Eliot reflete, precisamente, a incerteza do homem contemporâneo quanto ao destino de seu impulso religioso — incerteza que hoje nos conduz à aventura espiritual e a uma condição que só não é de inteira disponibilidade em razão das heranças do passado.

A nossa época é um ponto de confluência. Descem sobre nós, como por efeito de brusca inclinação do plano da história, diversas formas de pensamento, que procuramos assimilar e manter à custa de uma atividade exaustiva, assinalada, no Ocidente, por essa inquietude do espírito, inventando crenças, retomando fórmulas mágicas, teúrgicas e ascéticas: a propagação da ioga, o interesse pelo ocultismo, o desenvolvimento da teosofia, o estudo da filosofia vedanta etc. Mas a nossa época é também, pelo mesmo motivo, um plano de dissidências.

A visão intuitiva daquilo que Eliot desenvolve eleva-se desse acervo cultural misto. O poeta pressupõe que exista uma profunda unidade por baixo da extrema diversidade — a unidade do espírito humano, destinado a cumprir um tipo de aventura que promove, em distintos tempos e espaços, a eclosão de mitos, símbolos, arcabouços teóricos, vicissitudes e técnicas.

O acento mítico e místico dos *Quartetos*, que é marcante, alimenta-se de certo realismo antropológico. E quando, além de sua própria experiência, Eliot utiliza como matéria poética a experiência dos sábios, santos e filósofos, é porque pretende fazer mais do que uma antropologia: quer escrever a justificação do homem, ou seja, uma antropodiceia.

Em um dos poemas a unidade da experiência humana é considerada uma corrente, que jorra do manancial primitivo, dos mitos que perduram mesmo sob a crosta formada pelos hábitos da vida urbana, pela técnica e pela ilustração intelectual. É o *primitive terror*, como diz em "The Dry Salvages":

> [...] *Eu disse antes*
> *Que a experiência passada revivida pelo sentido*
> *Não é a experiência de uma só vida apenas*
> *Mas de muitas gerações — não esquecendo*
> *Alguma coisa que é provavelmente toda inefável*

O olhar para trás além da segurança —
Do que a história registra, o futuro olhar para trás
Sobre o ombro, na direção do terror primitivo.

O poeta tenta fazer uma antropologia porque invoca as atitudes fundamentais do homem, recuperadas, em parte, nos mitos, e esse propósito está de acordo com a acepção moderna da mitologia. Naquilo que têm de mais primitivo, os mitos, para empregar as expressões de George Gusdorf, constituem o formulário ou a estilística do comportamento humano em seu processo de inserção na realidade. Dotados de consistência ontológica, por eles descobrimos como o homem reage ao mundo e qual o sentido primeiro que retira das coisas e de sua própria existência. Nos *Quartetos* encontramos toda uma ontologia primitiva: a situação do ser humano é descrita e avaliada segundo os elementos essenciais que integram o simbolismo mítico e as práticas místicas.

O aproveitamento da religião e da filosofia atesta que o autor deu val à sua experiência das coisas o cunho de revivescência da cultura. Por isso, tanto os *Quatro quartetos* como *A terra desolada* podem ser considerados poemas culturais, pois filtram ou decantam certos valores humanos, quer religiosos, quer filosóficos. Esses poemas, de modo especial, mostram o que há de plástico, maleável e receptivo na atual busca de padrões espirituais. Revelam o que essa postura tem de angustiante; as indecisões e as tentativas repetidas, a escolha desta ou daquela forma de pensamento, às vezes equivalentes não pela certeza que asseguram, mas pela origem comum nas vicissitudes da espécie ou no terror cósmico primitivo. Justamente sob esse aspecto, os *Quartetos* são a contraparte da *Divina comédia*. Nesta, a firmeza do espírito acerca-se da teologia cristã; naqueles, a insegurança intelectual espraia-se e não adota uma forma determinada.

O tema radial do grande poema de Eliot é a temporalidade. Considera, a par do caráter efêmero das coisas e dos seres, o processo histórico, tentando relacioná-lo com o destino humano para mostrar que a experiência coletiva é tão inefável quanto a experiência de cada indivíduo. A reflexão sobre a temporalidade implica outros temas essenciais: nascimento e morte, ser e movimento, fim e princípio, ação e inação (ou ação e contemplação).

Os *Quartetos* harmonizam diferentes atitudes e formas de pensamento. Sua poesia foi capaz de unir o que a especulação filosófica, a racionalização do sentimento religioso — e a influência do espírito de grupo ou classe — separaram em distintos formulários, doutrinas, dogmatismos e igrejas. Daí o admirável sentido universalista desses poemas, como busca da eternidade no fluxo do tempo.

III

Nos *Quartetos* a experiência do tempo foi amplamente desenvolvida em toda a sua complexidade. Trata-se, por certo aspecto, do tempo circular das mitologias, decorrente da sucessão uniforme das coisas, e do movimento cíclico em que se alternam nascimento e morte. Assim aparece no verso do terceiro quarteto, "The Dry Salvages": "Tempo o destruidor é o tempo preservador".

Nesse poema sobreleva o acordo entre dois elementos — mar e tempo — associados miticamente. A água sempre foi considerada fator de formação, de gênese, antes mesmo de Tales, quer pelos gregos, quer pelos egípcios, babilônicos e hebreus. Homero chamou ao oceano de pai dos deuses. Está escrito no Gênese que o espírito de Deus pairava sobre as águas. Os órficos atribuíam ao tempo a mesma função geradora das águas: é a primeira causa entre todas as coisas, ou o primeiro dos deuses, imortal e ilimitado, engendrando o fogo, o ar e o elemento líquido. Unindo o mar e o tempo, Eliot não constrói uma alegoria, mas simboliza uma sobrevivência mítica:

Não podemos pensar num tempo que fosse sem oceano[9]
Ou num oceano não juncado de destroços
Ou num futuro que não fosse passível
Como o passado, de não ter destino.

Na mesma ordem de simbolização, mas em contraste com o oceano, o poeta nos fala do rio como um elemento dócil, tratável, que serve para demarcar fronteiras ou conduzir mercadorias. Domesticado pelo construtor de pontes, esquecido pelos habitantes das cidades, ele é, entretanto, "um forte deus moreno, indomável, intratável". As relações humanas, os processos da técnica, toda a civilização, enfim,

---

[9] É imprescindível ler esse verso no original: "*We cannot think of a time that is oceanless*". O adjetivo *oceanless* não pode ser transposto literalmente, com toda a sua força expressiva, para a nossa língua.

encobrem ou disfarçam a realidade primitiva, sem jamais extinguir a sua presença. E nessa matriz reside a força perene de criação, pela qual o homem se renova, juntamente com os outros seres:

> [...] *Desonrado, desfavorecido,*
> *Pelos adoradores da máquina, mas espera, vigia e espera.*
> *Seu ritmo estava presente nos quartos das crianças,*
> *No viçoso ailanto do jardim de abril,*
> *No perfume das uvas na mesa do outono*
> *E no círculo noturno, na luz de gás do inverno.*
> *O rio está dentro de nós, o mar está todo à nossa volta;*
> *O mar é a borda da terra também, o granito*
> *Dentro do qual ele chega, as praias onde atira*
> *Suas sugestões de uma outra e mais remota criação* [...]

O tempo, posto em relação com a água, é menos a ordem de sucessividade no enlace das coisas (para empregar o conceito de Leibniz) do que a substância mesma do mundo e da vida. Por isso, por outro aspecto, o tempo apresenta-se como *duração* no sentido bergsoniano, correspondendo à consciência de ser ou de existir. Ser consciente quer dizer durar. Cada momento é a convergência do passado na forma de lembrança e do futuro como expectativa. Assim, sucessão das coisas confunde-se com a própria atividade da consciência. Não há, portanto, senão uma unidade temporal, que se apresenta ora subjetiva ora objetivamente.

O tempo não é apenas medida do movimento; é o próprio movimento indecomponível e concreto da vida, que cria sem cessar. Mas a inteligência, em sua função prática de adaptar o homem ao fluxo contínuo das coisas, delimita-o em porções, submetendo-o à categoria do espaço. Entretanto, não existem dois momentos iguais, do mesmo modo que não existem dois estados de consciência que sejam idênticos. "Se tudo está no tempo, tudo muda interiormente, e a mesma realidade concreta nunca se repete", disse Bergson. Consciência das coisas, que esse oceano perpétuo deflui. O tempo, assim entendido, é duração, e exprime, igualmente, a continuidade na sucessão de estados que parecem descontínuos ou uma só direção unitária que se diversifica em seu curso. Segundo Bergson escreveu em *L'évolution créatrice*, a duração "é o progresso contínuo do passado que se alimenta do futuro e vai crescendo à medida que avança". Completando esse pensamento, observa que, para um ser consciente, existir consiste em mudar, mudar em amadurecer, amadurecer em criar a si mesmo, indefinidamente.

A intuição bergsoniana está presente nos *Quartetos*. Confirmam-no, especialmente, certos versos, como estes de "East Coker":

> [...] *Há, parece-nos,*
> *Quando muito um limitado valor*
> *O conhecimento impõe um padrão e falseia*
> *Porque o padrão é novo a cada instante*
> *E cada instante é uma nova e chocante*
> *Avaliação de tudo o que temos sido* [...]

Poderíamos, assim, tentando apreender o sentido da experiência do tempo no poema de Eliot, reduzi-la aos padrões mais óbvios que certamente incorporou. No primeiro caso, seria a experiência temporal da realidade objetiva; no segundo, atividade consciente que liga o passado e o futuro pelo que há de único e irreiterável em cada momento. Aproximando-se ali das fontes míticas do pensamento humano, aqui da forma viva e atuante de uma das mais sedutoras filosofias da nossa época, o bergsonismo, Eliot tenta exprimir algo que não pode ficar restrito a nenhuma dessas duas modalidades, por ser uma intuição mística.

Fundamentalmente, o tempo não é sucessão, nem mudança indefinida (criação incessante). É ordem ou lei das coisas, sem dúvida, mas recobrindo a quietude, transcendendo a dissipação dos momentos e a instabilidade da consciência. Daí a ambiguidade do tempo. Cada momento é trama do passado com o futuro; transição que remete do que foi para o que será. Mas essa fuga permanente, essa inconstância, é apenas o signo visível da realidade imutável, do eterno presente que serve de eixo em torno do qual gravitam passado e futuro. Se o tempo não representa a eternidade, toda a existência é uma dissipação absurda, porque desprovida de sentido. Pois o verdadeiro tempo, o tempo real, não se divide em antes ou depois — é um agora e sempre, *nunc et semper*; disfarçado nas coisas e nos homens, encobrindo nestes a quietude mística do espírito e naquelas a íntima correspondência que faz de todas uma só coisa, como se a grande ilusão dos sentidos fosse a multiplicidade, quer espacial, quer temporal. Traduzindo esse ponto de vista, que é o *Leitmotiv* dos *Quartetos*, Eliot reencontra a concepção platônica: tempo conhecido por meio da experiência, é o reflexo mutável de uma realidade imutável descoberta por iluminação. Vários trechos permitem essa interpretação. Em "Burnt Norton" encontramos o seguinte:

> *Tempo passado e tempo futuro*
> *Ambos permitem uma pequena consciência.*
> *Ser consciente não é estar no tempo,*
> *Mas só no tempo, o momento no jardim das rosas.*
> *O momento na igreja delineada na fumaça*
> *Podem ser lembrados; envolvidos em passado e futuro*
> *Somente através do tempo, o tempo é conquistado.*

Para precisar a significação do influxo platônico antes assinalado no aproveitamento do tema central — o tempo —, vejamos resumidamente quais as variações desse mesmo tema nos *Quatro quartetos*.

No primeiro surge a intuição do tempo como reflexo da eternidade. Procura-se o ponto estático do universo e, simultaneamente — tanto quanto podemos conceber a expressão simultânea em poesia —, a quietude da alma, mesmo considerados os impulsos e as tendências que condicionam o seu dinamismo. No segundo, "East Coker", o poeta focaliza a própria atividade humana (adotando, por sinal, a ênfase do Eclesiastes). Põe a descoberto as suas fases cíclicas, a recorrência de certas atitudes, numa sucessão uniforme de atos pelos quais se realiza a humana aventura (o nascimento, o trabalho, a construção, a procriação etc.). Também relaciona a experiência individual com a experiência transmitida, de uma geração para outra, e o que, nesse intercâmbio, é perdido ou conservado.

A título de elemento de transição indispensável entre "East Coker" e "The Dry Salvages", o que completa essas ideias é a função contemplativa da alma. Ligada ao mundo inteligível ou das essências, seu impulso fundamental, desviado pelas impressões dos sentidos, leva-a à contemplação do ser, do supremo inteligível. Estamos diante da propensão platônica dos *Quartetos*.

Libertar a alma, purificá-la, praticar a ascese que sublima o desejo, significa dar-lhe o seu rumo natural, que é a contemplação ativa, como estado de plenitude. A ascese tem nos *Quartetos* o sentido de recuperação do tempo — do tempo real ou verdadeiro. Por meio dela, o que é ação transforma-se em quietude. O homem vive no tempo apenas simbolicamente. Alcançando a santidade, o revestimento temporal de sua existência desprende-se, passando a viver no eterno presente, sem antes nem depois, sem princípio nem fim.

Confirmando no último quarteto, "Little Gidding", a ascendência do platonismo em sua concepção do tempo, Eliot termina por mostrar que a própria História é também a expressão temporal da eternidade, como se enfim homens e coisas fossem apenas manifestações do ser uno, de que tudo nasce, no qual tudo se mantém e para onde tudo retorna.

IV

Pelo que já expusemos, são inegáveis as fontes místicas dos *Quartetos*. Neles confluem, interpretando-se, o hinduísmo do *Bhagavad gita*, a concepção penetrante de Heráclito e a contemplação serena de Lao Tzu. Mas, a nosso ver, foi em *As confissões* de santo Agostinho que Eliot encontrou o molde no qual melhor se ajusta a vivência do tempo expressa em seus poemas. Platonismo, cristianismo, taoismo unem-se, desse modo, em uma só estrutura poética.

A existência do mal afetou santo Agostinho, determinando o processo agônico de sua conversão. O problema do tempo exerceu enorme influência sobre o pensamento e a imaginação cintilantes do bispo de Hipona. Pois se os gregos tinham a ideia serena de que tudo existe eternamente, os Padres da Igreja retomaram filosoficamente o princípio bíblico da criação do mundo, *ex nihilo*, por um ato de inteligência e vontade supremas, estabelecendo a ordem dos seres a partir do início absoluto do tempo. Aos que perguntam o que Deus fazia antes da criação, santo Agostinho, em suas *Confissões*, responde, perturbado, que o obreiro de todos os tempos não pode ficar sujeito à sucessão dos séculos, pois a sua existência é um eterno "hoje", que transcende passado e futuro. Diz ele em outra passagem:

> Na eternidade, ao contrário, nada passa, tudo é presente, ao passo que o tempo nunca é todo presente. Esse tal verá que o passado é excluído pelo futuro, e que todo o futuro toma origem no passado, e todo o passado e futuro são criados e dimanam daquele que sempre é presente.

O tempo procede de Deus, o que equivale a afirmar que a eternidade é o sentido oculto do tempo. Passado e futuro são formações contingentes, condicionando a vida em sua aparência de movimento, dissipação, trânsito entre o ser e o nada. No início dos *Quartetos* — a grave abertura de "Burnt Norton" — irrompe esse pensamento:

> *Tempo presente e tempo passado*
> *Presentes são ambos talvez em tempo futuro*
> *Se todo o tempo é eternamente presente*
> *Todo o tempo é irredimível.*
> *O que podia ter sido é uma abstração*
> *Permanecendo uma perpétua possibilidade*
> *Somente um mundo de indagação*
> *O que podia ter sido e o que foi*
> *Apontam para um só fim sempre presente.*

A eternidade disfarçada pelo ritmo do movimento é neste apreendida como forma (*pattern*), que se realiza por meio do movimento. Heráclito não afirmara somente que as coisas se apresentam como fluxo incessante; concebe uma razão oculta (*logos*) ou unidade, que condiciona e transcende o movimento. O fragmento 2 do filósofo de Éfeso, que Eliot utilizou, juntamente com o de número 60, como epígrafe dos *Quartetos*, segundo o texto estabelecido por H. Diels ("Die Fragmente der Vorsokratiker"), diz o seguinte:

> *Apesar de que a razão seja comum,*
> *a maioria vive como se tivesse uma razão individual.*

Essa razão universal que em tudo se manifesta é também o Caminho (Tao) dos taoistas, criação velada e eterna, transeunte no tempo, que não sofre mudança ou decadência, que é imperturbável e fixa, segundo o Tao Te King, atribuído a Lao Tzu. Torna-se fácil reconhecer a marca de tais influências em "Burnt Norton".

> *No ponto imóvel do mundo em movimento, nem a carne, nem a ausência da carne;*
> *Nem de, nem para onde; no ponto imóvel lá está a dança,*

Mas nem parada nem em movimento. E fixidez a isto não chamemos,
Onde passado e futuro são recolhidos. Nenhum movimento de, nem para onde,
Nem ascensão nem declínio. Se não pelo ponto imóvel,
Não haveria a dança, e lá só existe a dança.
Apenas sei dizer, lá estivemos: mas onde não sei dizer.
E não sei dizer qual foi a duração, porque seria no tempo colocá-la.

Reflete-se também aqui outro pensamento de Heráclito, que é a segunda epígrafe dos *Quartetos:* "Para subir e descer, o caminho é um só e mesmo caminho".

Desfazendo as oposições entre ser e vir a ser, passado e futuro, inércia e movimento, Eliot estabelece a intuição do eterno, reunindo, para o mesmo fim, os conceitos e símbolos que o tornariam manifesto: o verbo cristão e o logos grego, o tao chinês e a alma universal, o *Atman* bramânico. A realidade percebida por intermédio dos sentidos, mutável e inconsistente, torna-se apenas o revestimento da verdadeira realidade, que é una e intemporal. À primeira corresponde o conhecimento ilusório, como no mundo sensível de Platão. Reveste-se, por isso, de um sem-número de formas passageiras, sujeitas ao ciclo de nascimento e morte. Constitui, assim, a trama fugidia da criação divina, cujos múltiplos fios embaraçando o conhecimento místico da unidade tecem o véu sutil que os hindus denominam Maia ou formam, como foi escrito em um dos Upanishads, a "máscara dourada que oculta a face da Verdade".

Depois de figurar a eternidade no tempo, Eliot, seguindo a via mística, mostra-nos a alma em busca do equilíbrio e da liberdade interior. Despojando-se da *servidão* aos desejos, superando a ação e o sofrimento, o amor limitado à satisfação presente e a esperança condicionada pelos sucessos futuros, ela encontra a quietude, o estado inefável que os *jivan-mukta* da Índia, os taoistas e os místicos do Ocidente alcançaram. A verdade apreendida pelo budismo, de que o sofrimento é efeito da ação, retorna nos versos de Eliot, em que transparece a atitude ascética dirigida para libertar o espírito humano de suas limitações temporais. Foi esse o alvo do misticismo, qualquer que seja a sua procedência religiosa. A finalidade da ascese, restrita no platonismo à posse do inteligível, é a conquista da plenitude espiritual que caracteriza o estado de santidade, como realização do ser para o qual não existem limitações ou aparências, movimento ou transitoriedade. Tudo se concentra em um eterno presente. O desejo deixa de ser movimento — implica posse imediata do que é por si mesmo desejável. Do mesmo modo, a fonte do amor é, para o santo, imóvel, intemporal, princípio e fim do próprio movimento.

No terceiro quarteto — "The Dry Salvages" — atribui-se ao santo a função de apreender a interseção da eternidade com o tempo:

> *Mas apreender*
> *o ponto de interseção do sem tempo*
> *com o tempo é uma ocupação para o santo.*

O processo de ascese mística encontra-se no segundo *Quarteto* — "East Coker" — refletindo exatamente as fases de purificação da alma, segundo a técnica comum ao Oriente e ao Ocidente. Recompõe a subida do monte Carmelo de são João da Cruz, de quem Eliot toma os seguintes versos:

> *Para venir a lo que no sabes*
> *Has de ir por donde no sabes*
> *Para venir a lo que no gustas*
> *Has de ir por donde no gustas*
> *Para venir a lo que no posees*
> *Has de ir por donde no posees*
> *Para venir a lo que no eres*
> *Has de ir por donde no eres.*

A paráfrase do poeta inglês ao poeta e santo espanhol é a seguinte:

> *[...] Para chegar lá,*
> *Para chegar onde estás, para sair de onde não estás,*
> *Deves ir por um caminho onde não há êxtase.*
> *Para chegar ao que não sabes*
> *Deves ir por um caminho que é o caminho da ignorância*
> *Para possuir o que não possuis*
> *Deves ir pelo caminho do despojamento*
> *Para chegar ao que és*
> *Deves ir através do caminho onde não estás*

E o que não sabes é a única coisa que sabes
E o que possuis é o que não possuis
E onde estás é onde não estás.

Por esse levantamento preliminar das influências que ressaltam da leitura dos *Quartetos*, pode-se fazer uma ideia da riqueza de seu conteúdo, que é fundamentalmente místico. A poesia dessa obra é a grande poesia religiosa? Traria ela um sentido universalista que liga por assim dizer o Oriente e o Ocidente e, de modo especial, o cristianismo e o hinduísmo? Ou é a poesia de uma nova religiosidade sincrética? Nenhuma grande poesia religiosa seria feita de citações...

Num último apanhado, é preciso referir a passagem do terceiro poema, em que se alude a Krishna. Eliot integra, nesse ponto, uma nova intuição. Encontrou-a, certamente, no *Bhagavad gita*, onde Krishna, entre outros ensinamentos, transmite a noção de que o homem deve permanecer sereno mesmo quando age, sem ansiedade pelos resultados de sua obra ou pelos frutos da ação. Nisso reside o princípio da ação contemplativa e da contemplação ativa, que parece resumir a atitude prática em relação ao problema do tempo, correspondendo à fórmula desenvolvida no poema de Eliot:

Enquanto o tempo está recolhido, considera o futuro
E o passado com igual espírito.
No momento que não é de ação ou de inação;

E não pensa no fruto da ação.
Avante.

As ligações filosóficas e religiosas dos *Quartetos* não podem ser esgotadas com as presentes incidências. No entanto, é lícito dizer que o poema de Eliot talvez seja a única resposta de nossa época às perguntas que santo Agostinho fez:

Quem poderá prender o coração do homem para que pare e veja como a eternidade imóvel determina o futuro e o passado, não sendo ela nem passado, nem futuro? Poderá, porventura, a minha mão que escreve explicar isto? Poderá a atividade de minha língua conseguir, pela palavra, empresa tão grandiosa?

A resposta dos *Quartetos* é dada no plano da História, até onde nos leva "The Dry Salvages" quando diz:

[...] *Como já se disse,*
A experiência vivida e revivida no significado

Não é a experiência de uma vida apenas

Mas a de muitas gerações — não esquecendo
Algo que, provavelmente, será de todo inefável:
Olhar para além da certeza
Da História documentada.

Mas prendemo-nos ao tempo e submetemo-nos à História. Embora esquadrinhemos passado e futuro, não chegamos a apreender — o que é tarefa para os santos — a interseção entre a História e a não História, entre o tempo e o intemporal. No entanto, tudo o que acontece depende dessa interseção, pensável mas imprevisível, que se esboça em nossa memória. A memória é capaz de libertar-nos da servidão à História, e tornar a História sinônimo de liberdade:

Esta é a função da memória:
Libertação — não menos amor mas expansão
De amor para além do desejo, como também libertação
Do passado e do futuro.

É a História que afinal nos redime do jugo do tempo, pensava Eliot à época da Segunda Guerra Mundial quando escrevia os *Quartetos* sob o fragor das bombas voadoras nazistas sobre Londres:

Assim, enquanto a luz declina
Numa tarde de inverno, numa capela reclusa
A História é agora a Inglaterra

Esse ponto-agora da História ocorre porque para Eliot se dá o que está para além de toda História e que é o que a rege. Encontramos, de novo, a incidência platônica e agostiniana do pensamento do poeta. A Encarnação, o além histórico, para o Eliot católico apostólico e anglicano, é a perfeita inserção do temporal com o intemporal.

> *A hipótese em parte conjecturada, o dom parcialmente compreendido, é encarnação.*
> *Aqui se atualiza a impossível*
> *União de esferas da existência,*
> *Aqui passado e futuro*
> *Estão reconquistados e reconciliados...*

Com o que acabamos de expor, completa-se a concepção eliotiana do mundo: o homem não está aqui para conhecer, mas está para os momentos de unção, em que a linguagem dos mortos toma o lugar da linguagem dos vivos — também uma interseção do intemporal —, e para purgar-se por meio das desventuras históricas a caminho da Redenção que lhe foi prometida. A poesia desvela esse caminho, e o faz dando ao lirismo eliotiano a pulsão do pensamento indagador, filosófico, dramatizando a existência individual e histórica interrogada.

A gnose de Rilke

Rainer (Rennée) Maria Rilke (1875-1926) foi uma espécie rara de poeta.

Comparável a seus mais velhos, como um Paul Valéry, que dirigiu a poesia para a escala do conhecimento, como um Eliot, que traçou, em *Waste land*, o perfil moral da sociedade contemporânea — além de ter escrito uma súmula da experiência cultural do Ocidente nos *Quartetos* —, e ainda como Fernando Pessoa, fundador de um neopaganismo à custa, principalmente, de seu heterônimo Ricardo Reis, Rilke, comparável a esses todos, foi o último dos gnósticos.

Que é ser gnóstico, se remontarmos à tradição que tem esse nome?

O gnosticismo foi uma corrente híbrida, misturando filosofia grega e cristianismo no século II d.C., que pretendeu alcançar o conhecimento imediato do absoluto, de Deus ou de alguma propriedade de Deus, responde Henri-Charles Puech.[1] Mas Rilke é um gnóstico do século xx, menos por essa pretensão do que pelo vigoroso hausto de aventura intelectual que insuflou em sua poesia, como tateante aproximação cognoscitiva do real, misticamente descoberto.

Já se verifica essa aproximação tateante na preliminar publicação rilkiana, *O livro de horas* ("Da vida monástica", "Da peregrinação", "Da pobreza e da morte") (1899), mais uma interpelação do que uma investigação de deus. Admitida

---

[1] *En torno a la gnosis*. Madri: Taurus, 1982.

tanto a sua grandeza quanto a sua indecisa projeção no futuro, Rilke o colocou, tal como fizera o medieval Meister Eckardt, de que o poeta se tornara leitor, na dependência do homem:

Was wirst du tun, Gott, wenn ich sterbe?
Ich bin dein Krug (wenn ich zerscherbe?)
Ich bin dein Trank (wenn ich verderbe?)
Bin dein Gewand und dein Gewerbe,
mit mir verlierst du deinen Sinn.

Nach mir hast du kein Haus, darin
dich Worte, nah und warm, begrüßen.
Es fällt von deinen müden Füßen
die Samtsandale, die ich bin.

Que vais fazer, Deus, se eu morrer?
eu sou teu cântaro (e se eu me quebrar?)
eu sou tua água (e se eu me estagnar?)
eu sou teu hábito e sou teu ofício;
sem mim, tu perderias a razão de ser...

Depois de mim, não terás casa em que
palavras próximas e tépidas te acolham
vai cair de teus fatigados pés
a sandália macia que sou eu. [2]

É a imanência desse fuliginoso murmurante, desse bosque de contradições, também incêndio atrás das coisas, que assegura uma tal dependência. Pois que esse "grande alvorecer sobre as planuras da eternidade" muda de aspecto. Ele é

---

[2] Trad. Geir Campos. Em: Rainer Maria Rilke. *O livro de horas.* Rio de Janeiro: Civilização Brasileira, 1993.

também dispensador da "boa" ou da "justa" morte, que afina com a vida de cada qual. Rilke não hesita em adjetivá-la de "grande" e em considerar esse dispensador como um seu vizinho (*du Nachbar*):

Eis que nós somos só casca e folhagem;
A grande morte — a que cada um traz em si —
É um fruto dentro do qual tudo gravita.

Enquanto mais tarde a menção a outra entidade sobrenatural — o Anjo — toma lugar de deus em mais de dois poemas a respeito, a "grande morte", um dos principais focos dos *Cadernos de Malte Laurids Brigge*, iniciado em Roma em 1904, permanecerá, até o fim, na poesia de Rilke, isto é, até às *Elegias* e aos *Sonetos a Orfeu*, onde a obra do poeta culmina (1912-22). A "grande morte" é pensada organicamente como um fruto amadurecendo dentro de cada qual. Não é de modo algum a morte elaborada, mas aquela que é aceita e esperada quase como um bem de família:

Antigamente, sabia-se, ou duvidava-se, que contínhamos a morte assim como o fruto contém seu núcleo, escreve Malte. As crianças tinham uma que era pequena, os adultos uma grande. As mulheres abrigavam-na no seio, os homens no peito. Tinha-se a morte comodamente e esta consciência vos dava uma dignidade singular, um orgulho silencioso.

Tinha-se também esse singular Anjo da guarda (*Die Schutzengel*) da tradição católica, que ampara as crianças com suas asas protetoras. Mas o poema rilkiano voa com as potentes imagens do verso, que misturam o mais abstrato ao mais concreto, como se vê em "Solidão" ("Eisamkeit"):

Die Einsamkeit ist wie ein Regen.
Sie steigt vom Meer den Abenden entgegen;
von Ebenen, die fern sind und entlegen,
geht sie zum Himmel, der sie immer hat.

A solidão é como a chuva.
Ela surge dos mares e sobe para a noite;
Ela surge das planícies longínquas e recuadas
E sobe para o céu que sempre a possui.

Mas não há limites para essa mistura do mais abstrato com o mais concreto quando Deus é invocado:

Du bist die Zukunft, großes Morgenrot
über den Ebenen der Ewigkeit.
Du bist der Hahnschrei nach der Nacht der Zeit,
der Tau, die Morgenmette und die Maid,
der fremde Mann, die Mutter und der Tod.

Tu és o futuro, a grande aurora
Sobre as planícies da eternidade.
Tu és o canto do galo depois das noites dos tempos
e o orvalho e as matinas e as donzelas
e o homem de fora e a mãe e a morte...

Depois de uma fecunda viagem à Rússia, que seria o seu país de eleição, Rilke trabalhará, a partir de 1900, junto a Rodin, mestre da escultora Clara Westhoff com quem se casara, e cuja obra majestosa lhe sugere o alvo de perfeição por meio do trabalho indormido: "Não foi somente para fazer um estudo que cheguei até vós, dirá ele numa carta a Rodin; vim para perguntar: como é preciso viver? E vós me respondestes: trabalhando". O poeta uniu esse meio, como também o fez em seus *Novos poemas* (*Neugedichte*) entre 1905 e 1907, a momentos de inspiração, ao longo de uma vida de plena dedicação à poesia. Seria preciso que trabalhasse como artista, e que como artista vivesse, pois que a arte poética tornara-se, para Rilke, um modo de vida. Cada poema trabalhosamente elaborado passava a significar algo verdadeiramente real, como diria em carta a uma de suas mais íntimas amigas, Lou Andreas Salomé:

Ó Lou, em qualquer dos meus poemas benfeitos há muito mais realidade do que em qualquer relação ou inclinação que eu sinta; quando eu crio eu sou verdadeiro e eu espero encontrar a força que me permita basear minha vida inteira nessa verdade, nessa infinita simplicidade e alegria que me têm sido dadas muitas vezes.

A verdade a que Rilke se referia provinha do entrosamento, sempre por ele tentado e muitas vezes alcançado, da poesia com a vida desde o verso e a partir dele. O verso seria redimensionado pela experiência da vida, como trilha que esta mesma deixasse.

Para escrever um único verso, escrevia ele com a pena de Malte, é preciso ter visto muitas cidades, muitos homens e coisas, é preciso conhecer os animais, é preciso sentir como voam os pássaros e saber que movimento as florezinhas fazem quando se abrem pela manhã. É preciso repensar caminhos em regiões desconhecidas, encontros inesperados, partidas que de havia muito se aproximavam, dias da infância cujo mistério ainda não foi aclarado [...] doenças da infância que começavam tão singularmente, por tão profundas e graves transformações, dias passados em quartos calmos e contidos, manhãs à beira-mar, ao próprio mar, aos mares, as noites de viagem que tremeluziam muito alto e voavam com todas as estrelas — mas não bastaria saber pensar em tudo isso. É preciso ter lembranças de muitas noites de amor, nenhuma parecida com a outra, de gritos de mulheres urrando no momento do parto, é preciso ainda ter estado ao pé dos moribundos, ao lado dos mortos. E não basta apenas ter lembranças. É preciso esquecê-las quando forem numerosas [...]

Manifestou-se cedo em Rilke o reclamo da existencialidade do verso; a poesia nunca é medida do exterior; mas ela se faz verso e com o verso se confunde. Nele o entrosamento da poesia com a vida tornou-se uma compenetração que por sua vez se universaliza; o santo, o herói e o vidente passaram a ser irmãos de sangue do poeta. Rilke aconselhou aos artistas e procurou alcançar o desprendimento pessoal, visado pelos santos. Daí por que a gnose rilkiana visava a um estado de contemplação semelhante ao dos místicos. Contemplação da irrevogável presença das coisas que o poeta mesmo chamou de destino.

Nos seus poemas benfeitos, o poeta via luzir o mesmo esplendor que o atingia nas grandes obras de arte, independentemente da época, como uma forma de apelo, de chamada, para outra vida fora de si, tal a que lhe foi dispensada na contemplação do Torso arcaico de Apolo, poema inicial da segunda parte dos *Novos poemas*. O olhar que falta à estátua é suprido pela luminosidade que se derrama sobre a pedra, convertida em estrela:

> [...] *pois aí não há ponto*
> *que não te veja. Forçoso é mudares de vida.*

Rilke almejava incutir no seu poema, feito coisa, um poder conversor semelhante ao captado na escultura, capaz de agir sobre os leitores para fazê-los ver de modo diferente tanto a vida quanto a morte. E é "a grande morte" que se vê em Orfeu, Eurídice, Hermes, esse singular poema narrativo de uma descensão, porquanto aí Orfeu não resgata Eurídice dos Infernos, para onde está voltando, sob a direção de Hermes. Grávida do fruto letal que a plenifica, a morte torna-a indiferente à presença de seu amante, Orfeu, que de novo a perdia ao olhar para ela, infringindo a proibição:

> *Mergulhada em si mesma como numa mui alta esperança,*
> *Ela de modo algum pensava no homem que caminhava diante dela*
> *Nem no caminho que subia para a vida.*
> *Ela estava em si mesma. E a sua morte*
> *A enchia como abundância.*

Os grandes artistas sempre buscam aquilo que ainda não sabem plenamente, tal como Rilke buscava as *Elegias*, mas tendo delas visão incompleta antecipada. Essa visão incompleta das *Elegias* por Rilke, que já as procurava, talvez estivesse incutida nessa caminhada dos três personagens, Orfeu, Eurídice, Hermes. Aí, salvo Hermes, eles estão beirando a morte. Quando surgem, as *Elegias* vão ocupar, como poema, essa beira, sempre um caminho terreno, sob a direção do Anjo e não de Hermes, enquanto os *Sonetos* acompanhariam as metamorfoses do divino Orfeu.

Invocados, antes das *Elegias*, os Anjos, incluindo varias espécies, como o sorridente arcanjo da Catedral de Chartres, apresentam virtudes ou propriedades comuns: eles se parecem entre si, vivem num futuro eterno ou não voam, como os serafins, que são pássaros pesados, como chega a dizer o *Livro da vida monástica.* O que assombra ou os que assombram as *Elegias* — Anjo é tanto plural quanto singular — ganham uma posição ontológica, se não fortemente teológica. Pássaros "da alma quase mortais", comparáveis a pináculos do ser criado, depois do homem, distinguem-se como "perfeições primeiras", "favoritos da criação", emanando beleza e recriando-a constantemente. Eis as entidades qualificadas pela "Segunda Elegia" de terríveis (*Ein jeder Engel ist schrecklich*), aquelas que, nem diurnas nem noturnas, amedrontam a fraca espécie humana pelo muito ser que têm.

As *Elegias*, que os Anjos frequentam, são porém noturnos — no sentido elegíaco da composição musical. Distingue-as a tonalidade do desconhecido, do estranho, do inóspito, já filtrada pelos versos de "A grande noite", que o poeta, ainda criança, vislumbrava postado à sua janela. "Dir-se-ia que a cidade nova me era proibida; a paisagem reticente, como se eu não existisse, escurecia". Noturno é ainda, particularmente, a "Sétima Elegia" que aos dias opõe as altas noites do verão:

> *Noites, mas também as estrelas, as estrelas da terra.*
> *Oh ser um dia um morto e infinitamente conhecê-las,*
> *Todas as estrelas: como as esquecer.*

Surge aqui outro aspecto considerável no conjunto das *Elegias*: a proximidade da morte coadunada com a estranheza dessa experiência, a qual nos surpreende, de improviso, "como um que cai sobre nós" (vide "A experiência da morte"). Mais do que um conhecimento da morte, a "Primeira Elegia" parece coabitar com ela, quando nos fala como se nos transmitisse a experiência dos que já morreram:

> *Certo, é estranho não habitar mais a terra,*
> *não mais praticar hábitos ainda mal adquiridos,*
> *às rosas e a outras coisas especialmente cheias de promessas*
> *não dar sentido do futuro humano;*
> *o que se era, entre mãos infinitamente cheias de medo...*
> [...]
> *Estranho, não desejar mais os desejos. Estranho,*
> *ver tudo o que se encadeava esvoaçar solto*

no espaço. E estar morto é penoso
e cheio de recuperações até que lentamente se divise
um pouco de eternidade.

Essa experiência dos mortos ou da morte reforça o contraste que a "Segunda Elegia" estabelece entre a perfeição dos anjos e o nosso permanente estado de dissipação:

Pois nós até o que sentimos dispersamos; ah!
Exalamo-nos e nos dissipamos; de brasa em brasa
Espalhamos um cheiro cada vez mais fraco
[...]
[...] Tal como da relva matinal o orvalho
de nós se levanta o que nos é próprio, como o calor
de um prato quente.

O amor mesmo se dissipa. Aquilo que Platão denominaria Afrodite carnal é, para a "Terceira Elegia", "culpado e oculto Deus — rio do sangue", culpado e antiquíssimo, cuja memória é mais da espécie que do indivíduo, afrontando a outra Afrodite imaterial.

Vede, não amamos como as flores numa só
estação; quando amamos, uma selva
imemorial ascende em nossos braços.

Mas esse contraste e aquela dissipação afinam o nosso estar-aqui (*Hiersein*) com as dissonâncias do mundo.

Estar aqui é magnífico. Vós o soubestes, jovens mulheres, também vós [...]

Mas tal magnificência da nossa situação inclui a sua dizibilidade:

[...] Estamos nós talvez aqui para dizer: casa,
ponte, fonte, porta, ânfora, árvore frutífera, janela [...]

Nesse acorde situacional, a "Sétima Elegia" passa do poético ao filosófico, generalizando nossa posição particular entre os seres. O estar-aqui (*Hiersein*), não mais sob o temível (*schrecklich*) olhar do anjo, é magnífico (*herrlich*). Tal magnificação oferece porém a contraparte da interiorização. Nada se revela a nós sem que em nós mesmos se transforme. A perda que nisso está implicada nos é dita pela "Oitava Elegia", um passo decisivo na gnose do poeta. Sem introito ou acompanhamento angélico, essa peça rilkiana, adiante reproduzida, apresenta-nos o irrecuperável contraste que nos separa dos outros, que ao contrário veem o aberto, a nós vedado.

Mit allen Augen sieht die Kreatur
das Offene. [...]

Com todos os olhos a criatura vê
o Aberto. [...].[3]

A extensa gnose de Rilke, que percorre as dez *Elegias*, tematicamente defini-das por um tema predominante — o amor, a morte, o herói, a amante, os saltim-bancos —, tem nessa Oitava, dedicada ao animal, um de seus mais significativos contrafortes poéticos e filosóficos. Trata-se da descrição de uma situação-limite — o animal está fora do mundo — e ao mesmo tempo de uma das poucas peças bibliográficas magistrais de penetração simpatética na animalidade. Podemos anotar, por exemplo, dentre elas, o livro de Elisabeth de Fontenay, *Le silence des bêtes: la philosophie à l'épreuve de l'animalité*, denunciando o esquecimento e mesmo a depreciação do animal pela Filosofia, e *Le territoire de l'homme* de Elias Canetti, que tenta livrá-lo de ambos.

Poeticamente, o foco dessa elegia ainda é a morte, da qual o animal men-cionado logo no início como criatura estaria livre. Filosoficamente, talvez seja essa a mais prolífica das elegias do ponto de vista da conceituação. Se fizermos uma leitura detida encontramos, pelo menos, quatro conceitos nessa peça: mun-do, espaço, destino e o aberto. *Mundo* delimita o humano; *espaço* é o espraiado lugar do animal; *destino*, a presença das coisas ou simplesmente o ser que nos

---

[3] Trad. Paulo Plínio Abreu. *Poesia*. Belém: Universidade Federal do Pará, 1978, p.135.

confronta; e o *aberto* o que sai do mundo para o espaço. E é o aberto o que a criatura, o animal, vê.

> Com todos os olhos a criatura vê
> o Aberto. Só os nossos olhos estão
> como que invertidos e postos inteiramente em torno dela
> como armadilhas ao redor de seu caminho livre.
> O que está fora, conhecemos apenas
> pela fisionomia do animal; pois a criança ainda nova
> já a víramos e a obrigamos a ver para trás
> formas, não o Aberto que no rosto do animal
> é tão profundo. Liberto da morte.

Talvez seja esta a principal diferença que nos separa do animal: a libertação da morte. Ele caminha para a eternidade como correm as fontes. Nós estamos presos ao mundo e nunca passamos para o ilimitado. Mesmo os amantes encobrem um para o outro o Aberto. E para eles como para todos nós é o mundo que vigora e não o espaço:

> Não temos nunca nem por um só dia
> o puro espaço em frente a nós, no qual as flores
> se abrem sem cessar. Sempre é mundo
> e jamais o ilimitado de nenhum lugar,
> o puro, não controlado, que se respira,
> que se sabe infinito e que não se cobiça [...]

Quando os animais nos olham de modo calmo, é o único confronto que se permitem. Mais para eles do que para nós, esse confronto já delineou o seu modo de ser:

> Chama-se a isso destino: defrontar-se
> e nada mais do que isto e sempre defrontar-se.

Para os animais não há senão o espaço inclusivo, sua única pátria, porque permanecem no ventre que os gerou. Que haverá para nós, que sempre somos espectadores, transbordados pela realidade e em nenhuma parte dela fixados?

Quem nos virou assim de tal maneira que nós,
o que quer que façamos, conservamos a atitude de quem parte?

Não podemos deixar de pensar que Rilke antecipou conceitos existenciais — assim, o mundo, como o antinatural por excelência. Mas queremos pensar que "Aberto" não é uma antecipação mas uma contribuição rilkiana a uma das matrizes filosóficas do pensamento existencial: *Ser e tempo* de Heidegger. Esse substantivo corresponde ao termo heideggeriano "*Erschlossenheit*" (abrimento, fresta, passagem). O próprio Heidegger comentou o emprego rilkiano do termo "Abertura" num ensaio singular dedicado ao autor das *Elegias*: "Por que poetas?".

Rilke, nos diz Heidegger, é como Hölderlin, um poeta em tempo de carência. Mas não só. Semelhantemente a Yeats, Stefan George e T. S. Eliot, Rilke, herdeiro do simbolismo para Bowra, já excede as escolas e constitui, por si só, um reservatório poético único. Seria pouco considerá-lo o poeta de transição. Como aqueles seus contemporâneos, expôs-se ao risco máximo — o risco de dizer essa carência no tempo maior do domínio da técnica e de sua expansão planetária. E de dizê-lo no grau maior da dizibilidade, que é precisamente o Canto (*das Gesang*) daqueles que assumem o máximo risco. "Aqueles que arriscam mais são os poetas, precisamente aqueles cujo canto faz com que o nosso ser sem abrigo se volte para o Aberto."

As *Elegias* mesmo trazem o testemunho de que se produzem no interior da expansão planetária da técnica:

Grandes celeiros de força cria para si o espírito do tempo, sem forma
como a energia retesada que ela extrai de tudo.
("Sétima Elegia")

Também nos *Sonetos a Orfeu*, em obediência à ideia da metamorfose desse Deus-poeta, tomam vulto a incessante movência do homem, o seu estar partindo a qualquer momento; a maquinária no meio da qual vive, o direcionamento do trabalho mecânico. Somos trepidantes (*die Treibenden*), as novidades rugem, a máquina gira e nos enfraquece, ameaçando quanto foi adquirido, "mas o frenesi passa sem deixar traço" e nada nos afasta, a nós, os fugitivos, da vizinhança das forças "que duram para um uso divino". O tempo não nos destrói, nada destrói — outra lição dos *Sonetos* — de modo que devemos querer a transformação (*Wolle die Wandlung*) para que melhor possamos celebrar cantando. O canto deve permear as esferas todas do ser, do sensível ao inteligível, do Anjo às peras e às bananas:

Maçã plena, pera e banana,
Groselha... Tudo isso fala
Morte e vida na boca... Eu pressinto
Lede-o no rosto de uma criança
Que as saboreia [...]

Gesang ist dasein, escreve Rilke. *Cantar é ser, é existir.* Rilke é finalmente o poeta da celebração, do canto, da palavra confiante e exultante. Um dos últimos? Talvez. O certo é que só uns poucos lhe fazem companhia.

O Canto é existência. Mas quando conseguimos cantar, a existência já nos foge e é outra coisa que acontece. Rilke não diz mais, como no *Livro das horas*, que esse acontecimento é Deus, mas

Um sopro em torno de nada. Um voo em Deus. Um vento.

Que isto de método...

Que isto de método, sendo, como é, uma causa indispensável, todavia é melhor tê-la sem gravata nem suspensórios, mas um pouco à fresca e à solta, como quem não se lhe dá da vizinha fronteira, nem do inspetor de quarteirão.

Machado de Assis, *Memórias póstumas de Brás Cubas*

I

Uma impecável *graeca eruditio*, um aparato documental e crítico idôneo, e o adequado enquadramento filológico e histórico da matéria — esses três requisitos, que presidem às investigações de grande porte no domínio do saber clássico-humanístico, de tão minguada presença entre nós, autenticam a singular e ousada abordagem deste ensaio.

A singularidade da abordagem está na própria forma literária do ensaio: uma *flânerie* benjaminiana por entre os versos e os vestígios da vida de Safo. Em concordância com essa forma, episódica, digressiva e fragmentada, está o tipo ousado de abordagem, que disfarça a hermenêutica que lhe é implícita: um estilo de interpretação problemática e aproximativa que, parecendo zombar dos

409

métodos, como o narrador de *Memórias póstumas de Brás Cubas*, se arrisca a descobrir o sentido essencial da lírica de Safo, produzindo-lhe a compreensão. Da concordância entre a forma persuasiva e sedutora, que enleia do princípio ao fim o leitor, com o método de interpretação ajustado à fortuna dos textos e às vicissitudes de seu conhecimento histórico, deriva a notável abrangência e a alta qualidade literária que distinguem *Eros, tecelão de mitos: a poesia de Safo de Lesbos* dos estudos congêneres.

A *flânerie* de Joaquim Brasil Fontes, consumado *scholar* mas escritor antes de tudo, estende-se ao longo do tempo e dentro da tradição histórica — galeria de *passagem*, onde, aos versos de Safo, transcritos das páginas de retóricos gregos ou extraídos de "farrapos de velhos manuscritos encontrados, imundos, nos montes de lixo e nos corpos das múmias", misturam-se os comentários, as glosas de várias gerações de escoliastas que os preservaram e transmitiram, juntamente com os testemunhos discordantes sobre a mulher de Mitilene que os escreveu, dos quais se originou o renome do ardor passional que a celebrizou, fundindo, numa só figura mítica de sujeito amoroso, a poeta e sua obra. Esse *flâneur*, novo escoliasta, recolhe, curioso e moroso, esses signos da transmissão da obra de Safo, inseparáveis da celebridade lendária da autora, por entre os quais passa, ora avançando, ora recuando no tempo. É a partir do ponto móvel do presente que ele se desloca na direção do passado; seguindo a esteira do mito na paixão abismal das Lesbianas de Baudelaire, transporta-se à cena do sacrifício amoroso de Safo — o salto de Lêucade — descrita na Carta xv de Ovídio, lida "através de contemporâneos nossos". E defronta-se com uma personagem dramática, extremando, na crise amorosa por que teria passado, "os sintomas clássicos da paixão" que a enquadram em registros de intensidade melodramática: momentos de "folia" passional no estilo da Ópera. Que outra via para aceder a uma obra lírica de temas definidos, o amor e o objeto amado, e as divindades que os assistem, obedecendo a motivos correlatos — desejo, separação, nostalgia, perda e desespero e morte — do que a vertente do lirismo romântico, da poesia centrada no sujeito — a vida interior da alma — com o fim de exteriorizá-la, dando expressão a sentimentos vividos?

Mas a esse olhar lançado aos versos da grande amorosa, por intermédio da literatura moderna, sucede a visada mais para trás, para o mundo arcaico a que pertenceram, à busca de "seu contexto verdadeiro". Porém ainda assim não terá o *flâneur* diante de si o perfil da originalidade expressiva de Safo, como esperamos achar na poesia lírica. A famosa *Ode a Afrodite* inclui expressões formulares encontradas na *Ilíada*; fragmentos há que adotam a maneira gnômica de enunciação enquanto outros retomam a narrativa mitológica. Enfim, pôde ele acompanhar toda uma ramificação intertextual dos elementos "pessoais" entrosados aos motivos da alma apaixonada. Safo "monta" a sua crise amorosa sobre os modelos do patético que lhe oferecem os heróis da *Ilíada*. O *flâneur* já não pode mais ler-lhe as emoções como sintomas de um interior que sempre deve ficar muito aquém daquilo em que se exprime.

Nessa direção que adentra o passado, vê a obra transformar-se tão incessantemente como a vida de sua autora. Mas enquanto a individualidade biográfica de Safo se dissipa no mito em que se converte, a individualidade poética subsiste na obra; mesmo nas suas porções mais dilaceradas, nesses manuscritos dos quais é impossível apagar "as sucessivas inscrições do tempo", perdura, sujeita a mudanças meta e anamórficas, essa voz única dos textos, que a nós se dirige: um certo ritmo e uma certa entonação significativos, um determinado modo de evocar a amiga distante e de invocar a deusa do amor ou a lua solitária.

A resposta que o *flâneur* escoliasta, colecionador de signos, hermeneuta à busca do sentido, sem parecer estar nisso empenhado, dá à fugacidade e à incerta identidade da obra, é a interpretação aproximativa e problemática desse método, que terá utilizado já como tradutor dos mesmos poemas de Safo.

II

Foi, sem dúvida, a necessidade de traduzir os poemas e fragmentos sáficos, em sua totalidade vertidos para o português na terceira parte de *Eros, tecelão de mitos*, o motivo germinal e o núcleo de crescimento da interpretação do conjunto da obra. Pois como interpretar essa poesia sem traduzi-la, e como traduzi-la sem proceder-lhe a exegese? Mas, poder-se-ia perguntar, por que é necessário traduzir e interpretar novamente, ainda hoje, esses textos arcaicos da cultura grega?

Como os escritos dos pré-socráticos, a obra poética de Safo pertence àquela categoria dos textos matriciais da cultura, que forçam, periodicamente, como por uma exigência de compreensão deles próprios nascida, o trabalho de tradução. Diríamos, com Walter Benjamin,[1] que, aumentando a dificuldade

---

[1] Walter Benjamin. "La tâche du traducteur". Em *Œuvres choisies*. Paris: Julliard, 1959, pp. 59 ss.

de traduzi-los, uma tal exigência impõe-se da necessidade de sobrevivência dos próprios textos: sobrevivência não estática, assegurada pela cadeia de traduções e interpretações que os perpetuam e ao longo da qual, como uma "realidade viva", os originais, de cada vez diferentemente interpretados, recebem, ao serem trasladados para outras línguas, uma renovada carga de sentido. Mudando, portanto, através da cadeia que os perpetua ao transmiti-los, a sobrevivência deles reforça-se pela variação de sua compreensão. E é a mudança da compreensão que reabre a possibilidade de interpretá-los e, consequentemente, também, de traduzi-los. A compreensão possível, que precede e orienta toda interpretação, depende, em última análise, da condição temporal do pensamento e da historicidade de nossas relações com o mundo.

O que tem ocorrido com os pré-socráticos atesta a historicidade do compreender, cujo caso extremo, conforme diz Gadamer, é a tradução para uma língua estrangeira.[2] Ontem, um Burnet traduzia-os como os primeiros artífices da ciência natural. Heidegger interpreta-os, hoje, como porta-vozes de uma compreensão do ser enquanto *physis*, originária e autônoma relativamente à filosofia. O primeiro interpretou-os de acordo com a ideia histórico-evolutiva, segundo a qual concepções rudimentares precedem o advento da verdadeira filosofia.

Heidegger abandonou essa ideia: como porta-vozes da *physis*, seriam eles pensadores-poetas, fiéis à primitiva correlação do pensamento com a linguagem, estampada no significado das palavras fundamentais da língua grega que empregam, como *alétheia* (não esquecimento, desvelamento), depois desvirtuada para *veritas* na versão latina, já sob a dominância da racionalidade filosófica.

De tradução árdua, como aquele vocábulo dos pré-socráticos, são outras tantas palavras empregadas por Safo, a exemplo de *Kháris*, que integram a categoria das palavras fundamentais, chave da compreensão de um idioma. E se na compreensão delas se firmam a perspectiva da exegese e o teor da tradução dos textos em que se incluem, é porque condensam aquela visada intencional, de que fala Walter Benjamin, com a qual cada língua articula significativamente um só aspecto da realidade transformado em mundo. Por outros termos, essa visada intencional, que parcela a mesma realidade, corresponde ao núcleo significacional do sistema simbólico que diferencia uma língua de outra.

A rigor, o trabalho de tradução, que começa amparado pela intuição tos-

---

[2] Hans-Georg Gadamer. *Vérité et méthode*. Paris: Seuil, 1976, pp. 229 ss.

ca de que as diferenças entre as línguas são recuperáveis em função de uma linguagem comum, abrangente da realidade total parcelada em cada uma, faz-se de encontro ao irredutível núcleo do sistema simbólico de outro idioma. Daí, como momento crítico sucedendo a uma primeira fase de confiante familiaridade, a relação de estranheza que se estabelece entre o tradutor e o texto original. Mas — condição transcendental da particularização linguística — a linguagem, nessa acepção, também funcionaria, em virtude do específico das visadas intencionais das línguas que ela compatibilizaria, como aquilo que torna possível quer sua convertibilidade recíproca, quer o variável teor do intraduzível que lhes determina a estranheza.

Em resumo, é do intraduzível que vem a resistência que o idioma estrangeiro — a sua estranheza — oferece ao tradutor, e é contra o intraduzível que o tradutor se debate. Seguido de perto por Walter Benjamin, nesse admirável ensaio que é *A tarefa do tradutor*, Goethe aconselhava que o intraduzível fosse a meta e a medida do trabalho de tradução: "Deve-se ir até aos limites do intraduzível, e respeitá-los, porque é precisamente nisso que residem o caráter e o valor de toda língua".[3]

É imbuído da consciência da estranheza da outra língua, quando trabalha forçando o intraduzível, que o tradutor pratica, no limite extremo ideal de sua atividade arriscada, um ato de violência hermenêutica, como sucede no caso da tradução de *Kháris*, que deve reunir a graça e as Graças, o sentido daquilo que encanta reluzindo, "e portanto provoca alegria e está cheio de graça". Porém, não resulta desse ato a transferência pura e simples à pauta da língua de recepção dos significados a ela indobráveis. A violência hermenêutica, sem atentar contra as estruturas linguísticas, converte-os ao âmbito da visada intencional daquela, diferenciando o significado rebelde pelo seu ajustamento a outro contexto e, por conseguinte, produzindo uma nova compreensão dele.

A tradução exemplar criaria, desse modo, numa língua, o equivalente da visada intencional da outra. O que ela consegue obter é, pois, a concordância entre os mundos de cada órbita linguística, que permanecem, contudo, em confronto, sem se confundirem. E se o mundo da língua original já pertence

---

[3] *Goethe's world view presented in his reflections and maxims*. Org. Frederick Ungar. Nova York: Ungar, 1963, p. 183.

ao passado, a medida do acorde linguístico dos significados, ao mesmo tempo tradução e exegese, tem por base o conhecimento retrospectivo da história.

III

Vimos o *flâneur*, em certo ponto de sua passagem pela tradição, adentrar-se no mundo arcaico de Safo, para reavaliar, à luz de seu "verdadeiro contexto", a tônica da paixão nos versos da poeta, compreendida preliminarmente por meio da exteriorização da vida interior na poesia lírica da literatura moderna, aspecto do nosso horizonte histórico, como ideia que nos é familiar. Mas, para surpresa dele, o contexto, que deveria estabelecer a particularidade dos conteúdos subjetivos plasmados pela lírica, introduz componentes não líricos, estranhos à nossa expectativa de modernos que a arte romântica educou. Não é que a matéria "épica e gnômica", já assinalada por Schleiermacher na lírica dos antigos, fosse desconhecida ou ignorada. Mas essa matéria impessoal, na qual Safo investiu o elemento pessoal de sua experiência, é estranha, na medida em que constitui — como percebeu o mesmo Schleiermacher, ao escrever que os poetas líricos da Antiguidade são os menos subjetivos —[4] o índice de uma retração ou de um apagamento do sujeito, na acepção moderna de domínio interior do Eu por oposição ao objeto. Desse ponto de vista, o intérprete, tendo se aproximado da obra de acordo com a prévia compreensão dela que a perspectiva do presente lhe impôs, reconhece a sua outridade, em função do horizonte de uma época longínqua que se opõe ao da nossa.

Também aqui, no nível exegético da interpretação, um momento crítico de estranheza, como ocorre no da tradução, sucede a uma fase de acesso confiante. Em paralelo com o intraduzível, que remonta ao específico da visada intencional de uma língua e, portanto, ao sistema simbólico do mundo, que sobre ela se ergue, a estranheza do lirismo, sem a oposição entre sujeito e objeto, singulariza o texto lírico procedente daquele mundo arcaico — o mesmo dos pré-socráticos — por uma diferença insuprimível que dele nos aproxima quando dele nos afasta; sua compreensão excede os limites do conceito

---

[4] Schleiermacher. *Les aphorismes de 1805 et de 1809-1810, Herméneutique.* Genebra: Labor et Fides, 1987, p. 63.

mediante o qual foi possível abordá-lo de imediato. Instala-se, de qualquer maneira, na compreensão do texto, um contraste a que o texto levou, derivado do mesmo passado que deveria elucidá-lo, já quando o intérprete, tentando compreender "os vários escritos de um só autor não só a partir de seu vocabulário mas também da história da época a que pertencem", conforme Schleiermacher aconselhava, complementa a Filologia com a História.

Não haveria esse contraste no âmago da compreensão, se as épocas reconstruídas pela história, numa síntese de eventos, instituições, obras e modos de vida a elas peculiares, ficassem bloqueadas no passado, enquanto objeto de um conhecimento isento da ação do tempo. Então, ao confrontarmos duas épocas ou duas culturas entre si distantes no tempo, compreenderíamos os traços diferenciais característicos que as separam, sem que as diferenças passassem ao grau de contraste inerente à própria compreensão. Dar-se-ia também que a diferença anteriormente realçada entre a lírica de Safo e o lirismo da literatura moderna sustaria o curso da interpretação. Porém, ao contrário disso, esse traço característico diferencial, convertido em contraste da compreensão, introduz na leitura interpretativa a dialética do familiar e do estranho, que a reanima e passa a dirigi-la.

O Walter Benjamin de *As passagens*, que reconheceu o teor retrospectivo do conhecimento histórico e afirmou não ser a História "somente uma ciência, mas também uma reminiscência" — a recordação modificando o conhecimento —, pensou igualmente que o tempo "não é vazio nem homogêneo".[5] Vazia seria a sucessão cronológica dos acontecimentos; homogênea, a linha do desenvolvimento uniforme ou do progresso. Mas como o presente, dimensionado pela expectativa do futuro, é um ponto irruptivo que dimensiona o passado, o tempo é cheio a cada momento, e em cada momento estabelece a mutável correlação do heterogêneo. Por isso, o conhecimento puramente objetivo de uma época passada, sem a interferência do presente, é uma ilusão historicista.

Até mesmo uma teoria hermenêutica da Historiografia, como a de Dilthey, que substitui a explicação pela compreensão no domínio das Ciências do Espírito, reforçou essa ilusão historicista. Obtido compreensivamente, mas por uma identificação empática com os produtos da cultura, o conhecimento histórico reproduziria conexões significativas das formas pretéritas de vida. Intérprete sui

---

[5] Apud Sergio Rouanet. *As razões do Iluminismo*. São Paulo: Companhia das Letras, 1987, pp. 46-7.

generis, o historiador conheceria essas conexões, compreendendo-as e revivendo-as enquanto as compreendesse. A revivescência operaria o transporte cognoscitivo de uma a outra época, abolindo ou neutralizando a distância temporal entre elas. Embora consequente aos princípios psicológicos de sua teoria hermenêutica, Dilthey esqueceu de considerar que a situação do historiador condiciona, por intermédio de seu próprio horizonte, a compreensão que ele pode ter do passado.

A História, aqui tomada na acepção de Historiografia, não está a cavaleiro da condição temporal do pensamento. Escrita com base em outros escritos lidos por uma visão retrospectiva como documentos, como vestígios de acontecimentos a reconstituir, ela é ciência possibilitada pela reminiscência. Dessa forma, imagem do passado pela perspectiva aberta no presente, o conhecimento histórico pressupõe a historicidade enquanto corrente da tradição em que mergulha: a continuidade e a mudança das criações humanas, a sua proveniência ou origem e a transmissão que as perpetua modificando-as. Tempo cheio, a tradição não se conta nem por anos nem por séculos; à cronologia sobrepõe-se o balanço da continuidade com a mudança, da proveniência com a transmissão, que une o passado ao presente quando os distancia.

Incorporada pelo conhecimento histórico, essa distância temporal, que o historicismo ignorou, interfere na compreensão dos textos por nós herdados e que nos trazem o mundo perempto de onde provieram num processo de transmissão cultural.

> Dessa maneira, o tempo não é mais em primeiro lugar esse abismo que é preciso franquear porque separa e distancia; ele é, na verdade, o fundamento e o suporte do processo em que o presente tem suas raízes. A distância temporal não é, portanto, um obstáculo a superar. Na hipótese do historicismo, seria preciso que nos transportássemos ao espírito da época, pensássemos segundo os seus conceitos e suas representações, e não segundo a nossa própria época, para atingirmos a objetividade histórica. É necessário ver na distância temporal uma possibilidade positiva e produtiva dada à compreensão. Ela não é, pois, um abismo escancarado, e pode ser atravessada graças à continuidade da proveniência e da transmissão à luz da qual toda tradição se apresenta ao nosso olhar.[6]

[6] Gadamer, op. cit., p. 137.

Atravessada pelo *flâneur* quando percorre a galeria de passagem da tradição, a distância temporal, considerada nesses termos, é o fundamento implícito da dialética do familiar e do estranho disfarçada no estilo de interpretação problemática e aproximativa deste ensaio. Mantendo em aberto, como contraste da compreensão, a diferença da lírica de Safo, realçada de encontro à subjetividade da lírica moderna, essa dialética é capaz de reorientar a leitura interpretativa, "graças à continuidade da proveniência e da transmissão" que aproxima na distância o presente do passado, o horizonte de um projetado no horizonte do outro.

Polarizada entre contrários e não entre termos contraditórios, a compreensão se desloca do familiar ao estranho, e produz, a partir da matéria gnômica, épica e mitológica dos versos sáficos, antes de deslocar-se do estranho ao familiar, em movimento de retorno, o sentido essencial desses versos: a sacralidade da palavra poética. Convergem, em tal ato de violência hermenêutica da produção do sentido, o intérprete e o tradutor. O que permite ao primeiro assentar a nova compreensão é, principalmente, a tradução da palavra fundamental da língua grega, *Kháris*. A graça e o encanto vindos da Musa permeiam o ritmo, a entonação, o modo de evocar as amigas e de invocar Afrodite, na voz da poeta de Mitilene subsistente em seus textos. Assim, o elemento estranho, destacado no plano exegético, enlaça-se ao intraduzível da língua grega — ao núcleo de sua visada intencional, de sua organização simbólica do mundo —, arrancado de um dos vocábulos mais resistentes à tradução.

O que, pois, na lírica grega em geral responde pela retração do Eu, dissentindo da expressão da vida interior na lírica moderna, é a intertroca do sujeito com o mundo, como âmbito do sagrado que a palavra poética funda. A poesia é expressão, mas expressão do saber mítico que resulta dessa intertroca; devotada ao serviço divino da Musa, ao ofício do canto e à arte do encantamento, ela tece o próprio mito, em Safo, com os fios ardentes da paixão amorosa a ela cedidos por Eros e Afrodite.

Dado que a primitiva correlação do pensamento com a linguagem caracteriza o saber mítico-poético, a lírica de Safo entra na órbita da concepção do ser enquanto *physis*, que a põe em sintonia com os pré-socráticos. Por esse motivo, o reconhecimento ambíguo do sentido religioso, teofânico, da palavra poética, por parte de Sócrates e Platão, leva o intérprete a reabrir a contenda entre a racionalidade filosófica e a poesia como dom de *Mnemosyne*. Deixemos de lado, porém, para não estragar o prazer de sua leitura, esse ponto do ensaio. É com o mesmo intuito que nos limitamos a indicar ao leitor o alcance do movimento de retorno do estranho ao familiar que completa a interpretação, quando o *flâneur*, na passagem da tradição, inverte o seu percurso tomando a direção que vem do passado ao presente. Agora, no retorno, a compreensão da lírica grega, em sua estranheza, ilumina, com o clarão religioso da palavra poética, a subjetividade da lírica moderna — em Baudelaire, Rimbaud e Lautréamont — compreendida como ausência do sagrado.

No confronto da distância temporal que as une e separa, a lírica de Safo e a lírica moderna se aclaram mutuamente. Eis até aonde vai a interpretação problemática e aproximativa da poesia de Safo de Lesbos.

Fábula e biografia de Don Quixote e Sancho Pança

Se Don Quixote voltasse a pelejar, seu primeiro arremesso, lança em punho, seria contra a montanha de livros escritos a respeito de suas aventuras, na companhia de Sancho, e que haveria de parecer-lhe, como burla dos mágicos a tentar desviá-lo do reto e sagrado carinho dos Cavaleiros Andantes, disforme e ameaçador gigante. Mas da imensa bibliografia hoje existente em torno da obra cervantina, que é uma criação desse mesmo cavaleiro, talvez ele se dignasse a reconhecer, fora de qualquer peleja, dois notáveis escritores: *D. Quixote: um apólogo da alma ocidental* (1947), de San Tiago Dantas, conferência no ciclo comemorativo ao 4º Centenário de Cervantes e um dos pontos altos da ensaística brasileira, e a biografia que do herói escreveu um de seus mais caros amigos, Miguel de Unamuno, *Vida de Don Quijote y Sancho*, que se integra admiravelmente, como essencial complemento de *Del sentimiento trágico de la vida*, à ensaística desse grande pensador espanhol.

No ensaio de San Tiago Dantas "apólogo" está empregado como "fábula", que transpõe para outra dimensão as palavras conto ou história, que poderiam ser empregadas. Pois de Don Quixote, Cervantes narrou a história, que não é um simples conto, eis que o Cavaleiro da Triste Figura ocupa a dimensão intemporal dos mitos. Mas que mito aí se incorpora pela força da escrita de Miguel de Cervantes? E por que uma narrativa escorreita acerca das loucuras de um homem transtornado pela leitura de livros contando os imaginosos feitos de Amadises, adquiriu a altitude mítica dos seres extraordinários, que se autoproduzem e criam seus descendentes em outros tempos ou em tempos primevos?

Don Quixote é o homem que se faz herói não só para sobrepor-se a inimigos e vencer adversários, mas para elevar-se acima de si mesmo e do mundo a fim de purificá-lo. Ele não luta em seu próprio nome. Entregar-se às tarefas da cavalaria andante é, para ele, doar-se a uma empresa maior que tudo, maior que si mesmo e combater sempre pela causa da inexistente Dulcineia, como amante que o inebria e eleva para as superiores esferas do ideal.

> O herói quixotesco, em que se cristalizou o tipo perfeito do herói-cavaleiro, é o homem que faz o dom completo de si mesmo. Sua vocação o solicita, e não foi sem razão que a Idade Média conjugou muitas vezes a instituição da cavalaria com a profissão religiosa.[1]

Dulcineia é real, como espelho aumentativo da figura da camponesa Aldonza, que Alonso Quijano, nome civil do Quixote, amou, e ideal como elevação sublimada dessa mulher que a eterniza. Daí San Tiago Dantas falar-nos de um Eterno-Feminino, enquanto potência extraterrestre de salvação, semelhante, portanto, à atração de Fausto para o alto, e exercida pelo modelo sublimado de Margarida/Helena, no Segundo Fausto, de Goethe. Mas esse empuxo para o alto vem da dinâmica atrativa do amor, como "compromisso que liberta", e que é "místico na sua eficácia". Estamos numa órbita muito diferente daquela seguida por Fausto, sujeito de um amor titânico, submetido à lei da vontade, à tirania do querer, e que deve sacrificar Margarida para poder recuperá-la espiritualmente. Mas o sacrifício da amante é um *fatum* trágico.

Da ação quixotesca, que tende para o burlesco, mesmo sob o olhar de Sancho, não decorre nem morte nem sofrimento físico. É um "*enamoriamento*", de que decorre, com enorme dilaceramento moral, a vassalagem espiritual do cavaleiro à sua dama, de Don Quixote à Dulcineia del Toboso.

Vida de Don Quijote y Sancho, que trata dessa vassalagem, é um dos livros mais difíceis de enquadrar na literatura e na filosofia ocidental a que pertence. Não é crítica, não é estudo erudito e tampouco reflexão filosófica, mas uma con-

---

[1] San Tiago Dantas. *D. Quixote: um apólogo da alma ocidental.* Brasília: Ed. da UnB, 1997, p. 55.

versa íntima, um colóquio amoroso de Miguel de Unamuno com o herói cervantino. No entanto, esse colóquio passa e repassa por quatro claves universais que convém distinguir: a do barroco espanhol, a fideísta, a mística e a teológica.

Don Quijote é um irmão espiritual do herói barroco de Calderón de la Barca, Segismundo, enredado entre sonho e o real, ou antes, pela malha fina do sonho, com que em sua torre de prisioneiro, antes de descer para o mundo, já envolvia o real:

> *Que es la vida? Una ilusión,*
> *una sombra, una ficción,*
> *y el mayor bien es pequeño:*
> *que toda la vida es sueño*

Devido à envolvência dessa malha, o real é, para nós, objeto de crença. A realidade maior é a sobrevivência a que aspiramos. Nosso sonho confina com o desejo de imortalidade, com o sentimento de nos imortalizarmos. *As coisas são tanto mais verdadeiras quanto mais cridas.*[2] Mas esse desejo de imortalidade não é o ímpeto da loucura? Ou a loucura da Fé? O que é essa loucura nossa e do Quixote, senão a crença de que sobrevivemos em Deus ou no sonho de Deus que cria o mundo sonhando?

> *Seremos sueños, sueño tuyo, nosotros los soñadores de la vida?*

Tal fideísmo do Cavaleiro da Triste Figura se completa no arroubo místico que conheceram os santos espanhóis, Juan de la Cruz e Tereza d'Ávila, os quais foram poetas, como poeta Don Quijote foi ao escrever os versos:

> *Assim viver me mata*
> *Que a morte me torna a dar a vida.*
> [...]

A vida na morte e a morte na vida, eis o ciclo místico que rodeou aqueles santos. Santa Tereza de Jesus escreveu dirigindo-se ao Outro amado:

---

[2] San Tiago Dantas, op. cit., p. 121.

Mira que muero por verte
Y vivir sin Ti no puedo,
Que muero porque no muero.

Don Quixote vive para ver Dulcineia e morre porque não a vê. Dulcineia não é apenas a mulher amada. É a senhora mediadora de seus sonhos ou de sua loucura. A chave teológica a que me refiro é a complementação no pensamento de Unamuno, concomitantemente ao Eterno-Feminino ideal encarnado em Dulcineia, da presença da Mãe de Deus — originando uma Quaternidade — ao lado do Pai, do Filho e do Espírito Santo — do alto e indiviso Amor Divino que na sofrida Humanidade se encarna... Dulcineia se marianiza e a Virgem Maria se humaniza. "Deus te salve, Humanidade; és cheia de graça!"

Duas transmutações ocorrem, afinal, na vida do Cavaleiro: enquanto Dulcineia se santifica, Sancho Pança, por sua vez, se quixotiza. A mansa loucura do herói também contamina o leitor de suas aventuras. Louco quem lê ou louco quem escreveu essa história? Don Quixote é apenas o anormal paladino da Justiça e do Amor.

Sobre os textos

"Meu caminho na crítica"
Estudos Avançados, Dossiê USP América Latina, v. 19, nº 55, setembro/dezembro de 2005, pp. 289-305.

"Crítica literária no Brasil, ontem e hoje"
Em M. H. Martins (org.). *Rumos da crítica*. São Paulo: Senac/Itaú Cultural, 2000, pp. 51-79.

"Ocaso da literatura ou falência da crítica?"
Em Flávio Aguiar (org.). *Antonio Candido: pensamento e militância*. São Paulo: Fundação Perseu Abramo; Humanitas/FFLCH/USP, 1999, pp. 126-35.

"Conceito de forma e estrutura literária"
Estudos Universitários: Revista de Cultura da Universidade Federal de Pernambuco, 1975, pp. 107-48.

"O trabalho da interpretação e a figura do intérprete na literatura"
Em Domício Proença Filho (org.). *Criação, interpretação e leitura do texto literário. Ensaios da II Bienal Nestlé de Literatura*. São Paulo: Nestlé, 1984, pp. 73-82.

"Prolegômenos a uma crítica da razão estética"
Prefácio à primeira edição de Luiz Costa Lima. *Mímeses e modernidade: formas das sombras* [1979]. Rep. na 2ª ed.: São Paulo: Graal, 2003, pp. 11-8.

"Reflexões sobre o moderno romance brasileiro"
Em *O livro do Seminário. Bienal Nestlé de Literatura Brasileira*. São Paulo: LR Editores, 1982, pp. 45-69.

"A recente poesia brasileira: expressão e forma"
Novos Estudos Cebrap, nº 31, São Paulo, outubro de 1991.

"Trinta anos depois"
Em Eleonora Santa Rosa (org.). *30 anos: Semana Nacional de Poesia de Vanguarda*. Belo Horizonte: Secretaria Municipal de Cultura, 1993, pp. 22-35.

"O que está acontecendo com a literatura brasileira hoje" (entrevista concedida a Clarice Lispector)
Em Clarice Lispector. *De corpo inteiro*. Rio de Janeiro: Rocco, 1999, pp. 170-8.

"A paixão de Clarice Lispector"
Revista de Cultura do Pará, Belém, ano 8, nº 32. 1978, pp. 47-67.

"A escrita da paixão"
Publicado com o título "A paixão de Clarice Lispector" em A. Novaes (org.). *Os sentidos da paixão*. São Paulo: Companhia das Letras, 1988, pp. 269-81.

"Drummond: poeta anglo-fancês"
O Estado de S. Paulo, Suplemento Literário, 2 de setembro de 1973. Rep. em *Asas da Palavra*, Belém, UNAMA, v. 6, nº 14, 2002, pp. 31-6.

"Carlos Drummond: a morte absoluta"
O Estado de S. Paulo, Suplemento Literário, janeiro de 1971. Rep. em *Literatura e Sociedade*, USP, nº 5, edição comemorativa, 2000, pp. 136-54.

"Os tristes, brutos índios de Vieira, ou um missionário aturdido"

Em Walnice Nogueira Galvão; Nádia Battella Gotlib (orgs.). *Prezado senhor, prezada senhora*. São Paulo: Companhia das Letras, 2000, pp. 61-8.

"A invenção machadiana"
Folha de S.Paulo, 10 de julho de 1999. Resenha do livro *O enigma do olhar*, de Alfredo Bosi.

"A cidade sagrada"
Em Rinaldo Fernandes (org.). *O clarim e a oração: cem anos de* Os sertões. São Paulo: Geração Editorial, 2002, pp. 247-50.

"Volta ao mito na ficção brasileira"
Cronos, Natal, v. 7, nº 2, dezembro de 2006, pp. 333-7.

"Encontro em Austin"
Em Leda Tenório da Motta (org.). *Céu acima: para um "tombeau" de Haroldo de Campos*. São Paulo: Perspectiva/Fapesp, 2005, pp. 107-12. Rep. em Rosa Dias; Gaspar Paz; Ana Lúcia de Oliveira (orgs.). *Arte brasileira e filosofia: espaço aberto Gerd Bornheim*. Rio de Janeiro: Uapê, 2007, pp. 13-9.

"O jogo da poesia"
Introdução a Affonso Ávila. *Homem ao termo: poesia reunida 1949-2005*. Belo Horizonte: UFMG, 2008, pp. 25-9.

"Dalcídio Jurandir: as oscilações de um ciclo romanesco"
Asas da Palavra, Belém, UNAMA, v. 8, nº 17, 2004, pp. 15-21. Rep. em Benedito Nunes; Ruy Pereira; Soraia Reolon Pereira (orgs.). *Dalcídio Jurandir romancista da Amazônia: literatura e memória*. Belém: Secult; Rio de Janeiro: Fundação Casa Rui Barbosa/Instituto Dalcídio Jurandir, 2006, pp. 245-51.

"Max Martins, mestre-aprendiz"
Prefácio a Max Martins. *Poemas reunidos: 1952-2001*. Belém: Editora da Universidade Federal do Pará, 2001, pp. 19-45.

"A poesia de meu amigo Mário"

Em Mário Faustino. *O homem e sua hora e outros poemas*. Org. Maria Eugenia Boaventura. São Paulo: Companhia das Letras, 2002, pp. 45-66.

"A poesia confluente"
Em A. Novaes (org.). *Poetas que pensaram o mundo*. São Paulo: Companhia das Letras, 2005, pp. 269-89.

"A gnose de Rilke"
Inédito, 2004.

"Que isto de método..."
Prefácio a Joaquim Brasil Fontes. *Eros, tecelão de mitos: a poesia de Safo de Lesbos*. São Paulo: Iluminuras, 2003, pp.11-21.

"Fábula e biografia de Don Quixote e Sancho Pança"
Asas da Palavra, Belém, UNAMA, v. 9, nº 20, 2005, pp. 25-7.

Obras do autor

O mundo de Clarice Lispector. Manaus: Edições Governo do Estado do Amazonas, 1966.

(Org. e introdução.) Mário Faustino. *Poesia de Mário Faustino*. Rio de Janeiro: Civilização Brasileira, 1966.

Introdução à filosofia da arte. São Paulo: DESA, 1967 (col. Buriti, v. 7); 5ª ed: São Paulo, Ática, 2005.

A filosofia contemporânea: trajetos iniciais. São Paulo: Ao Livro Técnico, 1967 (col. Buriti, v. 18); 3ª ed. rev. ampl.: São Paulo: Ática, 1991 (série Fundamentos, 79). Belém: Editora da Universidade Federal do Pará, 2004.

Farias Brito: trechos escolhidos. Rio de Janeiro: Agir, 1967 (col. Nossos Clássicos, v. 92).

O dorso do tigre. São Paulo: Perspectiva, 1969 (col. Debates, v. 17); 2ª ed.: 1976; 3ª ed.: São Paulo: Editora 34 (no prelo).

João Cabral de Melo Neto. Petrópolis: Vozes, 1971 (col. Poetas Modernos do Brasil, v. 1); 2ª ed.: 1974.

Leitura de Clarice Lispector. São Paulo: Quíron, 1973 (col. Escritores de Hoje).

(Org. e introdução.) Mário Faustino. *Poesia-experiência*. São Paulo: Perspectiva, 1977 (col. Debates, v. 136).

Oswald canibal. São Paulo: Perspectiva, 1979 (col. Elos, v. 26).

(Org. e introdução.) Mário Faustino. *Poesia completa. Poesia traduzida.* São Paulo: Max Limonad, 1985.

Passagem para o poético: filosofia e poesia em Heidegger. São Paulo: Ática, 1986 (col. Ensaios, v. 122); 2ª ed.: 1992.

(Tradução junto com Michel Riaudel.) Saint-John Perse. *Crônica.* Belém: CEJUP, 1992.

(Org.) *A crise do pensamento.* Belém: Editora da Universidade Federal do Pará, 1994.

O tempo na narrativa. São Paulo: Ática, 1988; 2ª ed.: 1995; 4ª reimpressão: 2003.

O drama da linguagem: uma leitura de Clarice Lispector. São Paulo: Ática, 1989 (série Temas, v. 12); 2ª ed.: 1995.

No tempo do niilismo e outros ensaios. São Paulo: Ática, 1993 (série Temas, v. 35).

Crivo de papel. São Paulo: Ática, 1998 (série Temas, v. 67); 3ª ed.: 1999.

Hermenêutica e poesia: o pensamento poético. Belo Horizonte: UFMG, 1999; 1ª reimpressão: 2007.

O Nietzsche de Heidegger. São Paulo: Pazulin, 2000 (coleção Ágora).

Dois ensaios e duas lembranças. Belém: Secult/UNAMA, 2000.

(Org.) *O amigo Chico fazedor de poetas.* Belém: Secult, 2001.

Heidegger e Ser e tempo. Rio de Janeiro: Zahar, 2002 (col. Passo a Passo).

Crônica de duas cidades: Belém e Manaus (com Milton Hatoum). Belém: Secult, 2006.

(Org.) *Dalcídio Jurandir, romancista da Amazônia: literatura e memória.* Belém: Secult; Rio de Janeiro: Fundação Casa Rui Barbosa/Instituto Dalcídio Jurandir, 2006.

João Cabral: a máquina do poema. Org. e prefácio Adalberto Mueller. Brasília: Editora UnB, 2007 (col. Letras e Ideias).

Modernismo, estética e cultura. Org. e apresentação Victor Sales Pinheiro. São Paulo: Editora 34 (no prelo).

Ensaios filosóficos. Org. e apresentação Victor Sales Pinheiro. São Paulo: Martins Fontes (no prelo).

Heidegger. Org. e apresentação Victor Sales Pinheiro. São Paulo: Martins Fontes (no prelo).

Do Marajó ao arquivo: breve panorama da cultura no Pará. Org. e apresentação Victor Sales Pinheiro. Belém: Editora da Universidade Federal do Pará (no prelo).

PRINCIPAIS PUBLICAÇÕES NO ESTRANGEIRO:

"Aspetti della prosa brasiliana contemporanea". *Aut Aut, Rivista di Filosofia e di Cultura*. Milão, Lampugnani Nigri, nos 109-110, janeiro-março de 1969.

"Grande sertão: veredas, uma abordagem filosófica — A figura da narração ou as ciladas do tempo no romance de Guimarães Rosa". Em: *Bulletin des Études Portugaises et Brésiliennes*. Paris, ADPF, 1983-5.

"Anthropophagisme et surréalisme". Em Luis de Moura Sobral. *Surréalisme périphérique*. Atas do colóquio Portugal, Québec, Amérique Latine: un surréalisme périphérique? Montreal: Universidade de Montreal, 1984.

"Clarice Lispector's passion". Em M. Strausfeld (org.). *Brasilianische literatur*. Frankfurt: Suhrkamp Taschenbuch, 1984.

"Antropologia e antropofagia". Em K. David Jackson (org.). *One hundred years of invention: Oswald de Andrade and the modern tradition in Latin American literature*. Austin: University of Texas at Austin, 1990.

"The literary historiography of Brazil". Em Roberto González Echevarría; Enrique Pupo-Walker. *The Cambridge history of Latin American literature*. Cambridge: Cambridge University Press, 1996. v. 3.

(Org.) Clarice Lispector. *A paixão segundo G.H.* Edição crítica. Paris: Association Archives/Brasília: CNPq, 1998.

"O retorno à antropofagia". Em João Cezar de Castro Rocha; Jorge Ruffinelli (orgs.). *Anthropophagy today?* Stanford: Stanford University Press, 2000.

"Belém, cultural center". Em *Literary cultures of Latin American: a comparative history II*. Oxford: Oxford University Press, 2004.

Índice remissivo

À la recherche du temps perdu ver *Em busca do tempo perdido* (Proust)
A teus pés (Cesar), 168
"A um varão que acaba de nascer" (Drummond), 236-7
Abreu, Paulo Plínio, 331, 333, 405
Accioly, Marcus, 167, 171
Açude, O (Ávila), 311
Adorno, Theodor, 61, 136
Afinidades eletivas (Goethe), 30
Agamben, Giorgio, 307
Agostinho, Santo, 36, 390, 394
Agreste (João Cabral), 35, 164
Água viva (Lispector), 202, 208-9, 211, 222
Aires, Matias, 280
"Aisthesis, Kharis: Iki" (Haroldo de Campos), 303, 308-9
Albergaria, Consuelo, 294
Álbum de família (Rodrigues), 52
Alencar, José de, 289-91, 296
Alguma poesia (Drummond), 240, 334, 340
Almeida, José Américo de, 146
Almino, José, 170

Alonso, Dámaso, 57
Altas literaturas (Perrone-Moisés), 66
Alvarez, Reynaldo Valinho, 167
Alvim, Francisco, 167, 170
Amado, Jorge, 146
Amanuense belmiro, O (Cyro dos Anjos), 147
Amar se aprende amando (Drummond), 163
"Amar" (Drummond), 236
"Amar-amaro" (Drummond), 236, 238
Amiel, Henri-Frédéric, 40
"Amor" (Lispector), 223-4
Anatomy of criticism (Frye), 43, 102-4, 129
Anchieta, José de, padre, 272-3
Andrade, Carlos Drummond de, 12-3, 16, 25, 29, 32, 63, 77, 110, 159, 162-3, 168, 182, 231, 233-6, 240-1, 243, 247, 251-2, 257, 316, 331-2, 334-5, 338, 340, 357
Andrade, Mário de, 50-1, 55, 65, 141, 144-5, 157, 159, 290, 293, 331
Andrade, Oswald de, 16, 50, 52, 63, 65, 141, 144-6, 159, 190, 202, 344
Ângelo, Ivan, 155
Angústia (Ramos), 147-8

Anjo dos abismos (Barata), 333

Anjos, Augusto dos, 279

Anjos, Cyro dos, 147

"Anoitecer" (Drummond), 32, 247

Antirretrato (Martins), 337-8, 343-5, 348

Ao vencedor as batatas (Schwarz), 64

Apollinaire, Guillaume, 181, 236, 369

Aprendizagem ou o livro dos prazeres, Uma (Lispector), 199

Aranha, Graça, 49, 189, 330

Araripe Júnior, 48

Araujo, Laís Corrêa de, 176

Araújo, Olívio Tavares de, 176

Arendt, Hannah, 29, 38

"Ariazul" (Faustino), 368

Aristóteles, 17, 43, 62, 74, 89-92, 95, 98, 100-3, 109, 112-4, 129, 133, 135, 218-20

Armadilha para Lamartine (Süssekind), 155

Arranjos para assobio (Barros), 171

Arrigucci Jr., Davi, 58, 63, 65

Arte de amar (Mendonça Teles), 168

Arte e sociedade em Marcuse, Adorno e Benjamin (Merquior), 61

Arthaud, Antonin, 216

Assis, Machado de, 25, 48, 59-60, 64, 141-2, 147, 202, 239, 275-6, 289, 291-2, 409

Assunção, Paulinho, 165

Athayde, Tristão de, 51-3, 77, 312, 332

Auden, W. H., 236, 336

Auerbach, Erich, 150

"Aurora" (Drummond), 240-1

Aus einem Gespräch von der Sprache (Heidegger), 303, 305-6

"Austineia" (Haroldo de Campos), 165

Auto do frade (João Cabral), 164

Avalovara (Lins), 153

Ávila, Affonso, 13, 55, 63, 165, 167, 171, 175, 184-5, 311, 312, 314, 316

Ávila, Carlos, 165

Ayala, Walmir, 167

Azevedo, Aluísio, 47

Bachelard, Gaston, 29

Bagaceira, A (Almeida), 146

Baile das quatro artes, O (Mário de Andrade), 51

Bakhtin, Mikhail, 154, 171

Balanço da bossa (Augusto de Campos), 64

Balzac, Honoré de, 275, 320-1

Bandeira, Manuel, 25, 53, 63, 77, 159, 163, 331-2, 340

Bar Don Juan (Callado), 156

Barata, Magalhães, coronel, 24

Barata, Ruy, 331, 333, 337

Barbosa, João Alexandre, 48, 59, 141, 143

Barreto, Lima, 279

Barros, Hermenegildo, 167

Barros, Manoel de, 171

Barroso, Maria Alice, 152

Barthes, Roland, 119, 217, 229

Barulhos (Gullar), 172

Bataille, Georges, 216

Batuque (Menezes), 25

Baudelaire, Charles, 25, 39, 118, 136, 168, 200, 333, 355, 357, 359, 379, 410, 418

Beardsley, Monroe C., 125

Beira rio, beira vida (Assis Brasil), 152

Belém do Grão-Pará (Jurandir), 319, 321-2, 325

Belo e o velho, O (Ávila), 171

Benjamin, Walter, 30, 61, 66, 135, 208, 411-3, 415

Benn, Gottfried, 345

Benveniste, Émile, 129

Bergson, Henri, 387-8

Bernardes, Manuel, 280

Bezerra, Jurandir, 330

Bhagavad-gita, 36, 338, 390, 394

Bilac, Olavo, 49

Bishop, Elisabeth, 336

Blake, William, 104, 234, 336

Bloch, Hermann, 23

Boaventura, Maria Eugenia, 65

Boccaccio, Giovanni, 103, 326

"Boi e o presidente, O" (Ávila), 312

Boitempo (Drummond), 32, 110, 163, 236, 252, 259, 263
Bolle, Willie, 66
Bonvicino, Régis, 165
Borelli, Olga, 65
Borges, Jorge Luis, 136, 203
Bosi, Alfredo, 11, 61, 64, 121-2, 125, 130, 161, 275-6, 280
Bousoño, Carlos, 57
Bowra, Maurice, 407
Brandão, Ignácio de Loyola, 155
Brasil, Assis, 152
Brasil não é longe daqui, O (Süssekind), 63
Brejo das almas (Drummond), 240-1, 250, 334, 341
Brito, Antônio Carlos de, 162
Broch, Hermann, 321
Bruno, Giordano, 26
Buarque, Chico *ver* Holanda, Chico Buarque de
Buddenbrooks, Os (Mann), 321
Buñuel, Luis, 81
Burker, Kenneth, 351

Cabelos no coração (Haroldo Maranhão), 25
Cabral, Astrid, 167
Cabral, João *ver* Melo Neto, João Cabral de
Cacau (Amado), 146
Cacto e as ruínas, O (Arrigucci Jr.), 63
Cadernos de Malte Laurids Brigge, Os (Rilke), 35, 399
Caeiro, Alberto (heterônimo de Fernando Pessoa), 31
Caetés (Ramos), 147
Calcanhar do humano, O (Nauro Machado), 167
Calderón de la Barca, 421
Callado, Antonio, 156
Camarim de prisioneiro (Polaris), 162
Caminha, Adolfo, 47
Caminho de Marahu (Martins), 339, 346-8
Camões, Luís Vaz de, 40, 174, 184
Campbell, Joseph, 290

"Campo de ser, Um" (Martins), 352
Campos, Álvaro de (heterônimo de Fernando Pessoa), 31
Campos, Augusto de, 53, 55, 64-5, 161, 165, 175-6, 178, 182
Campos, Haroldo de, 10-2, 24, 53, 55, 63, 65, 144, 165, 167, 172, 175-6, 178, 180-1, 184, 303, 304, 306-7, 309
"Canção da moça-fantasma de Belo Horizonte" (Drummond), 234
Candido, Antonio, 11-2, 53, 58-9, 61, 77, 145-6, 157, 222
Cannabrava, Euryalo, 53, 57, 77
Cânone colonial, O (Kothe), 63
Cantaria barroca (Ávila), 167, 185, 315
"Cantiga de enganar" (Drummond), 340
"Cantilena prévia" (Drummond), 32, 236, 259-61
"Canto esponjoso" (Drummond), 236
Cantores amazônicos (Loureiro), 171
Cantos (Pound), 55
Cardoso, Lúcio, 150
Carnaval (Bandeira), 53
Carpeaux, Otto Maria, 51, 53, 77, 380
"Carta ao padre provincial do Brasil" (Padre Vieira), 269-70, 272
"Carta ao rei d. Afonso VI" (Padre Vieira), 270-1, 271-2
Carta do solo (Ávila), 178, 312, 315
Carta sobre a usura (Ávila), 312
Carvalho, Age de, 171, 172, 338-9
Casa-grande e senzala (Freyre), 51
Cascudo, Câmara, 64, 293
Caso Morel, O (Fonseca), 155
Cassirer, Ernst, 102, 113, 221
Castelo, Aderaldo, 53
Castro, Fidel, 178, 314
"Catedral de Colônia" (Sant'Ana), 171
Causeries du lundi (Sainte-Beuve), 46, 76
Cavaleiro, a Morte e o Diabo, O (Dürer), 106-8
"Cavossonante escudo nosso" (Faustino), 368-9
Celan, Paul, 339

Celine, Louis-Ferdinand, 100

Centauro no jardim, O (Scliar), 156

Cervantes, Miguel de, 326, 419

Cesar, Ana Cristina, 168

César, Moreira, coronel, 282-3

Céu, inferno: ensaios de crítica literária e ideológica (Bosi), 121

Cézanne, Paul, 38

Chalmers, Vera, 65

Chama, Foed Castro, 167

Chamie, Mário, 54, 55

Chão de lobos (Jurandir), 152, 319-20, 326-7

Chaves, Flávio Loureiro, 61, 146

Chiampi, Ilemar, 65

Chove nos campos de Cachoeira (Jurandir), 152, 319, 324

Cícero, 74, 91

Cidade calabouço (Mourão), 154

"Cidade outrora" (Martins), 344

Cidade sitiada, A (Lispector), 199, 208, 223

"Cidadezinha qualquer" (Drummond), 238, 240, 340-1

Cinematógrafo de letras (Süssekind), 63

Cinzel a esmo (Wax), 172

"Ciropédia ou a educação do príncipe" (Haroldo de Campos), 307

Claro enigma (Drummond), 234, 252-5, 257, 334, 338, 340, 357

Código de Minas (Ávila), 185, 312, 315

Código Nacional de Trânsito (Ávila), 315

"Cogito" (Torquato Neto), 162

Coleridge, Samuel Taylor, 40, 336

Combati o bom combate (Quintella), 153

Comédia humana, A (Balzac), 320

Comte, Auguste, 47

"Concílio dos plantadores de café" (Ávila), 313

Condenados, Os (Oswald de Andrade), 146

"Confidência do itabirano" (Drummond), 342

"Confissão" (Drummond), 236, 238

Confissões (Santo Agostinho), 390

Confissões de Ralfo, As (Sant'Anna), 154

"Confissões do solitário" (Nunes), 24

Consciência e realidade nacional (Pinto), 180, 313

Conselheiro, Antônio, 281-5, 292, 300

"Consideração do poema" (Drummond), 256

"Consolo na praia" (Drummond), 236, 249

Conto de inverno (Shakespeare), 104

Controle do imaginário: razão e imaginação no Ocidente, O (Costa Lima), 62

"Convívio" (Drummond), 257

Corbière, Tristan, 236, 245-7, 252, 259

Corpo (Drummond), 163

Correio da Manhã, 53, 78

Correntes cruzadas (Coutinho), 56

Cortázar, Julio, 65, 203

Corumbas, Os (Fontes), 146

Costa, Cláudio Manuel da, 157

Costa, Flávio Moreira da, 154

Costa, Lucio, 160

"Cota zero" (Drummond), 340

Coup de dés (Mallarmé), 181

Coutinho, Afrânio, 53, 56-7, 59, 77

Coutinho, Cunha, 57

Covenants (Stock), 234-6, 337

Crane, Hart, 336, 357

"Crime na calle Relator" (João Cabral), 35, 164

"Crise da filosofia messiânica, A" (Oswald de Andrade), 190

Cristo, Jesus, 74

Crítica da razão prática (Kant), 44

Crítica da razão pura (Kant), 39, 44, 88

Crítica do juízo (Kant), 44, 128, 137

Crítica literária no Brasil, A (Martins), 62

Crivo de papel (Nunes), 10, 13

Croce, Benedetto, 52, 96, 97

Cruz e Souza, João da, 279

Cruz, Cauby, 331

"Cubagramma" (Augusto de Campos), 178

Cummings, E. E., 181, 234, 336, 357

Cunha, Euclides da, 279, 283, 285, 290-1

Cunha, Fausto, 53, 57, 152

"Cupido da morte, O" (Polari), 162

Curtius, Ernst Robert, 100

D'Holbach, Barão, 221
Da crítica e da nova crítica (Coutinho), 56-7
Dantas, San Tiago, 419-21
Dante Alighieri, 26-7, 86-7, 102, 123, 309, 359, 384
Dardará (Lousada Filho), 153
De cor (Freitas Filho), 167
De rerum natura (Lucrécio), 26
De viva voz (Almino), 170
Décadas (Ávila), 316
Defoe, Daniel, 202
Delírio dos 50 anos (Ávila), 171, 316
Demócrito, 26
Derrida, Jacques, 64
"Desaparecimento de Luísa Porto" (Drummond), 236
"Desastres de Sofia, Os" (Lispector), 290, 295
Desastronauta, O (Costa), 154
Descartes, René, 37, 40, 214, 218, 221, 269
Desconversa (Galvão), 65
"Desdobramento de Adalgisa" (Drummond), 234
Desemprego do poeta, O (Sant'Anna), 55
Desenho mágico: poesia e política em Chico Buarque (Meneses), 64
"Desfile" (Drummond), 249
"Diálogos de oficina" (Faustino), 181, 337, 358
Diário crítico (Milliet), 51
Diário de Notícias, 53, 78
Dickinson, Emily, 336
Diels, H., 391
Dilthey, Wilhelm, 99, 123-4, 415-6
Dinâmica da literatura brasileira: situação de seu escritor (Costa Lima), 180
Dionísio esfacelado (Proença), 171
Discurso de difamação do poeta (Ávila), 315
"Discurso" (Drummond), 263
"Dissolução" (Drummond), 252-3
"Distribuição do tempo, A" (Drummond), 236
Divina comédia, A (Dante), 26, 86, 102, 123, 384-5
Dodds, E. R., 218

Doidinho (Lins do Rego), 146
Dois irmãos (Hatoum), 289, 295, 299-302
Dom Casmurro (Machado de Assis), 64, 276
Don Juan (Zorrilla), 292
Don Quixote (Cervantes), 419-20, 422
Don Quixote: um apólogo da alma ocidental (Dantas), 419
Doramundo (Ferraz), 151
Dorso do tigre, O (Nunes), 12
Dostoiévski, Fiódor, 25, 275, 323
Dourado, Autran, 153
Drama da linguagem, O (Nunes), 12, 23
Drummond de Andrade, Carlos *ver* Andrade, Carlos Drummond de
Duas águas (João Cabral), 34, 54-5, 77, 177, 187
Dürer, Albrecht, 106-7, 109

"Ébauche d'un serpent" (Valéry), 312
Eberhardt, Richard, 336
Eckhart, Meister, 35, 398
Eclesiastes ver *Qohélet*
Eco, Umberto, 113
Édipo rei (Sófocles), 126
Educação dos cinco sentidos (Haroldo de Campos), 165, 304
Einstein, Albert, 310
Eisenstein, Serguei, 369
"Elegia 1938" (Drummond), 243, 255
"Elegia dos que ficaram" (Martins), 342
"Elegia em junho" (Martins), 342, 352
"Elegia" (Drummond), 253-4
Elegias de Duíno (Rilke), 35, 333, 399, 402-3, 405, 407
Elementos (Secchin), 168
Elementos de metodologia científica (Cannabrava), 57
Eliot, T. S., 12, 29, 35-6, 100, 136, 236, 257-8, 333, 336, 376-9, 382-6, 388-97, 407
Em busca do tempo perdido (Proust), 38, 205
Em câmara lenta (Tapajós), 156
Em liberdade (Santiago), 157

Empalhador de passarinho, O (Mário de Andrade), 51

Empson, William, 234

"Encontro em Austin" (Haroldo de Campos), 11

"Encore" (Leite), 169

Enigma do olhar, O (Bosi), 11, 64, 276

Ensaio literário no Brasil, O (Eulalio), 60

"Enterro de ossos" (Martins), 352

Entre lobo e cão (Ladeira), 153

"Envoi" (Faustino), 361

Epicuro, 26

Epistola ad Pisones (Horácio), 74

Équinoxiales (Lapouge), 15

Esaú e Jacó (Machado de Assis), 291, 300-1

Escola das facas, A (João Cabral), 35, 164

Escorpião encalacrado, O (Arrigucci Jr.), 65

Escrava que não é Isaura, A (Mário de Andrade), 50

"Especulação em torno da palavra homem" (Drummond), 236

"Espelho, O" (Machado de Assis), 276

Ésquilo, 74

Essa terra (Torres), 152

Essais (Montaigne), 246, 256

Estado de S. Paulo, O, 13, 53, 78

Estética (Hegel), 204

Estética (revista), 49

Estética da vida, A (Aranha), 49

Estética de Lévi-Strauss, A (Merquior), 61

Estranho, O (Martins), 334-5, 337, 339-43

Estrela sobe, A (Rebelo), 147

Estruturalismo e teoria da literatura (Costa Lima), 61, 133

Estudos (Athayde), 53

Ética (Hartmann), 234

Ética (Spinoza), 221

"Eu? Tu?" (Drummond), 259, 262-3

Eulalio, Alexandre, 60, 62

Eurípides, 73-4, 105

Evangelhos, 74, 346

"Evocação Mariana" (Drummond), 236

Existencialismo é um humanismo, O (Sartre), 37

Faca no peito, A (Prado), 167

Fala entre parênteses, A (Carvalho & Martins), 339

Falência da crítica (Perrone-Moisés), 65

"Falta pouco" (Drummond), 259

Falta que ama, A (Drummond), 32

Faoro, Raymundo, 64

Faria, Otávio de, 147, 321

Farias, Elson, 171

Faulkner, William, 203

Faustino, Mário, 10, 13, 53-5, 165, 167, 171, 176-7, 181, 233, 235-7, 316, 331, 333, 335-7, 355, 359-60, 368-70

Fausto (Goethe), 26, 292-3, 420

Fazendeiro do ar (Drummond), 253-5, 258

Fedro (Platão), 219

Felicidade clandestina (Lispector), 199

Fenomenologia da obra literária (Ramos), 60

Fenomenologia da percepção (Merleau-Ponty), 38

Fenomenologia do espírito (Hegel), 40

Ferraz, Geraldo, 145, 151

Festa (revista), 49

Festa, A (Ângelo), 155

Fichte, Johann Gottlieb, 27

Filosofia da arte (Taine), 47

Fils prodigue, Le (Gide), 299

Fingidor e o censor, O (Costa Lima), 62

Flaubert, Gustave, 214, 379

Flores do mal, As (Baudelaire), 168, 200

Fogo do rio (Paixão), 171

Fogo morto (Lins do Rego), 146

Folha do Norte, 24-5, 331, 334

Folhetim: uma história (Meyer), 64

Fonseca, Rubem, 155

Fontela, Orides, 171

Fontes, Amando, 146

Fontes, Joaquim Brasil, 13, 410

Força da paixão, A (Oliveira), 167

Força do destino, A (Piñon), 154

Forma secreta, A (Meyer), 60
Formação da literatura brasileira (Candido), 12, 58-9
Foucault, Michel, 29, 62, 75, 87, 98, 123
Four quartets ver *Quatro quartetos* (Eliot)
France, Anatole, 25, 52
Frazer, James, 379
Frege, Gottlob, 42
Freitas Filho, Armando, 167
Freud, Sigmund, 123, 216
Freyre, Gilberto, 51
Friedrich, Hugo, 114
Frisch, Max, 203
Frota, Lélia Coelho, 167, 171
Frye, Northrop, 41, 43, 100-5, 109, 113, 129, 278, 323
Fundamento da investigação literária (Portella), 56

Gadamer, Hans-Georg, 39, 54, 62, 126-7, 412, 416
Gagnebin, Jeanne Marie, 66
Galáxias (Haroldo de Campos), 172, 185
Galvão, Walnice Nogueira, 63, 65-6, 80, 282, 284
Galvez imperador do Acre (Souza), 154
García Lorca, Federico, 333
Garden, Helen, 382
Gargântua e Pantagruel (Rabelais), 86
Gatos de outro saco (Galvão), 63
Gaúcho, O (Lopes Neto), 290
Gênesis, 300, 386
George, Stefan, 306-7
Gide, André, 25, 299
Gil Blas (LeSage), 154
Girard, René, 221
Goethe, Johann Wolfgang von, 25-6, 30, 98, 204, 292-3, 309, 353, 413, 420
Goldmann, Lucien, 114
Gomes, Paulo Emílio Sales, 157
"Gosma do cosmo, A" (Leite), 169
Gotlib, Nádia Batella, 65
Gourmont, Remy de, 52

"Grande fala do índio guarani perdido na história e outras derrotas, A" (Sant'Ana), 171
Grande mentecapto, O (Sabino), 154
Grande sertão: veredas (Guimarães Rosa), 13, 29, 54, 63-4, 77, 141, 148, 150, 177, 187, 229, 284, 290, 293-4, 324, 338, 348
Grieco, Agripino, 60
Grifo, O (Junqueira), 168
Grünberg, Koch, 157, 290
Guarani, O (Alencar), 290
Guillén, Jorge, 236
Guimarães, Josué, 155
Guimarães Filho, Alphonsus de, 333
Guimarães Rosa, João *ver* Rosa, João Guimarães
Gullar, Ferreira, 53, 55, 77, 171-2, 176
Gusdorf, George, 385

H'era (Martins), 338, 344-8, 351
Habermas, Jürgen, 39, 184
"Habilitação para a noite" (Drummond), 253
Habitantes, Os (Jurandir), 319-20, 326-7
Haeckel, Ernst, 47
Hamlet (filme), 355
Hamlet (Shakespeare), 292
Hansen, João Adolfo, 66
Hartmann, Nicolai, 108, 234
Hatoum, Milton, 289, 295, 299-301
Hegel, Georg Wilhelm Friedrich, 29, 37, 40, 87, 95-8, 114, 192, 204
Heidegger, Martin, 12, 18, 27-9, 36-7, 39-41, 54, 56, 79, 117, 124, 183, 192, 294, 303-10, 407, 412
Helvetius, Claude Adrien, 280
Heráclito, 36, 218, 309, 378, 381, 390-2
Herder, Johann Gottfried von, 98-9
Hermenêutica e poesia: o pensamento poético (Nunes), 10
Hesíodo, 41
Hilbert, Peter Paul, 335
Hinos à noite (Novalis), 103

História concisa da literatura brasileira (Bosi), 61
História da literatura brasileira (Romero), 47
História da literatura brasileira (Sodré), 59
História da literatura inglesa (Taine), 47
História da literatura ocidental (Carpeaux), 53
Holanda, Chico Buarque de, 162
Holanda, Heloisa Buarque de, 161
Holanda, Sérgio Buarque de, 51, 53, 77-8, 332
Hölderlin, Friedrich, 37, 183, 306, 407
"Homem cordial, O" (Oswald de Andrade), 190
Homem e sua hora, O (Faustino), 171, 233, 235, 335, 337, 356-9
Homero, 25, 74, 81, 87, 100, 292, 359, 386
Honório, Paulo, 148
Hopkins, Gerard Manley, 41, 234, 336, 338
Hora da estrela, A (Lispector), 151, 199-200, 202-3, 205, 208, 212-4, 216, 229
Hora dos ruminantes, A (Veiga), 157
Horácio, 74, 100
Horkheimer, Max, 61
Humildade, paixão e morte (Arrigucci Jr.), 63
Husserl, Edmund, 12, 37, 54, 99, 106-7, 109, 111, 305

I am not Stiller (Frisch), 203
I Ching, 172, 354
Ibiamoré: o trem fantasma (Martins), 157
"Ideograma para Blake" (Martins), 348
Ignácio (Cardoso), 150
Ilíada (Homero), 73, 292, 411
Império do Belo Monte: vida e morte de Canudos, O (Galvão), 282
"In my craft or sullen art" (Thomas), 335
Incerteza das coisas (Oliveira), 167
Inéditos e dispersos (Cesar), 168
Ingarden, Roman, 60, 106, 108, 111, 113
Introdução à filosofia da arte (Nunes), 10
Introduções à Crítica do juízo (Kant), 40
Invenção de Orfeu (Jorge de Lima), 171, 338, 357
Inventário de cicatrizes (Polari), 162

"Ira, Uma" (Lispector), 223
Itinerário de Pasárgada (Bandeira), 340
Ivo, Ledo, 25, 333

Jabès, Edmond, 338, 351
Jacques le Fataliste (Diderot), 154
Jakobson, Roman, 60, 118
Jdanov, Andrei, 179
Jeffers, Robinson, 336
Jeremoabo, barão de, 281-2
João da Cruz, São, 36, 421
João VI, d., 290
Jolles, André, 29
Jornal de crítica (Lins), 53
Jornal do Brasil, 53, 78, 176, 337, 357
"José" (Drummond), 164, 236-7
José e seus irmãos (Mann), 321
Joyce, James, 81, 112, 150, 181, 203, 205, 222
Jubiabá (Amado), 146
Junqueira, Ivan, 168, 377-8
Jurandir, Dalcídio, 13, 152, 319, 321-2, 329

Kafka, Franz, 275, 333
Kant, Immanuel, 17, 23, 25, 27-8, 43-4, 57, 76, 88, 93-5, 128, 137
Keats, John, 336, 353
Kierkegaard, Søren, 40, 221
Klafke, Aristides, 161
Klaxon (revista), 49
Konder, Leandro, 60
Kothe, Flávio, 63
Krishna, 394
Kubitschek, Juscelino, 160, 180
Kuki, Shuzo, conde, 305
Kurosawa, Akira, 309, 356

La Bruyère, La Bruyère, 280
La Rochefoucauld, François de, 280
Laços de família (Lispector), 54, 77, 187, 199, 223-4
Ladeira, Julieta de Godoy, 153
Lafetá, João Luiz, 65, 143, 147
Laforgue, Jules, 236, 245-7, 252, 258

Langer, Suzanne, 102, 113
Lao Tzu, 390-1
Lapouge, Gilles, 15-6
Lautréamont, Conde de, 418
Lavadeiras (Renoir), 38
Lavelle, Louis, 54
Lavoura arcaica (Nassar), 156, 289, 295, 297, 299, 301
Lawrence, Herbert, 234, 338
Legião estrangeira, A (Lispector), 199, 209, 212, 223, 290, 295
Leibniz, Gottfried Wilhelm von, 26, 387
Leite, Sebastião Uchoa, 169, 171
Lemaître, Jules, 52
"Lembrança do mundo antigo" (Drummond), 234
Leminsky, Paulo, 165, 176
Lemos, Tite de, 170
Leopardi, Giacomo, 255, 280, 309
Leucipo, 26
Levine, Robert M., 284
Lévi-Strauss, Claude, 61, 116-8, 132, 205, 300
Lévy-Bruhl, Lucien, 300
Lição de Alice (Cabral), 167
Lição de coisas (Drummond), 236
Lima, Alceu Amoroso *ver* Athayde, Tristão de
Lima, Jorge de, 13, 25, 77, 120, 159, 163, 171, 332-3, 338, 357
Lima, Luiz Costa, 11, 60-3, 119, 128, 131, 133-4, 137, 147, 176, 180, 226
Linha do parque (Jurandir), 319, 324
Linha imaginária, A (Barata), 333
Lins, Álvaro, 51-3, 77
Lins, Osman, 154
Lira e antilira (Costa Lima), 62
Lispector, Clarice, 9-12, 16-7, 23, 29, 52, 54, 60, 64, 77-8, 141-2, 150-1, 186-7, 197, 199-200, 202-3, 206-8, 211-4, 216-8, 222-6, 228-9, 290, 294-5, 349-50
Literatura em Minas no século XIX, A (Eulalio), 62
Literatura europeia e Idade Média latina (Curtius), 100

Literatura no Brasil, A (Crítica), 59
Literatura nos trópicos, Uma (Santiago), 63
Livro das horas, O (Rilke), 35, 397-8, 408
"Livro de Jó", 280
Livro de pré-coisas (Barros), 171
Livro do desassossego (Pessoa), 31
Loanda, Fernando Ferreira de, 333
Lobato, Monteiro, 25
Longinus, 74
Lopes Neto, José Simões, 290
Lopez, Telê Ancona, 65
Louco do Cati, O (Dionélio Machado), 147
Loureiro, João de Jesus Paes, 171
Lousada Filho, O. C., 153
Lowell, Amy, 234
Lucas, Fábio, 53, 63, 175, 312
Lucrécio, 26
Lúdico e as projeções do mundo barroco, O (Ávila), 63
Lukács, Georg, 60, 149, 179, 204, 208
Lustre, O (Lispector), 199, 206, 208, 223
Luta literária, A (Cunha), 57
Luzes e trevas: Minas Gerais no século XVIII (Lucas), 63
Lyra, Pedro, 163

Maçã no escuro, A (Lispector), 199, 206, 211, 223
Macbeth (Shakespeare), 292
Machado, Antonio, 28-9, 41
Machado, Dionélio, 147
Machado, Nauro, 167
Machado de Assis, Joaquim Maria *ver* Assis, Machado de
Machado de Assis: a pirâmide e o trapézio (Faoro), 64
Macherey, Pierre, 41
Maciel, Antonio Vicente Mendes, 281, 284
Macunaíma (Mário de Andrade), 51, 143-5, 154, 157, 189-90, 290, 293
Madame Bovary (Flaubert), 214
"Madrugada: as cinzas" (Martins), 347
Magma (Savary), 171

Maiakóvski, Vladimir, 56, 179, 236, 314

Maíra (Ribeiro), 157

Mairena, Juan de (heterônimo de Antonio Machado), 28, 41

"Maithuna" (Martins), 348

Mallarmé, Stéphane, 136, 181, 308, 333, 357, 369

Manhã, A, 53

Manifesto Antropófago (Oswald de Andrade), 49, 190

Manifesto Pau-brasil (Oswald de Andrade), 49-51, 144

Manifesto Verdeamarelo (Oswald de Andrade), 49

Mann, Thomas, 203, 275, 321

"Mãos dadas" (Drummond), 242, 256

"Máquina do mundo, A" (Drummond), 236-8

Marajó (Jurandir), 319-20, 325

Maranhão, Haroldo, 24-5, 331, 333

Maranhão, Paulo, 24

Marcas do Zorro (Lemos), 170

"Marcha das utopias, A" (Oswald de Andrade), 190

"Marginal poema 15" (Faustino), 368

Martins, Max, 10, 13, 172, 330-1, 334, 336-7, 339, 349

Martins, Roberto Bittencourt, 157

Martins, Wilson, 53, 59-60, 62, 77, 149

Marxistas e a arte: breve estudo de algumas tendências da estética marxista, Os (Konder), 60

Massa, Jean-Michel, 236-9

Masturbações (Ávila), 316

Matoso, Glauco, 161

"Max, magro poeta" (Martins), 344

"Medo, O" (Drummond), 236, 247

Meireles, Cecília, 25, 77, 331, 333, 357

Melo Neto, João Cabral de, 16, 29, 33-5, 54-5, 60, 63, 77-8, 125-6, 159-60, 164, 168, 176-7, 182, 187, 296, 316, 333, 349-50

Memorial de Aires (Machado de Assis), 141

Memorial do fim (Haroldo Maranhão), 25

Memórias póstumas de Brás Cubas (Machado de Assis), 141, 202, 279, 409-10

Memórias sentimentais de João Miramar (Oswald de Andrade), 51, 141, 143-5

Mendes, Francisco Paulo, 331, 334, 355-6

Mendes, Murilo, 25, 63, 77, 159, 163, 165, 332

Meneses, Adélia Bezerra de, 64

Menezes, Bruno de, 24

Menina morta, A (Pena), 147

"Menina triste" (Martins), 342

Meninas, As (Telles), 153

Menino de engenho (Lins do Rego), 24, 146

"Mensagem" (Pessoa), 31

Merleau-Ponty, Maurice, 27, 29, 38, 179

Merquior, José Guilherme, 32, 61, 179

Mesa do silêncio, A (Trevisan), 167

Mestre na periferia do capitalismo, Um (Schwarz), 64

Metalinguagem (Haroldo de Campos), 55

Metamorfose do silêncio, A (Costa Lima), 62

Métraux, Alfred, 300

Meyer, Augusto, 60, 77

Meyer, Marlyse, 64

Miller, Henry, 234, 336, 338

Milliet, Sérgio, 51-2, 333

Mímesis e modernidade (Costa Lima), 11, 62

Moll Flanders (Defoe), 203

Montaigne, Michel de, 236, 246, 256

Monteiro, Adolfo Casais, 77, 178

Monteiro, Benedito, 152

Moore, Marianne, 336

Moraes, Vinicius de, 333

Morais, Eneida de, 25

Morgan, Charles, 355

"Moriturus salutat" (Faustino), 368

"Morte da memória pessoal" (Ávila), 185

Morte de Virgílio, A (Bloch), 23

Morte e vida severina (João Cabral), 55

"Morte no avião" (Drummond), 249-50

"Mortos de sobrecasaca, Os" (Drummond), 241, 257

Mots et les choses, Les (Foucault), 75, 87

Moura Jr., João, 168-9

Mourão, Rui, 154, 175, 312
Mrs. Dalloway (Woolf), 222
"Muaná da beira do rio" (Martins), 341
Mukarovsky, Jan, 61, 80, 128
"Mulher e a casa, A" (João Cabral), 34
Mundos mortos (Faria), 147
Música ao longe (Verissimo), 147
Musil, Robert, 116
"Mútuo contínuo" (Martins), 348

Narciso (Accioly), 167, 171
Nassar, Raduan, 156, 289, 295, 297, 299, 301
"Negros de Itaverava, Os" (Ávila), 313
Nejar, Carlos, 167
Niemeyer, Oscar, 106, 160
Nietzsche, Friedrich, 18, 24, 40-1, 99, 123, 135, 168, 192
"No meio do caminho" (Drummond), 236
"No princípio era o Verbo" (Martins), 352
"No trem, pelo deserto" (Faustino), 357
"Noite dissolve os homens, A" (Drummond), 243, 254
Nome para matar, Um (Barroso), 152
Norte (revista), 335
"Nosso tempo" (Drummond), 247
"Nova Friburgo" (Drummond), 341
Novalis, 28, 103, 104
Novos poemas (Rilke), 400
"Nudez" (Drummond), 256, 258
Nunes, Sebastião, 171

Obra de arte literária, A (Ingarden), 106
Obra em dobras (Leite), 169
Ode a Afrodite (Safo), 410
Odisseia (Homero), 292
"Oficina irritada" (Drummond), 236, 238
Olea, Hector, 167
Oliveira, Franklin de, 61, 77
Oliveira, Marly de, 167
Olivier, Laurence, 355
"Omissão" (Gullar), 172
Ópera dos mortos (Dourado), 153
Ortega y Gasset, José, 176, 204

Oscar, Arthur, general, 283
Ovídio, 31, 74, 410
"Ovo de galinha, O" (João Cabral), 34
"Ovo e a galinha, O" (Lispector), 209, 349-51
Ovo filosófico, O (Martins), 338, 350, 352

Paes, José Paulo, 65, 85, 167
Páginas amarelas (Moura Jr.), 168
"Pai contra mãe" (Machado de Assis), 277
"Paisagem com cupins" (João Cabral), 34
Paixão, Fernando, 171
Paixão medida, A (Drummond), 163
Paixão segundo G.H., A (Lispector), 29-30, 141, 151, 199, 206, 212-4, 216-7, 223-6, 229, 290, 294-5, 349
Palames (Barros), 167
"Palavra" (Drummond), 236
Panofsky, Erwin, 61
Panorama da moderna poesia brasileira (Milliet), 51
"Para sempre a Terra" (Martins), 352
Pascal, Blaise, 25, 278, 280
"Passagem da noite" (Drummond), 32, 247-8, 252
"Passagem do ano" (Drummond), 247
Passagem dos Inocentes (Jurandir), 319-20, 322, 324-7, 329
Passagem para o poético: filosofia e poesia em Heidegger (Nunes), 10, 37, 303
Passos, Guimarães, 49, 330
Patchen, Kenneth, 234, 336
Patroni, Felipe, 25
Pau-brasil (Oswald de Andrade), 50
Pauliceia desvairada (Mário de Andrade), 50-1, 144, 189, 331
Paz, Octavio, 131, 157, 175, 338-9
Pecados da tribo, Os (Veiga), 157
Pedra da transmutação (Chama), 167
Pedra do reino, A (Suassuna), 154, 289, 295
Pedra do sono (João Cabral), 34
Pedro II, d., 290
Pena, Cornélio, 147
Pereira, Astrogildo, 59

441

Pereira, Lucia Miguel, 51, 53, 77

"Permanência" (Drummond), 257

Perrone-Moisés, Leyla, 15, 45, 65-6, 75, 79

Perse, Saint-John, 173, 357

Perto do coração selvagem (Lispector), 150, 203, 206-8, 223

Pessoa, Fernando, 16-7, 29, 31-2, 40-1, 100, 236, 243-4, 247, 252, 324, 333, 357, 397

Philosophy of literary form (Burker), 351

Pignatari, Décio, 53, 55, 165, 175-6, 181-2

Piñon, Nélida, 154

Pinto, Álvaro Vieira, 179-80, 313

Platão, 23, 28, 36, 43, 90, 134-5, 218-20, 228, 246, 348, 392, 404, 417

Plekanov, Georgi, 59

Poe, Edgar Allan, 336

"Poema de sete faces" (Drummond), 236, 239

"Poema sujo" (Gullar), 171

"Poemas da rosa" (Faustino), 333

"Poemas do anjo" (Faustino), 333, 357

"Poemas do ovo" (João Cabral), 349

"Poesia concreta e a realidade nacional, A" (Haroldo de Campos), 180

Poesia crítica (João Cabral), 164

"Poesia e paraíso perdido" (Haroldo de Campos), 181

Poesia e verdade (Goethe), 353

Poesia está morta mas juro que não fui eu, A (Paes), 167

Poesia pois é poesia (Pignatari), 165

"Poesia-Experiência" (Faustino), 54-5, 176-7, 337, 358, 368

Poesias reunidas (Alvim), 167

"Poet Mario Faustino descends into Hades and rises to the Empyrean, The" (Stock), 234

Poeta e a consciência crítica, O (Ávila), 55

Poética (Aristóteles), 74, 89, 92, 98, 100-2, 113-4, 133-4

Polari, Alex, 162

"Política literária" (Drummond), 234

Pompeia, Raul, 279

Pompeu, Renato, 156

Ponte do Galo (Jurandir), 319-20, 326-7

Pontual, Roberto, 176

Por que literatura? (Costa Lima), 60

Por uma crítica estética (Coutinho), 56

Poros (Torres Filho), 171

Portella, Eduardo, 53, 56

"Porto" (Martins), 342

"Pós-tudo" (Augusto de Campos), 165

Pound, Ezra, 55, 100, 181, 234, 236, 304, 309, 336-7, 357, 359, 369

Prado, Adélia, 167

"Prefácio interessantíssimo" (Mário de Andrade), 50, 144, 189

Primeira manhã (Jurandir), 319, 326

"Primeiro poema" (Faustino), 356

"Primeiro sermão do Espírito Santo" (Padre Vieira), 269

Primeiros princípios (Spencer), 47

"Problemas da lírica" (Benn), 345

"Procura da poesia" (Drummond), 236-7, 260

Proença, Cavalcanti, 65, 290

Proença, Domício, 171

Propp, Vladimir, 315

Proust, Marcel, 13, 38, 46, 76, 150, 203, 205, 222, 275, 321

"Psicografia" (Pessoa), 31

Puech, Henri-Charles, 397

Py, Fernando, 167

Qohélet, 175, 280, 328, 389

"Quadrilha" (Drummond), 340

Quarup (Callado), 156

"Quase balada" (Faustino), 361-2

Quatro olhos (Pompeu), 156

Quatro quartetos (Eliot), 35-6, 258, 375, 378, 380, 382-3, 385, 389

"Que philosopher c'est apprendre à mourir" (Montaigne), 246

Queiroz, Eça de, 25

Quincas Borba (Machado de Assis), 278-9

Quintella, Ary, 153

Quintiliano, 91

"Quotidie" (Haroldo de Campos), 165

Rabelais, François, 86, 100

Ramos, Graciliano, 141-2, 147, 157

Ramos, Guerreiro, 179-80

Ramos, Maria Luiza, 60

Rashomon (filme), 309, 355

Ratos, Os (Dionélio Machado), 147

Rebelo, Marques, 25, 147

Redução sociológica, A (Ramos), 180

Reflexos do baile (Callado), 156

"Registro civil" (Drummond), 234

Rego, José Lins do, 24, 146-7

Rei da vela, O (Oswald de Andrade), 63

Rei Lear (Shakespeare), 292

Reis, Artur César Ferreira, 356

Reis, Ricardo (heterônimo de Fernando Pessoa), 31, 397

Relato de um certo Oriente (Hatoum), 299-301

Religião dos tupinambás, A (Métraux), 300

Renan, Ernest, 25

Renoir, Pierre-Auguste, 38

República, A (Platão), 28, 134-5, 219

Resíduos seiscentistas em Minas (Ávila), 63

"Retrato de família" (Drummond), 249

Retratos de origem (Silva), 167

Revista de Antropofagia, 49

Revista de Estudos Universitários (Universidade de Pernambuco), 176

Rexroth, Kenneth, 234, 336

Ribanceira (Jurandir), 319-20, 329

Ribeiro, Darcy, 157

Ricardo, Cassiano, 159, 163, 332-3

Richir, Marc, 306

Ricoeur, Paul, 29, 39, 41, 107, 129-30, 181

Rilke, Rainer Maria, 9, 12, 29, 35, 37, 42, 246, 255, 306, 333, 355, 357, 397-402, 405, 407-8

Rimbaud, Arthur, 40, 136, 245, 333, 355, 357, 418

Rippere, Victoria, 89

Risco subscrito, O (Martins), 338, 346, 348, 352

Rivera, Bueno de, 333

Rocha, Alonso, 330

Rodin, Auguste, 400

Rodrigues, Nelson, 52

Romance social de Erico Verissimo, O (Chaves), 61

"Romance" (Faustino), 361-2

Romanceiro (Farias), 171

Romanceiro da Inconfidência (Cecília Meireles), 357

Romero, Sílvio, 47-8, 52, 59, 63

Rónai, Paulo, 65

Ror (Carvalho), 171

Rosa do povo, A (Drummond), 164, 243, 247-50, 252, 256, 260, 335, 340

Rosa, João Guimarães, 11-2, 16, 29-30, 54, 60, 63-4, 77-8, 81, 141-2, 148-9, 177, 187, 203, 229, 285, 290, 315, 324, 340

Rosenfeld, Anatol, 60, 114

Rosenfield, Kathrin, 379

Roubaud, Jacques, 339

Rougon-Macquart, Les (Zola), 320

Sá, Olga de, 65

Sabino, Fernando, 154

Safo de Lesbos, 13, 409-12, 414-5, 417-8

Sagarana (Guimarães Rosa), 13, 294

Sainte-Beuve, Charles Augustin, 46, 76

Salamandra (Paz), 338

Salão e a selva, O (Boaventura), 65

Salomão, Waly, 162

Salomé, Lou Andreas, 400

Sampaio, Márcio, 176

Sanguinetti, Eduardo, 339

Sant'Anna, Affonso Romano de, 55, 171, 176

Sant'Anna, Sergio, 154

Santayana, George, 25, 40

Santiago, Silviano, 63, 157, 170

São Bernardo (Ramos), 141, 147-8

Sargento Getúlio (Ribeiro), 152

Sarraute, Nathalie, 153

Sartre, Jean-Paul, 27, 29, 36-7, 41, 56, 108, 129, 179, 181-2, 314

Sátira e o engenho: Gregório de Matos e a Bahia do século XVII, A (Hansen), 66

Saussure, Ferdinand de, 54, 86, 115

Savary, Olga, 171

Scheller, Max, 110
Schelling, Friedrich Wilhelm Joseph von, 98
Schlegel, Friedrich, 28, 309, 378
Schleiermacher, Friedrich, 123-5, 414-5
Schmidt, Augusto Frederico, 333
Schopenhauer, Arthur, 278, 280
Schwartz, Jorge, 65
Schwarz, Georg, 60-1, 64, 170
Scliar, Moacyr, 157
sdjb (Suplemento Dominical do Jornal do Brasil, 176, 178-9
Sebastião, d., 284
Secchin, Antonio Carlos, 168-9
Segre, Cesare, 45
Sempreviva (Callado), 156
Sena, Jorge de, 77
Sentimento do mundo (Drummond), 236, 241, 248, 254-6, 341-2
Sequestro do barroco na formação da literatura brasileira: o caso Gregório de Mattos, O (Haroldo de Campos), 63
Ser e o nada, O (Sartre), 37
Ser e tempo (Heidegger), 16, 36-7, 40, 124, 305, 407
Serafim Ponte Grande (Oswald de Andrade), 141, 143, 145, 189
Sereia e o desconfiado, A (Schwarz), 60
"Sermão da epifania" (Padre Vieira), 267-8
Sertanejo, O (Lopes Neto), 290
Sertão prometido: o massacre de Canudos, O (Levine), 284
Sertões, Os (Cunha), 290-1
60/35 (Martins), 172, 339, 353
Shakespeare, William, 25, 100, 104-5, 234, 292, 336
Shibbles, Warren, 41
Shinki, 339
Signos en rotación, Los (Paz), 131
Silva, Angelita, 375, 378
Silva, Domingos Carvalho da, 333
Silva, Dora Ferreira da, 167
Simões, João Gaspar, 148-9
Sinos da agonia, Os (Dourado), 153

Sítio do Pica-pau amarelo (Lobato), 25
"Situação atual da poesia no Brasil, A" (Pignatari), 181
Smith, Adam, 280
Snow, J. P., 79
"Só" (Machado de Assis), 276
Soares, Bernardo (heterônimo de Fernando Pessoa), 31
Sócrates, 218
Sodré, Nelson Werneck, 59
Sofista, O (Platão), 135
Sófocles, 74, 126, 127
Sol dos cegos (Alvim), 170
"Solidão" (Rilke), 399
Sombras de reis barbudos (Veiga), 157
Sonâmbulos, Os (Broch), 321
"Soneto da esperança perdida" (Drummond), 237
Sonetos a Orfeu (Rilke), 35, 399, 407
Sonetos da descoberta (Ávila), 311
Songs of experience (Blake), 104
Souriau, Étienne, 39
Sousa, Inglês de, 47, 321
Sousândrade, 63, 176
Souza, Márcio, 154
Sparkenbroke (Morgan), 355
Spencer, Herbert, 47, 98
Spinoza, Baruch de, 26-7, 40, 218, 221
Spitzer, Leo, 99, 114, 124-5
Steiner, George, 80, 345
Stendhal, 222, 275, 280
Stevens, Wallace, 236, 336
Stock, Robert, 233-6, 238, 335-6, 357
Suassuna, Ariano, 154, 289, 295
Sussekind, Carlos & Carlos, 155
Süssekind, Flora, 63

Taine, Hippolyte, 47, 59
Tales de Mileto, 386
Tambores silenciosos, Os (Guimarães), 155
Tao te ching (Lao Tzu), 36, 338, 391
Tapajós, Renato, 156
Tavares, Ulisses, 161

Teles, Gilberto Mendonça, 168
Telles, Lygia Fagundes, 153
Tempo e o vento, O (Verissimo), 321
Tendência (revista), 175, 176, 312-3
Teogonia (Hesíodo), 41
"Teoria do romance" (Lukács), 204
Tereza d'Ávila, Santa, 421
Terra devastada, A (Eliot), 35-6, 136, 376-7, 397
Terras do sem-fim (Amado), 146
Texto, crítica e escritura (Perrone-Moisés), 65, 75
Tezuka, Prof., 305-7, 309
Thomas, Dylan, 335-8, 357
Thoreau, David, 234, 338
Tinianov, Iuri, 118
"Toada de amor" (Drummond), 340
Tolstói, Leon, 42, 275
Tomás de Aquino, Santo, 220
Tomlinson, Charles, 339
Torquato Neto, 162
Torres Filho, Rubens, 171
Torres, Antônio, 152
Tradução: a ponte necessária (Paes), 65
Tragédia burguesa (Faria), 147, 321
Trakl, Georg, 37, 42, 306, 339
Tratactus logico-philosophicus (Wittgenstein), 42
Tratado de versificação (Bilac & Passos), 49, 330
"Travessia" (Martins), 348-9
Três casas e um rio (Jurandir), 319-20, 323, 325
Três mulheres de três PPPês (Gomes), 157
Trevisan, Armindo, 167
Trevo (Fontela), 171
"Trilemas da mineiridade" (Ávila), 316
"Trucagem" (Ávila), 316
"Tu? Eu?" (Drummond), 110, 261
Tufic, Jorge, 171
"Túmulo de Carmencita" (Martins), 352
"Tyger, The" (Blake), 104

"Últimos dias, Os" (Drummond), 249-50, 253
Ulysses (Joyce), 205, 222

Unamuno, Miguel de, 25, 348, 419, 421-2
Ungaretti, Giuseppe, 172
Unterwegs zur Sprache (Heidegger), 305-6
Upanishads, 380-1, 384, 392
Urupês (Lobato), 25
Usina (Lins do Rego), 146
Utéza, Francis, 294

Vale quanto pesa (Santiago), 63
Valéry, Paul, 17, 27, 29, 79, 119, 136, 177, 312, 333, 357, 397
Vanguardas latino-americanas (Chiampi), 65
"Varanda" (Martins), 342
Vargas, Getulio, 153, 297
Vauvenargues, Marquês de, 280
Veiga, J. J., 157
Velhice do poeta marginal, A (Sebastião Nunes), 171
Veloso, Caetano, 64, 162
"Vento no canavial, O" (João Cabral), 34
Verde vago mundo (Monteiro), 152
Verissimo, Erico, 146-7, 321
Veríssimo, José, 47-8
"Ver-o-Peso" (Martins), 353
"Versos à boca da noite" (Drummond), 249
Vestido de noiva (Rodrigues), 52
Viagem de trem (Vilaça), 167
Viana, Fernando Mendes, 167
Vico, Giambattista, 96
Vida de Don Quijote y Sancho (Unamuno), 419-20
"Vida menor"(Drummond), 247-8
"Vida toda linguagem" (Faustino), 361-3, 367, 369
Vidas secas (Ramos), 141, 147-8
Vieira, Antônio, padre, 9, 267-9, 271
Vilaça, Alcides, 167
Viola d'amore (Merquior), 61
Virgílio, 74
Visível e o invisível, O (Merleau-Ponty), 38-9
Visto e o imaginado, O (Ávila), 185, 315
"Viúvas de Caragoatá, As" (Ávila), 313
"Voo sobre as igrejas" (Drummond), 241

Voz e a série, A (Süssekind), 63
Vozes do campo (Py), 167

Waldmann, Berta, 65
Waste land, The ver *Terra devastada, A* (Eliot)
Wax, Sérgio, 172
Welleck, René, 59, 98-9
Westhoff, Clara, 400
Weston, Miss, 379
Whitman, Walt, 25, 336
Wilde, Oscar, 52
Williams, William Carlos, 234, 236, 336
Wittgenstein, Ludwig, 18, 29, 31, 41-2, 85, 193, 308

Wittgenstein: linguagem e filosofia (Shibbles), 41
Woolf, Virginia, 52, 150, 203, 208, 222

Xisto, Pedro, 176

Yeats, William Butler, 234, 407

Zaguri, Eliane, 186
Zarader, Marlène, 308
Zero (Brandão), 155
Zola, Émile, 48, 320
Zorrilla, José, 292

1ª EDIÇÃO [2009] 1 reimpressão

ESTA OBRA FOI COMPOSTA PELA SPRESS EM MINION E IMPRESSA
EM OFSETE PELA GRÁFICA PAYM SOBRE PAPEL PÓLEN NATURAL DA
SUZANO S.A. PARA A EDITORA SCHWARCZ EM NOVEMBRO DE 2022

A marca FSC® é a garantia de que a madeira utilizada na fabricação do papel deste livro provém de florestas que foram gerenciadas de maneira ambientalmente correta, socialmente justa e economicamente viável, além de outras fontes de origem controlada.